KB140711

낯선 곳에서 나를 만나다

개정증보판

한국문화인류학회 엮음   한경구·유철인·정병호
                       김은실·김현미·홍석준

일조각

개정증보판을 내면서

『낯선 곳에서 나를 만나다』가 출간된 지 8년이 지났다. 애당초 문화인류학 입문 강의에서 사용할 읽을거리로 출간한 것인데, 일반인들은 물론 고교생들까지도 이 책을 많이 읽어 왔다. 이 책이 문화인류학을 널리 알리는 데 도움이 되어, 책을 펴낸 사람들로서는 기쁨과 보람을 느낀다.

그동안 이 책을 사용해온 여러 교수 및 학생들의 의견을 들어, 개정증보판을 내놓게 되었다. 산뜻하게 판을 새로이 짜면서, 「수술실 이야기」를 비롯한 몇 개의 글은 보다 이해하기 쉽게 문장을 고쳤다.

「카리브인들의 연애」와 「비만에 대한 인류학적 시각」은 전면적으로 다시 손을 본 글이다. 또한 「나시르마 사람들」, 「돌도끼와 쇠도끼」, 「교장이 되려면」 등 세 편의 글을 새로 추가하였다.

「나시르마 사람들」은 익숙한 것을 낯설게 보면 우리의 일상생활이 어떻게 달리 보이는지, 우리의 일상이 어떻게 낯선 곳이 될 수 있는지를 보여줄 것이다. 「돌도끼와 쇠도끼」, 「교장이 되려면」은 이 책의 자매편이라 할 수 있는 『처음 만나는 문화인류학』(2003)과 이 책의 초판에서 다루지 않았던 문화변동과 교육에 대한 내용을 보강하기 위해 추가되었다.

2006년 8월
한경구 · 유철인

머리말

올해는 한국문화인류학회가 창립된 지 40주년이 되는 뜻깊은 해이다. 그 동안 우리 한국문화인류학회는 눈부신 발전을 해왔다. 많은 전문인력이 배출되어 한국은 물론 세계 각 지역의 다양한 문화를 연구하고 있으며, 대부분의 대학에 문화인류학 강좌가 개설되어 있다. 수강하는 학생들의 숫자도 한 강좌당 수백 명에 이를 정도로 인기가 높다. 대학에서뿐만 아니라 일반인들 가운데서도 문화인류학에 대한 관심은 고조되고 있으며, 문화인류학에 관한 책이 베스트셀러 대열에 심심찮게 오르고 있다.

문화인류학은 세계 여러 민족의 문화를 비교·연구함으로써 '인간은 무엇인가'라는 문제를 규명하는 학문이다. 문화인류학자는 자신이 자라난 자국의 문화보다는 다른 문화를 연구 대상으로 삼으며 현지조사라는 독특한 방법으로 연구자료를 수집한다. 현지조사란 자신이 연구하려는 다른 문화 집단에 가서, 적어도 일 년 이상 그곳의 주민들과 같이 거주하면서 참여관찰과 인터뷰를 통해 자료를 수집하는 문화인류학만의 독특한 연구방법을 말한다. 문화인류학은 서구에서 발달한 학문이면서도 가장 비서구적인 학문이라고 할 수 있다. 특히 인문사회과학의 학문적 질문과정이 대개 그 학문이 처해 있는 사회에 기반하고 있다는 사실을 감안할 때, 비서구사회를 기반으로 한 인류학은 서구에서 발전한 지식 체계의 부분성과 한계성을 일깨워주는 학문분야이기도 하다. 인류학에서 발달된 중요한 개념인 '문화상대주의'란 세계 여러 문화를 우리 자신의 가치관이나 우열의 척도를 가지고 보지 않고 그곳에서 살고 있는 사람들의 시각에서 이해하여야 한다는 입장으로서, 세계화 시대에 다양한 문화를 접하는 현대인들에게 특히 강조되어야 할 개념이다. 외국의 문화를 무조건 훌륭하다고 보는 문화사대주의나 또는 자기의 문화가 세계 최고의 문화라고 생각하는 문화국수주의의 태도는 문화상대주의의 관점에서 재고되어야 할 생각이다.

세계화, 국제화 시대에 인류학적 지식은 국력이다. 문화인류학은 결국 우리와 다른 문화를 가진 집단이나 민족의 문화를 정확하게 이해하는 데 그 목적이 있다. 따라서 인류학은 다른 민족과의 관계가 빈번할수록 그 학문적 중요성과 기여도가 급증하고 있다. 최근에 외국으로의 관광여행, 사업, 이민 등이 급증하고 있으며, 우리나라에도 외국인 근로자, 사업가 등이 대거 방문 또는 거주하고 있다. 이처럼 서로 다른 문화를 가진 집단들과 갈등 없이 지내는 것이 군사력·경제력보다 더 우선시되는 시대, 문화력이 국력으로 측정되는 시대에 우리는 와 있다. 미국이나 중국같이 다민족이 어우러져 살아온 국가들은 오랫동안 다양한 문화를 갖고 있는 집단과 더불어 사는 노하우knowhow를 상당히 축적해 놓고 있다. 반면에 오랜 세월 단일 민족국가를 이루고 살아온 한국인들은 이민족과 사는 방법에 매우 서투르다. 1993년 미국 LA에서 있었던 흑인 폭동의 최대 피해자가 한인이었다는 사실이나 우리 기업들의 빈번한 해외 투자 실패 사례들은 우리에게 시사하는 바가 크다. 인류학 교육이 범국민적으로 체계적이며 지속적으로 이루어져야 하는 당위성이 여기에도 있는 것이다.

한국문화인류학회에서는 보다 쉽고 재미있으면서도 '문화인류학이란 과연 무엇인가'가 얼른 가슴에 와 닿는 입문서를 만들고자 하였다. 이 책을 펴내기 위해 한국문화인류학회는 많은 젊은 인류학 전문가들을 동원하였다. 한국문화인류학회의 교재개발위원장인 한경구 교수는 여러 해 동안 이 교재를 만들기 위해 준비해 왔으며, 유철인 교수, 정병호 교수, 김은실 교수, 김현미 박사, 홍석준 박사 등 여러 회원들의 희생적인 노력으로 학회 창립 40주년을 맞는 올해에 이 책이 빛을 보게 되었다. 학회의 여러 회원들이 참여하여 만든 이 책이 아무쪼록 커다란 호응을 얻기를 바라며, 미증유의 경제난국으로 매우 어려운 여건 속에서도 인류학에 지속적인 관심을 가지고 이 책의 출판을 쾌락해준 일조각에 심심한 감사를 드린다.

1998년 5월
한국문화인류학회장 임돈희

책을 내면서

이 책은 문화인류학을 처음으로 접하는 사람들 또는 대학에서 교양과목으로 문화인류학을 배우거나 가르치는 이들을 위하여 만든 것이다. 무한한 가능성과 놀라움으로 가득 찬 문화인류학의 세계로 안내하는 여러 종류의 크고 작은 입문서가 이미 나와 있으나, 이 책은 다른 책들과는 달리 개념이나 이론을 설명하는 것이 아니라 실제 사례를 다룬 글들을 여러 편 선정하여 읽기 편한 형태로 제시하고 있다. 이러한 방식을 채택한 이유는 '현지조사'라는 독특한 방법을 통해 문화현장을 탐구하는 학문인 '인류학 특유의 맛과 멋'을 입문자에게 느끼게 하기 위해서이다.

여기에 실린 글들은 한국문화인류학회 교재개발위원들이 현대 문화인류학의 주요 관심과 연구 영역에 따라 국내외의 여러 개론서와 각종 논문 및 사례 모음집을 참조하여 고심 끝에 선정한 것이다. 이들은 각 장의 주제를 가장 잘 다루고 있거나 대표하기 때문이라기보다는, 전문 지식 없이도 쉽게 읽을 수 있으며 각 주제에 대하여 골똘히 생각하고 토론할 거리를 잔뜩 제공하기 때문에 선정되었다.

또한 '총체적인 접근'을 특징으로 하는 문화인류학의 글답게, 하나의 글은 하나의 주제만을 다루지 않고 동시에 여러 다른 주제에 대해 언급하고 있다. 이 책은 편의상 개론서의 목차와 유사한 체재를 갖추고 있지만 각 장에 수록된 글을 강의나 토론수업에 사용할 경우 굳이 논의를 각 장의 주제에 국한시킬 필요는 없다. 그러므로 이 책은 사실 어느 곳에서부터 읽기 시작해도 상관이 없으며 또한 필요에 따라 얼마든지 읽는 순서를 바꿀 수도 있다.

사실 편집 과정에서도 어느 글을 어느 곳에 넣을 것인가에 관하여 논란이 많았다. 예를 들면 「티브족, 셰익스피어를 만나다」는 첫 번째 '문화 상대주의'에 들어가 있고, 「부시맨의 크리스마스」는 두 번째 '현지조사'에 실려 있지만, 사실 서로 바꾸어 놓아도 아무런 문제가 없다. 신부대新婦貸에 관해서는 일곱 번째 '친족과 혼인'의 「만만한 남아프리카의 외삼촌」에서 다루고 있지만, 아홉 번째 '경제'의 「화폐의 사용과 아프리카 사람들의 삶」에도 상세한 논의가 있다. 한편 지참금은 다섯 번째 '차이와 불평등'의 「지참금 때문에 죽는 인도 여성」에서 집중적으로 논의되고 있다. 이는 하나의 행위나 제도가 동시에 정치적이며 경제적이고 친족적이며 종교적인 차원을 가질 뿐만 아니라, 문화를 이루는 여러 부분들이 서로 깊은 관련을 맺고 있기 때문에 총체적으로 파악해야 한다는 문화인류학의 기본적인 시각과 접근방식 때문이기도 하다. 얼핏 보면 혼란스러운 것 같지만 사실은 이야말로 문화인류학적 접근방식의 특징과 매력과 강점을 잘 보여주고 있으며, 또한 이 책과 같은 사례 모음집이 절실히 필요한 이유이기도 하다.

국내에도 이미 상당수의 인류학 개론 서적들이 출판되어 있으나, 이 책들은 문화인류학이 근대적인 학문으로 성립한 이후 지난 백 년간 축적하고 발전시킨 방대한 양의 이론적 논의와 다양한 시각을 농축된 형태로 소개하고 있을 뿐이며, 그 기초가 되는 문화 현장에 대한 상세하고 생생한 기록인 민족지民族誌, ethnography 자료 자체는 거의 생략하거나 극히 제한된 형태로만 제시하고 있다. 이는 영어로 쓴 민족지 서적을 얼마든지 더 읽을 수 있는 미국이나 영국의 대학생들에게는 전혀 문제가 되지 않지만, 부실한 언어교육과 한심한 대학 도서관 시스템 때문에 거의 전적으로 한 권의 교과서에 의존해서 수업을 진행해야 하는 한국의 대학생과 강의자들에게는 커다란 문제가 되고 있다. 개론을 강의하는 여러 인류학자들이 매우 답답하게 느꼈던 점은, 문화인류학의 현지조사 방법과 총체적 접근법이 가지는 독특한 매력과 뛰어난 장점을 학생들에게 조금이나마 맛보게 해줄 수 있는 '민족지'로서 적절한 '읽을거리'가 국내에 출판되어 있지 않다는 사실이었다.

　대부분의 인류학 개론 서적은 제1부에서 문화의 개념과 현지조사 등 방법론을 약간 설명하면서 인류학의 특징은 총체적인 접근이라고 강조한 후, 제2부에서는 정치, 법, 경제, 종교 등으로 나누어 설명하고 있다. 물론 각 주제별로 설명하더라도 인류학의 총체적 시각을 전달할 수 없는 것은 아니다. 그러나 이를 실감나게 보여주려면 민족지 사례에 대한 소개가 반드시 필요하다. 하나의 인간집단에 대한 상세하고 총체적인 기술記述을 의미하다가 학교, 기업, 병원, 군대, 술집, 촌락, 도시, 소수민 집단 등 복잡한 현대사회의 일부분에 대한 현지조사 보고서를 지칭하기에 이른 '민족지'는 문화인류학을 가장 빨리 이해할 수 있는 방법인 동시에 문화인류학의 가장 큰 매력이며 강점이다. 몇몇 민족지는 우리말로 번역되어 있으며, 그중에는 책임감 있는 학자에 의하여 정확하고 읽기 쉽게 번역된 것도 있다. 교재열람실 등 대학의 도서관 시스템이 잘되어 있다면 개론서 내용의 순서에 따라 여러 권의 민족지 중에서 적당한 부분을 지정하여 읽힐 수도 있겠으나, 우리 현실에서는 이것도 거의 불가능하다. 흥미진진한 내용을 가득 담고 있는 민족지 서적들을 수업에 활용하지 못하고, 오로지 개념과 이론적 논의가 빽빽하게 실려 있는 교과서만으로 수업을 진행해야 하는 것이 현실이다.

그러다 보니 상당히 많은 수의 학생들이 문화인류학이라는 학문은 "재미는 있는 것 같은데 잡학에 불과하다"거나, "한 학기 동안 여러 가지 이상한 관습에 대해 잔뜩 배우기는 배웠는데 도대체 왜 배우는지 모르겠다"는 반응을 보이는 것도 무리는 아니다. 그러므로 상당수 학생들의 경우 교양과목으로서 문화인류학 개론을 수강하면서도 그 진정한 멋과 맛을 전혀 모르거나 극히 제한적으로만 느끼고 맛보면서 대학을 졸업하는 매우 유감스러운 사태가 계속되고 있었다.

그리하여 1994년 12월 한국문화인류학회 워크숍에서 인류학 교육의 문제를 논의하는 가운데, 전공학생은 물론 다른 학문 전공자나 일반인들이 인류학에 보다 쉽게 접근할 수 있도록 인류학사와 방법론 그리고 민족지 사례 논문집 등을 시급히 출간하자는 의견이 제시되었다. 그리고 이듬해 5월에 열린 전국대회에서 총회의 결의로 교재개발위원회가 출범하게 되었다. 교재개발위원회는 가급적 많은 회원들의 자발적 참여를 기대하면서 대상 논문을 선정하고 번역자를 선정하는 작업에 착수하였다.

처음 계획으로는 인류학의 진수를 보여줄 수 있도록 구체적으로 민족지 사실을 제시·분석한 인류학 논문들을 선정하여 완역할 예정이었다. 여러 회원들이 적극적인 관심을 보이며 번역 대상 논문을 추천해 주었으나 막상 번역작업을 분담할 시간 여유를 가진 회원이 많지 않았고, 또 작업에 일단 참가하였으나 여러 가지 피치 못할 사정으로 진행이 여의치 않은 경우도 있었다. 더구나 따로 예산이 책정된 것도 아니어서 효과적으로 작업을 진행할 수도 없었다.

해가 바뀌고 1996년 5월에 임돈희 교수가 회장으로 선출되어 학회 집행부가 새로 결성되었는데, 교재 개발을 처음에 발의했던 죄(?)로 이를 마무리 짓는 책임을 본인이 맡게 되었다. 상당수 회원들이 논문의 완역 초고를 보내와 총 논문 편수는 상당히 늘었으나, 꼭 넣고 싶었던 논문이 번역되지 않은 것도 있었고 교열과 윤문도 엄청난 일이어서 작업이 마무리되지 못하고 있었다.

그러다가 1997년 12월 학회의 워크숍 기간 중 열린 임시 평의원회의 석상에서 학회 창립 40주년을 기념하는 1998년 5월 전국대회까지 일단 교재를 발간하자는 방침이 결정되었다. 시간이 절대적으로 부족하기는 했지만 더 이상 교재 개발을 미룰 수 없으므로 '최선을 다하자'는 의견이 우세하여, 실무 작업을 담당할 팀을 새로 구성하기로 하였다. 회의에 참석했던 정병호 교수와 유철인 교수가 자원해 주었고, 그 후 김은실 교수와 김현미 박사, 홍석준 박사가 참여를 쾌락하여 1998년 1월 초에 1차 회의를 갖고 편집 방침과 수록될 논문을 확정하고 필요한 논문들을 시급히 번역하는 등 본격적인 활동에 들어갔다.

이 과정에서 이정덕 교수 등 여러 학회 회원들이 초벌 번역을 도와주었다. 또한 특정 이론이나 경향에 쏠리거나 오류를 범하는 일을 방지하기 위하여 어느 정도 원고가 정리된 뒤에는 황익주 교수, 송도영 교수, 김형준 교수를 감수위원으로 위촉하여 이를 검토하고 오류를 바로잡았다.

이 책의 편집 방침은 원래의 계획과는 크게 바뀌었다. 그중에서도 가장 중요한 점은 두 가지이다. 첫째, 이 책에 수록된 논문들을 확정하는 과정에서 이미 수집된 일부 원고를 제2권 또는 증보판을 출간할 때에 수록하기로 하고 여기에 싣지 않았다. 둘째, 완역을 하지 않았다. 즉 최초의 방침에 따라 이미 상당수의 완역된 초고가 입수되었으나 이들 중 일부는 다른 글들과의 관계, 전체적인 균형, 난이도, 흥미 등을 고려하여 편집회의에서 여러 차례 논의를 거친 끝에 최종적으로 여기에는 채택되지 않았다. 모처럼 번역 초고를 보내주셨으나 다른 원고들이 들어오기를 기다리다가 편집 방침이 바뀌는 바람에 다음 기회로 수록이 미루어진 몇몇 학회 회원들께 다시 한번 이 자리를 빌려 정중히 사과드린다.

완역을 하지 않은 이유는 다음과 같다. 문화인류학의 논문이나 민족지 서적은 다른 문화에 대한 이해를 목표로 하기 때문에 기본적으로 '문화의 번역'이라는 요소가 포함되어 있다. 특히 영어로 쓴 상당수 논저들은 독자들이 서구 문화에 친숙하며 동아시아 문화에 대해서는 사전 지식을 가지고 있지 않다는 사실을 전제로 하고 있다. 이러한 논문을 완역하면 어느 부분은 대단히 이해하기 어렵고 어느 부분은 불필요할 정도의 상세한 설명으로 지루하게 느껴진다. 한편 어떤 부분들은 다소 전문적인 논의와 용어 때문에 입문하려는 사람들에게는 지나치게 어렵다는 느낌을 주었다. 그리하여 교재개발위원들은 독자들이 쉽고 재미있게 읽을 수 있도록 원작을 대폭 손질하였다. 즉 원전의 내용이 지나치게 전문적이거나 교양 과목으로 문화인류학을 수강하는 한국의 학생들에게 그리 중요하지 않은 경우, 과감하게 이를 삭제하거나 축소했으며, 학생들의 이해를 돕기 위하여 필요한 경우에는 본문에 없는 설명을 일부 추가하였다. 또한 내용의 순서를 바꾼 곳도 있다. 이 과정에서 대부분의 원고를 강원대와 한양대에서 수업시간에 학생들에게 읽히고 그 의견을 들은 것이 큰 도움이 되었다.

그 결과 발생한 누락, 오류, 왜곡은 모두 편집을 담당한 우리 교재개발위원들의 책임이며, 결코 원저자의 책임이 아님을 명확히 밝혀두는 바이다. 또한 학술 논문 작성에 인용하는 등, 이 책에 수록된 내용에 보다 깊고 진지한 관심을 가진 사람들은 반드시 원문을 참고할 것을 권한다. 이 책에 선정되었던 글들은 원래 계획대로 가능한 이른 시일 내에 '완역'하여 인류학을 전공하는 학생이나 인접분야의 연구자들을 위한 보다 전문적인 민족지 사례집으로 출판할 예정이다.

끝으로 너무나 여러 가지 일로 바쁜 가운데 이 책의 출간에 참여해 주신 여러분들께 깊이 감사를 드린다. 편집을 담당한 교재개발위원들은 '들어가는 글'을 몇 번이나 고쳐 쓰고, 원전을 직접 번역하거나 다른 사람의 번역을 수정·편집·윤문하였으며, 게다가 지난 몇 달 간 교재개발위원장의 독설과 성화에 끊임없이 시달리기도 하였다. 그러면서도 이 책의 저작권을 한국문화인류학회의 것으로 하여 인세 수입 전액을 새로운 교재의 개발 등 한국에서의 문화인류학의 교육과 연구, 보급과 발전에 도움이 되도록 사용할 것을 흔쾌히 결의하였다.

또한 귀중한 사진을 제공해 주시고 제목 결정에 도움을 주신 학회의 여러 회원들, 원고의 대부분을 독자의 입장에서 읽고 평해준 강원대와 한양대의 여러 학생들께도 심심한 감사를 드린다. 그리고 원고의 작성 과정에서부터 많은 도움을 주시고 책을 아담하고 예쁘게 꾸며주신 일조각의 여러분들께 감사드린다. 나름대로 열심히 노력은 하였으나 막상 세상에 내놓자니, 일말의 불안감도 떨쳐버릴 수 없다. 미흡한 점은 꾸준히 보완해 나갈 것을 약속드린다.

1998년 5월
한국문화인류학회 교재개발위원장 한경구

차례

▌ 티브족, 셰익스피어를 만나다

Laura Bohannan, "Shakespeare in the bush," *Natural History*, August–September, 1966.

▌ 나시르마 사람들

Horace Miner, "Body ritual among the Nacirema," *American Anthropologist* 58(3), 1956.

▌ 부시맨의 크리스마스

Richard Borshay Lee, "Eating Christmas in the Kalahari," *Natural History*, December, 1969.

▌ 얌전한 인디언, 주니족

Ruth Benedict, "The Pueblos of New Mexico," in her *Patterns of Culture*, New York: Houghton Mifflin, 1934.

▌ 사나운 야노마모 남자들

Napoleon A. Chagnon, "Yanomamö: The fierce people," *Natural History*, January, 1967.

▌ 카리브인들의 연애

Morris Freilich & Lewis A. Coser, "Structural imbalances of gratification: The case of the Caribbean mating system," *British Journal of Sociology* 23(1), 1972.

▌ 지참금 때문에 죽는 인도 여성

John van Willigen & V. C. Channa, "Law, custom, and crimes against women: The problem of dowry death in India," *Human Organization* 50(4), 1991.

▌ 얼굴이 흴수록 지위가 높은 사회

Angela Gilliam, "Telltale language: Race, class, and inequality in two Latin American towns," in Johnnetta B. Cole (ed.), *Anthropology for the Nineties: Introductory Readings*, revised and updated edition, New York: The Free Press, 1988.

▌ 말하지 않고 이야기하기

Edward T. Hall & Mildred Reed Hall, "The sounds of silence," *Playboy*, 1971.

▌ 마다가스카르의 남성과 여성의 말하기

Elinor Keenan, "Norm-makers, norm-breakers: Uses of speech by men and women in a Malagasy community," in Richard Bauman & Joel Sherzer (eds.), *Explorations in the Ethnography of Speaking*, Cambridge: Cambridge University Press, 1974.

‖ 만만한 남아프리카의 외삼촌
Alfred Reginald Radcliffe-Brown, "The mother's brother in South Africa," *South African Journal of Science* 21, 1924.

‖ 빅맨과 추장
Marshall Sahlins, "Poor man, rich man, big-man, chief: Political types in Melanesia and Polynesia," *Comparative Studies in Society and History* 5(3), 1963.

‖ 에스키모 사람들의 노래 시합
E. Adamson Hoebel, *The Law of Primitive Man: A Study in Comparative Legal Dynamics*, Cambridge: Harvard University Press, 1954.

‖ 좋은 것은 제한되어 있는가
George M. Foster, "Peasant society and the image of limited good," *American Anthropologist* 67(2), 1965.

‖ 화폐의 사용과 아프리카 사람들의 삶
Paul J. Bohannan, "The impact of money on an African subsistence economy," *The Journal of Economic History* 19, 1959.

‖ 수술실 이야기
Pearl Katz, "Ritual in the operating room," *Ethnology* 20(4), 1981.

‖ 돌도끼와 쇠도끼
Lauriston Sharp, "Steel axes for stone-age Australians," *Human Organization* 11(2), 1952.

‖ 비만에 대한 인류학적 시각
Peter Brown & M. Konner, "An anthropological perspective on obesity," *Annals of the New York Academy of Sciences* 499, 1987.

‖ 이스터 섬의 몰락
Jared Diamond, "Easter's end," *Discover* 16(8), 1995.

‖ 교장이 되려면
Harry F. Wolcott, *The Man in the Principal's Office: An Ethnography*, updated edition, Walnut Creek, CA: AltaMira Press, 2003[1973].

‖ 회사에 간 인류학도
David W. McCurdy & Donna F. Carlson, "The shrink-wrap solution: Anthropology in business," in James P. Spradley & David W. McCurdy (eds.), *Confirmity and Conflict: Readings in Cultural Anthropology*, 5th edition, Boston and Toronto: Little, Brown and Company, 1984.

‖ 인류학자여, 이제는 위를 보자!
Lauder Nader, "Up the anthropologist: Perspectives gained from studying up," in Dell Hymes (ed.), *Reinventing Anthropology*, New York: Pantheon Books, 1972.

이 책에 나오는 민족과 문화

에스키모

현대
미국사회

주니족

멕시코

트리니다드

하와이

현대 뉴라질
사회

이스터 섬

폴리네시아

멜라네시아

호주 원주민

인도

마다가스카르

남부
아프리카

부시맨

티브족

첫 번째

문화상대주의

문화는 인류학의 핵심적인 개념이자 중요한 연구주제 중의 하나이다. 세계 여러 문화의 다양성에 주목해 온 인류학자들은 의식주를 비롯하여 가족과 친족, 사회조직, 정치와 권력, 경제행위, 법과 사회통제, 언어와 커뮤니케이션, 종교, 상징과 의례, 인성, 예술, 환경, 문화변동, 발전 문제에 이르기까지 문화를 이루는 인간 생활의 거의 모든 측면이 서로 관련을 맺고 있다는 사실도 중시하고 있다. 문화의 여러 구성부분들은 서로 밀접히 관련되어 있으며, 전체는 부분들의 단순한 합슴 이상의 것이다. 또한 상당수 사회에서 어떤 한 행위는 정치적인 동시에 경제적이며 의례적이고 친족적이다. 정치학자나 경제학자 등 다른 사회과학자들은 정치, 경제 등 인간 생활의 어느 한 측면을 분리하여 다루고 있으나, 인류학자들은 각 부분과 측면들이 서로 관련을 맺고 있는 방식 또는 그와 관련된 주제들을 주된 연구대상으로 삼아 왔다.

이러한 총체적 시각을 바탕으로 인류학자들은 자기 문화보다는 다른 문화를 연구해 왔다. 인류학자들이 다른 문화를 주된 연구대상으로 삼은 것은 다른 문화를 통해 자기 문화를 더 잘 이해할 수 있다고 보았기 때문이다. 자기 얼굴을 스스로 볼 수 있는 사람은 아무도 없다. 거울이라는 매체를 사용해야만 자기 얼굴을 볼 수 있게 된다. 물속에 사는 물고기가 물에 너무 익숙해서 물의 존재를 잊고 있듯이 사람들도 자기 문화에 너무 익숙해 있기 때문에 그 존재와 의미를 잊고 살아가기 쉽다. 그러나 다른 문화 속으로 들어가면 그 문화는 자기에게 낯설기 때문에 문화를 객관적으로 바라볼 수 있는 기회를 갖게 된다. 이런 경험을 통해 인류학자들은 자기 문화도 어느 정도 객관적으로 바라볼 수 있는 능력을 갖게 된다.

다른 문화를 연구하는 인류학자들은 자신이 자기 문화의 산물이라는 점을 인식하고 자기 문화의 영향으로부터 벗어나기 위해 노력한다. 그렇지만 자기 문화의 영향으로부터 완전히 벗어나 다른 문화를 그 문화 속에 살고 있는 사람들의 관점에서 이해한다는 것은 매우 어려운 일이다. 이러한 어려움은 다른 문화를 연구하는 인류학자들뿐만 아니라, 다른 문화와 접촉하며 살아가는 지구촌 시대의 모든 사람들에게, '다른 문화를 제대로 이해하려면 어떤 시각과 태도를 가져야 하는가'라는 보다 근본적인 질문을 제기한다.

우리는 흔히 자신의 윤리나 도덕, 가치 등을 인간 모두가 공유하는 보편적인 것이라고 믿는 경향이 있다. 그렇기 때문에 그에 따라 사고하고 행동하는 것을 당연하게 생각하고 다른 사람들도 우리 방식대로 세상을 바라보며 살고 있다고 확신한다. 심지어 다른 사람들에게도 우리처럼 행동할 것을 요구하기도 한다.

하지만 문화의 내용은 누구나 공유하는 보편적인 것이 아니며 각각의 인간 집단이 처해 있는 특수한 환경과 상황, 또는 주변의 다른 집단과 교류하면서 오랜 기간에 걸쳐 축적된 결과물이기 때문에 그 나름대로 가치를 지니고 있는 것이다.

따라서 어떤 문화를 제대로 이해하고 해석한다는 것은 그 문화가 생겨난 특수한 사회적 상황이나 배경, 그리고 그 안에서 살아가는 사람들의 특수한 역사적 경험을 그 맥락 속에서 이해한다는 것을 의미한다. 그러나 이러한 '다른 문화 이해의 방법'으로서의 문화상대주의가 곧 '도덕적 · 윤리적 상대주의'나 가치관의 혼란을 정당화하는 것은 아니라는 점에 주의할 필요가 있다.

다음에 읽어볼 미국의 인류학자 로라 보해넌Laura Bohanan의 「티브족, 셰익스피어를 만나다」라는 글은 문화에 대한 상대주의적 시각과 태도가 얼마나 중요한가를 일깨우는 일례로서, 우리가 통상 보편적인 것이라고 믿고 있는 어떤 가치나 윤리 또는 도덕이 사실은 문화적 배경의 차이에 따라 다르게 해석될 수 있음을 보여준다. 이 글은 미국의 인류학자와 아프리카 부족민처럼 문화적 배경이 서로 다른 사람들은 같은 문학작품도 완전히 다르게 해석할 수 있음을 보여준다. 그럼으로써 문화의 상대성을 인정하는 상대주의적 시각이나 태도가 특정 문화를 올바로 이해하는 데 얼마나 중요한가를 자연스럽게 깨닫게 해준다.

로라 보해넌은 서아프리카 나이지리아에 사는 티브Tiv족을 연구하기 위해 아프리카로 떠나기 전에 영국에 잠시 머문 적이 있었다. 그녀는 스트랫퍼드Stratford(셰익스피어의 고향)를 방문하여 평소에 친하게 지내던 영국인 친구와 셰익스피어의 문학작품에 관해 대화를 나누었다. 친구는 "당신 같은 미국인들은 셰익스피어의 문학작품을 제대로 이해하기 힘들 거요. 그건 셰익스피어가 영국 작가이기 때문이지요"라고 말했다.

당시에 보해넌은 『햄릿』같이 위대한 문학작품에서 다루어진 사건의 내용이나 그 동기는 언제 어디서나 같은 방식으로 해석될 것이라는 생각을 갖고 있었다. 그래서 친구의 말을 도저히 이해할 수가 없었을 뿐만 아니라 받아들일 수도 없었다. 그러자 친구는 그녀에게 『햄릿』 한 권을 주면서, 티브족과 함께 생활하는 중에 이 책을 다시 한 번 잘 읽어보면 자기가 한 말의 의미를 더 분명하게 이해할 수 있을 것이라는 말을 덧붙였다. 그 후 영국을 떠나 티브족의 한 마을로 들어간 보해넌은 어느 날 촌장의 부탁으로 마을의 장로elders들에게 『햄릿』의 내용을 이야기해 줄 기회를 갖게 된다. 그녀는 『햄릿』을 이야기해 주는 과정에서 자기의 해석과 그들의 해석이 크게 다르다는 것을 알고 당황한다. 결국 그녀는 그들의 설명과 해석을 듣게 되고, 그에 따라 흔히 보편적이라고 주장되는 가치나 윤리, 도덕 같은 것이 사실은 특정의 문화적 배경에서 생겨난 특수한 것이라는 점을 실감하게 된다.

티브족 사회에서의 이러한 경험은 보해넌에게 『햄릿』 이야기의 동기나 사건 그리고 그에 대한 해석이 하나가 아니라 다양할 수 있다는 가르침을 주었다. 보편적으로 통용되는 것이라고 믿었던 그녀의 해석이 사실은 서구 사회의 문화적 배경이나 사회적 상황에서 만들어진 것일 뿐이라는 사실을 깨닫게 된 것이다. 그것은 문화가 갖는 상대성이 무엇인지를 생생하게 이해하게 하는 놀라운 계기를 제공했을 뿐만 아니라 다른 문화를 상대주의적 시각이나 태도로 이해하는 것이 어떤 의미를 갖는 것인지를 알려주는 계기가 되었다.

보해넌의 글에 이어 읽을 호러스 마이너Horace Miner의 「나시르마 사람들」이라는 글은 나시르마Nacirema 사람들의 일상생활에 대한 민족지적 서술이다. 나시르마 사람인 마이너는 문화적인 인식을 없애고 중립적인 행동언어를 사용하여, 나시르마 사람들의 일상적인 활동을 낯선 것으로 만들었다. 나시르마 사람들은 몸과 관련된 여러 활동을 의례라고 생각하지 않고 무의식적으로 행하고 있지만, 이 글에서는 이러한 일상적인 활동을 의례로 간주하여 살펴보았다. 의례는 전통에 의해 확립된 절차를 따르는 일련의 행동으로 폭넓게 정의될 수 있기 때문이다.

우리는 이 글을 통해서 문화상대주의와 상반되는 자민족중심주의ethnocentrism의 문제를 알 수 있게 된다. 대개 사람들은 자연스럽게 행하는 일상적인 행동에 무언가 타당한 이유가 있다고 믿는다. 따라서 모든 행동은 충분히 설명될 수 있다고 생각하기 마련이다. 특히 그것이 주술과 전통적 믿음에 구속받는 부족들의 문화가 아니라 현대 문명사회의 관습인 경우에는 대부분 과학적이고 합리적인 설명이 가능하다고 생각하는 경향이 있다. 이 글에서는 나시르마 사람들이 일상적으로 수많은 의례를 행하고 항상 주술적 위협에 사로잡혀 살고 있는 것처럼 그리고 있다. 이들은 어느 오지에 살고 있는 '부족'일까, 아니면 현대 문명사회에 살고 있는 사람들일까.

마이너의 글은 우리에게 너무도 익숙해서 크게 의문을 가지지 않고 당연하게 여겨 왔던 일을 낯설게 볼 수 있다면, 많은 일들이 매우 기묘하고 납득하기 어려운 것으로 비칠 수 있음을 보여준다. 나시르마 사람들이 누구인지를 알게 되면, 이 글을 읽고 속임수 같다는 느낌을 받게 되겠지만, 순간적인 효과는 낯설게 보는 재미를 느끼게 해준다. 이러한 '낯설게 보기'는 이 글이 의도하고 있는 바이다. 현재까지 인류학에서 자기 문화에 대한 문화비평의 가장 효과적인 형태는 기본적으로 풍자를 하는 것이다.

먼저 보해년의 글을 제대로 이해하려면, 우리는 햄릿의 이야기를 기본적으로 알고 있어야 한다. 『햄릿』을 읽은 사람들이 많겠지만, 기억을 되살리기 위하여 『햄릿』의 줄거리를 다시 한번 되새겨 보자. 16세기 후반과 17세기 초반에 걸쳐 활동한 영국의 대문호이자 극작가인 셰익스피어(1564~1616)의 4대 비극 중 하나인 『햄릿』은 1601년에 완성된 작품으로, 초연된 시기는 1602년으로 추정된다. 셰익스피어의 『햄릿』 이전에도 'Ur-Hamlet', 다시 말해서 '원조 햄릿'이 있었다는 기록이 전해진다. 1594년에 이 동명의 희곡이 공연된 바 있다는 사실이 필립 헨즐로Philip Henslowe의 일기장에 기록되어 있다. 두 작품 모두 복수에 대한 이야기로, 덴마크의 왕자 햄릿Hamlet이 부왕을 죽이고 왕위에 오른 작은아버지에게 복수를 하고 본인도 죽게 된다는 줄거리로 되어 있다. 『햄릿』의 줄거리를 간략하게 소개하면 다음과 같다.

햄릿의 작은아버지인 클로디어스Claudius는 왕좌에 있던 형을 독살하고 왕위를 빼앗는다. 게다가 햄릿의 어머니인 왕비 거트루드Gertrude마저 한 달도 못 되어 클로디어스와 결혼해 그의 아내가 된다. 이에 충격을 받은 왕자 햄릿은 인생에 대한 절망감에 사로잡힌다.

햄릿이 클로디어스를 칼로 찔러 죽이는 마지막 장면을 그린 삽화.
(*The Tragedy of Hamlet, Prince of Denmark*,
에릭 길Eric Gill의 판화)

때마침 세상을 떠난 아버지의 유령이 햄릿 앞에 나타나 자기가 클로디어스에게 독살당한 경위를 말하고 복수해줄 것을 명한다. 그러나 계교에 능한 클로디어스가 좀처럼 틈을 보이지 않자 햄릿은 미친 척 가장하여 클로디어스와 자기가 사랑하는 오필리아Ophilia의 아버지인 재상 폴로니어스Polonius 앞에서 부왕 살해와 왕위 찬탈의 정황을 꾸민 연극을 보여주며 그 눈치를 살피기도 한다.

얼마 후 햄릿은 연극 때문에 분개한 어머니 거트루드의 침실로 가서 어머니의 부정을 탓하던 중에 이를 휘장 뒤에 숨어서 엿듣고 있던 폴로니어스를 클로디어스로 오인하여 칼로 찔러 죽인다. 이로 인해서 햄릿은 영국으로 떠나고 그동안 오필리아는 미쳐서 물에 빠져 죽는다.

영국으로 떠난 햄릿은 수행한 두 신하가 왕의 밀령으로 그를 죽이려는 것을 오히려 역이용하여 고국으로 돌아오게 된다. 도중에 햄릿은 오필리아의 장례식을 보게 된다. 폴로니어스의 아들이자 오필리아의 오빠인 레어티즈Laetes는 아버지와 누이의 죽음에 격분하여 햄릿에게 복수할 것을 결심한다. 클로디어스는 레어티즈와 햄릿이 서로 검술시합을 하도록 음모를 꾸민다. 그 자리에서 독을 묻힌 칼로 햄릿을 죽이려던 레어티즈는 햄릿을 찌르는 데 성공하지만 자신도 독검에 깊은 상처를 입게 된다. 레어티즈는 죽으면서 클로디어스가 이 사건의 주범임을 밝힌다. 햄릿은 마지막으로 클로디어스를 쓰러뜨리고 레어티즈에게서 입은 상처의 독이 온몸에 퍼지면서 죽는다.

이 작품은 당시 유행하던 복수극의 전통으로, 조카의 작은아버지에 대한 복수를 비극적으로 그린 작품으로 유명하다. 『햄릿』의 판본은 여러 가지이며 각각 약간씩 다르다. 이 작품의 매력적인 부분은 주인공 햄릿의 언어구사와 성격에 있다.

19세기 이후 주인공 햄릿은 사변적이고 내성적인 인텔리이며, 연약하고 행동성이 결여된 존재에다 우울증에 사로잡혀 있는 인물의 전형으로 간주되어 왔다. 특히 햄릿의 독백 "사느냐, 죽느냐, 그것이 문제로다 To be or not to be; That is the question"는 현실과 이상 사이를 방황하는 한 젊은이의 인간적 고뇌를 잘 표현한 명언으로 널리 알려져 지금도 수많은 사람들의 입에 오르내리고 있다. 『햄릿』의 비극성과 주인공 햄릿의 사색적 성격은 19세기 낭만주의가 발흥하면서 한층 더 높이 평가되었고, 이 작품은 셰익스피어의 대표작으로 널리 알려지게 되었다.

티브족, 셰익스피어를 만나다

| 로라 보해넌 |

'나'(여기서 '나'는 로라 보해넌을 가리킨다—엮은이)는 이번이 두 번째 아프리카 여행이었기 때문에 설령 아주 먼 오지에 들어가 생활한다 해도 얼마든지 잘 지낼 수 있을 것이라 믿으며 자신만만하게 아프리카로 향했다. 내가 현지조사를 위해 들어간 곳은 서아프리카의 나이지리아 티브족의 한 마을이었다. 그 마을은 촌장과 그의 가까운 친척들을 합쳐 모두 140여 명이 모여 사는 곳이었다. 나는 나이가 지긋한 촌장의 집에 머물렀는데, 그는 다른 장로들과 마찬가지로 자기 오두막에서 주로 전통의례나 제의를 치르는 일로 시간을 보내곤 했다.

　내가 마을에 머물기 시작한 지 약 두 달쯤 되던 어느 날, 아침부터 비가 내리기 시작했다. 나는 촌장과 진지한 대화를 나누기를 기대하는 마음으로, 그의 오두막을 찾아갔다. 오두막은 진흙으로 만든 낮은 벽 위에 바람과 비를 피하기 위해 풀로 지붕을 얹고 그 주위를 원형의 기둥들이 받치고 있었다. 낮은 문을 통해 기어들어가 보니, 허름한 옷을 입은 마을 남자들이 낮은 걸상이나 널빤지 침대, 그리고 등받이 의자 등에 웅크리고 앉은 채 연기가 나는 불을 쬐고 있었다. 중앙에는 세 동이의 술이 준비되어 있었다.

　촌장은 반색을 하며 나에게 술을 권했다. 나는 큰 호리병처럼 생긴

술병을 받아 작은 술잔에 약간 따른 다음 그것을 단숨에 들이켰다. 그런 다음 촌장 다음으로 나이가 많은 장로에게 술을 따라주었다. 촌장은 흡족한 표정으로 그런 나를 바라보았다. 이어 그는 내게 이렇게 말을 붙였다. "우리와 함께 좀더 자주 술을 마시는 것이 어떻겠소? 혼자 있을 땐 방에서 '종이쪽지'만 들여다보고 있다면서요? 다른 사람들이 그러더군요."

촌장이 아는 '종이쪽지'라곤 세금 영수증과 신부대bridewealth('신부대'에 대해서는 아홉 번째 장 「경제」의 들어가는 글을 참고) 영수증, 재판대금 영수증 그리고 편지밖에 없었다. 마을 사람들 중에는 글을 읽고 쓸 줄 아는 사람이 거의 없었기 때문에 편지를 받고서도 그 내용을 읽어줄 사람이 나타날 때까지 기다리는 경우가 많았다. 내가 이 마을에 들어온 이후에 내게도 편지를 읽어달라고 부탁하러 오는 사람들이 몇 명 있었다. 몇몇 남자들은 신부대 영수증을 가지고 와서는 좀더 높은 금액으로 고쳐달라고 요구하기도 했다. 그들에게 '종이쪽지'란 그런 것이었다.

　나는 그런 '종이쪽지'를 며칠씩이나 계속 들여다보고 있는 멍청한 사람으로 비치는 것이 싫어서 "내가 읽는 '종이쪽지'는 우리 나라에서 예로부터 전해오는 이야기를 적은 종이예요"라고 급히 둘러댔다.

　그러자 촌장은 내게 그 내용을 이야기해 달라고 청했다. 그렇지만 나는 이야기꾼이 아니라서 이야기를 해줄 수 없다고 정중히 사양했다. 그들이 평소에 생각하고 있는 '이야기해 주기'란 단순히 이야기의 내용을 말해주는 수준을 훨씬 뛰어넘는 것이었다. 그것은 거의 예술의 경지에 이르는 고도의 화법을 가리켰다. 그들 사이에서 '이야기를 해주는' 사람들의 수준은 매우 높았으며, 이야기를 듣는 사람들의 비판능력이나 수준도 대단했다. 이런 사정을 잘 알고 있던 나로서는 도저히 그들이 바라는 '이야기해 주기'를 할 능력이 안 된다고 판단했던 것이다.

　그러나 촌장을 비롯한 여러 장로들은 정말 내가 보던 '종이쪽지'의 내용이 꽤나 궁금했던 것 같았다. 나는 절대로 못하겠다고 계속 우겼지만 아무 소용이 없었다. 그들은 정말로 내 이야기를 듣고 싶었던지 내가 이야기를 해주지 않으면 앞으로 자기들도 내게 어떤 말도 해주지 않을 것이라며 겁을 주었다.

　촌장은 내가 그들이 하는 방식으로 이야기를 못하더라도 아무도 비판하지 않을 것이라고 굳게 약속했다. 또 장로들 중의 한 사람은 이렇게 말했다. "우리는 당신이 우리말로 이야기하는 것이 힘들다는 걸 잘 알아요. 그러니까 그걸 탓하지는 않을 거요. 그렇지만 우리가 당신에게 이야기할 때 설명해준 것처럼 당신도 우리가 잘 이해하지 못하는 부분은 자세히 설명해 주길 바라오." 마침내 나는 이번이 『햄릿』 이야기가 보편적으로 이해될 수 있다는 것을 증명할 기회라고 생각하며 이야기를 해주기로 결심했다.

촌장은 이야기를 시작하는 것을 돕기 위해 내게 술을 더 주었다. 장로들은 만족스런 표정으로 담뱃대에 불을 붙이고 뒤로 기대앉아 내 이야기에 귀를 기울였다. 나는 그럴듯하게 이야기를 시작했다. "어제도 그제도 아닌 아주 옛날 옛적에 어떤 일이 일어났어요. 어느 날 밤에 대추장大酋長*이 사는 성을 지키던 세 남자는 옛날의 대추장이 자기들 앞에 나타난 것을 보고 매우 당황하면서 두려움에 벌벌 떨었어요."

*___보해년은 이야기를 듣는 사람들이 최고 권력자를 대추장이라고 부르는 티브족이라는 점을 고려하여 유럽에서 사용하는 '왕'이라는 용어 대신에 '대추장great chief'이라는 용어를 사용했다.

"왜 그는 더 이상 대추장이 아니었나요?" 이야기를 듣고 있던 사람 중 한 사람이 물었다.

"그는 죽었거든요. 그들이 대추장을 보았을 때 당황하고 두려워했던 것도 그 때문이죠"라고 내가 설명했다.

"그건 불가능한 일이오." 한 장로가 옆 사람에게 담뱃대를 건네며 입을 떼기 시작했다. "틀림없이 그건 이미 죽은 옛날의 대추장이 아니었을 거요. 그건 마법사가 보낸 악령omen이었음에 틀림없어요. 계속하시오." 나는 약간 주춤하다가 이야기를 계속했다.

**___보해년은 '학자'를 번역할 적당한 단어를 찾다가 그 의미에 가장 가까운 번역이 '지혜로운 사람'이라고 생각해서 그렇게 표현했지만, 불행하게도 그것 역시 티브족에게는 마법사를 뜻하는 용어였다.

"이들 세 사람 중 한 명은 '지혜로운 사람'**이었어요. 그 사람의 이름은 호레이쇼Horatio였답니다." 나는 말을 계속 이어나갔다. "호레이쇼는 죽은 대추장에게 당신이 무덤에서 편히 쉬려면 자기가 어떻게 해야 하는지를 알려달라고 간청했어요. 그러나 죽은 대추장은 아무 대답도 하지 않은 채 그냥 말없이 사라졌어요. 그들은 더 이상 대추장을 볼 수 없었죠. 호레이쇼는 이 일이 죽은 대추장의 아들인 햄릿과 어떤 관계가 있을 것이라고 생각했죠."

내 이야기를 듣고 있던 사람들은 대부분 머리를 저었다. 그중 한 사람이 물었다. "죽은 대추장에게는 형제가 없었나요? 그의 아들은 대추장이 됐나요?"

나는 대답했다. "아뇨. 형이 죽자 동생이 대추장이 되었죠."

한 장로가 이렇게 중얼거렸다. "그렇다면 그 악령은 젊은이들보다는 대추장이나 장로들과 관계가 있을 거요. 아마 호레이쇼는 '지혜로운 사람'이 아니었던 것 같소."

"아니에요. 그는 분명 '지혜로운 사람'이었어요." 나는 쥐고 있던 술병으로 내게 다가오는 닭을 쫓으며 그렇게 주장했다. "우리 나라에서는 아버지 다음에는 아들이 대추장이 돼야 하는데 뭔가 잘못되어 동생이 대추장이 된 거죠. 그리고 대추장의 장례식이 끝나고 한 달 뒤에 그의 동생이 형수와 결혼을 했거든요."

"아주 잘했는걸." 한 장로가 환하게 미소 지으며 다른 사람들을 향해 말했다. "내가 예전에 말하지 않았소. 서양 사람들도 우리와 별 차이가 없다고 말이오. 여기서도 그렇게 한다오."

그는 계속해서 말했다. "형이 죽으면 동생이 형수와 결혼하고 형의 자식들의 아버지가 되지. 만약 당신의 작은아버지가 과부가 된 당신 어머니와 결혼을 하고 당신의 아버지와 작은아버지가 한 아버지와 한 어머니한테서 난 자식이라면, 그는 당신에게도 진짜 아버지가 되는 거요. 그런데 햄릿의 아버지와 작은아버지는 같은 어머니한테서 태어난 자식이었소?"

나는 그의 질문을 겨우 알아들을 수 있었다. 나는 "분명하지는 않지만 그들은 아마 같은 어머니에게서 태어났을 거예요"라고 말했다. 그러나 정말 확신할 수는 없었다. 『햄릿』의 원작 속에는 그런 내용이 없었으니까. 그 장로는 "이 점이 매우 중요하오. 귀국하면 당신네 장로들에게 꼭 물어봐야 하오"라고 내게 단단히 일러두었다. 그러고 나서는 여러 아내 중에서 가장 나이가 어린 아내에게 염소가죽 가방을 가져오라고 소리쳤다.

나는 『햄릿』의 중요한 주제인 형이 죽자 동생이 형수와 결혼한 문제와 햄릿의 어머니인 왕비의 재혼과 관련된 설명은 일단 제쳐놓기로 하고, 숨을 한 번 깊이 들이마시고는 다시 이야기를 계속했다. "어머니가 너무 빨리 재혼했기 때문에 햄릿은 굉장히 슬펐습니다. 우리 관습에 따르면 과부는 최소한 2년간 상을 치른 후에야 재혼하는 것이 보통이거든요." "2년은 너무 길어요"라며 조금 전에 그 장로의 심부름으로 해진 염소가죽 가방을 가져온 그의 아내가 반대 의사를 표했다.

"남편이 없으면 누가 밭을 매어주나요?" 나는 별 생각 없이 그 말을 되받았다. "햄릿은 어머니의 밭을 맬 수 있을 정도로 성장했거든요. 그러니까 그런 이유로 어머니가 재혼할 필요는 없었던 거지요." 그러나 아무도 납득하는 것 같지 않았다. 나는 포기했다. "햄릿의 어머니와 대추장은 햄릿에게 슬퍼하지 말고 그곳에 머물러 있으라고 했지요. 왜냐하면 대추장이 이제 햄릿의 아버지가 됐으니까요. 게다가 햄릿은 다음 대추장이 될 사람이었거든요. 대추장이 되려면 많은 것을 배워야 했기 때문에 슬퍼도 그곳에 있어야 했죠. 그는 그렇게 하겠다고 했어요."

나는 이야기를 잠시 멈추었다. 그곳에 모인 사람들은 햄릿의 작은아버지와 어머니가 올바르게 처신했다고 믿는 것 같았다. 내가 황망한 가운데 그들에게 햄릿의 반감에 찬 독백을 어떻게 전달할 수 있을 것인가를 두고 고민하고 있을 때, 한 젊은이가 "죽은 대추장의 다른 아내들과 결혼한 사람은 누구였지요?"라고 물었다.

나는 "그에게는 다른 아내들이 없었어요"라고 대답했다.

"대추장은 원래 많은 아내를 거느리잖아요! 다른 아내가 없었다면 도대체 술은 누가 빚고 또 손님들을 위해 음식을 준비하는 일은 누가 하지요?"라고 그 젊은이가 의심에 찬 목소리로 재차 물었다.

나는 우리 나라에서는 아무리 대추장이라고 해도 아내는 단 한 사람뿐이며, 다른 일들은 하인들이 맡아 하는데 대추장은 백성들로부터 거둬들인 세금에서 일부를 떼어 그들에게 지불한다고 단호하게 말해 주었다.

이에 그는 이렇게 응수했다. "대추장이 많은 아내들을 거느려 그의 밭을 매게 하고, 그 대가로 백성들을 보살펴주는 편이 더 낫죠. 그렇게 하면 백성들은 많은 것을 주면서도 자기는 아무것도 가져가지 않는 대추장을 더 좋아하고 따를걸요. 세금은 나쁜 것이에요."

나는 "세금은 나쁜 것"이라는 마지막 말에는 동의했다. 그러나 다른 이야기에 대해서는 "우리 나라에서는 원래부터 그래 왔기 때문에 그렇게 하는 거예요"라고 설명했다. 이런 식으로 대답하는 것은 평소에 그들이 어렵거나 난처한 질문을 회피할 때 즐겨 사용했던 수법인데, 이번에는 내가 그것을 적절히 써먹었다.

햄릿의 독백 부분은 건너뛰기로 마음먹었다. 이 사람들은 클로디어스가 형수와 결혼한 것이 옳은 일이라고 생각하는 듯이 보였다. 그러나 아직 독살이라는 주제가 남아 있었다. 나는 그들이 형제를 살해하는 일에 대해서는 분명히 반대할 것이라고 생각하며, 희망을 잃지 않고 이야기를 계속하기로 했다. "어느 날 밤에 햄릿은 죽은 아버지를 보았다는 세 사람과 함께 있었어요. 죽은 대추장은 그곳에 다시 나타났어요. 다른 사람들은 겁을 먹고 달아났고, 결국 죽은 아버지와 햄릿 단 둘만이 남게 되었지요. 죽은 아버지는 햄릿에게 말하기 시작했어요."

"악령은 결코 말하지 않아요!" 촌장이 강한 어조로 말했다.

"햄릿의 죽은 아버지는 악령이 아니에요." 나는 분명하게 잘라 말했다. 그들은 혼란스러워하는 것 같았다. "햄릿의 죽은 아버지 같은 존재를 우리는 악령이 아니라 귀신ghost이라고 부른답니다."

"귀신이 대체 뭐요? 악령과는 어떻게 다르죠?"

"귀신은 죽었지만 걸어 다니기도 하고 말을 하기도 해서 산 사람들이 목소리를 들을 수도 있고 또 볼 수도 있는, 그런 거죠. 물론 만질 수는 없지만요. 말을 하지 않는 악령하고는 달라요." 그러나 그들이 이런 내 설명을 수긍하는 것 같지는 않았다.

"되살아난 시체zombi는 만질 수 있는데."

"아뇨, 아니에요! 그건 제물로 바치기 위해 마법사들이 일부러 생명을 불어넣은 그런 시체가 아니에요. 마법사가 햄릿의 죽은 아버지를 걷게 만든 건 아니에요. 그는 스스로 그렇게 한 거예요."

내 이야기에 귀를 기울이고 있던 그들은 절대로 죽은 사람이 스스로 걸을 수는 없다고 이구동성으로 이의를 제기했다. 나는 이미 타협할 자세가 되어 있었다. "귀신은 죽은 사람의 혼령 같은 거예요." 그러자 어떤 이가 내 말이 채 끝나기도 전에 "죽은 사람에게는 혼이 없소"라고 큰 소리로 외쳤다. 그래서 나도 질세라 "내가 사는 나라에서는 죽은 사람에게도 혼이 있어요"라며 그의 말을 가로채며 크게 말했다.

잠시 숨을 돌린 다음 나는 다시 이야기를 계속했다. "어쨌든 햄릿의 죽은 아버지는 햄릿에게 자기 동생이 자기를 독살했다고 말했어요. 그는 아들이 복수를 해주기를 바랐던 거죠. 햄릿은 작은아버지를 좋아하지 않았기 때문에 그 말을 전적으로 믿었어요." 나는 술을 한 모금 더 들이켰다. "대추장의 나라는 아주 넓은 곳이었어요. 대추장에게는 폴로니어스라는 대장로大長老*가 곁에 있어서 그와 나랏일을 상의했어요. 폴로니어스는 대추장에게 나랏일에 대해 조언을 하는 등 도움을 주었지요. 당시 햄릿은 폴로니어스의 딸인 오필리아에게 구애를 하고 있었는데, 폴로니어스와 그녀의 오빠인 레어티즈는 그녀에게 절대로 햄릿을 만나서는 안 된다고 경고했어요. 왜냐하면 햄릿은 앞으로 대추장이 될 것이고, 그러면 그녀와 결혼할 수 없을 것이라고 믿었기 때문이죠."

*___실은 재상이지만 티브족에게는 재상이 따로 존재하지 않기 때문에 장로 중에서 높은 지위를 가리키는 의미인 '대장로'라는 말을 대신 사용했다.

"왜 결혼하면 안 되는 거죠?" 라며 촌장의 부인이 물었다. 촌장은 그녀가 매우 어리석고 한심한 질문을 했다고 생각했는지 얼굴을 잔뜩 찌푸리면서 "그들은 같은 마을에 살았잖아!" 라며 성난 목소리로 쏘아붙였다. 티브족에게는 같은 마을에 사는 사람들과는 혼인을 하지 않는 관습이 있었다.

"하지만 그 때문은 아니었어요. 폴로니어스는 대추장을 돕기 위해 그곳에 살았던 거지 원래 그곳 사람은 아니었거든요. 대추장과 친척 사이도 아니었고요."

"그렇다면 왜 햄릿이 그녀와 결혼하지 못한다는 거죠?"

"할 수도 있죠. 그렇지만 폴로니어스는 햄릿이 자기 딸과 결혼하지 않을 거라고 생각한 거죠. 햄릿은 결국에는 다른 나라 대추장의 딸과 결혼해야 하는 중요한 인물이었고, 그 나라에서는 부인을 한 명밖에 둘 수 없었으니까요. 폴로니어스는 그런 햄릿이 자기 딸과 사귄다면 나중에 비싼 신부대를 지불하면서까지 그녀와 결혼하려고 할 남자가 아무도 없을 거라고 생각한 거죠"라고 내가 좀더 자세히 설명했다.

"그건 그렇겠구먼." 장로들 중 한 사람이 말했다. "하지만 대추장의 아들인 햄릿이 나중에 자기가 사랑했던 사람의 아버지에게는 충분한 보상이 되고도 남을 만큼 선물도 주고 후원도 해줄 텐데. 내가 보기에 폴로니어스는 바보로구먼."

"많은 사람들이 그렇게 생각해요"라며 나는 동의를 표했다.

"그런데 폴로니어스는 자기 아들인 레어티즈를 프랑스 파리에 보냈어요. 프랑스에 대해 배우고 오라고요. 그 나라는 자기 나라보다 더 크고 힘센 나라였어요. 그는 아들이 술과 여자와 도박에 돈을 흥청망청 써대거나 싸움질을 하는 등 말썽을 일으킬까 봐 염려스러워 나중에 하인 한 명을 따로 보냈어요. 아들이 뭘 하면서 지내나 염탐하라고요."

"그러던 어느 날 햄릿은 오필리아를 우연히 만났어요. 그의 말과 행동이 하도 이상해서 그녀는 정말 잔뜩 겁을 먹었죠." 나는 모호하면서도 의심에 가득 찬 햄릿의 광기 어린 성격을 설명하려고 말을 더듬거렸다. "대추장을 비롯하여 거의 모든 사람들이 햄릿의 말과 행동을 이해하지 못했어요. 그들은 햄릿의 혼이 나가버렸다고 생각했죠." 나는 이야기를 듣는 사람들이 '미쳤다'라는 말을 모를 것이라는 생각에 '햄릿이 미쳤다고 생각했다'라는 말 대신 '햄릿의 혼이 나가버렸다'라는 표현을 썼다. 그러자 그들이 갑자기 훨씬 더 주의 깊게 듣기 시작했다. "어느 날 대추장은 햄릿의 동년배* 친구 둘을 햄릿에게 보내 무엇 때문에 햄릿이 혼이 나갔는지 알아보라고 시켰죠. 햄릿에게 이야기를 시켜봐서 무엇이 그를 괴롭혔는지를 알아내려고 말이에요. 그러나 친구들이 그런 일을 하는 대가로 대추장한테서 돈을 받았다는 사실을 눈치 챈 햄릿은 그들에게 아무 말도 하지 않았죠. 하지만 폴로니어스는 자기가 오필리아를 만나지 못하게 해서 햄릿의 혼이 나가버렸다고 생각했습니다."

"왜 햄릿에게 마법을 거는 거죠?" 혼란에 빠진 듯한 목소리로 누가

* ___ '학교 친구'라는 말 대신에 티브족 사람들에게 더 익숙한 '동년배'라는 말을 사용했다. 학교가 없는 티브족 사람들에게 학교 친구를 설명하는 것이 매우 어려울 뿐만 아니라 그 말 자체가 매우 낯선 말이기 때문이다.

물어보았다.

"마법을 걸다니요? 그게 무슨 말이죠?"

"그럼요. 마법만이 사람의 혼을 뺄 수 있죠. 숲속의 신령을 본 게 아니라면요."

나는 잠시 이야기꾼이 되기를 포기하고, 공책을 꺼내 그들에게 혼을 빼내어 광기를 일으키는 그 두 가지 경우에 대해 설명해 달라고 부탁했다. 그들이 이야기를 하고 내가 그 내용을 공책에 쓰는 동안에도 나는 이 새로운 변수가 『햄릿』 이야기의 전체 구성에 미칠 영향을 계산하려고 애썼다. 티브족 사람들에게는 마법에 걸리거나 숲속의 신령을 보면 혼이 나가버린다는 믿음이 있었다. 물론 햄릿은 숲속의 신령을 본 것이 아니었다. 그렇다면 그들 말대로 그가 마법에 걸렸던 것이라고 해야 할까? 또 그것을 인정한다면 누가 마법을 걸었다고 해야 할까? 이 사람들은 부계 쪽 친척들만이 마법을 걸 수 있다고 믿는다. 『햄릿』에서 언급되지 않은 다른 친척들을 제외한다면 햄릿에게 마법을 걸어 그를 해칠 수 있는 사람은 그의 친삼촌인 클로디어스여야 한다. 그리고 사실 그가 맞지 않은가.

이런 생각을 하면서 받아 적기를 마친 다음, 나는 더 이상의 질문을 피하기 위해 이야기를 계속했다. "새로운 대추장은 햄릿의 마음을 괴롭히고 있는 것이 오필리아에 대한 사랑이 아니라 그보다 훨씬 더 중요한 무엇이라는 것을 눈치 챈 것 같았어요. 그러는 동안 햄릿은 그 동년배 친구들에게 유명한 이야기꾼 한 사람을 당장 불러오도록 했지요. 그를 이용하여 형이 차지하고 있던 대추장의 자리를 탐내어 형을 독살하고 형수를 취한 지금의 대추장에 대한 이야기를 백성들에게 알려야겠다고 결심한 거예요. 햄릿은 지금의 대추장이 그 이야기를 들으면 죄책감을 느낄 것이라고 믿었던 거죠. 그렇게 되면 죽은 아버지가 이야기한 것이 사실인지 아닌지를 분명하게 알 수 있었을 테니까요."

촌장은 "아버지가 아들에게 왜 거짓말을 했겠소?"라며 재빠르게 끼어들었다.

"햄릿은 '그것'이 정말 죽은 아버지였는지 확신할 수가 없었던 거죠"라며 나는 얼른 그 질문을 막았다. 원한을 품은 혼령이 나타났다는 것을 그들의 말로 정확히 옮기는 것은 불가능했다.

"당신 말대로라면 그것은 진짜 악령이었으며, 마법사들이 때로 가짜 악령을 보내기도 한다는 것을 햄릿이 알고 있었다는 말이잖소. 햄릿이 악령을 처음 보았을 때 바로 그 정체를 알아채고 진짜와 가짜를 구분할 수 있는 능력을 지닌 사람을 찾아가지 않은 것으로 보아 그는 바보임에 틀림없소. 햄릿이 진작 그 사람을 찾아갔더라면, 그는 햄릿에게 아버지는 진짜로 독살되었으며, 그 독 안에는 마법이 있었다고 자세히 알려줬을 거요. 그랬다면 햄릿은 장로들에게 그 문제를 해결해 달라고 부탁했을 테고."

한 장로가 과감하게 반대 의견을 말했다. "햄릿의 작은아버지도 대추장이었기 때문에 그 사람이 햄릿에게 직접 그런 말을 해주는 게 두려웠을 수도 있어요. 내 생각엔, 그래서 햄릿 아버지의 친구였던 마법사와 장로가 악령을 보내 친구의 아들인 햄릿에게 그런 사실을 알린 것 같은데요. 그런데 그 악령은 진짜였나요?"

나는 귀신이라고 할까 악령이라고 할까 고민하다가 둘 다 포기하곤 할 수 없이 "예, 맞아요"라고 대답했다. '그것'은 마법사가 보낸 악령이어야 했다. "그건 진짜였어요. 그래서 온 마을 사람들이 모두 모인 데서 이야기꾼이 그 이야기를 하자 대추장은 겁을 내기 시작했어요. 자기가 햄릿을 죽이려는 음모를 꾸민 것을 햄릿이 눈치 챘을까 봐 두려웠던 거죠."

그 다음에 이야기할 상황은 설명하기가 좀 어려웠다. 그래서 나는 조심스럽게 이야기를 꺼냈다. "대추장은 이번에는 햄릿의 어머니에게 햄릿이 무엇을 알고 있는지를 알아오라고 시키고 나서 그녀가 못 미더워 폴로니어스에게 그녀의 처소에 숨어들어가 두 사람의 대화를 엿듣도록 시켰죠. 햄릿의 어머니는 대추장이 형을 독살한 이야기를 많은 사람들 앞에서 하게 한 것에 대해 햄릿을 나무랐고, 이에 질세라 햄릿도 어머니를 비난하기 시작했어요." 내 이야기를 듣던 사람들이 갑자기 모두 충격을 받은 듯 술렁대기 시작했다. 티브족 사회에서 아들이 어머니를 비난하는 행동은 결코 있어서는 안 되는 일이었다.

"그녀는 두려움에 떨며 소리를 질렀고, 그때 천 뒤에 숨어 있던 폴로니어스가 움직였던 거예요. 햄릿은 '쥐새끼다!'라고 소리치고는 칼을 꺼내 천을 향해 내리쳤어요." 나는 극적인 효과를 노리며 말을 잠시 멈추었다. "그는 폴로니어스를 죽인 겁니다!"

이야기를 듣던 사람들은 질겁하는 눈치를 보이며 서로를 쳐다보았다. "폴로니어스라는 자는 아무것도 모르는 정말 바보였구먼! 어린애라도 '나야!'라고 소리칠 줄은 알 텐데." 그때 나는 이 사람들이 모두 뛰어난 사냥꾼들이라는 사실을 고통스럽게 기억해내야 했다. 그들은 항상 활, 화살, 칼로 무장하고 있으며, 수풀에서 무언가 바스락거리면 즉시 그곳에 화살을 겨누고 "사냥감이다!"라고 소리친다. 수풀 속에 있는 사람이 금방 소리치지 않으면 그들은 당장 활시위에서 화살을 놓아버린다. 햄릿은 훌륭한 사냥꾼처럼 '쥐새끼다!'라고 외쳤던 것이고, 폴로니어스가 그처럼 어이없이 죽임을 당하지 않기 위해선 '나야!'라고 인기척을 냈어야 했던 것이다.

나는 폴로니어스에 대한 티브족 사람들의 나쁜 평가를 조금이라도 만회하기 위해 서둘러 말했다. "물론 폴로니어스는 외쳤지요. 햄릿도 그의 목소리를 들었고요. 그렇지만 햄릿은 그게 대추장의 목소리인 줄 알았고, 아버지의 원수를 갚기 위해선 그를 죽여야겠다고 생각해서 칼을 휘둘렀던 거예요."

그러나 내가 비교적 상세하게 설명했다고 느낀 것과는 달리 이야기를 듣던 사람들은 매우 큰 충격을 받은 듯했다. "예전엔 작은아버지였고 지금은 아버지가 된 사람을 감히 해치려 들다니. 그건 정말 끔찍한 짓이야."

나는 당황해서 그가 예전에 햄릿의 아버지를 죽인 사실을 상기시켰다. "그건 그렇지가 않아요"라며 촌장이 말했다. "작은아버지가 아버지를 죽였다면 아버지의 동년배 친구들에게 복수해줄 것을 호소해야지. 복수는 그들이 해야 하는 거요. 자기보다 나이가 많은 친척에게 폭력을 쓰면 절대로 안 되는 거요." 그는 다른 생각이 떠올랐는지 이렇게 덧붙였다. "그렇지만 햄릿의 작은아버지가 정말 사악해서 햄릿에게 마법을 걸어 미치게 만들었다면 그건 훌륭한 이야깃거리가 되지. 왜냐하면 햄릿이 혼이 나가서 이성을 잃고 작은아버지를 죽이려고 했다는 것 자체가 바로 작은아버지의 잘못 때문일 테니까 말이야."

동의를 뜻하는 웅성거림이 있었다. 이제 『햄릿』은 그들에게는 훌륭한 이야깃거리가 되었지만 내가 예전에 읽었던 그 이야기가 아니었다. 그것은 이미 원작과는 너무나 많이 달라져 있었다. 앞으로 설명해야 할 상황과 장면은 또 얼마나 복잡한가라는 생각이 들자 나는 용기를 잃었고 논란의 여지가 많은 부분은 빨리빨리 건너뛰기로 마음먹었다.

나는 이야기를 계속 이어나갔다. "대추장은 햄릿이 폴로니어스를 죽인 것에 대해 별로 유감스럽게 생각하지 않았어요. 오히려 잘된 일이라고 생각했죠. 그게 햄릿을 영국으로 쫓아낼 수 있는 좋은 구실이 되었거든요. 그는 햄릿의 친구 두 명을 딸려 보내면서 햄릿을 죽이라는 내용이 적힌 편지를 영국의 대추장에게 전달하도록 시켰어요. 그러나 햄릿은 자기 대신 친구들을 죽이라는 내용으로 편지를 고쳤고, 영국의 대추장은 햄릿 대신 그의 친구들을 죽였지요. 그래서 햄릿은 무사히 고국으로 돌아올 수 있었어요."

내 이야기는 쉬지 않고 계속 이어졌다. "폴로니어스의 아들인 레어티즈가 아버지의 장례식에 참석하기 위해 프랑스에서 돌아온 것은 햄릿이 귀국하기 전의 일이었어요. 대추장은 그에게 햄릿이 폴로니어스를 죽였다고 말해 줬죠. 레어티즈는 아버지뿐만 아니라, 여동생 오필리아도 사랑했던 햄릿이 아버지를 죽였다는 소식에 혼이 나가 강물에 빠져 죽었다는 것을 알게 됐어요. 그래서 햄릿을 반드시 자기 손으로 죽이겠다고 맹세했지요."

"우리가 예전에 말해준 걸 벌써 잊었소?" 촌장이 나무랐다. "혼이 나간 사람한테는 절대로 복수하지 않는 법이오. 햄릿은 혼이 나간 상태에서 폴로니어스를 죽였소. 또 오필리아라는 여자는 혼이 나갔고 게다가 물에 빠져 죽었소. 사람을 물에 빠뜨릴 수 있는 건 오직 마법사들뿐이오. 물은 그 어떤 것도 해치거나 다치게 하는 법이 없소. 그건 그냥 사람들이 마시거나 목욕하는 데 쓰일 뿐이오." 나는 화가 났다. "이야기가 듣기 싫으시다면 그만두겠어요." 그러자 촌장은 화를 가라앉히고 진정하라면서 내게 술을 더 따라주었다.

"당신은 이야기를 잘하고 있고 우리는 잘 듣고 있소. 그러나 당신 나라의 장로들은 당신에게 그 이야기가 진짜로 어떤 의미가 있는지를 말해주지 않은 게 분명하오. 아니오, 내 이야기를 끊지 마시오! 우리는 당신

셰익스피어를
만나다

나라의 결혼풍습이나 옷, 그리고 무기가 우리와 다르다는 이야기는 믿소. 그러나 사람은 어디서나 똑같은 법이오. 그러니까 어디를 가나 마법사들은 있기 마련이고 그들이 무슨 일을 하는지 제대로 아는 이들은 바로 우리 장로들이란 말이오. 햄릿을 죽이고 싶어 한 사람은 대추장이라고 이미 말했잖소. 지금 당신 이야기를 들어보니 우리가 바로 맞았다는 것을 알게 되었소. 오필리아의 남자 친척들은 누구였소?"

"아버지와 오빠 단 둘만 있었어요." 이제 나는 『햄릿』이 명백히 내 지식이나 권한 밖에 있음을 느꼈다.

"아니오. 내가 보기엔 아마도 다른 남자 친척들이 많았을 거요. 당신 나라로 돌아가면 당신네 장로들에게 이것도 반드시 물어봐야 할 거요. 당신 말이 맞는다면 지금까지의 이야기로는 폴로니어스는 죽었으니까 오필리아를 죽인 건 레어티즈가 틀림없소. 왜 그랬는지는 잘 모르겠지만."

우리는 술 한 동이를 다 비웠고 내 이야기를 듣고 있던 사람들은 거의 모두 약간 취한 상태에서 그 문제에 관해 계속 이야기를 나누었다. 마침내 그들 중 한 사람이 내게 물었다. "폴로니어스의 하인이 돌아와서 뭐라고 말했죠?"

나는 폴로니어스가 레어티즈를 염탐하기 위해 나중에 레이날도 Reynaldo라는 하인을 따로 보냈다는 사실을 간신히 기억해내고는 "그 하인은 폴로니어스가 죽은 후에 돌아왔을 걸요"라고 대답해 주었다.

"들어보오." 장로 한 사람이 말했다. "내가 지금까지 당신이 했던 이야기를 정리하고 앞으로 이야기가 어떻게 될 건지를 말해볼 테니 내가 맞는지 말해주시오. 폴로니어스는 자기 아들이 곤란에 빠질 것이라는 걸 알았고, 또 그렇게 되었소. 그의 아들은 싸움과 노름으로 빚을 많이 졌지. 그런데 레어티즈에게는 돈을 빨리 마련할 두 가지 방법이 있었던 거요. 하나는 여동생을 빨리 시집보내는 것이었는데, 대추장의 아들인 햄릿이 여동생을 좋아하는 한, 여동생과 결혼하고 싶어 하는 남자를 찾기는 힘든 일이었을 거요. 왜냐하면 결혼한 후에 대추장의 상속자인 햄릿이 오필리아와 간통을 했다 해도 남편으로서도 어쩔 수 없지 않겠소? 바보만이 나중에 자신을 심판하게 될 사람을 고소할 거요. 그래서 레어티즈는 두 번째 방법을 택한 거요. 자기 여동생을 마법으로 죽이는 방법 말이오. 여동생을 물에 빠뜨려 죽게 만든 다음 그 시체를 마법사에게 몰래 팔려고 말이오."

나는 이의를 제기했다. "오필리아의 시체는 그녀가 죽은 다음에 누군가에게 발견되어 무덤에 묻혔어요. 사실 레어티즈는 여동생을 한 번 더 보려고 무덤으로 뛰어들기까지 했는걸요. 그러니까 여러분, 시체는 정말 무덤 속에 있었어요. 레어티즈보다 늦게 돌아온 햄릿도 오필리아의 시체가 묻혀 있던 무덤에 뛰어들었고요."

"내가 뭐라 그랬소." 한 장로가 다른 사람에게 호소하는 표정으로 말했다. "오필리아의 시체는 레어티즈에게는 아무런 쓸모가 없게 된 거요. 대추장과 마찬가지로 그 후계자인 햄릿 역시 자기 아닌 다른 사람이 부와 권력을 갖게 되는 것을 원치 않았던 것이 분명하오. 아마 레어티즈는 잔뜩 화가 났을 거요. 레어티즈는 오필리아의 시체를 마법사에게 팔 수 없게 되어, 결국 여동생을 죽인 게 자기에겐 아무런 이득이 되지 않았던 거지. 그가 여기 사람이라면 그 때문에라도 햄릿을 죽이려고 했을 거요. 그렇게 된 게 아니오?"

"대체로 그렇다고 할 수 있죠." 나는 그의 말을 받아들이기로 했다. "햄릿이 아직 살아 있다는 걸 알게 된 대추장은 잔뜩 화가 나 있던 레어티즈에게 햄릿을 죽이라고 사주했고 두 사람이 독이 묻은 칼로 결투할 것을 주선했죠. 그 결투로 두 젊은이 모두 거의 죽을 정도로 부상을 당했어요. 햄릿의 어머니는 대추장이 햄릿이 이길 경우에 그에게 마시게 하려고 준비해 둔 독주를 모르고 마셔버렸어요. 어머니가 죽어가는 것을 본 햄릿은 독이 점점 몸에 퍼져 거의 죽어가는 상태에서 마지막으로 클로디어스를 칼로 찔러 죽였던 거예요."

"보시오. 내 말이 맞지 않소!"라고 그 장로가 외쳤다.

"아주 훌륭한 이야기였소." 촌장이 덧붙였다. "그리고 당신은 거의 실수 없이 이야기를 잘해주었어요. 다만 끝 부분에서 약간의 실수를 한 것 같소. 햄릿의 어머니가 마신 독은 분명히 승자를 위한 것이었소. 누가 이겼든지 말이오. 레어티즈가 이겼다 하더라도 대추장은 그를 독살시켰을 거요. 왜냐하면 아무도 그가 햄릿을 죽이려고 했다는 걸 알아서는 안 되니까 말이오. 그리고 또 그래야만 레어티즈의 마법을 두려워할 필요가 없으니까. 하나밖에 없는 누이동생을 마법으로 죽였다는 건 그가 대단한 강심장을 갖고 있었다는 걸 뜻하거든." 촌장이 너덜너덜한 겉옷을 두르며 결론을 짓듯이 말했다. "앞으로 당신 나라의 이야기를 더 많이 해줘야겠소. 장로인 우리가 그런 이야기들의 참뜻을 가르쳐주겠소. 그래야 당신이 고향에 돌아갔을 때 당신 나라의 장로들이, 당신이 단지 수풀 속에 그냥 앉아만 있다 온 것이 아니라 세상과 사물의 이치를 아는 사람들, 또 지혜를 가르쳐준 사람들과 함께 있었다는 걸 알게 될 테니 말이오."

결국 나는 티브족 장로들에게 『햄릿』 이야기를 해주는 과정에서 『햄릿』에 등장하는 사건의 내용과 동기에 대한 내 해석과 그들의 해석이 크게 다르며, 각각 서로 다른 방식으로 해석되고 있었다는 사실을 알게 되었다. 『햄릿』에 대한 해석은 언제 어디서나 그리고 누구에게나 보편적으로 통용되는 것이 아니며, 어떤 사회의 특수한 상황이나 독특한 문화적 배경 또는 고유한 역사적 경험에 따라 다르게 이해될 수 있다는 것을 배운 셈이었다.

티브족 장로들과의 대화가 끝난 후에야 비로소 나는 이곳에 오기 전에 영국인 친구가 했던 말의 참뜻을 이해할 수 있게 되었다. 나는 그동안 친족과 혼인관행, 가족 간의 유대, 부모와 자식 간의 관계 등에 관해 내 식으로 판단하는 데 너무 익숙해 있었던 것이다. 그래서 내가 옳다고 믿은 것은 언제 어디서나 옳고, 내가 부정적으로 바라본 것은 언제 어디서나 부정적인 의미를 담고 있을 것이라고 쉽게 단정하고 있었던 것 같다. 『햄릿』을 통한 티브족 장로들과의 만남은 내가 이들의 문화를 어떻게 이해해야 하는지를 일깨워준 소중한 경험이었다. 문화를 이해한다는 것이 바로 이런 것이로구나 하는 느낌이 내 머리 속에서 계속 맴돌고 있었다.

티브족,
새익스피어를
만나다

나시르마 사람들

| **호러스 마이너** |

북미 대륙에 살고 있는 나시르마Nacirema 사람들은 동쪽에서 왔다고는
하나, 이들의 기원에 대해서는 거의 알려진 것이 없다. 이들의 영토 주변
에는 캐나다의 크리족, 멕시코의 야퀴족과 타라후마레족, 그리고 안틸레
스 열도의 카리브족과 아라와크족이 살고 있다. 나시르마의 신화에 따르
면, 이들의 국가는 놋니소Notgnihsaw라는 한 영웅에 의해 세워졌다. 그
는 북미 인디언들이 화폐로 사용하던 조가비 구슬을 파-토-맥 강 건너
로 던지고, '진실의 신령神靈'이 깃든 벚나무를 도끼로 찍어 쓰러뜨린 일
로 잘 알려진 인물이다.

　나시르마 문화의 특징은 풍부한 자연환경에서 비롯된, 고도로 발전
된 시장경제이다. 따라서 사람들은 경제활동에 많은 시간을 쓰지만, 의례
활동을 하는 데에도 상당한 시간을 들이고 많은 물질적 대가를 치른다.
이들의 의례 활동은 인간의 몸에 초점이 맞춰져 있으며, 건강과 외모는
이들의 지배적인 관심사이다. 몸에 대한 이들의 관심이 특별히 별나지는
않지만, 이와 관련된 철학과 의례적인 측면만큼은 매우 독특하다.

　나시르마 사람들은 인간의 몸은 기본적으로 추한 것이며, 몸이 쇠약
해지고 병드는 것은 자연스러운 현상이라고 믿고 있다. 이러한 몸에 갇
혀 있는 인간이 품을 수 있는 유일한 소망은 의례와 의식의 강력한 효험

을 통하여 노화와 질병을 막는 것뿐이다. 나시르마 사람들은 집집마다 이러한 목적을 위해 세운 사당을 하나 이상 가지고 있다. 사회적으로 강력한 힘을 가진 사람은 자기 집에 몇 개의 사당을 가지고 있어, 어떤 집이 얼마나 부유한지는 종종 그가 가지고 있는 사당의 수로 나타나기도 한다. 대부분의 가옥은 나뭇가지를 엮고 그 위에 석회를 발라 짓지만, 부자의 사당 벽은 돌로 만들어져 있다. 가난한 집들은 자기 집 사당의 벽에 타일을 붙여서 부자 흉내를 내려고도 한다.

모든 가족이 이러한 사당을 적어도 하나씩 가지고 있지만, 사당과 관련된 의례는 사적이고 비밀스럽게 치러진다. 따라서 나시르마 사람들은 어린 시절 이러한 비밀 의례에 입문할 때에만 이에 대해 다른 사람들과 이야기한다. 하지만 연구자는 원주민들과 충분한 라포rapport(신뢰에 바탕을 둔 친밀한 관계)를 형성하여, 이러한 사당을 조사하고 사당에서 행해지는 의례에 대해서 설명을 들을 수 있었다.

이 사당의 핵심적인 요소는 벽에 붙어 있는 상자이다. 이 속에는 전문가들이 만든 부적과 마법의 약이 가득 들어 있다. 나시르마 원주민들은 누구도 이것 없이는 살아갈 수 없다고 믿는다. 부적과 마법의 약을 만드는 전문가 중 가장 강력한 사람은 의술사medicine man인데, 의술사의 도움을 받으면 원주민들은 물질적인 선물로 보상해야 한다. 그러나 의술사는 고객에게 치료약을 직접 제공하는 것이 아니라, 약의 성분을 정하여 그것을 고대의 비밀언어로 써줄 뿐이다. 이 글은 의술사와 약제사herbalist만이 읽을 수 있다. 원주민들은 약제사에게 또 다른 선물을 바치고, 필요한 마법의 약을 얻는다.

원주민들은 특정한 질병에 맞게 만들어진 마법의 약을 사용한 후에도 남은 약을 버리지 않고, 사당에 있는 상자 안에 넣어 둔다. 원주민들이 실제로 걸리거나 걸렸다고 생각하는 병의 종류가 워낙 많기 때문에, 이 약의 상자는 항상 가득 차 있다. 그러나 약의 종류가 워낙 많다 보니 원주민들은 종종 약의 원래 용도를 잊어버려, 약 상자에 있는 약을 다시 쓰는 것을 두려워한다. 하지만 오래된 약을 버리지 않고 모두 보관해 둔다. 나시르마 원주민들에게 그 이유를 물으면, 딱히 명확한 대답을 하지 못한다. 아마도 원주민들은 설사 사용하지 않더라도 마법의 약이 자신들을 보호해줄 것이라고 믿고 있는 것 같다. 왜냐하면 나시르마 원주민은 마법의 약 상자 앞에서 몸에 대한 의례를 행하기 때문이다.

마법의 약 상자 아래에는 물그릇이 있다. 매일 가족 구성원 모두가 차례대로 사당에 들어와서, 마법의 약 상자 아래에서 머리를 숙이고, 물그릇에 두 종류의 성수聖水를 섞어서 간단히 씻는 의례를 행한다. 성수는 공동체의 '물의 사원'에서 보내는데, 물의 사원에서 사제들은 물을 정화하기 위한 정교한 의식을 행한다.

주술 종사자들의 위계에서 의술사의 아래에 위치하는 주술사는 '신령한 입의 사나이holy-mouth-man'라고 번역하는 것이 가장 적절할 것이다. 나시르마 사람들은 입에 관하여 거의 병적인 공포와 도취에 빠져 있어, 구강(입 안)의 상태가 모든 사회관계에서 초자연적인 영향력을 행사한다고 믿는다. 구강에 대한 의례를 행하지 않으면, 이빨이 삭아버리고, 잇몸에서 피가 나며, 턱이 찌그러지고, 친구와 연인이 떠나버릴 것이라고 믿는다. 또한 나시르마 사람들은 입과 도덕 사이에 강한 연관관계가 존재한다고 믿는다. 예를 들면 아이들은 구강을 닦는 의례를 통하여 더욱 착해진다고 생각한다.

따라서 모든 사람들이 매일 행하는 몸에 대한 의례에는 구강 의례가 포함된다. 나시르마 사람들이 구강 보호에 매우 철저하다는 사실을 이방인들이 이해한다고 하더라도, 구강 의례에 수반되는 행위는 이방인이 보기에 충격적일 정도로 역겹다. 나시르마 사람들은 작은 돼지털 뭉치를 특별한 마술 가루와 함께 입 안에 넣고, 극도로 형식화된 일련의 동작으로 털 뭉치를 움직인다.

개개인이 매일 행하는 구강 의례에 덧붙여, 사람들은 1년에 한두 번 '신령한 입의 사나이'를 찾아간다. 이 주술사는 여러 개의 송곳과 침, 막대와 바늘로 이루어진 도구 세트를 가지고 있다. 주술사가 이 도구를 사용해서 입 속에 살고 있는 악마를 쫓아내는 일은 사람들에게 엄청난 고통을 주기도 한다. '신령한 입의 사나이'는 의뢰인의 입을 벌리고, 도구를 사용해서 이의 썩은 구멍을 크게 만든 후, 마법의 약재를 구멍 안에 채운다. 만약 썩어서 자연적으로 생긴 구멍이 이에 없으면, 썩은 이를 크게 파내고 초자연적인 물질을 대신 채워 넣는다. 의뢰인은 이의 부식을 막고 친구들을 끌어들이기 위해서 치료를 받는다. 이는 계속 썩어가기 때문에 별 효과가 없을지도 모르는데, 나시르마 원주민들이 매해 '신령한 입의 사나이'를 찾는 것에서 이 의례의 성스럽고 전통적인 성격이 명백하게 드러난다.

나시르마 사람들에 대한 종합적이고 체계적인 연구가 행해진다면, 반드시 이들의 인성 구조를 상세하게 조사해야 할 것이다. '신령한 입의 사나이'가 노출된 신경에다 송곳을 찔러 넣을 때 번득이는 눈빛을 보는 것만으로도, 주술사의 구강 의례에 가학적 성향(사디즘)이 있다는 사실을 알아챌 것이다. 이 사실이 입증된다면, 매우 흥미로운 패턴이 나타날 것이다. 왜냐하면 대다수의 원주민들은 명백하게 피학적 경향(마조히즘)을 보여주기 때문이다. 예를 들어 남성들만이 매일 행하는 신체의례body ritual의 하나는 날카로운 도구로 얼굴의 표면을 긁고 벗겨내는 것이다. 여성들만의 특별한 의례는 매달 네 번 정도 행해지는데, 이들의 의례는 횟수가 드문 대신에 아주 잔인하다. 여성들은 한 시간 정도 머리를 화덕에 넣고 굽는 의례를 행한다. 이론적으로 흥미를 끄는 점은, 전반적으로 피학적 경향을 가진 사람들이 가학적 성향의 주술사들을 만들어내는 것 같다는 점이다.

의술사들은 '라팁소latipso'라고 부르는 멋진 사원을 가지고 있다. 라팁소는 일정한 규모의 공동체마다 있는데, 심하게 아픈 환자를 돌보기 위한 정교한 의례는 반드시 이 사원에서만 행할 수 있다. 라팁소의 의례에는 의술사뿐만 아니라, 특별한 의상과 머릿수건을 걸치고 사원 안의 모든 방을 침착하게 돌아다니는 신녀神女들도 참여한다.

라팁소의 의례는 매우 가혹하기 때문에, 심하게 아파서 이 사원에 들어온 원주민들이 완전히 나아서 집으로 돌아가는 경우가 제법 많다는 것은 매우 놀랄 만한 일이다. 사원에 대해서 아직 잘 모르는 어린아이들을 그곳에 데려가려고 하면 매우 심하게 저항하는 것으로 알려져 있는데, 그것은 사원이 바로 '죽으러 가는 장소'이기 때문이다. 이런 사실에도 불구하고, 아픈 어른들은 사원에 줄 선물만 충분하다면 오래 끄는 의례적인 정화 기간을 기꺼이 참을 뿐만 아니라 정화 기간을 연장하려고 애쓰기까지 한다. 아무리 아프거나 병이 위급하다고 해도, 나시르마에서는 사원에 많은 선물을 바칠 것을 약속하지 않으면 사원의 문지기가 들여보내주지 않는다. 어떤 사람이 사원에서 행하는 의례를 통해 살아남았다고 해도, 문지기는 또 다른 선물을 제공받기 전에는 의례를 마친 이 사람을 사원에서 못 나가게 한다.

사원에서 도와주기를 간절히 바라는 사람은 사원에 들어가면 우선 옷을 다 벗어야 한다. 나시르마 사람들의 일상에서 알몸을 노출하거나 배설하는 행위를 보여주는 것은 금기이다. 목욕이나 배설 행위는 집 안의 사당에서 신체의례의 일부로 비밀스럽게 행해질 뿐이다. 그러므로 라팁소 사원에 들어오는 순간부터 신체의 은밀함이 상실된다는 사실에 사람들은 큰 심리적 충격을 받는다. 자신의 아내에게조차도 배설하는 행위를 보여준 적이 없는 남성은 자신이 벌거벗은 채 신녀의 도움을 받아 성스러운 용기에 배설하고 있다는 사실을 불현듯 깨닫게 된다. 사원의 주술사들은 의뢰인의 병을 확인하기 위해 배설물을 사용하기 때문에 이러한 종류의 의례적인 처리는 부득이한 절차이다. 반면에 여성은 자신의 벗은 몸이 남성 의술사의 조사 대상이 되었다는 사실을 발견하게 될 것이다.

사원에서 도움을 받고 있는 사람들 중에서 딱딱한 침대에 누워 있는 것 외에 다른 일을 할 수 있을 만큼 건강한 사람은 얼마 없다. 사원에서 행하는 의례는 '신령한 입의 사나이'가 행하는 의례와 마찬가지로 불편하고 고통스럽다. 새벽마다 신녀들은 불쌍한 의뢰인들을 깨우고, 고도로 훈련된 동작으로 꼼꼼한 절차에 따라 의뢰인들의 몸을 닦아주면서 이들을 침대 위에서 고통스럽게 굴린다. 다른 때에는 이들의 입에 주술 막대를 찔러 넣거나 치료 효과가 있다고 믿는 물질을 억지로 먹인다. 때때로 의술사가 와서 주술적으로 처방된 바늘을 살 속으로 찔러 넣기도 한다. 이러한 사원의 의례가 병을 치료하지 못할 수도 있고 심지어 사람을 죽일 수도 있지만, 의술사에 대한 사람들의 믿음이 줄어드는 일은 없다.

'듣는 자'로 알려진 다른 종류의 주술사도 있다. 이 주술사는 귀신들린 사람의 머릿속에 살고 있는 악마를 쫓아내는 힘을 가지고 있다. 부모가 자기 자식에게 주술을 걸 수도 있다고 믿는다. 특히 어머니가 아이에게 비밀스런 신체의례를 가르치는 동안 자기 아이에게 저주를 걸 수 있다고 믿는다. 환자에게 걸려 있는 주술을 풀기 위해 이 주술사가 행하는 대항 주술counter-magic의 절차는 특이하게도 매우 간단하다. 환자는 단지 '듣는 자'라 불리는 특별한 주술사에게 자신이 기억할 수 있는 모든 고민과 공포를 이야기할 뿐이다. 이 마귀를 쫓는 의식에서 나시르마 사람들이 보여주는 기억력은 정말로 비범하다. 나시르마 원주민들이 아기 때 젖을 떼면서 느꼈던 거부감을 호소하는 일도 드물지 않다. 심지어 어떤 사람들은 문제의 원인을 자신의 출생에서 비롯된 정신적 충격으로까지 거슬러 올라가 찾기도 한다.

마지막으로, 나시르마 원주민들의 미학에 기초하여, 자연스러운 몸과 신체 기능에 대한 혐오를 기반으로 하는 의례를 언급해야겠다. 나시르마에서는 뚱뚱한 사람들이 날씬해지려고 단식이라는 의례를 행하고, 마른 사람들은 뚱뚱해지려고 진수성찬을 먹는 의식을 행한다. 여성의 가슴이 작으면 크게, 크면 작게 만드는 의례를 행하기도 한다. 나시르마 원주민들이 말하는 유방의 이상적인 형태는 사실상 인간의 일반적인 신체 치수의 범위에서 벗어나 있다. 이러한 사실은 많은 나시르마 여성들이 자신의 유방의 형태에 대해 만족하고 있지 않다는 것을 상징적으로 말해준다. 인간의 것이라고는 보기 힘들 정도로 과도하게 발달한 유방으로 시달리고 있는 나시르마 여성들이 우상화되며, 이들은 단지 마을에서 마을로 돌아다니면서 자신의 가슴을 보여주고 돈을 받는 것만으로도 충분히 먹고산다.

나시르마 원주민들에게 배설 행위는 의례화되고, 격식화되고, 비밀스러운 것으로 분류되어 있다는 사실은 이미 앞에서 밝힌 바 있다. 자연적인 재생산 역시 이와 유사하게 왜곡되어 있다. 성교는 금기시되는 화제이며, 계획에 따라 하는 행동이다. 주술적인 약재를 쓰거나 또는 달이 차거나 기울어지는 특정한 시기에 성교를 금함으로써 임신을 막고자 한다. 수태는 실제로 매우 드물다. 임신을 하면, 여성들은 배부른 모습을 숨기기 위한 옷을 입는다. 분만은 친구들이나 친지들의 도움 없이 비밀스럽게 이루어지며, 대다수의 여성들은 자기 아이에게 젖을 먹이지 않는다.

지금까지 나시르마 원주민들의 의례 생활을 간략하게 살펴본 바에 따르면, 이들은 주술에 지배된 종족임을 알 수 있다. 몸에 대한 주술이 자신들에게 부과한 부담을 어떻게 견디며 이들이 이토록 오래 생존할 수 있었는지 이해

1950년대 나시르마 사람들의 집집마다 집안에 가지고 있던 사당과 비슷하게 꾸며진 현대 한국의 한 아파트 화장실 내부. 세면대 위 수납장에 약이 가득 들어 있다.
© 유철인

하기 어렵다. 하지만 초기 인류에게 주술의 힘이 없었다면 어려움을 극복하고 더 높은 문명 단계로 발전할 수 없었을 것이라는 문화인류학자 말리노프스키Bronislaw K. Malinowski의 이야기처럼, 아무리 조잡하고 엉뚱하게 보이는 주술일지라도 주의 깊게 통찰한다면 그 진정한 의미를 이해할 수 있다.

나시르마
사람들

일상적으로 수많은 의례를 행하고 항상 주술의 위협에 사로잡혀 살고 있는 나시르마 사람들은 어느 오지에 살고 있는 어떤 '부족'일까. 사실 '나시르마Nacirema'는 미국인American을 거꾸로 표기한 것이다. 마찬가지로 '놋니소Notgnihsaw'는 워싱턴Washington을, '라팁소latipso'는 병원hospital을 거꾸로 표기한 것이다. 사실 이 글은 1950년대 미국인들의 몸과 관련된 일상생활을 서술한 것이다.

　　우리가 '나에로크Naerok' 부족에 대해서 글을 한번 써보면, 나에로크 사람들은 과연 어떤 모습으로 그려질까.

두 번째
현지조사

문화인류학 수업 중에 가끔 다음과 같은 질문을 받는다. "인류학자들의 현지조사는 그냥 현지 사람들과 함께 사는 것과 어떻게 다른가요? 인류학자들은 왜 현지조사를 중요하게 생각하나요? 인류학을 하려면 꼭 현지조사를 해야 하나요? 인류학적 현지조사는 구체적으로 어떻게 하나요? 또 그 의미는 무엇인가요?" 이때 나는 "인류학자들의 현지조사는 단지 다른 문화 속에서 다른 사람들과 함께 사는 것만을 의미하는 것은 아니지요. 현지조사는 현지라는 낯선 곳에서 인류학자가 개인적으로 경험하는 것들을 포함하여 문화에 대한 지식을 생산하는 작업과 깊은 관련을 맺고 있어요"라고 대답한다. 현지조사를 직접 행했던 인류학자의 사례를 들거나 책을 보여주면서, 구체적으로 현지에서 하는 자료수집 과정이나 인류학자들이 겪게 되는 문화충격의 예를 들면서 설명을 덧붙여 보지만, 학생들은 여전히 궁금증이 덜 풀린 얼굴이다.

다른 문화를 이해한다는 것은 단순히 그들과 똑같이 되는 것이 아니다. 인류학적 현지조사란 인류학자가 직접 다른 문화 속에 들어가 함께 살면서 경험하는 문제들을 해석 또는 재해석함으로써 다른 사람들의 삶을 재구성하는 작업이다. 이처럼 현지조사는 낯선 세계와의 만남일 뿐만 아니라 인류학적 지식이 생산되는 과정이기도 하다. 현지에서는 인류학자와 현지인이 속해 있는, 서로 다른 두 개의 문화가 충돌한다. 낯선 것을 익숙하게 보고 익숙한 것을 낯설게 보는 상황이 발생하는 것이다. 이것은 인류학자와 현지인 사이에 각종 오해와 혼란이 일어나는 원인이 되기도 한다. 이러한 오해와 혼란은 어찌 보면 너무나 당연한 일이며 그 자체가 인류학자의 경험의 일부로서 매우 소중한 가치를 지닌다.

현지조사는 인류학의 중심 개념인 문화를 올바로 이해하고 인류학적 지식을 생산하는 중요한 방법일 뿐만 아니라 마치 전문적인 인류학자가 되기 위한 일종의 통과의례처럼 간주되어 왔다. 상당수 인류학자들은 현지조사를 하지 않은 인류학자는 아직 '진짜' 인류학자라고 할 수 없으며 현지조사를 마쳐야만 비로소 '진짜' 인류학자가 된다고 생각하고 있다.

다음에 읽어볼 리처드 리Richard Lee의 「부시맨의 크리스마스」라는 글은 한 인류학자가 현지조사를 하는 과정에서 발생한 오해와 혼

주요 정보제공자 가족과 함께 포즈를 취한 인류학자. 현지조사는 낯선 사람과의 진솔한 만남을 통해서 자신을 발견하는 과정이다.
말레이시아 끌란딴 © 홍석준

란의 경험을 통해 현지의 관습과 문화의 본질을 이해하는 과정을 보여주는 글이다. 이는 인류학자가 현지조사에서 현지인의 시각을 갖는다는 것이 얼마나 중요하며, 그렇지 못할 경우 어떤 오해와 문제를 일으키는지를 알게 해준다. 또한 현지인들이 자신의 문화를 어떻게 인식하고, 그것에 익숙하지 않은 인류학자에게 그들의 문화를 어떻게 설명하고 가르치

는가를 보여줌으로써, 그 문화 나름의 가치체계를 이해하게 해준다. 이를 통해 인류학자는 다른 문화의 가치와 의미를 파악할 뿐만 아니라, 자기가 속한 문화를 객관적으로 성찰할 수 있게 된다. 다음의 일화는 다른 문화에 대한 인류학적 지식이 어떻게 만들어지는가를 잘 보여준다.

인류학자인 리는 남아프리카 칼라하리 사막에 사는 부시맨들의 문화와 생활을 현지조사한 후에 고마움의 표시로 크리스마스에 그들에게 크고 살찐 황소를 선물하려 했다. 그는 자신이 얼마나 관대한 사람인지를 부시맨들에게 보여주고 싶었다. 그러나 부시맨들은 선물에 감사하기는커녕 오히려 그가 자기들에게 매우 작고 비쩍 마른 소를 잡아주려 했다고 심하게 놀리고 비웃기까지 했다. 리는 이러한 그들의 반응에 매우 당혹스러워했고 심한 혼란을 경험했다. 미처 예상하지 못했던 반응에 놀란 리는 부시맨들의 일관된 말과 행동에 마침내 자기가 소를 잘못 골랐다고 판단하고 다시 살찐 황소를 찾아 나섰다. 그러나 크리스마스에 황소를 잡는 일과 관련된 그들의 말과 행동은 리가 전혀 상상하지 못했던 결과를 낳았다. 이 사건을 통해 결국 리는 부시맨 문화의 가치와 의미를 깨닫게 된다.

이 글은 현지조사 중에 발생하는 문제와 그 의미를 흥미롭게 재현하고 있다는 점에서 현지조사의 과정을 이해하는 데 도움이 될 것이다. 또한 이 글은 낯선 문화적 상황이나 배경과 맞닥뜨린 인류학자가 다른 문화를 이해해가는 과정을 그려내고 있다는 점에서 문화의 상대성을 이해하는 자료로 읽힐 수 있을 것이다.

부시맨의 크리스마스

| 리처드 리 |

'나'(여기서 '나'는 리처드 리를 가리킨다—엮은이)는 남아프리카 칼라하리 사막에 사는 쿵 부시맨!Kung Bushmen족(이후에는 우리에게 더 익숙한 이름 인 '부시맨'으로 표기한다)과 함께 생활하면서 크리스마스 때 소를 잡는 그 들의 관습이 내게 현지조사의 참의미를 깨닫게 해주었다는 것을 알게 되 었다. 크리스마스가 부시맨에게 알려진 것은 영국 런던선교회London Missionary Society가 19세기 초반에 칼라하리 사막 인근의 남 츠와나 Tswana 지역에 기독교를 전파한 이후부터이다. 그 후 원주민 출신으로 기독교로 개종한 토착 전도사들이 칼라하리 사막의 가장 먼 구석까지 크 리스마스를 전파했다. 이러한 선교활동의 영향으로 이 지역에서는 크리 스마스에 이웃 부족들에게 황소 한 마리를 잡아 대접함으로써 선의를 표 하는 관습이 생겨나게 되었다. 부시맨들은 1930년대 이후부터 크리스마 스에 연례행사처럼 소를 잡아 서로 나누어 먹었다.

원래 나는 수렵과 채집에 의존하는 생계경제의 특징을 연구하기 위해 이곳에 왔다. 현지조사를 온전히 수행하기 위해서는, 그들에게 내 식량을 제공하거나 음식을 나누어 주어 그들의 식량채집 활동을 간섭해서는 절 대로 안 된다고 생각했다. 그들은 담배나 의료품을 받는 것에 대해서는 감사하게 생각했다. 그러나 적어도 약 두 달 간을 버틸 수 있는 통조림을

관광객들을 대상으로 민속춤을 보여주는 보츠와나의 부시맨
© Ian and Wendy Sewell (http://www.ianandwendy.com)

갖고 있는 인류학자와 수중에 단 하루 동안 먹을 식량도 갖고 있지 못한 그들 사이에 존재하는 현격한 경제적 불평등을 제거하기란 거의 불가능했다. 나는 현지의 자료를 얻기 위해 값비싼 비용을 지불했지만 그들은 나를 매우 인색하고 냉정한 사람으로 간주하는 일이 많았다. 그러나 이러한 평판이나 비난에 대해 열린 자세를 갖고 대하는 것 외에는 별 도리가 없었다. 그들의 관점에서 보면 나는 한 사람의 구두쇠일 뿐이었다.

현지조사 기간 중에 그들이 베풀어준 도움과 협력에 대해 나름대로 감사를 표시하고 싶었던 나는 크리스마스에 그들에게 황소를 선물하기로 했다. 그날은 내가 그들과 현지에서 보내는 마지막 크리스마스였기 때문에 나는 돈으로 살 수 있는 가장 크고 살찐 황소를 잡기로 마음먹었다.

그렇게 해야만 크리스마스 축제와 신들려서 춤추는 의식trance dance을 성공적으로 치를 수 있으리라고 믿었기 때문이다.

12월 초부터 나는 정신을 똑바로 차리고 소들을 유심히 살펴보았지만 내가 정한 기준에 부합할 정도로 큰 소를 발견할 수가 없었다. 크리스마스가 열흘 앞으로 다가왔을 때, 헤레로Herero족(아프리카 남서부 츠와나 지역에 사는 반투족의 일부)의 한 친구가 우리 부족 사람 모두를 먹일 수 있을 만큼 어마어마하게 큰 황소를 갖고 왔다. 그 소는 짙은 검정색에, 지면에서 어깨까지의 높이가 약 1.5미터에 달하고 다섯 발자국 높이의 거대한 뿔을 갖고 있으며, 발굽까지 포함한 몸무게가 약 550킬로그램은 족히 나갈 법한, 덩치가 무지무지하게 큰 황소였다. 내 전공이 식량 소비를 계산하는 것이었기 때문에, 나는 뼈와 내장을 뺀 순 살코기만의 무게가 어느 정도 될지를 재빨리 재보았다. 그랬더니 이 부족 사람들 각자에게 거의 2킬로그램씩 나누어줄 수 있는 양이었다. 이 정도라면 축제에 참석할 아이아이/ai/ai 지역의 부시맨 150명 전부가 배불리 먹을 수 있을 것 같았다.

마침내 내 마음에 쏙 드는 소가 나타난 것이다. 나는 헤레로족 친구에게 20파운드(미화 56달러)를 지불하고 크리스마스까지 그 황소를 잘 보관해달라고 부탁했다. 다음날 아침 '온타/ontah*가 크리스마스 축제를 위해 검은 황소를 마련했다'는 말이 나돌기 시작했다. 그날 오후에 다섯 명의 자녀를 둔 60세의 벵아Ben!a 할머니가 찾아와 내게 이렇게 물었다.

"크리스마스 축제를 어디서 하기로 했죠?"

"바로 여기 아이아이 지역에서요." 내가 대답했다.

"혼자 먹을 건가요? 다른 사람과 함께 먹을 건가요?"

*__ 리처드 리의 부시맨 이름. 부시맨 말로 '흰둥이'란 뜻이다.

"사람들을 모두 초대할 생각이에요."

"뭘 먹으려고요?"

"예하베Yehave의 검은 황소를 샀는데, 그걸 잡아서 같이 먹으려고 해요."

"다른 사람들에게서 당신이 소를 샀다는 이야기를 들었어요. 그렇지만 그 소에 대해 당신한테 직접 듣고 싶어요."

"그래야죠. 그건 검은 황소예요." 그녀가 듣고 싶어 하는 얘기가 뭘까 궁금했지만 나는 선뜻 대답해 주었다.

"오, 큰일났군. 사람들이 하는 말이 맞는 것 같군요. 당신은 우리가 그 비쩍 마른 소를 먹기를 바라나요?"

"비쩍 말랐다구요! 그건 아이아이에서 제일 큰 황소예요."

"크다구요? 맞아요. 크긴 크지요. 하지만 너무 늙었어요. 그래서 말랐다고 하는 거예요. 늙은 황소는 살이 없다는 걸 누구나 알고 있지요. 그런 걸 사서 뭘 얻으려고요. 뿔인가요?"

사람들은 지나가면서 우리 둘 사이의 대화를 듣고는 모두 낄낄대고 웃었지만 내가 할 수 있는 일이라고는 그들을 향해 씽긋 미소 짓는 것뿐이었다.

그날 저녁에 한 떼의 젊은이들이 우리 집으로 몰려왔다. 나와 나이가 비슷한 가우고/gaugo가 내게 일 대 일로 직접 물었다.

"온타, 우리는 당신이 우리의 사정을 잘 알고 있는 줄 알았어요. 그런데 왜 그런 실수를 한 거죠? 예하베의 황소로는 아이아이 주위의 모든 부시맨은 고사하고 한 무리도 제대로 먹일 수 없어요." 그는 아이아이 근처에는 가족 단위로 생활하는 일곱 개의 무리가 있으며, 그 수가 얼마나 되는지를 알려주었다. "당신은 아마 우리의 수가 꽤 많다는 것을 잊었던 것 같아요. 알고 있었다면 우리 모두가 배불리 먹을 수 있을 만큼 살찐 암소를 골랐을 거예요. 그런데 그렇게 늙고 야윈 황소를 고르다니. 당신이 고른 그 황소는 거의 죽을 정도로 말랐단 말이에요."

"이보게." 나는 반박했다. "그건 멋진 황소일세. 나는 크리스마스에 자네들이 즐거운 마음으로 그걸 먹게 될 거라고 굳게 믿고 있네."

"물론 우리는 그걸 먹게 되겠지요. 그것도 음식이니까요. 그러나 그걸 먹는다고 우리가 신들려서 춤을 출 수 있을 정도로 힘을 낼 수 있을지 잘 모르겠군요. 그걸 먹고 난 후 배탈이 나서 배를 움켜쥐고 뒹굴지나 않을까 걱정되는데요."

그날 밤에 나는 아내인 낸시Nancy에게 물었다. "그 검은 황소에 대해 당신은 어떻게 생각해요?"

"내가 보기에는 아주 큰 것 같은데요. 왜요?"

"음, 모두 여덟 사람이 내가 속았다고 말했어요. 그 황소가 살은 없고 뼈만 남았다는 거예요."

"뭐가 문젠데요? 무슨 다른 수가 있대요?" 낸시가 물었다. "그들이 더 좋은 소를 팔 수 있다고 그래요?"

"아니오. 주위에서 당장 큰 소를 구할 수 없기 때문에 이번 크리스마스는 아마 가장 끔찍한 크리스마스가 될 거라는 거요. 내일 아침에 내가 그 황소를 다시 한번 보고 나서 판단해야 할 것 같소."

츠와나 목장주의 한 사람인 할링이시Halingisi는 똑똑하면서도 부지런한 사람이다. 그가 우리 캠프에 나타났다. 그에게 예하베의 검은 황소에 대한 의견을 물어보기 전에 그가 먼저 내게 비밀스러운 대화를 암시하는 눈짓을 보내왔다. 우리는 캠프를 나와 다른 곳으로 장소를 옮겨 함께 앉았다.

"온타, 당신은 여기서 3년씩이나 살았으면서도 소에 대해 아직 아무 것도 모르다니 정말 놀랍군요."

"소에 대해 어느 정도 알 수 있다 해도 어떤 소가 가장 크고 강한 소인지를 쉽게 판별하기는 어려운 일 아니오?" 나는 반박했다.

"보시오. 소가 크다는 것이 곧 살이 많다는 것을 뜻하는 것은 아니지요. 그 검은 황소도 옛날에는 살이 많았지만 지금은 거의 죽을 정도로 비쩍 말랐단 말이오."

"어쨌든 나는 이미 그걸 사버렸소. 이제 어쩔 수가 없소."

"벌써 사버렸다고요? 내 생각엔 좀더 신중했어야 하오. 자, 아무튼 그걸 잡아서 사람들에게 먹이기는 해야 할 거 아니오. 그러나 많은 사람들이 춤추러 올 거라는 기대는 하지 마시오."

그의 말을 듣자 나는 너무나 낙담했다. 그 검은 황소에 대해 벵아와 가우고는 충고를 해주었지만, 할링이시는 나를 냉정하게 비판하고 있었다. 나는 그날 종일토록 캠프 주위를 배회했다.

오후에는 토마조Tomazo가 찾아왔다. 토마조는 훌륭한 사냥꾼이자 내가 가장 신뢰하는 정보제공자이기도 했다. 그는 내게 부시맨족의 문화와 관습을 가르쳐 주었는데, 그날의 교육 내용 중에는 크리스마스 황소에 대한 내용도 있었다.

그는 이렇게 이야기를 시작했다. "우리는 살코기를 좋아해요. 사냥할 때 항상 살이 많거나 하얀 지방질이 많은 사냥감을 찾아다녀요. 하얀 지방질을 요리하면 투명하면서도 찐득찐득한 기름으로 변하고 당신 같은 사람이 먹으면 식도로 흘러들어가 위를 채우고 나중에는 심한 설사를 일으키기도 하죠." 그는 몹시 흥분하며 말했다.

그는 계속했다. "그래서 우리는 예하베의 검은 황소같이 바짝 마른 소를 대접받으면 고민하게 되죠. 물론 그건 크죠. 그리고 그 큰 뼈는 맛있는 국을 만드는 좋은 재료가 되죠. 그러나 우리가 진짜로 원하는 것은 살이에요. 그래서 우리는 올해 크리스마스에 먹게 될 황소에 대해 별로 기대하지 않고 있어요."

이제 나는 그들이 우울한 크리스마스를 보내게 될까 봐 걱정이 되었다. 나는 토마조에게 내가 어떻게 하면 좋겠느냐고 물었다.

"살찐 소를 찾아보세요. 작지만 살찐 소, 그것도 어린 송아지로 말이에요. 당신이 우리가 곰//gom*이라 부를 수 있을 만큼 살찐 소를 찾아내면 모두 기뻐할 거예요."

그의 말에 따라 그런 소를 찾기 위해 분주히 돌아다녔지만 결국 찾지 못했다. 아이아이에서는 크리스마스에 잡을 황소가 야위고 말라서 살집이 없다는 이야기가 나돌게 되었고, 그 이야기는 축제를 위해 수풀에서 나온 사람들이 처음 접하게 되는 안 좋은 소식이 되었다. 그러나 진짜 큰 문제는 인근에서 매우 사납고 냉혹하며 보수적이기로 소문난 노인인 우아우u!au가 나를 찾아왔을 때 일어났다. 그에게는 집요한 구석이 있었다. 그는 나를 한참 동안 뚫어져라 쳐다보더니 딱딱 끊어지는 목소리로 말했다.

"나는 오늘 비로소 그 검은 황소에 대해 들을 수 있었소. 그렇지 않았다면 좀더 일찍 찾아왔을 거요. 온타, 사람들에게 그런 고기를 먹여도 싸움이 일어나지 않을 거라고 생각했소? 솔직하게 말해보시오." 그는 자기가 말한 의미를 한번 깊이 생각해보라는 듯 잠시 뜸을 들였다가 말했다. "온타, 당신은 백인이오. 여기에는 사나운 사람들이 수없이 많소. 그런 적은 양의 고기를 어떻게 모든 사람들이 골고루 나누어 먹을 수 있단 말이오. 어떤 이는 자기보다 다른 사람이 고기를 더 많이 가졌다느니, 또 어떤 이가 혼자 고기를 독차지했다느니 하는 비난들이 쏟아질 게 분명하오. 어떤 사람은 먹고, 다른 사람은 못 먹어서 굶게 된다면 무슨 일이 벌어질지 당신이 더 잘 알 게 아니오."

심각한 논쟁이 벌어질 것 같은 상황이었다. 아니 실제로 그럴 수 있었다. 이 일은 내게 큰 충격을 주었다. 나는 이곳 사람들이 사냥감을 잡은 뒤에 고기를 나누는 과정에서 심각한 긴장이 발생하는 것을 이미 목격한 적이 있으며, 고기를 분배하는 과정에서 수차례에 걸쳐 실제로 일어났거나 일어나리라 예상되는 말다툼에 관해 이미 많은 자료를 모아 왔던 것이다. 사냥감을 잡은 사람들은 그 고깃덩어리를 부족 사람들에게 공평하게 나누어 주기 위해 보통 두 시간이 넘게 그 일에 매달려야 했다. 나는 과거에 아이아이의 크리스마스 축제가 무리들 간에 싸움을 불러일으키는 원인이 되기도 했다는 것도 알고 있었다.

사태의 심각성을 깨달은 나는 다시 살찐 암소를 찾기 위해 동분서주하며 온갖 노력을 기울였다. 그러나 나의 모든 수고는 결국 허사로 끝나고 말았다.

크리스마스 축제는 분명 엉망이 될 것이고, 그 비쩍 마른 황소에 대한 불평과 불만은 나를 웃음거리로 만들 것이 분명했다. 게다가 나는 재치 있게 이 상황을 벗어날 만한 변명거리도 찾지 못하고 있었다. 한동안 이성을 잃고 혼란을 겪은 후에 나는 어쩔 수 없이 그 소를 잡아 대접할 수밖에 없다고 마음먹었다. 만약 고기가 부족하다면 모든 것이 엉망이 되겠지만 말이다. 부시맨들이 하는 식으로 나는 사람들을 모아놓고 다음과 같이 발표했다.

"나는 뭘 잘 모르는 사람입니다. 내가 잘못해서 너무 늙고 야윈 소를 고르기는 했지만 아무튼 우리는 그걸 먹게 될 겁니다."

이 말을 듣고 벵아는 내게 위안의 말을 건넸다. "소는 말랐지만 그 뼈로는 훌륭한 국을 만들 수 있을 거요."

크리스마스 새벽에 나는 한 친구에게 그 검은 황소를 잡아 요리해달라고 부탁하고 수풀 속에서 낸시와 단 둘이 크리스마스를 보낼 채비를 했다. 그러나 호기심이 발동하여 가만히 있을 수가 없었다. 그 비쩍 마른 황소가 어떻게 도살되는지를 보고 싶었고, 만약 싸움이 일어난다면 그에 관한 모든 이야기들을 기록하고 싶어졌다. 인류학자들은 이런 점에서는 구제불능인 것 같다.

큰 황소가 우리의 춤판에 끌려 왔고 이마에 총을 한 방 맞자 곧바로 풀썩 쓰러졌다. 곧 사람들이 살을 도려낼 도구를 손에 쥔 채 쓰러진 황소 주위로 모여들었다. 열 명의 남자가 고기 자르는 일을 도왔고, 나는 가우고에게 젖가슴 부위의 뼈를 잘라내 달라고 부탁했다. 이는 내장을 쉽게 꺼내기 위한 것으로, 큰 사냥감을 도살할 때 사냥꾼들이 가장 먼저 해야 하는 일이다. 그리고 사냥감의 살이 얼마나 되는지를 빨리 알기 위해서도 그 과정이 필요했다.* 가우고는 큰 황소 때문에 왜소해 보였다. 사람들은 시선을 집중한 채, 그가 소의 젖가슴 부위를 잘라내는 것을 지켜보았다. 두세 번 계속해서 그가 칼질을 하자 크림 같은 하얀 부위가 점점 더 넓어지고 깊어졌다. 아직 뼈는 보이지 않았다. 그것은 순수한 지방이었다. 두께가 5센티미터 정도는 족히 될 법했다.

"헤이, 가우고." 내가 가우고를 향해 크게 소리쳤다. "내가 보기엔 그 황소가 살이 꽤 많은 것 같은데, 너무 말라서 먹기 어렵다던 당신의 말은 도대체 어찌 된 거요? 당신 설마 잊은 건 아니겠지요?"

"살이라고요?" 가우고는 내게 되물었다. "당신 지금 이 황소의 살이

*___사냥감이 야윈 경우에는 내장을 꺼내려면 칼로 뼈 있는 데까지 잘라야 하지만, 살찐 경우에는 하얀 지방층을 이루고 있는 가슴에서 2.5센티미터 깊이까지만 잘라도 내장을 꺼내는 데 큰 불편이 없다.

라고 했소? 이건 야위고 병들어 거의 죽은 황소예요!"

그렇게 말하곤 크게 웃음을 터뜨렸다. 다른 사람들도 모두 따라 웃었다. 그들은 땅바닥을 떼굴떼굴 구르며 미친 듯이 웃어젖혔다. 나를 빼곤 모두가 정신없이 웃고 있었다. 무언가 잘못되었다는 생각이 들었다.

나는 텐트로 돌아와 문을 확 열어젖혔다. 낸시가 막 잠에서 깨어 일어났다. "이봐요, 그 검은 황소 말이오. 실은 그게 굉장히 살찐 소였어요! 그런데도 모두들 잡아먹기엔 너무 말랐다고 나를 놀린 거요. 지독한 농담이었던 거지. 자, 어서 옷을 입어요. 그 일로 모두들 재미있어 어쩔 줄 몰라 하고 있어요."

낸시가 말했다. "농담이었다고요? 일이 아주 우습게 되어버렸군요."

그것이 정말 농담이었다면 다른 수많은 농담이 그렇듯이 재미로 한 농담이거나 악의에 찬 농담, 둘 중 하나였을 것이다. 그러나 그것은 내가 미처 간파하지 못한, 정신이 번쩍 들게 한 농담이었다. 나는 도살장소로 다시 갔다. 이미 축제 분위기가 무르익고 있었다. 남자들은 모두 크게 웃으며 팔과 팔꿈치에 도살된 소의 피를 바른 채, 25킬로그램에 달하는 고깃덩어리를 무쇠로 만든 큰 냄비에 넣고 계속해서 끓이고 있었다. 그러는 동안에도 그들은 소가 너무 비쩍 말라서 아무짝에도 쓸모없다는 이야기와 온타가 형편없는 판단력을 갖고 있다는 등의 이야기를 서로 나누면서 계속 웃고 떠들며 즐거워했다.

우리는 함께 춤을 추며 이틀 밤낮으로 그 황소를 먹었다. 그리고 사람들이 준비한 열네 개의 냄비에 고기를 가득 채워서 골고루 나누어 주었다. 아무도 배고픈 채로 귀가하지 않았고 싸움도 일어나지 않았다.

그러나 그 농담은 내 뇌리를 떠나지 않았다. 부시맨과 나 사이의 관계에 어떤 중요한 일이 일어났다는 느낌을 지울 수가 없었다. 그리고 그

단서가 농담의 의미에 담겨 있다고 느꼈다. 며칠 후에 사람들이 수풀 속의 캠프로 돌아왔을 때 나는 부시맨은 아니지만 어느 누구보다 부시맨의 문화를 잘 알고 있는 츠와나족 출신 남자인 하켁고세Hakekgose에게 이 문제에 관해 물어보았다.

"우리 백인들에게 크리스마스는 우정과 형제애의 날이에요. 그런데 왜 부시맨들이 크리스마스에 잡아먹기 위해 내가 사서 선물한 황소에 대해 이러쿵저러쿵 말을 많이 하고 또 나를 놀렸는지 전혀 이해할 수가 없어요. 사실 그 소는 꽤 괜찮았는데 왜 그런 농담과 조롱을 했던 건가요?"

"그래요. 그건 정말 당신을 꽤 괴롭혔지요." 하켁고세가 말했다. "그런데 그게 그들의 방식이에요. 그들과 함께 사냥을 갔다가 내가 총을 잃어버리면 그들은 하루 종일 나를 놀려요. 내가 훌륭한 사냥감을 사냥했다 해도 상황은 별로 달라지지 않지요. 내가 너무 작거나 늙었거나 비쩍 마른 것들만 사냥했다고 놀리죠. 사냥을 끝내고 사냥한 동물의 간을 함께 나눠 먹을 때도 '오, 이 사냥감은 너무 심하게 말랐어! 정말 아무짝에도 쓸모없어!'라며 계속 중얼거리죠. 나는 이런 장난기가 그들이 사냥을 하는 주된 이유라고 생각해요."

"그게 외부에서 온 사람들을 다루는 방식인가요?" 내가 물었다.

"아니오. 그들은 서로에게도 그런 식으로 말해요. 그건 그들의 관습이에요. 그들에게 한번 직접 물어보세요."

가우고는 내 기분을 몹시 상하게 한 사람 중 한 명이었다. 나는 우선 그를 찾아갔다. "당신은 왜 내게 그 검은 황소가 쓸모없다고 말했죠? 그 소가 실은 살과 고기가 꽤 많은, 쓸 만한 소라는 것을 처음부터 알고 있었죠?"

그는 웃으면서 이렇게 말했다. "그건 우리 식으로 말한 거예요. 소를 둘러싼 문제를 놓고 사람들을 놀리는 건 항상 있는 일이죠. 가령 부시맨 한 사람이 사냥을 하고 있다고 칩시다. 그는 사냥을 마치고 돌아와서 허풍쟁이처럼 '나는 수풀 속에서 아주 큰 놈을 잡았다!'라고 절대로 떠벌리지 않아요. 다른 사람들이 '오늘 수풀 속에서 뭘 보았나?'라고 물어보기 전에는 그냥 침묵한 채 가만히 있다가 질문을 받으면 조용히 이렇게 대답하죠. '아, 사냥하는 도중에 난 아무것도 보지 못했답니다. 아주 작은 놈 하나만 잡았을 뿐이에요.' 그러면 사람들은 모두 가만히 미소 짓죠. 왜냐하면 그건 그가 아주 큰 놈을 잡았다는 것을 뜻하니까요."

그는 말을 계속했다. "다음날 아침에 우리는 그가 잡은 짐승을 캠프로 가져오기 위해 고기를 잘라 옮길 사람 너덧 명으로 조組를 만들지요. 도살 장소에 도착해서는 한 사람이 먼저 짐승을 찬찬히 살펴보고는 이렇게 외치죠. '아니, 이렇게 살이 없고 뼈만 많은 걸 집으로 옮기려고 우리더러 하루 종일 힘을 쓰게 한단 말이오? 정말 한심하군. 아, 이렇게 비쩍 마른 것인 줄 미리 알았더라면 아예 오지 않았을 텐데'라고 말이오. 또 한 사람은 목청을 더 높여서 '이보게나, 이 보잘것없는 짐승 때문에 내 좋은 하루를 망친다고 생각해 보게나. 그냥 집에 있었더라면 물론 배는 고프겠지만 그래도 최소한 시원한 물을 마실 수는 있지 않았겠나!'라고 외치죠. 살은 빈약하더라도 뿔이라도 큰 경우에는 아마 이렇게 말할 거예요. '아니, 당신은 고기를 먹으려고 이걸 잡은 게 아니라, 이 뿔로 국을 끓일 생각을 한 거로군요?'라고요."

"이런 말들에 대해 사냥한 사람은 반드시 이렇게 반응해야 해요. 가령 '내가 보기에도 이건 정말 보잘것없는 짐승이군요. 그러나 앞으로 사냥할 힘을 더 내기 위해 우선 간만 먹기로 하고 나머지는 하이에나 몫으로 남겨두도록 하죠. 하지만 오늘 사냥이 모두 끝난 건 아닙니다. 이 쓰레기 같은 짐승에 대해선 더 이상 신경 쓰지 말고 다른 사냥감이나 찾아봅시다'라고 말이죠. 그러나 말은 그렇게 하면서도 그 짐승을 잡아 고기를 캠프로 옮겨 와서 모두 함께 먹는 거죠." 가우고의 설명은 그것으로 마무리되었다.

이제서야 조금 알 것 같았다. 그 다음에는 토마조를 찾아갔다. 그는 부시맨들에게는 '사냥에 관한 한 사냥꾼을 모욕해야 할 의무가 있다'는 가우고의 말이 사실임을 거듭 확인해 주고는, 자기가 알고 있는 몇 가지 이야기들을 덧붙여 그것에 관해 자세히 설명해 주었다.

내가 그에게 물었다. "어차피 그 고기를 모두가 먹을 텐데, 왜 사람을 일부러 곤경에 빠뜨려놓고 모욕을 주는 거지요?"

"그건 교만 때문이지요"라고 그는 무슨 중대한 비밀이라도 털어놓는 것처럼 차분히 대답했다.

"교만이라고요?"

"그래요. 어떤 사람이 너무 많은 짐승을 잡게 되면 그는 자기가 무슨 추장이나 그에 버금가는 대단한 사람이 된 걸로 착각하게 되죠. 그리고 다른 사람들을 자기 하인이나 자기보다 못한 사람으로 여기게 돼요. 그렇게 되는 것을 그냥 보고만 있어서는 안 돼요. 잘난 체하거나 교만한 사람을 그냥 둬서는 절대로 안 돼요. 반드시 막아야 해요. 그의 교만이나 자만심이 언젠가는 우리들 가운데 누군가를 죽이게 되기 때문이죠. 그래서 우리는 항상 그가 사냥한 짐승의 고기가 정말 형편없다고 말하는 거예요. 이런 식으로 그의 마음에 교만함이 차지 않게 하여 그를 겸손하게 만들어주는 거지요."

이제 모든 것을 확실히 알 수 있게 되었다. 이리저리 흩어져 있어서 산만하게 보였던 부분들이 이제야 비로소 제자리를 찾아가 한 곳으로 모이기 시작했다는 느낌이 들었다. 나는 부시맨들과 함께 생활하는 동안 그들 사이에 어떤 갈등이나 문제가 발생하면 나만이 그것을 해결할 수 있다고 생각해 왔다. 나는 부족 사람들한테 담배를 구해줄 수 있는 유일한 사람이었다. 원하지 않는 일을 하지 않겠다고 말할 수 있는 사람도 오직 나 한 사람뿐이었다. 그것은 내가 힘을 갖고 있다는 표시였다. 그들은 한편으로는 나와 함께 있다는 사실을 성가시게 여기기도 했지만, 다른 한편으로는 내가 떠날까 봐 불안해하기도 했다. 간단히 말해 나는 온갖 교만에 물들어 있었으며, 그들은 그런 나에게 겸손함의 미덕을 가르쳐준 것이다. 부시맨들은 내게 실생활과 관련된 중요한 교훈을 알려주었다. 그것이 갑작스럽게 내 약점을 건드렸기 때문에 기분이 무척 나쁘기도 했다.

이 '검은 황소' 사건은 아이아이에서 현지조사를 하는 동안 내가 얼마나 관대한 사람인가를 행동으로 보여주려다 나로서는 미처 예상하지 못했던 그들의 반응을 결국 이해하게 된 사건이었다. 그들이 내게 전달하려는 메시지는 다음과 같았다.

"이 세상에 처음부터 끝까지 완벽하게 관대한 행동이란 존재하지 않는다. 모든 행동은 먼저 머릿속에서 철저히 계산된 후에 나타나는 결과 중 하나일 뿐이다. 크리스마스에 검은 황소 한 마리를 잡아 우리들에게 먹이려 했다는 것은 당신이 선물을 통해 목적을 달성하려고 머릿속으로 얼마나 오랫동안 이리저리 재면서 계산을 했는지를 알려줄 뿐이다. 사냥감을 잡아 그 고기를 함께 나누어 먹는 일은 매일매일 일어나는 일상적인 일이지 특별한 행사가 아닌 것이다. 따라서 우리는 평소에 늘 그렇게 하듯이 했을 뿐이다."

부시맨들은 이 메시지의 교훈을 내게 가르쳐주기 위해 작은 익살극을 훌륭하게 연기해낸 것이다. 부족 사람들 모두가 각자의 역할을 정말

칼라하리 사막의 부시맨 가족.(남아프리카공화국 관광청 제공)

훌륭하게 소화해냈다. 부시맨들이 수세대에 걸쳐 자기보다 더 강한 사회 (그것이 흑인사회이든 백인사회이든 간에)와 접촉하는 과정에서도 문화적으로 끈질긴 생명력을 가질 수 있었던 것은 바로 이러한 농담이나 조롱 같은 독특한 철학 또는 정신을 철저하게 고수해 왔기 때문이 아닐까?

남아프리카의 칼라하리 사막에 아직도 그들이 잘 살아가고 있다는 사실은 내게 큰 위안이 된다. 그들은 오래 전부터 그곳에서 독자적인 철학적 전통의 맥을 이어가면서 꿋꿋하게 살아왔듯이, 그 전통을 간직하는 한 앞으로도 계속 살아남을 것이다.

079
부시맨의
크리스마스

문화와 인성

우리는 다른 사람들에 대해서 단순하지만 비교적 뚜렷한 이미지를 갖고 있다. 이를테면 프랑스 사람들은 쾌활하고 말이 많으며 예민하고, 독일 사람들은 무뚝뚝하고 절도가 있으며 생각이 깊다고 말한다. 이런 이미지는 사람들이 다른 집단을 특징지어 나누어 생각하고자 하는 가장 일반적인 문화적 인식틀이자 일종의 사회적 상식이기도 하다. 실제로 각 사회 구성원의 대다수는 그 문화가 지향하는 가치, 행동패턴에 부합하는 인성을 특별히 강화하여 내면화하게 된다. 즉 한 문화에 속한 구성원들은 그 문화의 패턴이 보편화시킨 인격적 특징을 갖게 된다는 말이다.

이것은 흔히 사람들이 어떤 인종, 어떤 민족, 어떤 지방 사람들은 어떠하다는 식으로 생각하는 편견이나 고정관념과도 비슷하다. 이러한 고정관념은 한 집단의 인성적 특징을 주로 체질적·유전적 특징처럼 절대시하여 그 구성원 모두가 피할 수 없는 타고난 것이라고 여긴다. 더 나아가 다른 사람들의 인간성과 가치관, 행동의 몇 가지 특징을 자기 문화의 가치관에 따라 멋대로 규정하여 그 사람들 모두를 맹목적으로 차별하는 근거로 삼기도 한다.

이에 비해 문화와 인성에 대한 인류학적 연구는, 각 문화집단의 인성적 특징이 유전이나 혈통 같은 인종적·종족적 유사성에서 비롯된 것이 아니라, 그 집단이 공통으로 경험한 역사와 각 개인이 어릴 때부터 체험한 양육 및 교육 방식을 통해 형성된다는 점을 강조한다. 즉 각자가 태어난 문화적 환경 속에서 체험을 통해 형성되고 학습을 통해 재생산된다는 것이다.

이렇게 형성된 인성은 사회에 따라 극단적으로 다를 수 있다. 어떤 사회에서는 공격성이 높고 폭력적인 사람을 남성적이고 지도력이 있다고 여기는 반면, 어떤 사회에서는 조용하고 이해심 있고 섬세한 남자가 존경을 받는다. 다소곳하고 애교 있으며 의존적인 여성이 이상적으로 여겨지는 사회가 있는가 하면, 씩씩하고 위엄 있으며 독립적인 여성들을 키워내는 문화도 있다. 우리가 흔히 남성적, 여성적이라고 여기는 많은 특징들이 사실은 남녀 간의 생물학적 차이에서 생겨나는 것이라기보다는 문화적으로 키워진 것이기 쉽다.

문화에 따라 다른 인성적 특징들은 우리들이 갖고 있는 정상과 비정상에 대한 분류의 기준마저 다시 돌아보게 한다. 즉 우리 문화에서 아주 흔하게 행해지는 많은 일들이 다른 문화의 척도에서 보면 정신과 치료를 받아야 하는 행동이나, 형벌을 받아야 할 범죄가 되기도 한다. 예를 들면 한 사회에서 무당이나 점쟁이들이 미래를 보는 영적 능력은 다른 사회에서는 망상이라는 전형적 정신병리 현상으로 간주될 수 있고, 교사들의 '사랑의 매'는 사디스트 어른의 아동학대로, 남편이 아내를 '북어 패듯' 때리는 것은 바로 구속시켜야 할 폭력적 범죄로 취급되기도 한다. 그 반대의 경우도 마찬가지이다. 우리 문화에서 정신질환으로 치료받아야 할 만한 행동들도 다른 문화, 다른 역사적 상황 속에서는 지극히 정상적이고, 심지어 바람직한 일로 여겨지기도 한다.

문화상대주의적 관점에서 보면 문화마다 다른 가치관과 규범의 차이는 각기 다른 자연환경, 사회적 조건 그리고 독특한 역사적 경험을 통해 형성된 것이기 때문에 그 문화 나름의 총체적 맥락에서 파악해야 한다고 할 수 있다. 따라서 특정 문화적 조건 속에서 키워진 인성들은 그 나름대로의 존재 이유와 합리성을 갖는다고도 하겠다. 그렇다 하더라도 몇 가지 의문이 생긴다. 모든 문화와 인성을 상대적으로 이해한다는 것과

아이가 키우는 아기. 대부분의 전통사회에서
아이들은 아이들 속에서 자란다.
방글라데시 베나폴 © 정병호

그것들을 그대로 좋다고 인정
하는 것은 다르지 않을까? 인
류 문화의 보편적인 가치 기준
은 없는 것일까? 한 문화에 속
한 모든 사람들이 정말 모두
비슷한 인성을 갖게 되고 그것
에 대해 의문 없이 만족하며
살아갈까? 문화와 인성과의 관
계는 그렇게 일방적으로 결정
적인 것일까? 그렇다면 한 문
화 안에서 개인이 아무리 발버
둥 쳐도 그 문화를 변화시킬
수는 없지 않은가?

　　문화와 인성에 대한 인류
학적 연구들은 한 사회는 그
구성원 모두가 적응해야 할 비
슷한 문화적 환경과 조건을 주
기는 하지만, 그 결과 그들이
모두 똑같은 인성을 갖게 되지는 않는다는 사실을 밝혔다. 한 문화 안에
서도 사람마다 기질과 입장이 다르기 때문이다. 어느 사회에나 그 문화
에 더 잘 적응할 수 있는 기질을 타고난 사람도 있고, 도저히 그 문화에
적응할 수 없는 부적응적 기질을 가진 사람도 존재한다. 즉 수월하게 그
문화가 지향하는 이상적인 인성을 갖게 되는 사람도 있고, 부단히 노력
하여 정상의 범주에 들게 되는 사람도 있으며, 너무 억지로 자신을 그 기

준에 맞추려다 실패하여 정신질환을 얻거나 '비정상'이 되는 사람도 있다. 그 과정에서 주어진 문화적 기준에 저항하고 이를 바꾸고자 하는 '일탈자'도 나오게 된다. 이들 모두가 각자 자신이 운명적으로 태어난 사회의 문화와 씨름하며 살아가는 동안에 그 문화가 지향하는 바를 더욱 강화시키기도 하고, 변화시키기도 하는 것이다.

또한 자신이 속한 계급이나 성 혹은 집단의 입장과 이해관계에 따라 주어진 문화적 조건에 다르게 대응하기도 한다. 특히 한 사회에서 억눌린 계급이나 성(주로 여성), 소수집단에 속한 사람들은 자신들을 불리하게 만드는 문화적 기준에 다양한 방법으로 저항하며 바람직한 변화를 유도하기 위해 부단히 노력하는 경향이 있다. 한 사회 안에서도 문화와 인성 간에는 이러한 역동적인 과정을 통해 끊임없이 변화가 일어나고 있는 것이다.

이렇게 한 문화 안에서는 인간이라면 누구나 지켜야 할 보편적이고 절대적인 기준이라고 여겨지는 가치관이나 규범이 다른 문화의 기준에 비추어 보면 대단히 인위적이고 부분적이며, 역사적으로도 한 시기에만 통용되는 편향된 하나의 기준에 불과하다는 것을 알게 된다. 따라서 자기 문화 안에서 기존의 지배적 가치관을 너무 절대적으로 신봉하고 이를 맹목적으로 실천하고자 하는 문화적 광신은 대단히 위험하다. 이러한 사실을 볼 수 있게 된 것도 자기 문화를 넘어서 다양한 문화와 인성의 관계를 문화상대적으로 비교하여 이해하는 인류학적 연구의 성과이다.

다음은 문화와 인성 연구의 선구자인 루스 베네딕트Ruth Benedict의 대표적 저작이자 지금까지 인류학 분야에서 가장 널리 읽힌 책인 『문화의 패턴』 중에서 주니족에 대한 기술을 발췌한 것이다. 미국 남서부 애리조나 사막의 절벽 틈새에 신비로운 도시문명을 일구었던 푸에블로 인디언 부족의 일파인 주니족의 평화적이고 질서와 조화를 중시하는 인성적 특징을 살펴본다. 이어서 이와 대조적으로 지금까지 알려진 부족문화 중에서 가장 폭력적이고 공격적인 인성을 키워내는 것으로 유명한 아마존 정글 속의 야노마모족을 나폴리언 섀그넌Napoleon A. Chagnon의 민족지를 통해 알아볼 것이다.

이를 통하여 각 문화가 얼마나 극단적으로 다른 인성을 키워낼 수 있는지를 느낄 수 있을 것이다. 특히 우리가 흔히 생물학적 조건으로서 절대적이라고 생각하는 남성성과 여성성의 차이가 문화에 따라 얼마나 다르게 규정되며, 남성과 여성이 얼마나 다르게 키워질 수 있는지를 알 수 있다.

다음의 두 민족지를 보다 정밀하게 대조해 보면, 과연 어떤 사회문화적 조건에서 주로 어떠한 인간관계와 인성적 특징이 자라나게 되는지를 분석적으로 이해할 수 있고, 그것이 그 구성원들 중에서 주로 어떤 사람들의 삶을 윤택하게 하고 어떤 사람들의 삶을 힘들게 하는지를 밝힐 수 있다. 따라서 그들의 문화가 그들 중 주로 어떤 사람들의 어떠한 노력에 의해 어떻게 변화할 것인지를 추정해볼 수도 있을 것이다. 이러한 지적 성찰은 바로 오늘날 우리의 삶의 방식과 우리 문화가 키워내는 인성과의 관계를 밝히고 자신의 타고난 기질과 처한 입장에 따라 우리 문화를 어떻게 바꾸어나가야 할 것인지, 그 방향을 모색하는 과정이 될 것이다.

얌전한 인디언, 주니족

| 루스 베네딕트 |

주니Zuni족은 미국 남서부의 리오그란데 강가 서쪽에 거주하며 아코마, 호피 인디언들과 함께 서부 푸에블로족으로 분류되고 있다.

주니족은 종교적 의식과 의례를 좋아하고 남에게 해를 끼치지 않으며, 절제를 그 어떤 미덕보다 더 가치 있게 생각한다. 주니족은 풍부하고 복잡한 의식의 준비와 집행을 중심으로 생활하고 있다. 가면신에 대한 의식, 치료의 의식, 태양에 대한 의식과 신성한 주문, 전쟁과 죽은 자에 대한 의식은 공식적인 연중행사로 사제가 직접 주관한다. 다른 어떤 분야의 활동도 의식만큼 그들의 주의를 끌지는 못한다. 아마 대부분의 성인들은 낮 시간의 대부분을 의식에 바치는 것 같다. 많은 양의 의식용 대사를 정확하게 되풀이하여 암송하고, 날짜에 맞추어 정해진 형식대로 치러야 하는 여러 가지 의식을 준비하고, 모든 다른 의례집단과 복잡하게 얽혀 있는 다양한 의식들을 질서 있게 집행하는 일에 많은 시간과 노력을 기울이고 있다.

주니족이 이처럼 의식의 세세한 부분에 주의를 기울이는 것은 그들의 세계관에 비추어 보면 충분히 이해가 된다. 그들의 종교적 의식은 초자연적이고 강력하게 짜인 것이라 아무리 세세한 것이라도 모두 주술적인 효력이 있다고 한다. 만약 의식의 전 단계를 통해 절차상 아무런 하

미국 뉴멕시코 주에 사는 주니족(1880년 사진)
© Palace of the Governors

자가 없다면, 예컨대 가면신의 의상이 하나도 전통에 어긋남이 없고 제물도 흠 잡을 데 없이 깨끗하며 몇 시간 길이의 기도문도 완벽하다면, 그 결과는 인간이 바라는 대로 나타날 것이라고 믿는다. 그들이 항상 입버릇처럼 말하는 대로 사람은 단지 '어떻게 하는지를 알기'만 하면 되는 것이다.

주니족은 어떤 현상을 흉내 내면 그와 비슷한 주술적 효과가 있다고 믿는 모방주술에 특히 의존한다. 사제가 비를 내리게 하려고 묵상을 드리고 있을 때 사람들은 천둥소리를 내기 위해 둥근 돌을 마루에 굴리고, 비가 오게 하려고 물을 뿌리며, 샘에 물이 가득 차도록 제단에 물 한 그

릇을 갖다 놓는다. 또한 하늘에 구름이 일어나도록 천연 식물을 사용하여 거품을 일으키고, 신들이 "비의 기운을 머금은 숨을 참지 못하고 내뱉도록 하기 위하여" 담배 연기를 뿜어낸다. 가면신 춤을 출 때도 그들이 쓰는 가면이나 몸에 칠한 문양은 바로 초자연적인 존재의 살을 입은 것과 같아서 신들은 꼼짝 못하고 축복을 줄 수밖에 없다고 믿는다.

이러한 종교적 의식에 참여하는 모든 사제와 집행자들은 의례 기간 중에는 절대로 화를 내서는 안 된다. 그러나 화내는 것이 터부가 아닌 경우도 있다. 마음이 깨끗한 사람만이 만날 수 있는 정의로운 신과 활발하게 의사소통을 하기 위해서는 화를 낼 수 있다. 이것은 그만큼 초자연적인 일에 몰두한다는 표시이고, 초자연적 존재와 마주할 때 그들이 가진 몫을 내놓지 않을 수 없도록 흥정할 수 있는 마음의 상태를 말하며, 또한 주술적 효과를 갖고 있다.

주니족의 기도는 모두 미리 정해져 있는 주문으로 이루어져 있는데 그 효과는 얼마나 정확하게 이것을 외우는가에 달려 있다. 이런 전통적인 기도는 대단히 많지만 기도하는 사람이 자기 마음대로 감정을 쏟아붓는 경우는 절대로 없다. 일상적인 기도는 사람에 따라 조금 다를 수도 있지만 이 변화란 것도 약간 더 길어질 수 있거나 짧아질 수 있는 정도이다. 이 기도에는 결코 눈에 띌 만큼 강한 감정이 실리지 않는다. 항상 온건하고 형식도 의례적이며, 질서 있는 생활과 즐거운 나날, 폭력으로부터의 보호를 바라는 내용이 대부분이다.

주니족의 생활에서 춤과 종교 의식만큼 그들의 관심을 끄는 일은 별로 없다. 결혼이나 이혼 같은 가정적인 일들은 담담하게 개인적으로 해결한다. 주니족은 사회지향적인 문화를 갖고 있어 개인적인 일에는 크게 흥미를 기울이지 않는다. 따라서 결혼은 별다른 의식이나 절차 없이 행해진다. 전통적으로 처녀들과 총각들은 서로 말을 할 기회가 거의 없었다. 그러나 저녁 무렵 처녀들이 물동이를 이고 샘에 물을 길러 갈 때 총각이 길가에 숨어서 기다리다가 그중 한 처녀에게 물을 청하기도 한다. 그 총각이 맘에 들면 처녀는 그에게 물을 준다. 총각은 처녀에게 토끼를 잡는 데 쓰는 투창을 만들어달라고 부탁할 수도 있고, 나중에 자기가 잡은 토끼를 그 처녀에게 주기도 한다. 처녀 총각들에게 이 밖에는 달리 만날 기회가 별로 없다.

만약 어떤 총각이 처녀를 달라고 할 결심이 서서 그녀의 아버지에게 이 사실을 말해야겠다고 생각하면 그 처녀의 집으로 간다. 주니 사람들이 남의 집을 방문할 때 하듯이 먼저 그 집에서 내놓은 음식을 먹는다. 그러면 그녀의 아버지는 모든 방문객에게 하듯이 "아마 무슨 볼일이 있어 왔겠지요?" 하고 그에게 말한다. 그는 "당신 딸을 생각하고 왔습니다" 하고 대답한다. 그러면 그녀의 아버지는 "딸을 대신하여 내가 말할 수는 없소. 그 애가 직접 말하게 하리다" 하고 딸을 불러준다. 만약 딸도 마음이 있으면 그녀의 어머니는 옆방으로 가서 멍석자리를 깔아주고 아버지와 함께 밖으로 나간다. 다음날 그녀는 머리를 감는다. 나흘 후 그녀는 가장 좋은 옷을 입고 고운 옥수수 가루가 든 큰 바구니를 총각의 어머니가 있는 집에 갖다 준다. 이로써 둘은 결혼한 셈이 된다. 이 외에 다른 형식과 절차는 전혀 없고, 마을 사람들도 이들의 결혼에 거의 관심을 보이지 않는다.

만약 그들의 결혼 생활이 행복하지 못해서 이혼해야겠다고 생각하면, 특히 자식이 없는 경우에는 아내 쪽이 먼저 의례적인 잔치 일을 하러 나가는 것으로 의사를 표시한다. 그곳에서 적당한 남자를 만나 서로 좋아지면 다음에 또 만나기로 약속한다. 주니족 사회에서 여자가 새 남편을 얻는다는 것은 전혀 어려운 일이 아니다. 여자가 남자보다 적기 때문에 남자로서는 어머니 집에 머물러 있는 것보다 처와 함께 사는 것이 더 당당해 보인다. 남자는 항상 여자에게 선택되기를 바라는 편이다. 그 남자가 마음에 들고, 새 남편을 얻을 수 있다는 확신이 서면 여자는 현재 남편의 소유물을 모두 챙겨서 문턱에 놓아둔다. 남편의 소유물은 그다지 많지 않다. 여분의 신발과 춤출 때 입는 치마와 허리띠, 기도봉을 만드는 데 쓰는 귀중한 새털이 들어 있는 상자, 기도봉과 가면의 모습을 바꾸는 데 칠할 물감통 등이 남편이 지닌 소유물의 전부다. 이보다 더 중요한 의식용 소지품들은 결혼을 해도 그의 어머니 집에서 가지고 오지 않는다. 그가 저녁에 집에 와서 문 밖에 놓인 자기의 조그만 보따리를 보게 되면 그걸 들고 울면서 어머니 집으로 되돌아간다. 그와 그의 가족들은 슬퍼하면서 운이 없다고 생각한다. 그러나 거처를 새로 정하는 일은 잠깐 떠다니는 소문거리에 지나지 않으며, 심각한 감정이 오고가는 경우는 거의 없다. 주니족의 부부는 규칙을 따른다. 이 규칙은 질투나 복수심, 헤어짐을 받아들이지 못하는 집착 따위의 격렬한 감정이 좀처럼 일어나지 않도록 한다.

주니족의 문화는 간통도 심하게 처벌하지 않는다. 아내가 간통을 하면 아내의 코의 살점을 베어버리는 것이 미국 중서부 대평원 인디언 부족의 일반화된 보복책이다. 이러한 풍습은 심지어 아파치족처럼 주니족과 바로 이웃한 남서부 인디언 부족들 사이에서도 흔하다. 그러나 주니 사회에서는 아내가 부정을 했다 하더라도 남편이 폭력을 행사하지 않는다. 남편은 아내의 간통이 자신의 권리를 침범한 것이라고 생각하지 않는다. 오히려 아내가 간통을 한다는 것은 보통 남편을 바꾸려고 하는 첫 번째 단계로 여겨진다. 주니 문화에서 이것은 제도적으로 아주 쉽게 되어 있어서 너그럽게 봐줄 수 있는 행위가 된다. 그들은 폭력은 생각하지도 않는다. 마찬가지로 아내도 남편의 간통을 대부분 너그럽게 넘어간다. 그 상황이 부부 간의 관계를 끊어야 할 만큼 불쾌하지 않다면 간통은 무시된다.

결혼과 이혼의 절차나 과정은 아주 간단하지만, 주니족의 결혼은 대부분 한평생 지속된다. 말다툼을 좋아하지 않아 대부분 평화로운 결혼 생활을 유지하고 있다. 우리 문화에서 결혼이란 모든 전통적인 힘이 그 뒤에 집결되는 중요한 사회적 행위이지만 그들의 결혼은 주니 문화에서 가장 강력하게 제도화되어 있는 사회적인 유대, 즉 모계집단과의 직접적인 관계를 단절시키는 개인적이고 사소한 일일 뿐이다. 즉 사회가 규제하는 힘 없이도 주니족의 결혼 생활은 대부분 끝까지 유지되며, 결혼의 안정성도 놀랄 만큼 강하다.

주니 문화에서 가장 중시되는 사회적 유대란 모계 가족을 말한다. 이것은 종교적 의식 면에서 보면 신성한 주물을 소유하고 관리하는 단위이다. 집과 그 집에 있는 옥수수는 그 집의 여자들, 즉 할머니와 할머니의 자매와 할머니의 딸과 그 딸의 딸들에게 속한다. 결혼 생활에 무슨 일이 일어난다 하더라도 여자들은 평생 동안 그 집에서 산다. 그들은 견고한 연대를 맺고 살며, 그들에게 속한 신성한 주물을 관리하고 음식을 바친다. 비밀도 함께 지킨다. 그들의 남편은 이방인이기 때문에, 오히려 결혼하여 다른 씨족의 집으로 가 있는 남자 형제들이 와서 모든 중요한 가사를 협동하여 해결한다. 결혼해 나가 사는 남자 형제들은, 제단 앞에 신성한 주물을 내놓고 하는 묵상 의식에 참가하기 위해 집으로 되돌아오기도 하며, '신성한 꾸러미'에 대한 의식을 배우고 암송해서 후대에 전하는 역할을 한다. 남자는 무엇이든 중요한 일이 일어나면 항상 어머니의 집으로 돌아간다(어머니가 죽으면 집은 그의 누이의 소유가 된다). 혹시 결혼 생활에 파탄이 와도 자신의 본거지로 되돌아온다.

집의 소유권을 기초로 하여 신성한 주물을 관리하는 혈연 집단이 주니족에게는 가장 중요한 집단이다. 이 집단은 영속성이 있고, 중요한 공동 관심사를 갖고 있다. 그렇다고 해서 이것이 경제적으로 기능하는 집단은 아니다. 결혼한 아들이나 결혼한 오빠 및 남동생들은 각자 자기 부인 집의 광을 채우기 위해 밭에서 일을 한다. 자기 어머니의 집이나 누이들의 집에 남자 일손이 부족할 때만 와서 자신의 모계 가족의 밭을 돌보아준다. 경제 집단은 함께 살고 있는 가족들, 즉 나이 든 여성과 그 남편, 그들의 딸들과 딸들의 남편들이다. 주니 사회에서 남편들은 종교적 의식이나 가족의 경계 면에서는 이방인이지만, 경제생활을 함께 하는 같은 집단의 구성원이다.

여자들에게는 갈등이 없다. 그들은 자기 남편의 집단에 대해 아무런 의무도 갖지 않는다. 그러나 남자들은 이중의 의무를 갖는다. 한 집단에서는 남편으로서, 다른 집단에서는 오빠로서의 역할을 해야 한다. 사회적으로는, 신성한 주물을 관리해야 하는 오빠로서의 의무가 노동을 담당해야 하는 남편으로서의 경제적 의무보다 더 중요하다. 우리 사회에서처럼 남자의 지위는 가족을 먹여 살리는 데서 나오지 않고, 그 집의 신성한 주물과의 관계 속에서 그가 무슨 역할을 하느냐 하는 데에서 나온다. 남편은 처갓집의 신성한 주물과는 아무런 관계도 없기 때문에, 그의 자식이 커감에 따라 처갓집에서의 지위를 점차 얻게 될 뿐 다른 방법은 없다. 설사 그가 처갓집에서 20년이나 함께 생활했다 하더라도 누구의 남편이라거나 경제적 기여를 해서라기보다는 단지 아이들의 아버지라는 자격 때문에 인정을 받게 되는 것이다.

개인적인 권위나 카리스마는 주니족이 가장 경멸하는 특징인 것 같다. 권력이나 지식을 갈망하고 그들이 조롱 삼아 이야기하듯이 '지도자가 되고 싶어 하는 자'는 비난뿐만 아니라 주술로 박해를 당하기 십상이다. 그리고 실제로 그렇게 되는 경우도 자주 있다. 주니 사회에서는 타고난 권위의식 같은 것은 약점이 된다. 그런 사람은 마녀사냥의 대상이 되어 스스로 자백할 때까지 손가락을 매다는 고문을 당할 때도 있다. 이런 것들이 강한 성격을 타고난 사람들에게 주니족 사회가 내리는 처방이다.

주니 사회에서 이상적인 사람은 남들을 이끌려고 하지 않고, 이웃 사람들의 구설수에도 한 번도 오르지 않는, 위엄 있고 사근사근한 사람이다. 아무리 자기가 전적으로 옳다고 하더라도 갈등을 일으키면 불리해진다. 예컨대 빨리 걷기 경기 같은 시합에서도 어떤 사람이 계속 이기면 그는 다음부터 경기에서 제외된다. 그들은 승자가 자주 바뀔 수 있는 게임을 좋아한다. 따라서 어떤 걸출한 선수가 나오면 그 경기는 이미 망친 경기이다. 즉 그들에게 그런 선수는 필요가 없다.

주니족 사이에서 착한 사람은 늘 좋은 이야기를 하고, 남에게 양보하는 기질과 관대한 마음씨를 갖고 있다. 결점이 없는 사람에 대하여 최상의 칭찬을 할 때는 다음과 같이 말한다. "그는 아주 예의바른 사람이다. 아무도 그 사람한테서 나쁜 말을 들어본 적이 없다. 그는 결코 남에게 폐를 끼치지 않는다." 그들에게 착한 사람이란 항상 말을 많이 해야 하는 사람을 일컫는다. 그런 사람은 다른 사람들의 기분을 편하게 해주어야 하고, 들에서 일을 하거나 의식을 행할 때거나 간에 다른 사람들과 쉽게 협력해야 하며, 거만한 태도나 강렬한 감정으로 의심받을 일을 결코 해서는 안 된다.

주니 사람들은 중요한 직위를 맡는 것을 피하고 싶어 한다. 직책은 떠맡겨지는 경우가 있을 뿐, 추구 대상이 되지는 않는다. 키바(의례집단의 성소) 안에서 어떤 직책을 누군가가 맡아야만 할 경우가 생기면 키바의 출입구는 굳게 닫힌다. 사람들이 대부분 핑계를 대고 그 자리를 맡지 않으려 하기 때문에 누군가가 설득당할 때까지 모든 사람은 키바 안에 갇혀 있어야 한다. 결국 직책을 맡을 사람이 나오지만, 그 사람 자신이 지도자로 비추어지는 것은 피해야 한다. 어떤 사람이 설득당해서 그 직책을 맡아 일을 수행하려 할 때도 그에게는 우리들이 생각하는 것 같은 권위가 주어지지 않는다. 남을 규제하지 않고 그 직책을 수행해야 하는 것이다.

가정에서도 개인적인 권위를 사용하는 일이 없다. 일반적으로 모계 사회에서 아버지는 별 권위가 없지만, 그렇다고 해서 집안에 권위 있는 남자가 아주 없는 것은 아니다. 모계 가족의 경우 보편적으로 어머니의 남자 형제가 책임 있는 우두머리이자 결정권자가 된다. 그러나 주니족은 어머니의 남자 형제들에게조차 어떠한 권위도 인정해주지 않으며, 아버지의 권위도 인정하지 않는다. 따라서 어머니의 남자 형제나 아버지 그 어느 쪽도 아이들을 권위적으로 훈육하는 입장은 아니다. 아이들은 남자들이 특히 귀여워한다. 아이들이 칭얼거리면 남자들이 안아주고 저녁에는 아이들을 무릎 위에 앉혀 안고 있다. 아이들을 야단치는 법이 없다. 협동의 미덕이 종교적인 생활을 지탱해주는 것처럼 가정생활도 지탱해준다. 따라서 심하게 아이들을 꾸짖어야 할 상황은 좀처럼 일어나지 않는다.

이러한 문화는 아이들이 오이디푸스 콤플렉스 같은 심리적 고통을 당할 가능성 자체를 근본적으로 없앤다. 말리노프스키가 연구한 트로브리안드 섬의 모계 사회는 외삼촌이 우리와 같은 가부장 문화에서 아버지가 갖는 권위를 갖는다고 한다. 주니족 사회에서는 외삼촌조차도 권위를 행사하지 않는다. 아이들은 일상생활 속에서 원한이나 억눌림 그리고 그것을 보상해줄 야심과 야망을 헛되이 꿈꾸는 일 없이 자라난다. 어른이 되어도 그들은 권력을 쥐고 무언가 해보겠다는 식의 권력동기가 없는 것이다.

주니족의 이상에 따르면 개인은 집단의 행동 규범을 따라야 하고 개인적인 권위나 카리스마를 주장할 수 없다. 아울러 결코 폭력적이어서는 안 된다. 주니족은 분노든 사랑이든 질투든 혹은 슬픔이든 간에 중용을 첫 번째 미덕으로 여긴다. 가장 중요한 금기는 사람들이 신성한 공무를 맡고 있는 동안 조금도 화를 내서는 안 된다는 것이다. 따라서 여하한 문제에 대한 의견 충돌도, 그것이 종교 의례적이건, 경제적이건 혹은 가정사이건 상상할 수 없을 만큼 조용히 처리된다.

사나운 야노마모 남자들

| 나폴리언 섀그넌 |

야노마모Yanomamö족은 베네수엘라와 브라질 국경 부근에 사는 인디언 부족이다. 화전을 일구는 원시농경을 하는 그들은 전통적으로 큰 강에서 떨어져 있는 열대 삼림 속에서 사는 내륙 '맨발foot' 부족이라고 불려 왔다. 1950년까지만 하더라도 야노마모족은 북동쪽에 사는 카리브어 계통의 말을 하는 마키리타리스족과 드물게 접촉했을 뿐 다른 사람들과는 거의 마주치는 일 없이 살아왔다. 인구는 약 1만 명이며 대다수가 베네수엘라 남부에 살고 있다. 오리노코강 상류와 지류 유역의 75개 정도의 마을에 흩어져 살고 있으며 각 마을의 주민은 40~300명 정도이다.

이들에게 인간에 대한 가장 근본적이고 중요한 문제는 누가 진짜 인간인가이다. '야노마모'라는 말은 '진짜 인간'이라는 뜻이다. 그들은 스스로를 '진짜로 문명화된' 유일한 존재라고 생각하기 때문에, 외부인들을 '야만적' 존재로 간주하여 멸시한다. 예를 들어 그들이 스스로를 부를 때는 중요한 정령들이나 촌장들에게 사용하는 존칭 대명사를 사용하지만, 외부인들을 부를 때는 보통 대명사를 사용한다. 그들의 기원 신화에서도 제일 처음 창조된 사람은 야노마모족이다. 다른 사람들은 모두 퇴화 과정에서 나타난 사람들로, 야노마모족보다 열등하다. 야노마모는 '사람'을 뜻할 뿐만 아니라 동시에 '말'도 뜻한다. 그들의 부족 명칭은 정치적으로 조직된 어떤 집합체를 뜻하는 것이라기보다는 진짜 인간인가 아닌가를 따지는 범주인 셈이다.

야노마모족에게는 마을이 최대의 정치적 단위이고 최대 주권 집단이다. 다른 마을과는 동맹을 맺는다든지, 방문이나 교역 관계를 형성한다든지, 또는 결혼을 통해 유동적인 연계망을 형성한다. 마을은 하나로 연결된 커다란 원형 가옥으로 이루어져 있다. 가옥 밖으로는 야자나무를 잘라 만든 높은 담장이 쳐져 있다. 지붕 한쪽 끝은 땅에서 45도 각도로 마을 안쪽으로 올라가고 안쪽 천정은 높이가 6~8미터이며 벽으로 분리되어 있지는 않지만 가족들은 각각 일정한 공간을 차지하고 살아간다. 따라서 기둥에 매단 해먹(그물 침대)에서는 마을 안에서 벌어지는 모든 일들을 보고 들을 수 있다.

마을을 둘러싼 목책은 높이가 3미터 정도이며 지붕 끝에서 1~2미터 정도 떨어진 바깥쪽에 있다. 현재 전쟁 중이면 여기저기가 부서져 있을 것이다. 저녁에는 출입구를 마른 야자나무 잎으로 가리는데, 조금만 움직여도 바스락거리는 소리가 나며, 사납고 굶주린 개들이 맹렬하게 짖어댄다.

전형적인 '집'(원형 가옥의 한 부분)에는 남편, 한 명의 아내 또는 여러 명의 아내들, 자식들, 때로는 남편의 부모나 남자 형제 그리고 그들의 가족이 함께 산다. 지붕에는 진딧물, 전갈, 거미들이 살고 있으며 땅바닥에는 다양한 음식 쓰레기—새, 물고기, 짐승의 뼈, 원숭이나 여러 동물의 두개골, 바나나와 플랜틴(바나나의 일종)의 껍질, 깃털, 야자열매 씨—들이 흩어져 있다. 마을 내의 모든 집 기둥에 활과 화살을 기대어 놓고 있고 바구니가 지붕 서까래에 매달려 있으며, 낮은 지붕 쪽에는 땔나무들이 쌓여 있다. 남자들은 대개 화살촉을 뾰족하게 깎거나 화살에 깃털을 끼우고, 여자들은 목화에서 실을 뽑고 바구니를 짜거나 목화 실로 허리끈

야노마모족의 여자아이(왼쪽)와 남자아이(오른쪽)
브라질 데미니 © Fiona Watson/Survival

이나 해먹을 만든다. 아이들은 마을 한가운데 커다란 공터에 모여 도마뱀 같은 것을 줄에 매달아놓고 작은 화살로 맞추는 놀이를 한다. 물론 밭에서 일을 한다든지, 물고기를 잡는다든지, 정글 속에서 야자열매를 채집하기 위해 마을 밖으로 나가는 사람들도 있다.

늦은 오후가 되면 대부분의 나이 든 남자들은 마을 한 곳에 모여서 환각제를 들이마시기도 한다. 에베네라고 불리는 환각제를 속이 빈 튜브로 서로의 콧속에 불어넣어 주며, 환각의 효과가 나타나면 숲의 잡신 헤라쿠스들에게 바치는 노래를 부른다. 환자의 특정 부위를 빨고, 마사지하여 나쁜 잡신들을 달래서 환자를 치료하는 사람이 있는가 하면, 대부분의 마을 사람들은 여기저기서 계속 물어대는 모기를 찰싹찰싹 때려잡고, 서로의 머리를 뒤져 이를 잡아주고 때로는 먹기도 한다.

마을은 주로 한두 개의 부계 친족집단으로 구성되어 있으나 배우자를 찾기 위해 다른 마을에서 온 사람 등 다른 집단에 속한 사람들도 있다. 모든 마을은 인구를 늘리고 싶어 해서 결혼 후에 여자나 남자 모두 자기 집 쪽에 머무는 것을 바람직하게 생각한다. 배우자는 친족집단 밖에서 구해야 하기 때문에, 마을에 부계 친족집단이 하나만 있으면 젊은 남자들은 결혼하기 위해 다른 마을로 가야 한다. 그곳에서 여자와 결혼하려면, 즉 사위가 되려면 먼저 일정 기간 동안 장인·장모를 모셔야 하기 때문에 여자네 집으로 가야 한다. 물론 여자의 부모들은 자신이 늙었을 때 사위가 계속 도와주기를 원하므로 사위들이 자신의 마을에 남아 있기를 바란다. 특히 아들이 적거나 없는 경우에는 더욱 그렇다. 여자의 부모들은 사위가 더 오래 남아 있도록 하기 위해 사위에게 딸을 한두 명 더 주겠다고 약속하기도 한다. 반대로 사위는 자신의 친족들과 같이 살고 싶어서 자신의 원래 마을로 돌아가고자 한다. 대체로 여자와 함께 돌아와 자기 아버지 집에 거주하게 된다.

성 비례가 어느 정도 균형을 이루고 있기는 하지만 성관계를 맺을 수 있는 여자는 늘 부족하다. 임신부나 아기를 키우는 여자는 성관계를 가져서는 안 되기 때문이다. 즉 아기를 낳게 되면 그 여자는 남자의 입장에서 보면 3년 동안은 성적 대상이 아니다. 따라서 아내가 임신한 남자나 총각이 다른 남자의 아내와 몰래 성관계를 갖는 경우도 있어 분란이 일어나기 쉽다. 한 마을 안에서 혼외 남녀관계는 대개 발각되기 마련이고 발각되면 심각한 싸움이 벌어진다.

여자들은 다른 남자와 관계를 맺었다고 의심받는 것만으로도 남편에게 몽둥이로 두들겨 맞을 수 있다. 남편은 불타는 나뭇조각으로 자기 아내를 지지거나, 허벅지같이 치명적이지 않은 부위에 화살을 쏘기도 하며(끝이 작살처럼 되어 있어 뺄 때 매우 고통스럽다), 도끼나 정글 칼로 팔이나 다리를 치기도 한다. 30살이 넘은 대부분의 여자들은 화가 난 남편에게

당한 각종 상처의 흔적을 지니고 있다. 남편들이 화가 나서 아내를 죽인 사례도 대단히 많다. 여자가 다른 남자와 관계를 가졌다 해도 그에 대한 벌은 그 마을에 그녀의 남자 형제들이 얼마나 많이 사는가에 달려 있다. 남편이 아주 난폭하게 때리면, 그녀의 형제들이 그를 몽둥이로 패고 여자를 빼앗아 와서 다른 남자에게 줄 수도 있는 것이다.

남편은 아내와 간통한 것으로 의심되는 남자에게 직접 몽둥이 결투를 신청할 수 있다. 이 싸움은 보통 이 두 사람만의 싸움으로 그치지 않는다. 대개 이들의 형제들과 지지자들이 가담하여 집단 결투가 된다. 만약 결투에서 누구도 심각하게 다치지 않았다면 싸우는 정도에서 문제가 끝날 수 있다. 그러나 이러한 결투가 자주 일어나게 되면 싸웠던 두 친족집단은 분리되어 서로 독립적인 마을을 형성하기도 한다. 그렇다고 해도 다른 큰 마을이 침략해 오거나 위협하면 다시 한 마을로 합칠 수도 있다. 이들이 이렇게 집단적으로 난폭함을 보이는 것은 자신들의 주도적 능력, 즉 결투를 주도하여 잘 싸우는 능력을 다른 사람들에게 과시하려는 욕망 때문이다.

이들은 항시 치명적인 활과 화살로 무장을 하고 다니지만 난폭함을 드러내는 폭력에는 여러 등급이 있다. 폭력의 내용은 어떻게 모욕당했는지에 달려 있다. 집단 간에 행해지는 가장 단순한 폭력은 두 집단에서 한 명씩 나와서 머리를 추켜세우고 두 팔을 뒤로 하여 가슴을 벌리고 서 있거나 무릎을 구부리고 있으면 상대방이 가슴을 세게 가격하는 것이다. 상대방은 주먹을 불끈 쥐고 밑에서부터 빠르게 휘둘러 심장 바로 위에 있는 왼쪽 가슴근육을 가격한다. 맞은 사람은 털썩 무릎을 꿇든지 버티든지 해야 한다. 버티다가, 며칠 동안 피를 토할 정도로 심하게 다치는 경우도 있다. 이렇게 몇 번 맞은 다음에는 맞은 사람도 상대방을 가격할 수 있다. 이들 주변에는 지지자들이 모여 힘을 내서 상대방을 쓰러뜨리라고 열광적으로 응원한다.

이러한 방식으로 두 마을이 싸울 때, 모든 남자들은 마을 대표로 참가해야 한다. 이렇게 네 번씩 맞고 때리는 일을 서너 차례나 견뎌낸 사람도 있다. 이러한 결투는 작은 문제가 발생했을 때 행해진다. 예를 들어 한 마을이 다른 마을에 대해 안 좋은 소문을 퍼뜨리거나, 어떤 마을 사람들의 난폭함이나 관대함을 부정하고 의심하거나, 축제에서 게걸스럽게 먹었다고 비난하는 경우에도 결투가 벌어질 수 있다.

좀더 심각한 결투는 몽둥이를 가지고 싸우는 것이다. 이러한 싸움은 대부분 아내가 다른 남자와 관계를 갖다가 들켰을 때 생기지만, 마을 내에서 음식을 훔치다가 들켜서 생기기도 한다. 이때는 먼저 싸우려는 집단에게 대표를 뽑아 보내라고 서로 요구한다. 한쪽 남자가 3미터 정도 되는 막대를 곧추세우고, 막대에 기대어 발을 벌려 버티고 서서 머리를 앞으로 내민다. 그리고 상대방에게 머리를 치라고 말한다. 상대방에게 이렇게 맞은 다음 자신도 상대방을 같은 방법으로 친다. 이러한 결투는 대개 서로 마구 때리는 싸움으로 확대된다. 이 과정에서 때로는 아주 치명적인 상처를 입기도 한다. 그러나 각 집단의 우두머리가 즉각 활을 쏠 수 있는 자세를 취하고 있기 때문에 감히 죽일 만큼 치지는 못한다. 만약 그렇게 하면 상대 집단의 우두머리의 화살에 맞게 된다. 나이 먹은 사람들의 머리는 많으면 10여 군데 이상 여기저기 아문 상처로 징그럽게 부풀어 있다. 그러나 야노마모족은 이 상처를 자랑스럽게 여기며 이를 과시하기 위해 머리를 빡빡 밀고 다닌다.

여자 문제로 생기는 결투 중, 몽둥이 결투보다 더 심각한 것은 창 결투이다. 한 마을의 사람들이 잘못을 범한 마을 사람들에게 창을 가지고

와 결투를 하겠다고 경고한다. 이들은 상대가 먼저 활을 쏘지 않으면 활은 사용하지 않겠다고 밝힌다. 결투가 벌어지는 날, 공격자들은 5~6개의 날카로운 몽둥이 또는 2.5미터 정도 되는 가는 창을 들고 와서 마을 사람들을 쫓아내려 한다. 만약 성공하면 공격자들은 모든 중요한 재산들(그물 침대, 냄비나 그릇, 정글 칼)을 훔쳐 간다. 공격자들이 사람들에게 심한 상처를 입혀 사람이 죽게 되면 이들의 결투는 가장 극단적인 폭력 형태인 전쟁, 즉 다른 마을을 습격하는 데까지 이르게 된다.

이러한 습격은 여자를 납치해 가거나 방문한 사람을 죽였을 때 일어날 수 있다. 남자가 화가 나서 자기 아내를 죽였을 때도 죽은 아내의 출신 마을 사람들은 복수할 의무가 있기 때문에 그를 습격할 수 있다. 어쨌든 대부분의 습격은 그 이전의 습격에서 사람이 죽은 데 대한 복수로서 행해진다. 따라서 한 번 습격이 시작되면 장기간 꼬리에 꼬리를 물고 계속된다. 물론 다른 이유로 습격이 시작되기도 한다. 때로는 야망을 품고 있는 지도자가 평화로운 시기(물론 드물지만)에 싫증이 나서, 고의적으로 자신의 지도력을 발휘하기 위해 적대적 상황을 조성하기도 한다.

복수는 먼저 축제를 치른 후에 이루어진다. 축제에서는 적에게 희생된 사람의 뼈를 빻아 플랜틴과 함께 죽을 끓여 먹는다. 이들은 자기 편 죽은 사람의 신체 부위를 먹음으로써 적에 대한 분노심을 드높인다. 습격하기 전날 오후, 마을에서는 나무와 잎으로 실물 크기의 적을 만들어놓고 습격의 총연습을 한다. 이날 저녁에는 모든 참여자가 마을 중앙의 공터로 일제히 진군해서 활과 화살로 시끄럽게 하며 사람을 잡아먹는 새, 동물, 곤충들을 불러내 습격할 때 도와달라고 여러 가지 소리를 질러댄다.

이들은 적의 마을 방향으로 일렬로 서서 "나는야, (사람)고기에 미친 식인새"라는 진군가를 부른다. 그리고 다 함께 정글에 메아리가 칠 때까

사나운
아노마뵈 남자들

지 고함을 질러댄다. 이때 이들은 상징적으로 식인 독수리나 말벌이 되어 적의 썩은 살을 (물론 상징적으로) 먹고, 마을 안의 각자의 위치에 흩어져서 자신이 상징적으로 먹었던 적의 썩은 살을 토해낸다. 다음날 아침에도 노래 부르기만 제외하고 똑같은 과정을 다시 반복한다. 이제 숯을 씹어서 몸에 검게 칠하고 일렬로 줄을 서서 마을을 출발한다. 마을 바로 밖에서 여자들이 준비해둔 그물 침대와 비상식량인 플랜틴을 몸에 지고 떠난다. 적지에 가는 동안 매일 밤, 허수아비를 만들어 화살을 쏘는 등 습격 연습을 한다. 어두컴컴할 때 적의 마을에 접근하며, 마을 주변에 잠복해 있다가 한 명을 생포하면 바로 후퇴한다. 남자와 그의 가족을 사로잡으면 남자는 쏴 죽이고 여자와 자식들은 납치해 온다. 습격자들은 마을에서 어느 정도 벗어나면, 돌아가며 여자를 강간한다. 자기 마을로 돌아와 그 여자를 누군가의 아내로 주기 전에는, 마을의 누구라도 원하면 그 여자를 강간할 수 있다. 잡혀온 여자가 도망가려 하다 잡히면 죽이기도 한다. 습격은 언제나 일어날 수 있기 때문에 여자들은 자기 마을 밖으로 나설 때 항시 납치당할지도 모른다는 두려움에 떨게 된다.

최고의 폭력 형태는 '노모호니', 즉 속임수이다. 건기에 야노마모족은 서로 자주 방문한다. 한 마을 사람 전체가 다른 마을을 방문하여 그곳에서 축제를 하고, 춤을 추고, 노래를 불러대고, 병을 치료하고, 교역을 하고, 서로 이야기를 한다. 도착하자마자 초대자들은 방문객들을 그물 침대에서 쉬도록 한다. 관습에 따라 방문객들은 자신의 화려한 장식품들을 자랑하는 자세로 그물 침대에 눕고 초대자들은 음식을 장만한다. 그러나 살인에 대한 복수심으로 불타는 한 마을이 있다고 가정해 보자. 이들이 제3의 마을을 동맹자로 끌어들이는 데 성공했다고 하자. 이 제3의 마을은 이들과 공모하여 친하게 지냈던 다른 마을 사람들을 초청하여 축제를 베푼다. 손님들이 축제에 응해 편안한 마음으로 그물 침대에 누워 있을 때 갑자기 초대한 쪽이 도끼나 창을 들고 손님들을 공격하여 잔인하게 죽여버린다. 간신히 마을 담장 밖으로 피한 사람들도 이들과 공모한 마을의 남자들이 잠복해 있다가 쏘아대는 화살에 죽게 된다. 이러한 '속임수'를 공모한 마을들은 상대방 마을의 살아남은 여자와 자식들을 서로 나누어 갖는다.

이러한 모든 난폭함에는 폭력의 조직적 측면이 들어 있는데 특히 지도력에 관한 것이 중요하다. 이곳에서 진정한 지도자가 되려면 반드시 자신의 난폭함을 과시해야 한다. 또한 많은 추종자를 거느리고 있는 것도 그에 못지않게 중요하다. 즉 자신의 위치를 지지해줄 수 있는 많은 남자 친족들을 거느리고 있어야 하며, 다른 남자들에게 나누어줄 딸과 자매를 많이 가지고 있어야 한다. 우두머리는 습격을 어느 정도 주도할 수 있지만, 추종자들의 의사를 벗어나 마음대로 할 수는 없다. 자기 친족의 죽음에 대해 복수를 할 것인가 아닌가도 추종자들의 태도에 따라 결정된다. 그러나 습격의 목적이 여자를 약탈해 오는 것이라면, 우두머리는 습격을 마음대로 주도할 권한을 가지고 있다.

일반적으로 추종자 집단이 작을수록 지도자는 자신의 난폭함과 지도력을 더 적극적으로 과시해야만 한다. 그는 대개 자기 부인들을 잔인하게 구타하여 난폭함을 과시한다. 함께 살고 있는 몇몇 청년들은 이러한 난폭함을 존경하기도 한다. 그는 자주 습격을 주도한다. 주변의 7~8개 마을과 함께 한 마을을 규칙적으로 습격하면 그 마을은 힘이 약해져 다른 마을들을 반격하기가 어려워진다. 지도자의 명성은 이러한 계산된 난폭함을 통해 쌓인 것이다. 이러한 교활함과 잔인함을 통해 자신과 추종자들에 대한 위험을 감소시키는 것이다.

야노마모족은 아주 난폭하지만 어린아이들을 열심히 보살피고 잘 대해주며, 사적인 분노는 쉽게 잊는다. 사적으로 개개인을 만나면 모두 즐겁고 매력적인 사람들이지만, 그들 대부분은 잔인하고 교활한 음모가와 비슷하고, 또 그렇게 행동하도록 노력한다. 그들 스스로 자주 이야기하듯이, "야노마모 사람들은 난폭하다."

세 번째
문화와 인성

성과 문화

브라질 중부의 보로로 종족을 연구하러 갔던 레비-스트로스Claude Lévi-Strauss는 마을을 거닐다가 30세가량의 깡마른 남자가 구석에 쪼그리고 앉아 있는 것을 발견했다. 지저분한 외양에 영양실조 기미가 있는 그는 슬퍼 보이기까지 했다. 호기심이 생긴 레비-스트로스는 마침 지나가던 마을 주민에게 물었다. "저 사람은 왜 저러고 있죠? 많이 아파 보이는데." 그러자 그 사람은 별것 아니란 듯이, "아프긴요, 저 사람은 그저 '총각'일 뿐이에요"라고 답했다.

이 동문서답 같은 대화를 이해하려면 우리는 보로로 사회를 조직하는 중요한 원리인 성별분업 체계를 이해해야 한다. 보로로 사회에서는 남성이 하는 일과 여성이 하는 일이 엄격하게 나뉘어 있어서, 여성은 요리를 할 수 있지만 남성은 할 수 없다. 따라서 보로로 사회에서는 결혼한 남자만이 아내가 해주는 음식을 먹을 수 있고, 몸에 칠을 하며 머리를 단장하는 성인으로서의 권리를 누릴 수 있다. 그러므로 총각은 아내를 통해 얻을 수 있는 많은 것들, 예를 들자면 음식을 제대로 먹을 수 없는 반쪽 인간이다. 그래서 야위고 불쌍하게 보였던 것이다.

우리가 알고 있는 거의 모든 사회는 남성과 여성이라는 서로 다른 집단으로 나뉘어 있다. 개인이 한 사회에서 남성이나 여성으로 태어나는 것은 그 사회의 성별분업 체계 속에 들어가는 것을 의미한다. 그리고 각 개인이 갖는 성별 정체성은 그 사회에서 개인이 무엇을 할 수 있는지 없는지를 결정한다. 이러한 현상은 최근 많이 변하고 있지만, 남녀의 성별분업 체계가 아직 견고한 우리 사회에서 '남자' 간호사, '여자' 토목기사, '여자' 대통령은 낯설고 특이하게 여겨진다. 때문에 각 사회에서 성별이라는 범주가 개인의 삶에 얼마나 큰 영향을 끼치는지를 이해하지 않고서는 특정 문화 속에서의 개인들의 삶을 설명하는 것은 불가능하다. 레비-스트로스의 일화는 특정 사회 안에서 개인들이 성별에 따라 삶을 얼마나 다르게 경험하는지를 보여주는 사례이다. 또한 이 사례는 엄격한 성별분업 사회 내에서 모든 남녀는 '반쪽 인간'일 수밖에 없기 때문에, 대부분의 사회에서 남성과 여성을 성적으로 결합시키는 결혼이 '가장 자연스러운 제도'로 인식되어 모든 이들에게 강요되는 측면을 재미있게 보여준다.

사람들은 남성과 여성이 다른 영역에 살면서 성별에 따라 각자의 역할을 수행하는 것을 오랫동안 상식처럼 당연하게 생각해 왔다. 그래서 남성과 여성의 성역할은 신체적(생물학적) 차이에서 기인한다고 생각해 왔다. 그러나 세계 여러 지역의 다양한 문화를 조사해온 인류학에서는 일찍부터 성역할의 다양성에 대한 자료와 연구를 축적해 왔다. 이러한 자료와 연구성과는 특히 1960년대 말 이후 미국 학계를 중심으로, 이제까지 무시되어 왔던 성별에 따른 문화 경험의 차이를 드러내는 데 중요하게 기여하기 시작했다. 그러면서 인종이나 종족, 계급 또는 카스트와 마찬가지로 남성이냐 여성이냐 하는 성별은 집단의 정체성이나 한 사회의 권력 구조 형성에 있어 매우 중요한 요소로 간주되어야 한다는 주장이 인류학계에서 폭넓게 수용되어 왔다.

우리 사회에서는 '성'*이라 하면 남녀 간 결합에 따른 성적 환상과 섹스의 쾌락을 먼저 떠올린다. 이러한 성적 즐거움은 남녀가 자연법칙에 따라 조화롭게 결합한 결과로 여겨진다. 그러나 성은 남녀 간의 생물학적 욕망뿐만 아니라 남녀 간의 불평등한 권력 문제와 깊

*—우리 사회에서 성이라는 말은 그 용어에 포함되어 있는 다양한 의미를 구별하지 않은 채 광범위하게 사용되고 있다. 최근 사회과학이나 여성학에서는 다음과 같이 성을 구분하여 사용하고 있다. (1) 남녀의 생물학적 차이를 기술하는 개념으로서의 섹스 sex, (2) 남성다움과 여성다움을 설명하는 사회문화적 개념인 젠더gender, (3) 성적 욕망과 성관계, 성적인 관념을 의미하는 섹슈얼리티sexuality.

엄시에로. 길거리에 황소를 풀어놓고 쫓아다니면서
잡는 남자들만의 놀이로, 남자들은 이를 통해 남성성을 과시한다.
프랑스 프로방스 ⓒ 류정아

은 관계가 있다.

남녀 간에 존재하는 성의 권력 관계는 연애와 결혼을 거치면서 사적인 문제가 되어, 남녀가 평화롭게 공존하고 있는 것처럼 보인다. 그러나 문제는 그 평화를 유지하는 데 들어가는 비용을 남녀가 똑같이 부담하지 않는다는 것이다. 여성이 항상 남성보다 더 많은 비용(희생)을 지불해 왔다.

다음의 글은 카리브 해안 동부의 트리니다드 지방의 아나마트 마을에 살고 있는 아프리카계 흑인 농민의 성생활에 관한 보고서이다. 아나마트 마을에는 아프리카계 흑인과 인도계 사람들이 살고 있었다. 그러나 두 집단 사이의 연애는 결코 바람직한 일이 아니었다. 간혹 인도계 남자와 아프리카계 흑인 여자가 연애하는 경우가 있으나, 이런 관계는 거의 예외 없이 흑인들 사이의 불륜보다 더 비밀에 부쳐졌다.

1957년 7월부터 1년간 수행한 현지조사를 바탕으로 쓴 다음의 이야기는 아나마트 흑인 농민들의 성생활에 나타난 성의 권력관계를 보여준다. 성경험이 남자다움(남성성)을 높여준다고 생각하는 남성들의 '명성 게임'과 성경험이 은폐되어야 여자다움(여성성)이 높아지는 여성들의 '비밀 게임'은 성경험이 남녀에 따라 얼마나 다른 경험인지를 말해준다.

카리브인들의 연애

| 모리스 프렐리치 · 루이스 코저 |

아나마트Anamat는 해발 약 150미터 높이에 있는 마을이다. 이 마을의 농민들은 가구당 1만~3만 평의 땅에 주로 현금 작물인 코코아를 심고, 커피와 감귤류 농사도 지으며 살아간다. 도시 사람들은 아나마트 농민들을 전기, 가스, 수도, 수세식 화장실, 전화기 같은 기본적인 편의 시설도 없이 숲에서 일생을 보내는 미개인으로 여기거나, 비인간적인 도시 생활과 대비하여 멋들어지게 숲에서 사는 사람들로 생각한다.

아나마트 농민들은 자신들이 사는 곳이 카리브 해안 지역의 중심이라고 생각한다. 그들은 트리니다드의 다른 지역 사람들과 자신들이 얼마나 다른지, 그리고 자신들이 얼마나 잘났는지를 이야기하기 좋아한다. 농민은 다른 사람을 위해서 일할 필요 없이 자신이 원할 때만 일한다면서, 자신들이 얼마나 자립적인 사람인지를 강조한다.

사실 자립이라는 개념은 아나마트에서 개인의 사회적 지위를 결정하는 데 매우 중요한 기준이 된다. 자립이 가능하다는 것 때문에 자영농들은 스스로를 마을 내에서 상층 계급이라 여기며, 사회적으로도 그렇게 여겨진다. 이곳에서 자영농의 지위는 학교 선생이나 지방관리와 비슷하다. 자영농 밑에는 일종의 중간층이라고 볼 수 있는 자소작농과 상인들이 있다. 사회계층의 밑바닥에는 항상 다른 사람을 위해 일해야 되는 소작농과 공사판 노동자들이 있다. 아나마트에서는 자립적인 남자일수록 더 많은 성관계를 맺을 수 있다.

아나마트에서 성적 행위를 표현하는 용어로는 '살림 차리다'와 '건드리다'가 있다. 한 남자가 특정 여자에 대한 성적 권리를 갖고, 둘이 같은 집에 살면서 자식들이 있으면, 흔히 살림을 차렸다고 말한다. 살림을 차렸다는 말은 때때로 한 집안에 있는 여자와 성관계를 맺을 수 있는 남자의 권리나 능력을 의미하는 것으로 그 뜻이 확대되어 사용되기도 한다. 그러한 권리는 성적 행위 자체로 획득된다기보다는 아이가 태어날 때 남자가 얻게 되는 것이 보통이다.

'건드리다'라는 용어는 남자가 여자에 대해 성적 권리가 없으면서 성적 행위를 하는 것을 가리킨다. 성적 권리는 없더라도 성적 행위를 위해 여자에게 접근하는 것을 '애원한다'라고 표현한다. 최근의 '정복'을 자랑하는 남자들은 종종 이렇게 말한다. "나는 그녀를 따먹기 위해서 애걸복걸했지. 그랬더니 마침내 그녀는 내게 대줬어!" 여자를 정복하기 위해 애걸하는 행위는 결국 남자들에게 나름의 특권을 가져다준다. 연애를 많이 하는 남자는 보통 '화끈한 남자'로 통하는데, 화끈한 남자라는 말은 '진짜 사나이'를 뜻하기 때문이다. 이와 반대로 여자와 거의 혹은 아예 관계를 맺지 않은 남자는 '계집애 같은 남자'라고 부른다.

아나마트에서 남자가 살림을 차리는 것, 즉 아내를 얻는 것은 요리하고 집안을 청소하고 옷을 빨아줄 누군가가 필요하기 때문이다. 또한 그의 '애걸복걸'이 아이를 생기게 했는지도 모른다. 그러나 남자가 살림을 차렸다고 해서 아내가 아닌 다른 여자와 더 이상 연애(성관계)를 못하게 되는 것은 아니다. 그렇다면 남자가 왜 살림 차리는 것으로 얻는 이득을 마다하겠는가! 물론 다른 조건들이 같다면 미혼 남자가 살림을 차린 남

자보다 성적 관계를 맺을 시간이나 기회가 더 많다.

아나마트에서는 남자가 여자와 살림 차리는 것을 '결혼한다'라고도
표현한다. 남자가 여자를 집으로 데려와 함께 살면 결혼이 성립되고, 여
자는 아내의 지위를 갖게 된다. 두 사람이 교회에서 결혼식을 치른 후 살
림을 차리는 경우도 있지만, 교회의 승인 여부와 상관없이 한 남자와 살
게 된 여자는 그의 아내라 불린다. 카리브 지역에 있는 대부분의 흑인 마
을들이 그렇듯이, 아나마트에서도 법률혼과 사실혼을 구별해야 한다는
생각은 별로 없다.

아나마트에서 결혼은 본래 대단히 격식을 갖춘 공식적인 과정이다.
결혼의 구애 과정은 남자가 결혼 의사를 가지고 여자 집을 자주 방문하
면서 시작된다. 그러나 실제로 이런 일은 거의 일어나지 않는다. 대개 젊
은 남녀는 비공식적으로 만나고, 여자는 자유롭게 자기가 선택한 남자를
따라가서 함께 살 것인지를 결정한다.

결혼이 이루어지려면 대개 다음의 세 가지 조건이 갖추어져야 한다.

카리브인들의
연애

〈표 1〉 아나마트 남자의 아내 수에 따른 분포

한 남자가 함께 살았던 아내의 수	사례 수
0	1
1	6
2	10
3	6
4	4
5	1
6	1
9	2

첫째, 남자는 여자를 데려와 함께 살 수 있는 공간을 가지고 있어야 한다. 둘째, 남자는 여자를 부양할 수 있는 경제적 능력이 있어야 한다. 그리고 마지막으로 여자의 동의를 얻어야 한다. 즉 남자는 경제적 부양의 의무를 지고, 여자는 남편에게 부엌일, 성적 서비스, 집안 청소 등을 제공한다.

이러한 결혼 관계는 두 사람이 서로 의기투합하는 동안만 유지된다. 여자가 아이들을 데리고 그동안 살던 집을 떠나 친정어머니네 집이나 새로운 남편의 집으로 가면, 두 사람의 결합은 깨진 것이다. 아내와 헤어진 남자는 잠시 동안 혼자 살거나, 다른 여자를 데리고 와서 산다. 남녀 모두가 결혼은 현재 진행 중인 연애(성) 관계이며, 따라서 모든 결혼은 일시적인 것이라고 생각한다. 그리하여 아나마트 남자들은 일생 동안 평균 세 명의 아내와 산다(〈표 1〉).

아내가 아닌 여자와 성적 관계를 갖는 것을 남자들은 '연애 중'이라고 말한다. 어떤 남자가 밤에 여자 친구와 즐기기 위해 집을 나선다고 하자. 그러면 혼자 남은 그의 아내는 그녀를 좋아하는 남자의 방문을 받게 된다. 이 두 번째 남자가 자기 집을 비움으로써 세 번째 남자가 두 번째 남자의 아내를 방문할 수 있는 기회가 생기는 것이다. 계속 이런 식으로 아나마트의 남자들 대부분은 아내가 아닌 여자와 연애를 한다. 많은 아내들은 남편이 연애 중이라는 사실을 인정한다. 아내에게 남편의 외도와 관련하여 가장 괴로운 문제는 남편이 다른 여자에게 돈을 쓰고 있다는 사실이다.

아나마트 마을 사람들은 남자가 자신의 아내가 아닌 여자와 5분만 단둘이 있으면 이들이 섹스에 대해 이야기한다고 생각한다. 그리고 반복해서 밤에 몇 시간 동안 누군가를 만난다면 그들은 섹스를 하고 있는 것이라고 간주된다. 또한 기혼 남자건 총각이건 간에 남자들은 여자에 대해 똑같은 생각과 욕망을 가지고 있다고 생각한다. 즉 남자들은 모두 할 수만 있다면 많은 여자를 '갖고' 싶어 한다는 것이다. 남자를 자기한테만 묶어두려고 발악하는 여자도 있지만 어떻게 황소를 막을 수 있단 말인가? 남자들은 "남자가 아내를 속이고 다른 여자와 성관계를 갖는 것은 자랑거리다. 만일 그런 식으로 여자를 속이지 못한다면 그건 남자로서 바보다"라고 일상적으로 말한다. 성직자들은 "한 여자와만 지내라, 그것이 성전의 법칙이다"라고 말하지만, 남자들은 "그것은 남자들에게는 말도 안 되는 소리다"라고 잘라 말한다.

상당수 남편들은 아내가 무슨 짓을 하고 있는지 알면서도 자신의 체면이 손상될 때에만 이를 문제 삼는 듯하다. 남자의 입장에서는 다른 여자와 만나기로 한 날 밤에 자신의 아내가 다른 남자에게 '점령당하고' 있는 것이 편리한 면도 있다. 그러나 대부분 남편들은 아내가 불성실하다는 이유로 서슴지 않고 아내를 구타한다. 한 여자는 여자들의 성생활에 대해 다음과 같이 이야기했다.

"처녀들은 아내와 이혼하겠다는 남자의 약속을 믿고 유부남과 연애를 한다. …… 대담한 여자들은 어떻게 연애를 해야 하는지 잘 안다. 사람들을 감쪽같이 속이면서 다른 남자들과 놀아난다. 그러나 남자가 떠벌리면 다른 사람들이 여자의 연애를 다 알게 된다."

남자들은 성관계에 대한 보답으로 파트너에게 선물과 서비스를 제공해야 한다. 그러므로 부유한 농민이 가난한 농민보다 혼외 관계를 더 많이 가질 수 있다. 그렇지만 마을 사람들은 나이 많고 부유한 농민이 다수의 혼외 관계를 가지고 있는 것을 부러워하면서도 빈정거리곤 한다. 남자들은 혼외 연애의 경제적 측면을 노골적으로 드러내기도 한다. 예를 들어 매우 '잘 빠진 몸매'를 가진 여자가 자신의 곤궁한 처지에 대해 불평하고 있으면, 남자는 천천히 그녀의 몸을 훑어보다가, "당신은 돈을 벌 수 있는 것을 가지고 있는데도 그걸 최대한 사용하지 않고 불평만 늘어놓고 있구먼" 하면서, "연애하면 되잖아?"라고 말한다.

남자의 관점에서 보면 성적 관계는 재미와 명성을 얻기 위한 것이다. '청교도 윤리'를 가진 사회와는 달리 트리니다드에서는 혼외정사의 당사자들이 죄의식을 갖지 않는다. 따라서 이곳에서의 성적 관계는 단순히 쾌락을 탐닉하기 위한 것이다. 더욱이 '정복'에 대해 떠들어대는 것은 이곳 남자들 사이에서 사내다움에 대한 명성을 가져다주기 때문에, 남자들은 끊임없이 연애에 흥미를 가진다. 성적 욕망이 강한 남자들은 '화끈한 남자', '달콤한 남자', '야성미 넘치는 남자' 등으로 불리며, 연애는 남자들 사이에서 하나의 게임이다.

누가 이러한 연애 게임에 참여하며, 왜 어떤 사람은 다른 사람보다 더 자주 참여하는가. 이를 알기 위해서는 연애에 대한 남자들과 여자들의 믿음, 그리고 연애의 법칙을 살펴보아야 한다. 남자들은 모든 여자들이 성적 접근의 대상이 된다고 믿고 있다. 그러나 자신의 아내와 누이만

116
네 번째
섬기 문화

큼은 다른 여자들과는 다를 것이라고 믿고 있다. 즉 자신의 아내는 자신에게만, 그리고 누이는 매부에게만 성적 권리를 허용하고 있다고 생각한다. 그러면서도 다른 남자들의 아내와 누이는 성적 접근의 대상이 된다고 믿는다.

여자들은 근본적으로 성적 관계에서 남자와 여자는 평등한 존재이고, 사회 규범 역시 남녀에게 평등하게 적용되어야 한다는 믿음을 갖고 있다. 여자들은 자신들의 남편이 절대로 혼외 관계를 포기하지 않을 것이며, 자신에게도 다른 남자들이 끊임없이 접근할 것이라는 것을 알기 때문에 혼외 연애 관계는 비밀이 유지되는 한 허용할 수밖에 없다고 생각한다. 그러나 많은 농민들의 아내는 남편의 자유분방한 성생활 때문에 고통받고 있다. 아나마트 여자들의 이상은, 거의 불가능하긴 하지만, '바람피우지 않는' 남편을 얻는 것이다.

아나마트 여자들은 혼외 관계를 가질 때 자신들의 믿음과 그동안의 성적 경험을 바탕으로 몇 가지 정보를 살핀다. 첫째, 남자가 얼마나 자신의 '정복'을 비밀로 유지할 수 있는가. 둘째, '화끈한 남자'가 돈을 쓸 수 있는 능력(경제적 지위)과 돈을 쓰는 습관은 어떠한가. 셋째, 그 남자가 법적으로 결혼한 상태인가, 아니면 사실혼 상태에 있는가. 또는 다른 여자와 결혼을 약속했거나 느슨한 결혼 관계를 맺고 있는가. 마지막으로 애인으로서 그 남자의 평판은 어떠한가.

다른 조건이 같다면, 남자가 부유할수록 연애 관계에서 얻게 되는 경제적 보상은 더욱 많아질 것이다. 이미 법적으로 결혼한 남자는 자신의 애인에게 결혼을 약속하면서 이를 믿게 하기 위해서 더 열심히 애인에게 공을 들일 것이다. 법률상의 아내는 내연관계의 아내보다 더 버리기 어렵다고 간주된다. 남편은 법률상의 아내와 더 강하게 맺어져 있다고 믿고 있기 때문이다. 그러나 아나마트 농민들에게 '이혼'은 몸이 떠나는 것, 즉 별거를 의미할 뿐이다. 그래서 법률상의 아내라고 해서 '처리하기' 가 더 어려운 것도 아니다. 대부분 '합법적인 안주인'인 아내 역시 동거 관계로 맺어진 사실혼 관계의 아내만큼 빨리 그리고 쉽게 버려진다.

여자와 마찬가지로 남자도 연애할 때 나름대로의 행동지침을 갖고 있어, 어떤 여자에게 애걸해야 성공률이 높은지를 알고 있다. 현재 남자 와 함께 사는 여자보다 남자 없이 혼자 사는 여자에게 애걸해야 그녀와 연애할 가능성이 높다. 또한 자영농의 아내보다 하층 계급의 여자, 자주 바람피우는 남편을 가진 여자, 성관계의 대가로 사치품을 받기보다는 생 필품을 받는 여자와 연애하기가 쉽다.

또한 남자들은 결혼을 연애의 종말이라고 믿어 결혼 이후에는 어떠 한 연애도 하지 않는 여성도 있다는 것을 안다. 이러한 믿음을 가진 여 자에게는 남자들이 접근하지 않는다. 그러나 여자의 매력은 그녀가 얼마 나 많은 남자들로부터 성적인 애원을 받는가로 평가되는데, 일반적으로 젊은 여자는 나이 든 여자보다 더 매력적으로 여겨진다. 그리고 처녀성 은 가장 매력적인 특성으로 간주된다.

남자들은 자신들의 성적 모험을 떠벌리는 일에 상당한 시간과 에너 지를 쏟는다. 그런 이야기에는 항상 여자를 '속이는 것'에 대한 자랑이 들어간다. '대단한 남자'는 어떤 여자라도 속여서 자기의 약속을 다 믿 게 만들 수 있는 사람이다. 남자들이 자랑한 내용은 다소 비판적으로 평 가되어 그 내용이 마을의 비공식적 채널을 통해 확산된다. 혼외정사에서 아이가 생기는 것은 '정복'을 증명하므로, 어떤 남자들은 좀더 유명해지 기 위해, 아버지가 확실하지 않은 아이가 있으면 그 아이의 아버지가 자 기라고 주장하는 전략을 쓰기도 한다. 몇몇 남자들이 구사하는 더욱 교묘한 전략은 아이의 아버지가 자신이라고 마을 사람들이 모두 믿고 있는 상황에서도 그 사실을 부인하는 것이다. 이런 상황에서는 아버지임을 부인하는 행동을 두고 말이 더 많아지기 때문에 이들의 '명성'은 더욱더 높아진다. 그렇기 때문에 남자들은 피임에 신경을 써야 할 아무런 이유가 없다.

혼외정사로 낳은 자식은 남자들에게는 명성의 원천이지만, 여자들에게는 고통과 어려움의 근원이다. 한 여자가 말했듯이, "밖에서 아이를 낳아서 들어온 여자는 그 집안의 수치이다. 기혼 여자들에게 혼외 자식은 일이 더 많아지며 행동의 자유가 더 제약됨을 의미할 뿐이다." 여자들은 임신하지 않기 위해 수은과 럼주를 복용하거나, 덜 익은 파인애플을 먹는 등 피나는 노력을 기울인다. 그런데 대부분의 남자들이 혼외정사로 아이들을 만드는 것을 보면 여자들이 시도하는 이런 식의 피임은 효과가 없는 것이 분명하다. 다만 누구도 한 남자가 정확히 몇 아이의 아버지인지 모를 뿐이다.

연애를 통해 남자의 명성을 높이는 '연애-명성' 게임의 연애 규칙에 따르면, 부유한 농민일수록 더 많은 성적 관계를 맺을 수 있다. 그의 약속이 여자들에게 쉽게 먹혀 들어가면 갈수록 그는 연애 관계를 더 많이 가질 수 있다. 따라서 연애-명성 게임은 어느 정도 지역사회 내의 잉여를 재분배하는 기능을 갖고 있다. 한편 연애-명성 게임은 핵가족을 약화시키고, 그 결과 아나마트 농민들의 삶에서 가장 중요한 집단인 '모중심母中心 가족matrifocal family'이 강화된다.

그러나 연애-명성 게임의 결정적 단점은, 이 게임에 참여하는 남자와 여자의 목표가 매우 다르다는 점이다(〈표 2〉). 남자와 여자는 '명성' 대 '비밀 유지,' '속이기' 대 '약속 지키기'라는 완전히 대립하는 상황

<표 2> 남성과 여성의 대조적인 목표

연애-명성(남자)	비밀-연애(여자)
1. 성적인 정보의 최대한의 유통 (널리 소문내기)	1. 성적인 정보의 최소한의 유통 (비밀 유지)
2. 명성을 얻기 위해 애인 임신시키기	2. 비밀을 유지하기 위해 임신을 회피하기
3. '속이는 능력'을 소문내기 위해 약속을 거의 지키지 않기	3. '사회적 평등'을 유지하기 위해 남자로 하여금 약속을 지키게 만들기
4. 더 큰 명성을 얻기 위해 많은 수의 애인 만들기	4. 애인에게 절대 돈을 쓰지 않는 남편 얻기

에 처한다. 연애-명성 게임이라는 명칭은 남자의 관점에서 고안된 것이지, 여자의 이해利害를 반영하고 있지 않다. 여자의 관점에서 본다면 '비밀-연애' 게임이라는 명칭이 더 적절할 것이다. 실제로 '비밀 유지'가 연애-명성 게임이 지속되도록 도와주면서, 이 게임으로 가족이 파괴되는 것을 부분적으로 막아준다. 그러나 이 지역에서 일반적으로 말하는 연애는 남자들의 연애이기 때문에 이 글에서도 연애-명성 게임이라는 용어를 사용하는 것이다.

그런데 연애 게임이 남자들의 목표 달성에 유리하다면, 여자들이 선택할 수 있는 것은 무엇인가? 여자들은 연애-명성 게임을 피하려고 하거나, 조심스럽게 게임에 참가할 것이다. 아니면 비교적 신뢰할 만한 파트너를 선택하려고 노력할 수도 있다. 혹은 순진하게 행동하다가 파트너 때문에 삶의 위기를 맞을 수도 있다. 여자들이 선택할 수 있는 실제적인 대안들은 여자들에게 별로 만족스럽지 않다.

화를 내거나 눈물이 많고 잘 흥분하는 아내는 마을에서 존경을 잃고, 남편도 거의 만날 수 없는 지경에 이르게 된다. 그리고 남편의 애인에게 말을 건 아내는 더욱더 평판이 나빠지며, 자신도 어려운 문제에 봉착하게 된다. 또한 남자가 지키지 않은 약속 때문에 성난 아내처럼 행동하는 연애 중인 여자 역시 자신의 애인을 잃게 된다. 애인의 법률상의 아내에게 말을 거는 여자는 '부끄러운 줄도 모르는 여자'로 알려져서 애인에게 버림받게 된다. 이런 식으로 행동하는 여자를 애인으로 둔 남자 또한 그 여자 못지않게 비난받는다.

왜 여자가 애인의 아내에게 접근하는 행동이 파렴치한 짓으로 간주되는가? 모든 남자가 여자 친구를 가져도 괜찮다면 왜 그 일이 비밀에 부쳐져야만 하는가? 또 그러한 비밀이 사실상 마을 내에 잘 알려져 있는데도, 왜 '집에 있는 여자'는 남편의 애인과 대면했을 때 비참함을 느끼는 걸까?

아나마트의 여자들은 모든 남자들이 외도를 하고 있다는 것을 안다. 그러나 그들은 남편의 연애 사건에 대한 결정적인 증거, 즉 언제 어디서 외도가 벌어지고 있는지에 대한 증거를 갖고 있지 못하다. 일반적으로 현명하고 '침착한' 아내들은 '무엇인가 일이 벌어지고 있음'을 잘 알고 있으나, 마치 그 일이 존재하지 않는 것처럼 행동한다. 그런 행동은 아내와 연애 게임 모두에게 좋다. 가정생활이 잘 유지되고 있는 것처럼 성숙하게 행동하는 아내는 마을에서 신망을 얻고, 마을 사람들도 그녀의 남편의 연애에 대해 공공연하게 떠들어대지 않는다. 아내가 비밀을 유지하면, 마을 사람들도 그녀와 마찬가지로 비밀을 지키며 그녀가 훌륭한 가정생활을 하고 있다는 허구를 계속 유지하도록 도와줌으로써 그녀의 체면을 세워준다. 모든 아나마트 마을 사람들이 '침착하고 훌륭한' 아내들에게 이러한 도움을 줌으로써 이들은 남편의 행동 때문에 체면을 잃는 일 없이 살아갈 수 있게 된다. 그리고 남자는 아내와의 문제를 최소화하면서 다른 여자와 연애를 계속할 수 있다. 간단히 말해, 아나마트의 '비

가리마인들의
연애

밀스러운' 연애는 모든 사람들이 체면을 잃지 않고 별다른 곤경에 빠지지 않으면서 가정과 혼외관계를 유지하게 해준다.

아나마트 마을 사람들이 성적인 문제를 비밀 사항으로 다루는 것은 연애 게임의 핵심적인 갈등에 결정적인 타협점을 제공해 준다. 남자들의 연애-명성 게임은 성적 관계에 대한 최대한의 정보 확산을 필요로 한다. 반면 여자들의 비밀-연애 게임은 성적 관계에 대한 최대한의 비밀 유지를 요구한다. 타협안은 성적 관계에 대한 정보를 뒤에서 최대한 '조용하게' 유통시키는 것이다. 그러나 몇몇 여자들은 남편의 외도에 대해 외부에서 온 인류학자에게 터놓고 이야기하기도 한다.

그렇기 때문에 애인의 아내에게 접근하는 여자의 행동은 남편의 외도에 대한 명백한 증거를 제공하여 아내를 비참하게 만드는 것이다. 또한 애인의 아내에게 접근하는 것은 비밀스럽게 유통되던 정보가 공개되는 것을 의미하기 때문에 '비밀 유지'의 전통을 단번에 깨버린다. 적어도 일시적으로 아내는 미흡한 아내로서 공개적으로 '무대에 서게' 되는 것이다. 모든 아나마트 남자들이 외도를 하고 있기 때문에 이 마을의 아내들은 누구나 이와 비슷한 상황에 처할 가능성이 있다. 만일 연애-명성 게임에서 성생활이 공개되면 타협적 해결(즉 비밀 유지의 허구)은 무산되고 남자와 여자의 서로 모순되는 목표는 첨예한 대립을 숨김없이 드러낼 것이다. 이런 위험 때문에 연애-명성 게임은 타협적 해결로 스스로를 보호하려고 한다. 그래서 비밀 유지의 허구를 파괴한 사람은 '파렴치하고' '비도덕적인 사람'으로 정의되는 반면, 그것을 지지하는 사람들은 '훌륭하고' '책임감 있고' '침착한' 사람이 되는 것이다.

연애-명성 게임을 계속하려는 아나마트 마을 사람들의 노력이 항상 성공적인 것은 아니다. 비밀 유지는 남자와 여자의 갈등을 억제함으로써 지역사회의 파괴를 예방한다. 비밀이 유지될 경우 사회생활이 더 원활하게 이루어질 뿐만 아니라, 행위자들 각자는 상처를 입지 않는다. 그러나 비밀 유지가 지속되는 데는 많은 긴장이 따른다. 더욱이 비밀 유지는 연애-명성 게임이 남자에게 유리하게 되어 있다는 사실을 바꾸지도 않는다. 연애-명성 게임은 남자들에게는 매우 편리하다. 왜냐하면 연애-명성 게임에서 남자들은 이미 우월한 지위를 차지하고 있어 최소한의 책임으로 최대한의 성적 만족을 누릴 수 있기 때문이다. 또한 남자들은 자신의 지위를 높일 수 있는 다른 경제적·정치적 수단이 없을 때, 연애 게임을 통하여 남자다움을 평가받아 명성을 높일 수도 있다.

　그러나 여자들의 관점에서 보면 연애-명성 게임의 역기능적 요소가 순기능적 요소 못지않게 많다. 이 게임이 비밀 유지의 범위 안에서 진행될 수만 있다면, 여자들도 얻는 것이 있을 것이다. 또한 여자들이 이 게임에 협력하지 않으면, 그나마 현재 얻을 수 있는 보잘것없는 보상조차 얻지 못할 수도 있다. 그러나 여자들은 이러한 연애 게임에서 남자들에 비해 별다른 보상을 받지 못하기 때문에, 다른 대안이 있다면 기꺼이 이에 눈을 돌릴 것이다.

다섯 번째

차이와 불평등

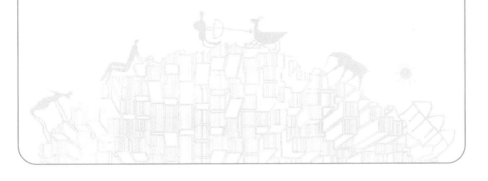

우리는 처음 만난 사람의 외모를 보고, 그를 어떤 방식으로 대우해야 할지를 결정할 때가 많다. 그가 여자인가 남자인가, 얼굴색이 흰가 검은가, 나이가 많은가 적은가 혹은 그의 스타일이 조금은 상류층의 모습을 띠고 있는가 아니면 너무나 흔해서 별 특징이 드러나 보이지 않는 외모를 하고 있는가 등을 통해 그들과 나의 '차이'를 재빨리 감지한다. 일단 감지가 되면 우리는 둘 사이의 지위의 차이를 인식하고 우리가 알고 있는 방식으로 그를 취급하게 된다. 한 개인이 특정 집단에 속한다는 것은 단순히 다른 집단의 사람과 다르다는 것뿐만 아니라 그 집단이 다른 집단보다는 지위가 높거나 우월하다는 믿음을 갖게 한다. 모든 인간은 평등하다는 우리의 신념에도 불구하고 왜 인간들 사이의 이러한 '위계화'를 당연한 것으로 받아들일까? 위계화란 특정 부류의 사람들은 자원과 권력을 소유하고 다른 부류의 사람들은 낮은 사회적 지위를 갖게 되는 사회적이며 문화적인 체계이다. 이 장에서 우리는 이러한 불평등이 어떠한 방식으로 조직화되고 경험되는지를 살펴본다.

불평등에 대한 인류학적 연구는 인간들 사이의 '차이'를 통해 어떻게 사회가 조직되며, 개인들의 위계 구조가 형성되는지에 대한 것이다. 인간이 불평등을 경험하는 방식은 여러 측면으로 나눌 수 있다. 산업사회에서의 불평등은 계층과 계급의 차이를 통해서 정당화되는데, 이는 재산, 생산 수단의 소유 여부, 학력, 집안 배경 등등의 요소들의 결합에 의해 사람들 사이의 위계를 만들어낸다. 또한 모든 사회에서 인간은 태어날 때부터 얻게 되는 인종, 성, 종족 등의 생득적 특성과 나이를 통해 불평등을 경험한다. 이러한 특성들은 단순히 생물학적 차이를 지칭하는 것이 아니라, 개인의 열등성과 우등성을 가늠하게 만드는 사회적 개념이 되곤 한다. 잘 알려진 나치 정권의 유대인 대학살은 아리안 종족의 우월성에 대한 믿음에서 기인했다. 또한 한 사회에서 어떠한 가치와 믿음이 중요하다고 여겨지느냐에 따라, '얼굴이 희다'는 것은 단순히 개인의 매력을 평가하는 척도로 취급될 수도 있으나, 동시에 인종적 우월성을 정당화하는 문화적 관념으로 기능하기도 한다. '나의 조상이 유럽인이다'라는 사실은 라틴 아메리카의 다인종 상황에서는

미국 뉴욕시 할렘에서 인종차별에 대한 흑인의 분노를 표시하는 티켓을 들고 시위 중인 흑인.
© 이정덕

주요한 사회적 의미를 지닌다. 왜냐하면 그 사회에서는 인종적 차이가 보상과 처벌이 분배되는 방식을 결정하기 때문이다.

또한 카스트와 같은 신분제도는 지위의 세습을 통해 위계화를 이루어낸다. 이때 개인은 자신의 의지와 노력과는 큰 상관 없이 높은 카스트로서 사회적 지위를 누리거나, '천민'이라 불리며 멸시를 당한다. 이러한 카스트 제도는 어떤 관점에서는 명백한 억압제도이지만, 힌두교의 종교

적 세계관에 따르면, 다음 세상에서 자신의 운명을 개선하기 위해서 현세에서 성실히 수행해야 할 종교적 의무이기도 하다.

불평등이 재생산되는 다양한 사회적 기제들이 때로는 관습이나 전통이라는 이름하에 특정 사회의 본질적인 문화적 특성으로 간주되고 당연시되는 경우가 많다. 불평등은 체계적으로 조직되고 개인에 의해 경험됨으로써 문화의 주요 부분이 되었고, 그 결과 같은 문화권 내의 구성원들 사이의 권력 차와 그에 따른 폭력이나 비인간적인 행위들이 자연스럽게 수용될 때가 많다.

문화인류학자들은 늘 자신이 연구하는 사회의 '관습' 또는 '전통'이라고 얘기되는 문화 현상에 대해 어떤 입장을 취해야 할 것인지에 대해 고민해 왔다. 인류학자가 이러한 관습들은 고유한 역사적 산물이므로 나름대로 가치를 지닌다는 입장만을 반복하거나 단순히 '관찰자'로서의 입장에 안주한다면, 이러한 차별의 형태를 제거하는 데 도움을 줄 수 없다. 실제로 인류학적 연구는 기존의 권력 관계를 유지시켜 주는 데 기여하는 다양한 문화적 이데올로기를 분석하고, 인간들 간의 차이가 우등성과 열등성을 구분하는 지표가 아니라 동등한 다름일 뿐이라는 것을 일깨우는 데 기여해 왔다.

다음에 읽어볼 글은 인도의 '지참금dowry' 문제와 남아메리카의 인종 문제를 통해 불평등이 문화라는 이름으로 수용되는 맥락을 다룬다. 인도의 특정 지역에서는 부인의 '지참금'에 만족하지 못한 남성들의 폭력 때문에 적지 않은 여성들이 남편과 시댁 식구들에게 살해당한다. 「지참금 때문에 죽는 인도 여성」에서는 '남성이 우월하다'는 문화적으로 뿌리 깊은 관념이 당연한 관습으로 전해오면서, 법으로도 해결할 수 없는 심각한 상황을 초래하고 있다는 것을 보여준다. 이는 현재 한국의 혼수

문화를 이해하는 데도 많은 시사를 준다.

라틴 아메리카의 인종 상황에 대한 「얼굴이 흴수록 지위가 높은 사회」라는 글은 식민지 정복과 노예화 과정을 통해, 토착 인디언, 유럽인과 아프리카 노예들 간의 결혼으로 혼혈이 만들어지고, 혼혈의 정도와 누구와의 혼혈이냐에 따라 권력과 지위가 분배되는 방식을 분석한 글이다. 이 지역에서는 '얼굴이 희면 흴수록' 높은 지위를 인정받게 되므로 여성들은 혼인을 결정하는 데 있어 좀더 자신보다 얼굴색이 흰 파트너를 선호한다. 이는 자기가 낳은 아이들에게 자신보다 더 높은 사회적 지위를 얻게 해주려는 여성들의 희망에서 기인한다. 이 연구는 다인종 사회에서 얼굴색이나 종족성이 개인 간의 불평등을 정당화하는 데 작용하고 있음을 보여준다.

지참금 때문에 죽는 인도 여성

| 존 반 윌리건 · V. C. 찬나 |

뉴델리 동쪽에 있는 자기 집에서 수니타라고 불리는 25세의 여성이 남편과 시어머니에 의해 불태워져 살해된 시체로 발견되었다. 그녀는 남편의 식구들로부터 지참금이 부족하다는 이유로 괴롭힘을 당해 왔다고 한다. 지참금 때문에 싸우던 중 남편이 뒤에서 붙잡고 있는 동안 시어머니가 등유를 뿌리고 불을 붙였다는 것이다. 그녀의 몸은 곧 불길에 휩싸였다. 경찰은 남편 수라즈 프라카시와 그의 어머니를 상대로 진상조사에 나섰다.(『타임스 오브 인디아』, 1988년 2월 19일)

인도에서 뉴스를 통해 자주 보도되는 위와 같은 기사 내용은, '신부 불태우기'나 '지참금 살인'이라 불린다. 델리를 비롯한 인도의 다른 여러 도시에서 발생하는 '신부 불태우기'는 증거가 애매하다는 이유로 살인사건으로 취급되지 않고 주로 부엌에서 일어난 사고, 자살, 또는 막연한 타살사건으로 처리될 때가 많다. 지참금 폭력은 뚜렷한 특징을 지닌다. 결혼과 동시에 지참금이 건네지면 남자의 집에서는 더 많은 현금과 물품을 요구한다. 이러한 요구로, 남편 집에서 살게 된 신부는 끈질기게 괴롭힘을 당하고, 결국 신부는 자살하거나 남편의 가족들에게 죽임을 당하게 된다. 신부가 주로 풍로에 쓰이는 등유로 불태워져 살해되는 경우

다섯 번째
차이와 불평등

가 많기 때문에 '신부 불태우기'라는 용어가 등장하게 되었다.

인도 의회가 16세부터 30세까지의 결혼한 여자들을 대상으로 조사한 통계에 따르면, 지참금과 관련해 죽임을 당한 경우가, 1985년에는 452 명, 1986년에는 478명, 1987년 6월까지는 300명으로 집계되었다. 실제 벌어지는 폭력은 신고되는 사건보다 훨씬 더 많을 것이라 한다. 지참금과 관련된 폭력은 결혼한 여성에게만 일어나지 않는다. 가족의 지참금 부담을 덜어주기 위해서 미혼 여성이 자살하는 경우도 있다. 예를 들어 최근에 언론의 관심을 끈 사건인, 칸푸르 시에서 일어난 세 자매의 동반 자살을 들 수 있다. 천장에 달린 선풍기에 스카프로 목매 죽은 세 자매의 사진이 일반에게도 널리 공개된 바 있다. 또한 딸의 지참금에 대한 부담 때문에 여자 태아의 낙태가 빈번하게 일어난다. 1985년 델리에서 개최된 세미나에서 발표된 통계에 따르면, 양수검사로 성이 판별되고 난 후 행해진 3천 건의 낙태 중 남자 태아를 낙태한 것은 단 한 건밖에 없었다. 이 발표 내용은 여아 차별에 대한 온 국민의 관심을 끌기에 충분했다. 이후 어떤 주 정부는 주립병원을 제외한 모든 곳에서 행해지는 양수검사를 금지했다.

인도에서는 남편이 죽은 후에 남편에 대한 정절과 헌신을 사회적으로 과시하기 위해 과부를 남편의 시체와 함께 산 채로 화장하는 '사티sati'라 불리는 풍습이 존재해 왔고, 지금도 가끔 행해지고 있다. 여성들이 원해서 사티를 행한다는 주장도 있지만, 사실 집안의 압력에 못 이겨서 죽음으로 내몰릴 때도 많다. 심지어 최근에는 사티가 행해진 마을이 관광 명소로 등장하여 지방정부의 관광 수입을 올려주는 데도 한몫 하고 있다고 한다. 왜 인도 여성들이 이렇게 불태워져 죽임을 당하게 되었을까? '신부 불태우기'나 사티는 인도의 고유 관습이므로 그 나름대로 문화적

'사티'를 묘사한 삽화. (James Peggs, *India's Cries to British Humanity*, London, 1932, frontispiece)

의미가 있다고 생각해야 할까? 아니면 여성의 열악한 지위를 반영하는 지표로서, 성적 불평등에서 기원한 폭력 행위로 보아야 할까? '신부 불태우기' 현상의 원인은 무엇이며, 인도에서는 이 문제를 해결하기 위해 어떠한 노력을 벌이고 있는지를 살펴보자.

힌두교의 혼례는 신부 집에서 신랑 집으로 재산이 옮겨 가는 원칙에 바탕을 두고 행해졌다. 몇몇 사람들은 『마누 법전』*Manusumriti* 같은 종교 서적이 지참금 제도를 공식화했다고 믿고 있다. 이러한 관점에서 보면, 지참금은 신부에 대한 권한을 신랑에게 양도해야 하는 신부 아버지의 종교적인 의무이고 '다르마dharma'(종교적인 규범, 계율, 법)이다. 지참금이라는 용어는 전통적으로 결혼을 통해 신랑의 가족에게 지불되거나 신부가 자신의 집에서 물려받아 소유하게 될 돈을 의미했다. 지참금 제도는

다섯 번째
차이와 불평등

시대가 변해감에 따라 새로운 형태로 변질되어 가고 있다. 현재 인도에서는 선물과 지참금 때문에 생기는 재정적인 부담이 결혼식과 관련된 각종 비용과 더불어 심각한 수준에 달하고 있다. 더욱 심각한 문제는 지참금에 정해진 한도가 없다는 것이다. 지참금은 결혼과 동시에 지불될 뿐만 아니라, 결혼 후에도 오랜 시간에 걸쳐 계속 요구되기도 한다. 최근에 일어난 수니타 씨의 죽음 같은 사건은 이렇게 결혼 후에도 계속되는 지참금에 대한 요구 때문에 발생한 것이다.

지참금 풍습 때문에 인도에서는 딸을 결혼시킬 때 오랜 준비기간이 필요하고, 가족들이 계획을 잘 세워놓아야 한다. 지참금을 준비해야 되기 때문에, 여성의 가족은 소비를 될 수 있는 한 줄여야 한다. 또한 지참금을 마련하는 문제는 부모의 퇴직 시기와 노후대책과도 밀접한 관련을 맺게 된다. 아들이 있는 집에서는 때때로 자기 집으로 들어오는 지참금을 이용하여, 딸들을 시집보내는 데 필요한 지참금을 마련한다.

지참금을 더 많이 받고 덜 주기 위해서는 배우자를 선택하는 일이 결혼 당사자들에게 달려 있지 않을 때가 많다. 부모는 자신의 아들, 딸들이 결혼하기에 좋은 조건을 갖출 수 있도록 키운다. 인도에서는 신문에 구혼 광고를 내기도 하므로, 결혼 광고를 분석해보면 어떠한 요소들이 중요하게 여겨지는지를 알 수 있다. 광고에는 주로 학력, 나이, 수입, 직업, 외모, '고트라gotra'(집안), 가족, 거주 지역, 성격, 지참금, 결혼식의 종류와 시기, 사용하는 언어 등을 적는다. 결혼 협상에서 중요한 것은 주로 남자의 수입과 여자 집안의 평판과 여성의 외모이다. 또한 여자와 남자의 학력을 맞추어야 하기 때문에 협상의 첫 단계 중 학력 문제는 아주 중요하다. 그럼에도 불구하고 여성들에게 학력은 문제가 될 소지가 있다. 교육을 많이 받은 여성에게 어울리는 남편 역시 대학 교육을 받은 사람

지참금
때문에 죽는
인도 여성

이어야 하는데, 흔히 대학 교육을 받은 아들의 부모는 더 많은 지참금을 요구하기 마련이다. 그러므로 딸을 대학교에 보낸다는 것은 좋은 남편을 구할 수 있을 만큼의 지참금을 부담할 수 있는 능력이 있어야 한다는 것을 의미한다.

남녀의 만남은 주로 가족이나 친척에 의한 중매를 통해 이루어진다. 연애결혼일 경우, 결혼 당사자들은 가족들에게 그들을 대신해서 결혼을 '협상'해 달라고 요청한다. 협상 시 중요한 문제는 지참금과 그 외의 결혼비용에 관한 것으로, 이 문제가 종종 결혼의 장애물이 되곤 한다. 지참금에 관한 협상은 오랜 기간 계속될 수 있다. 협상의 마지막 단계는 양쪽 집안에 신랑과 신부가 될 사람들을 보이는 것인데, 이 만남은 보통 짧게 끝나고 협상의 가장 마지막 단계에서 이루어진다는 점에서 결혼을 결정하는 데 있어 그다지 중요하게 고려되지 않음을 알 수 있다,

결혼은 두 가정이 서로를 평가하는 과정이기 때문에, 협상의 결과는 결혼 당사자 두 명의 가치와 더 나아가 그들 가족들의 사회적 가치를 나타낸다. 그들의 가치가 어떻게 평가되었는지는 지참금을 포함한 혼수로 표현된다. 혼수는 현금으로 받는 선물, 가정용품, 결혼식에 드는 비용의 세 가지로 나뉜다. 이 중 현금은 신랑 아버지에게 전달되며 일부는 신혼부부가 살게 될 집안을 꾸미는 자금으로 충당된다. 가정용품은 신랑의 가정에서 쓰거나 새로 차린 신혼살림에 보탬이 된다. 신혼부부가 따로 살지 않는 경우, 신랑의 가족은 신부에게 신랑 집에서 이미 쓰고 있는 물건과 중복되지 않는 것을 가져오라고 요구할 수 있다.

결혼식 날짜는 팬디트pandit라 불리는 점쟁이의 점에 따라 결정된다. 이러한 관습 때문에 결혼식이 한꺼번에 많이 이루어지는 결혼 시즌이 생겨나며, 이 시즌에는 혼수 장만과 결혼식 서비스 수요가 급격히 늘어난

다섯 번째
차이와 불평등

다. 그러므로 결혼 시즌에는 보석, 가구, 의복 등 결혼과 관련된 물품들의 수요가 많아지면서 가격이 높아진다. 결혼식에 드는 비용, 특히 지참금은 엄청나다. 보통 델리의 중산층에 속하는 경우, 지참금은 5만 루피가 넘고, 20만 루피가 넘는 경우도 흔하다고 하는데, 인도 국민의 일인당 소득을 고려해볼 때 엄청난 액수이다.

현재 인도에서 관행으로 되어 있는 지참금 주고받기는 합리적인 행동으로 보일 수도 있다. 즉 이것은 당사자들의 선택이며, 그들의 가치관과 일치하고 삶의 질을 향상시킬 수 있는 수단이라고 생각할 수 있다. 이러한 거래를 통하여 신랑의 가족이 구하고자 하는 것은 여러 가지인데, 그중 가장 중요한 것은 부와 명성이다. 인도같이 위계화된 사회에서 지참금으로 두 가족 모두가 얻을 수 있는 부귀와 명예는 그만큼 값어치가 있다. 신부 측에서 볼 때 신부 가정보다 좋은 환경의 신랑을 얻는 것은 현재의 지참금 소비로 미래에 신부가 누리게 될 힘을 얻는 것을 뜻한다. 연줄, 학력, 부는 물가상승과 가난으로부터 벗어나게 해줄 수 있는 자원이므로 투자할 만한 가치가 있다. 인도처럼 여성들이 직업전선에 진출하기가 어렵고 임금도 아주 낮은 사회에서는 남편에게 투자하는 것이 합리적이라고 볼 수 있다. 인도 사람들에게 딸들이 결혼할 때 왜 지참금을 주느냐고 물으면 그들은 딸들을 사랑하기 때문이라고 말할 것이다. 마찬가지로 신랑의 식구들이 지참금을 포기하는 결정을 내리기는 매우 힘들 것이다. 인도처럼 성차별, 신분계급, 높은 물가상승률, 높은 실업률이 있는 나라의 사람들이 결혼을 통해 더 나은 미래를 준비하려는 것은 충분히 있을 수 있는 일이다.

또한 인도에서 지참금은 사회질서의 상징으로 받아들여진다. 즉 지참금의 액수가 가문의 지위를 나타내준다고 생각하므로, 지참금을 많이

지참금
때문에 죽는
인도 여성

준비하면 명성을 살 수 있고 계급상승도 꾀할 수 있다. 특히 중상류층에게는 지참금 제도가 결혼을 통한 계층의 위계를 강화하는 통로가 된다. 또한 부의 획득을 통해 상징적으로 높은 사회계층이 될 수도 있기 때문에, 신분이 좀 낮은 집안의 사람들도 '과시적 소비conspicuous consumption'를 통해 엄격한 사회적 위계제도의 틀에서 벗어나 명성을 얻을 수도 있다.

하지만 지참금 제도는 같은 계층에 속한다 하더라도 남성에 비해 상대적으로 낮은 여성의 지위를 표현한다. 또한 그것은 여성이 가족과 카스트 제도를 통해 이루어지는 통제하에서 얼마나 부당한 대우를 받고 있는지를 보여준다. 두 집안의 명예를 위해 여성의 생명이 왔다 갔다 한다는 사실은 인도 사회가 관습이라는 이름으로 성차별을 지속시키고 있음을 의미한다. 물론 인도에서 지참금과 관련된 여성에 대한 폭력은 언제나 사회적 관심사였고, 이 문제를 해결하기 위해 다각도의 움직임이 있어 왔다.

1984년과 1986년 두 차례에 걸쳐 개정된 '지참금 금지법안Dowry Prohibition Act'(1961)은 지참금 문제를 해결하기 위한 법적 조치이다. 지참금에 관한 인도의 법률은 매우 엄하다. 지참금을 요구하면 구속영장 없이도 구속될 수 있으며 보석금으로 풀려 나올 수 없고, 입증 책임이 피의자에게 있다. 이 법안에는 지참금이 "결혼 당사자가 상대자에게, 또는 결혼 당사자의 부모나 다른 사람이 결혼상대자에게, 직접적 또는 간접적으로 전하거나, 전하도록 약속한 값어치 있는 재산"이라고 정의되어 있다. 즉 지참금을 주고받는 것은 '불법'이다. 지참금을 주고받으면 5년 이상의 징역형을 받을 수 있으며 벌금을 물어야 한다. 이 조항은 명백하게 지참금을 금지하나, 이 법안의 세 번째 조항은 결혼선물을 마음대로 주고발을 수 있도록 허락하고 있다. 따라서 이 법은 '결혼식날' 전해지는 선물(요구되지 않았다는 전제 아래)은 "의례적으로 전해지고 신부에게 부담을 주지 않아야 한다"라고 규정하고 이것을 허용한다. 더 나아가서 이 법안은 심지어 모든 결혼선물의 목록을 혼례가 끝나기 전에 문서로 남기도록 규정하고 있다. 이 문서에는 결혼선물의 품목, 값어치, 선물을 준 사람의 이름 등을 적는다. 1984년도에 만들어진 개정안은 지참금을 공개하는 것도 금지하였다.

이 법안의 개정으로 지참금 살인에 관한 인도의 형법도 달라졌다. 형법은 '지참금 살인'을 다음과 같이 정의한다. 지참금 살인은 "결혼 후 7년 이내에 여성이 화상 또는 몸의 부상 등으로 죽임을 당했고, 죽임을 당하기 전에 남편이나 시댁 식구들로부터 지참금으로 인해 괴롭힘을 당했다는 사실이 뚜렷하며 여성을 괴롭혔던 사람들이 가해자인 경우"이다. 이러한 법적인 변화로, 결혼한 지 7년 이내에 여성이 사망한 경우에는 자살로 죽은 것이 분명해 보일 때도, 여자 쪽 식구들의 요구가 있으면 특별수사와 신고절차를 밟을 수 있게 되었다. 부검에 관한 정의도 새롭게 내려졌다.

하지만 현재까지 이러한 법적 조치는 거의 효과가 없었다. 학자들은 한결같이 이 법안은 아무것도 이루어내지 못했다고 입을 모은다. 이러한 원인 중 하나는 중앙정부가 결혼제도와 지참금 문제에 대해 법률이 잘 집행되고 있는지 단속할 수 없기 때문이기도 하다. 지방의 카스트 집단 내에서 이루어지는 지참금 관습은 그 지방의회가 자치적으로 단속하도록 정해져 있기 때문에, 몇몇 지역에서는 지방의회가 지참금 문제에 관여하여 단속하지만, 대도시에서는 인구 이동이 많아서 그 역할을 제대로 할 수 없다는 난점이 있다. 지참금 문제가 많이 발생하는 델리 같은 대도시에서는 인구 이동과 주 정부와의 마찰 등의 이유로 중앙정부가 자치적인 단속을 하기 어려운 실정이다.

많은 공공단체들 또한 사람들을 계몽하고 교육하기 위한 캠페인을 벌여 왔다. 그중 '일하는 여성들의 모임' 같은 단체들은 지참금을 반대하는 신문 광고를 내면서, 지참금 반대를 위한 교육 홍보에 앞장섰다. 인도의 전통의상을 입은 여자인형이 불에 타고 있는 사진과 함께 실렸던 다음의 광고 기사가 그 한 예이다.

젊은 신부가 지참금 문제로 죽을 때마다 우리에게도 책임이 있습니다. 왜냐하면 우리가 이러한 일이 생기도록 놔두었기 때문입니다. 델리 병원에서만 매년 300명가량의 신부들이 3도 화상으로 죽습니다. 그리고 많은 사건들은 신고되지 않고 있습니다. 죄를 지은 사람들은 아무런 벌도 받지 않습니다. 우리는 그저 고개를 흔들며, "우리가 뭘 할 수 있지?"라고 말합니다.

우리는 많은 것을 할 수 있습니다. 지참금 제도에 사회의 비난을 쏟아 부읍시다. 지참금을 주거나 받지 맙시다. 지참금 제도에 찬성하는 사람이 있다면 항의합시다. 지참금 때문에 고통받는 여성을 도웁시다. 지금 시작합시다. 다 같이 싸웁시다. 부모로서 교육받고 자립심 있는 딸을 키웁시다. 18살이 지나서 결혼시킵시다. 지참금을 반대합시다. 지참금 문제에 대해 의논하는 것조차 거부합시다. 만일 당신의 딸이 결혼 후 괴롭힘을 당하고 있다면 딸의 곁에서 도움을 줍시다. 결혼을 앞둔 젊은이들은 지참금을 전제로 하는 구혼은 완강히 거절합시다. 친구와 이웃으로서 지참금을 주고받는 가족들을 배척합시다. 지참금 때문에 고통받는 피해자들을 도웁시다. 입법자와 변호사로서 더 강한 법률을 제정합시다. 지참금 사건이 일어났을 때 조속하게 공청회를 열고 중한 벌을 부과할 수 있도록 합시다. 사회단체들은 도움과 조언을 주고, 법률과 사회풍토를 바꾸기 위해 노력합시다. 악에 대항하여 싸울 수 있도록 결의합시다. 우리가 다 같이 싸운다면 우리는 이길 수 있습니다.

지참금을 거부합시다.

지참금 반대운동에 참여하는 단체들 중에는 북부 프라데시 지역 농부들로 구성된 BKU(Bharatiya Kisan Union) 같은 단체도 있다. 이 단체는 1988년 북부 프라데시의 미루트에서 25일 동안 시위를 벌였다. 이 그룹의 지도자들은 데모를 통하여 결혼문제에 관한 사회개혁 프로그램을 발표하였다. 한 뉴스에 따르면, 이 프로그램은 결혼식 참석 인원을 11명으로 한정하고, 결혼식 피로연을 없애며, 지참금이 최고 10그램의 금과 30그램의 은을 넘지 않도록 하는 내용을 골자로 하고 있다고 한다. 이 지역의 버스에는 "신부가 곧 지참금이다"라는 로고가 그려졌다고 한다. 도시에서와 마찬가지로 시골에서도 지참금 반대운동을 전개하고 있다. 운동을 벌이게 된 동기는 서로 다를 수 있지만 여성의 인권 회복을 위해 또는 지참금으로 인한 경제적 부담을 더 이상 감내하지 못하는 문제를 해결하기 위해서, 인도의 결혼제도를 개혁하자는 운동이 다각도로 펼쳐지고 있다.

사회 문제를 효과적으로 해결하려면 그 원인을 파고드는 정책이 이루어져야 한다. 현재의 법적인 조치는 지참금과 관련된 폭력을 다루고는 있으나 그 폭력의 원인을 다루지는 않고 있다. 지참금과 관련된 폭력 문제는 여성의 생산적인 역할과 재산권, 문제 발생 지역의 독특한 사회적 통제 등과 관계가 있다. 지참금 범죄는 인도 사회에 널리 퍼져 있지만 지역, 카스트 위계, 사회 경제적인 지위, 주거지(도시/시골), 여성의 취업 여부에 따라 그 유형이 다르게 나타난다. 어떤 지역에서는 더 많은 폭력이 발생하고 있고 지참금 관습이 보다 철저히 나타나고 있다.

흔히 지참금 폭력은 북부 인도에서 가장 많이 발생한다. 특히 힌디 벨트(북부 프라데시, 하리아나, 펀자브, 델리, 비하르 지역)에서 가장 심하다고 전해진다. 남쪽은 북쪽 같지는 않으나 문제가 점차 더 심화되고 있다. 일반적으로 인도에서 남부와 북부의 결혼제도는 다르다. 북부에서는 같은 카스트 내에서도 신분 상승을 위해 좀더 높은 지위의 집안과 딸을 결혼시키려는 앙혼제仰婚制가 눈에 띄고, 남부에서는 같은 신분의 사람들끼리의 결혼이 대부분이다.

생태학적인 면도 대조를 이룬다. 북부에서는 밭벼를 재배하고 남부에서는 주로 쌀농사를 짓는데, 이 두 가지 농법은 서로 다른 노동방식을 요구한다. 쌀농사를 주로 하는 남부에서 여성은 매우 중요한 노동자원이지만, 밭벼를 경작하는 북부에서는 여성의 노동이 필요한 영역이 한정되어 있다. 북부의 여성은 고정자산을 소유할 수 없으며 그 대신 결혼할 때 자신의 부모로부터 동산의 지참금을 받는다. 즉 북부의 여성은 사회간접비용이 많이 들어가는 비싼 물품이지만, 남부의 여성은 노동에 참여하기 때문에 상대적으로 조금 더 존중받는다. 여성이 중요한 몫을 하는 남부에서는 여성이 땅을 소유할 수 있다. 이러한 이유로 북부에서는 남아선호사상이 강하며 남부에서는 상대적으로 그리 심하지 않다. 실제로 인도에서는 남녀 어린이의 비율이 북부와 남부에서 불균형하게 나타난다. 또한 북부에서는 여성의 경제적 가치가 상대적으로 낮기 때문에, 여자아이에 대한 차별대우도 심하다. 여아는 태어나면서부터 여러 면에서 남아에 비해 배려를 못 받기 때문에 사망률이 높다. 어느 인류학자는 결혼비용이 높고 여성이 노동시장에서 소외될 때 여아의 사망률이 높아진다는 사실을 발견했다.

여성의 취업 여부도 지참금과 관련이 있다. 델리 지역의 지참금 문제에 대한 연구에 따르면, 일자리가 있는 중산층 여성보다 실직 상태의 여성이, 델리 출신보다는 델리로 이주해 와서 사는 핵가족의 여성들이 상대적으로 많은 지참금을 지불한다는 것이다. 이는 도시에서 직업을 구한 아들이 결혼과 함께 독립하여 다른 지역에서 살게 되는 일이 많아지고, 시골에 있는 부모들은 아들에게 쏟아 부은 경제적 투자를 보상받고 싶어 하기 때문이다.

지참금 문제는 또한 카스트에 따라 달라진다. 델리의 지참금 폭력 희생자에 대한 한 연구에 따르면 하층 카스트 집단에서의 지참금 폭력은 상층 카스트보다 덜 심각하다고 한다. 그것은 하층 카스트의 여성들이 줄곧 노동에 참여해 왔기 때문에 경제적 가치가 있다고 판단되기 때문이다. 그러나 하층 카스트의 여성들은 가난하고 배우지 못했기 때문에 또 다른 종류의 속박을 받는다. 그럼에도 불구하고 최근 들어 하층 카스트 내에서 지참금에 따른 폭력이 증가하고 있는데, 이는 하층 카스트가 상층 카스트를 모방함으로써 자신들의 지위를 높이려 하기 때문이다. 이러한 과정은 '산스크리트화Sanskritization'라 불리며, 하층 카스트 집단 내의 지참금 폭력 증가와 관련이 있다. 하지만 지참금과 관련된 살인은 주로 중산층에서 많이 일어난다.

인도에서 여성들이 어떤 대우를 받는지는 여성이 얼마만큼 생산적인 역할을 하는가에 달려 있다는 경제학적 분석들은, 지참금과 관련된 폭력을 설명하지 못하지만 이를 해석할 수 있는 근본적인 단서를 제공한다. 하지만 지참금 폭력을 재산소유 여부와 여성의 종속관계와 연결 지은 그

지참금
때문에 죽는
인도 여성

러한 논의들은 결혼이라는 관습을 여성의 가치에 대한 단순한 계산으로 보기 때문에 논란의 여지가 있다. 그러한 논의는 여성의 가치가 높으면 신부를 데려올 때 신랑의 친족이 신부의 친족에게 재화를 증여하는 신부대新婦貸, bride price 제도가 나타나고(신부대에 관해서는 아홉 번째 장 '경제'의 들어가는 글을 볼 것) 여성의 가치가 낮은 곳에서는 지참금 제도가 생긴다는 단순한 결론을 이끌게 된다. 중요한 점은, 여성의 생명을 위협하는 폭력이 사회적으로 계속 용인된다는 것은 남성과 여성의 권력 차이와 위계 구조를 반영한다는 점이다.

지참금 제도와 그에 얽혀서 행해지는 여성에 대한 폭력은 인도에서 '관습'이란 이름으로 여전히 행해지고 있다. 이러한 관습이 언제부터 생겨나게 되었고, 왜 성차별을 지속시키면서 유지되고 있는지에 대한 의문은 인류학자들이 해결해야 할 어려운 과제이다. 일부다처제나 일처다부제 같은 특이한 관습들이 사회의 유지에 도움이 되는 기능을 하고 있는 경우도 있으나 그러한 관습이 존재한다고 해서 그것이 반드시 그 사회에서 건전한 것이라고 간주할 수는 없다. '신부에게 등유를 뿌려서 인간 횃불로 만드는 것'은 분명 심각한 문제이다. 그렇다면 무엇을 어떻게 해야 하는가? 무거운 형벌을 내리는 법률도 뿌리 깊은 관습의 갑옷 앞에서는 큰 힘을 발휘하지 못한다. 이러한 문제들을 해결하기 위해서는 성차별적인 문화를 철저히 이해하고, 그것을 변화시키기 위한 광범위한 정책을 도입해야 한다.

얼굴이 흴수록 지위가 높은 사회

| 앤젤라 길리엄 |

브라질의 속담 중에는 이런 것이 있다. "브라질 남성에게 지구상의 천국이란 흑인 여성을 하인으로 삼고, 백인 여성과 결혼하며, 갈색 피부의 여성을 첩으로 두는 일이다." 이 속담은 다인종 사회인 브라질에 인종적 스테레오타입이 존재함을 보여준다. 이를 사회학적 맥락에서 살펴보면, 피부색이 더 하얀 아이를 낳아 '종자를 개선하고,' '피를 깨끗이 한다'라는 사회적 압력이 있다는 것을 의미한다.

실제로 브라질에서 높은 계층으로의 이동은 '엠브랑케시멘토embran-quecimento'라고 부르는 '희게 만들기'의 과정으로 이해되고 있다. 이것은 구불구불하고 보풀 같은 머리카락을 곧게 펴거나 아이들을 '좋은 종자'로 만들어줄 파트너를 선택하는 것을 의미한다. 또한 '희게 만들기'란 정식 교육을 받고, 실제든 상상이든, 아프리카적이라고 생각되는 언어나 언어 외적인 것들을 계속 피해가면서, 문화적으로 다듬어나가는 변화를 겪는 것을 의미한다. 그러므로 자신을 향상시키기를 원하는 사람은 대화 중에 적절한 단어를 선택하고 문법뿐만 아니라 발음이나 억양에도 신경을 써야 한다. 행동거지도 조심해야 함은 물론이다. 브라질에는 이러한 가치를 받아들이지 않으려고 강하게 저항하는 일부 흑인이나 '물라토mulatto'(흑인과 백인의 혼혈)가 있긴 하지만, 대부분의 사회계층과 인종집

얼굴이
흴수록 지위가
높은 사회

단에서는 이를 폭넓게 받아들이고 있다. 얼굴색을 되도록 희게 만들면서 다듬어나가는 것이 왜 브라질 사람들에게 중요한가를 이해하기 위해서는 그들의 식민지 역사를 살펴보아야 한다.

16세기부터 1888년 브라질이 노예제를 폐지한 19세기 말까지 서반구의 대부분 지역에서는 식민지 지배와 동시에 노예제가 발전하였다. 초기에는 인디언 원주민들이 강제 노동에 동원되었으나 후에는 아프리카에서 수입된 노예들이 이를 담당했으며 노예제는 유럽 각국이 산업화와 경제적 부를 이룩하는 데 중심적인 요소였다. 포르투갈의 식민지였던 브라질은 1830년에 독립했지만, 다른 라틴 아메리카 국가들처럼 통치 엘리트들은 대부분 이 지역에서 태어났으면서도 유럽인의 정체성을 간직하고 있었다. 엘리트 집단에는 또한 인디언 원주민과 아프리카인의 혈통을 물려받은 사람들도 많았지만, 자신을 유럽인으로, 신생국의 문화를 '유럽적'인 것으로 간주했다. 식민지 지배는 바로 유럽인의 문화와 언어를 공식적인 문화로 채택한 것을 의미했다. 그러므로 토착 인디언의 유산과 이미지는 새 국가를 형성할 때 낭만적인 감성을 자극하는 데만 이용되었을 뿐, 열등한 것으로 취급되었다. 라틴 아메리카의 엘리트 가문들은 유럽적인 것의 우수성을 과시하며 사회적·경제적 영향력을 발휘했다.

지금도 식민지 지배하에서 생겨나 현재 일반적으로 통용되는 용어나 표현들을 살펴보면, 한 개인의 사회적 위치는 재산뿐만 아니라 혈통이 얼마나 유럽적인가 또한 얼마나 유럽 문화에 익숙한가 등에 따라 결정되고 있음을 알 수 있다. 반면에 멕시코나 브라질에서 순수한 인디언 원주민과 아프리카 노예의 후예들은 가장 지위가 낮고 특권이 없다. 이들의 외모와 문화 전통은 바로 낮은 사회적 위치를 보여주는 상징으로 사용된다. 예를 들어 브라질의 바히아 지역에서 '네그로negro'(검둥이)라는 말

스페인인 아버지(오른쪽에서 세 번째)와 토착 인디언 어머니(맨 오른쪽) 사이에서 태어난
메스티소 아기(오른쪽에서 두 번째).
(미겔 카브레라Miguel Cabrera의 작품)

은 경멸적인 의미를 담고 있다. 맥락에 따라서는 가까운 친구와 친척들
사이에서 애정 어린 표현으로 사용되기도 하지만, 상대방을 어린애 다루
듯이 할 때 사용된다. 네그로의 다른 형태인 '네그라오negrao'라는 말의
원래 뜻은 '큰 흑인'이지만, '위협적인 흑인 남성'을 지칭하는 모욕적인
표현으로 사용된다.

　그러므로 백인의 혈통을 지닌 사람은 당연히 문화적으로 높은 지위
를 주장하게 되지만, 그렇지 못한 사람들은 자신의 사회적 지위를 상승
시키기 위해 '희게 만들기' 과정에 많은 노력을 들이게 된다. 얼굴빛이
희고 머리칼이 곧게 뻗을수록 대우를 받는 브라질 사회와 마찬가지로 멕

시코에서도 유럽인의 혈통과 관련시켜 사람들 사이의 위계 구조를 만든다. 유럽인과 토착 인디언의 혼혈이지만 자신들을 유럽인과 동일시하는 '메스티소mestizo'는 보통 '이성적인 사람gente de razon'으로 지칭된다. 이 말은 식민지 시대부터 백인을 의미하는 말로 쓰여 왔다. 자신을 '이성적인 사람'이라 부르는 것은 그가 '모레노moreno'('피부가 검은 사람' : 흑인을 높여 부르는 말)나 인디언 원주민과는 구별된다는 것을 강조하기 위함이다. 모레노는 자신들은 메스티소같이 '이성적인 사람'이 될 수 있지만 유럽인의 피가 전혀 섞이지 않은 토착 인디언들은 결코 '이성적인 사람'이 될 수 없다고 생각한다. 왜냐하면 '이성적'이 된다는 것은 그 사람이 어떤 인종에 속하는가와 사용하는 언어, 입는 옷, 교육수준, 경제적 자원 같은 요소들의 결합에 따라 결정되기 때문이다. 토착 인디언들이 자신들의 전통의상을 입고 아무리 나는 '이성적인 사람'이라고 외쳐도 비웃음만 당할 뿐이다.

그런데 만약 어떤 토착 인디언에 대해 사람들이 "자신의 전통의상인 흰 바지와 샌들을 벗어버렸다"라고 말하면, 그것은 그가 인디언 사회를 떠났다는 뜻이다. 그가 마을을 떠나 좀더 넓은 세계의 문화적 특성들을 따라 배운다면 '이성적인 사람'이 될지도 모른다. 하지만 동시에 그는 '옷을 갈아입은 인디언'이라든가 '주제넘은 사람', 즉 이성적인 사람인 척하는 인디언이나 흑인이라고 놀림을 당할 각오가 돼 있어야 한다.

'희고 이성적인 사람'이 될 수 있는 일차적인 길은 주로 인종 간의 혼인이다. 라틴 아메리카에서 광범위하게 일어나는 타인종과의 혼인은 주로 인종 통합이 성공적으로 이루어지고 있다는 증거로서 거론되어 왔다. 즉, 북아메리카에서 인종 간의 불평등 문제는 공론화되어 국가적으로 해결해야 할 문제로 인식되어 온 반면에, 라틴 아메리카에서는 인종 간의 차이는 단순히 생물학적 차이일 뿐이고 인종문제는 혼인이나 동화를 통해 해결될 수 있다고 믿어 왔다. 이에 대한 근거로 거론되어 온 것은 포르투갈이나 스페인의 식민지 지배를 받은 지역의 노예제도는 앵글로색슨계인 미국의 노예제도보다 훨씬 덜 잔인했고, 그래서 사회적으로나 인종적으로 좀더 통합되기 쉬웠다는 것이다. 그래서 '브라질은 인종적으로는 평등한 사회'라든가 '멕시코식으로의 동화'라는 공식적인 주장이 받아들여지곤 했다. 하지만 인종 사이의 위계가 엄격히 존재한다는 사실은 이 지역의 남녀가 누구와 혼인하고 싶어하는지를 살펴보면 확연해진다.

여성들은 자주 자신이 낳은 아이의 사회적 지위를 높이기 위해 같은 종족의 남성과 결혼하기보다는 다른 종족 남성과의 동거를 통해 아이를 낳는 편이 더 낫다고 말하기도 한다. 즉 멕시코의 토착 인디언 여성은 토착 인디언 남성과 결혼하기보다 '모레노' 남성과 동거를 하거나 결혼을 하고 싶어 한다. 왜냐하면 모레노 남성과 결혼하는 것만이 인디언 여성과 그 자녀들이 '이성적인 사람'이 될 수 있는 유일한 길이라고 생각하기 때문이다. 이렇게 된 데에는 역사적으로 뿌리 깊은 문화적 전통이 있다.

멕시코의 노예 반란에 대한 어느 저명한 연구서에는 1574년 멕시코 총독이 스페인 왕에게 보낸 편지가 실려 있는데, 그 내용은 다음과 같다. "원주민 여성들은 원주민 남성보다는 흑인 남성과 결혼하기를 희망하고, 마찬가지로 흑인 남성들은 흑인 여성보다는 원주민 여성과 결혼하기를 희망한다. 왜냐하면 이렇게 해야만 자신의 자식들이 노예가 아닌 자유인이 될 수 있기 때문이다." 하지만 원주민 여성이 흑인과 결혼하여 자녀의 지위를 상승시키려는 노력, 또는 흑인 남성이 노예가 아닌 원주민 여성과 혼인을 통해(노예 신분은 어머니를 통해 계승되므로) 자녀를 노예 신분에서 벗어나게 하려는 노력이 개인의 자유의사에 기인한 것은 아니었다.

얼굴이
흴수록 지위가
높은 사회

한편 멕시코에서 흑인노예들끼리의 동거나 결혼은 대개 노예주들에 의해 금지되었고, 노예주들은 죄와 간음을 금한다는 명목으로 노예들이 부부 관계를 가질 수 있는 날짜와 시간을 정했다.

역사적으로 다른 인종 간의 혼인 형태 중 가장 빈번하게 일어나는 것은 지배적 위치에 있는 남성들이 종속적 위치에 있는 인종의 여성들을 성적으로 통제하는 것이었다. 라틴 아메리카의 가난한 집안 여성들은 엘리트 계층의 남성이나 자신의 고용주로부터의 성적 요구를 거절하기 힘든 경우가 많다. 특히 남성들의 다소 무리한 성적 요구가 공식적 문화에서는 사회적으로 당연한 행동으로서 문제가 되지 않는다고 여겨지기 때문에 더욱 그런 경우가 많다.

라틴 아메리카에서의 성적 불평등 문제는 일상 언어에도 잘 반영되어 있다. 예를 들어 브라질에서 '피부가 갈색인 여성'을 의미하는 '물라타mulata'라는 말은 성적 의미를 함축하고 있으며, 마치 미국의 '머리가 텅 빈 금발 미인'이라는 개념과 마찬가지로 전통적으로 성적 욕구의 대상이라는 이미지를 가지고 있었다. 이렇게 인종적으로 위계화된 사회에서는 배우자를 선택하는 일조차 세력을 가진 사람들이 사회적으로 바람직하다고 정해놓은 요건들을 조정하여 만족시키는 행위가 된다. 그러므로 원주민과 모레노의 성적 결합 또한 단순히 그들 사이의 역사적 관계뿐만 아니라, 권력과 통제가 반영된 결혼제도의 구조에 근거한다.

혼인을 통한 계속적인 교류에도 불구하고 원주민과 모레노의 사이는 좋지 않다. 이 두 집단의 긴장관계의 역사는 노예의 후손인 모레노가 그 지역 백인 대지주들에게 고용되어 인디언 노동자를 관리하는 감독자로서 일해 왔던 것과 관련이 있다. 모레노와 인디언들은 서로를 경멸하지만, 두 집단은 다양한 방식으로 사회적 관계를 맺어 왔고, 둘 사이의 역사적으로 형성된 적대감에도 불구하고 권력과 재산을 갖지 못하고 있다는 면에서는 비슷한 위치에 놓여 있다. 이는 메스티소의 지역은 늘 상거래의 중심지가 되지만 인디언과 모레노의 지역은 지역 상거래의 중심이 된 적이 없다는 사실만 보아도 알 수 있다.

현재 진행되는 인종 간의 혼인은 자식들의 지위를 높이고 싶어 하는 여성들이 적극적으로 선택하는 방법이지만, 원주민 여성이 원주민이 아닌 남성과 결혼하는 것은 그 여성에게도 어려운 결정일 수밖에 없다. 원주민 남성이 자신의 종족 외의 사람과는 거의 결혼을 하지 않는 상황에서 모레노와 결혼하는 원주민 여성은 오도 가도 못하는 신세가 될 때가 많다. 즉 그녀는 자녀들의 지위를 상승시키기 위해서 자신의 원주민 문화를 포기해야 할 뿐만 아니라 가족이나 친족 관계도 포기해야 한다. 원주민 여성과 모레노 남성 사이에서 태어난 아이들은 어머니 쪽 친족과는 완전히 교류가 끊긴 채 아버지 쪽 친족과만 접촉함으로써, 아버지 쪽 가계만을 갖게 되는 상황에 놓인다. '흴수록 지위가 높아지고, 이성적인 사람'으로 여겨지는 인종적 위계화가 이루어진 사회에서 여성은 인종 혼합의 매개체가 되지만, 또한 자신의 종족으로부터 배제당하는 위험을 무릅써야 한다.

'희게 만들기'는 혼혈을 통해서뿐만 아니라, 후천적으로 얻어지는 문화화 과정과 병행하여 이루어진다. 예를 들어 브라질의 바히안 지방에 가면 '집에서 키운 백인'이라든가 '바히안 식 백인'이라는 말을 듣게 되는데 이런 말들은 그 사람이 '진짜' 백인이 아니라는 의미이다. '사루아바saruaba'나 '사라라sarara'라는 말도 비슷한 의미인데, 특별히 얼굴은 아프리카 사람처럼 생겼지만 눈과 피부색이 좀더 희고, 머리카락 모양이 보풀 같지만 색깔은 황금색이나 옅은 갈색인 사람을 지칭한다. 어떤 여성이 피부색은 희지 않은데 머리카락만 노랗다면 '지저분한 금발'로 불리며, 유럽인의 얼굴 모양을 하고 곧은 머리카락이면 그 여성은 '깨끗한 금발머리'로 불린다.

이처럼 머리카락은 한 개인이 어떤 인종에 속하는가를 가늠하는 주요한 표지가 된다. '좋은 머리카락'이란 용어는 유럽인의 머리카락과 닮았음을 의미한다. 그렇다고 해서 완전한 직모를 좋은 머리카락이라고 여기지는 않는다. 왜냐하면 인디언 원주민 여성의 곧게 뻗은 머리카락은 결코 좋게 여겨지지 않기 때문이다. 상대적으로 '나쁜 머리카락'은 아프리카 조상을 지닌 사람들의 머리카락을 지칭한다. 너무 구불구불하거나 보풀 같은 머리카락을 경멸적으로 부르는 '찬다chanda'라는 말은 남성보다 여성에게 더 큰 압력을 주고, 여성은 아름다워지기 위해서 곧고 노란 머리카락을 가져야 한다고 믿게 된다. 금발 선호는 최근 TV나 잡지 광고에서 금발 여성이 가장 이상적이라는 관념을 조장하여 생겨나기도 한다.

식민지 통치자들이 심어놓은 '유럽 중심'의 가치관은 아름다움과 인간미에 대한 기준을 이 지역에 사는 대다수 사람들의 실제 모습과 동떨어진 것으로 만드는 결과를 낳았다. 하지만 최근에 일부 브라질 젊은이들 사이에는 이러한 개념에 적극적으로 저항함으로써 '흑인의 힘'을 과시하고 보풀 같은 머리카락에 대한 자부심을 갖자는 움직임이 있다.

남미의 많은 지역에서 인종 간의 위계화는 계속적인 인종 통합에도 불구하고 지속되고 있다. 토착 원주민이나 흑인들은 자신들의 생물학적 특징 때문에 불평등한 지위에 계속해서 머무를 수밖에 없다. 계속적으로 '희고 이성적인 인간'이 되어야만 사회적 지위가 높아짐에도 불구하고, 동시에 가난한 토착 인디언이나 아프리카의 후예들이 계층 상승과 사회적 지위 획득에 대한 욕구를 드러낼 경우 이는 바람직하지 못한 일로 간주된다. 브라질 역사에서 물라토란 말은 '잘나고 싶어 하는 지나친 야망'이란 의미를 연상시킨다. 멕시코에서 스페인어로 '옷 차려입은 원숭이'란 말은 비싼 옷을 차려입은 모레노를 지칭하고, '아코테하도acotejado'란 자신보다 피부색이 흰 여성들과만 어울리는 모레노를 경멸적으로 부르는 데 사용된다. 이러한 언어 사용을 통해 인종 간의 위계화와 차별은 여전히 지속되고 있다.

여섯 번째

언어와 커뮤니케이션

커뮤니케이션은 정보를 보내는 사람과 받는 사람 사이에 이루어진다. 정보는 말 또는 향기나 몸짓 같은 신호를 통해 전달된다. 그러나 신호를 보내는 사람이 의도한 바와 다르게 메시지를 받아들이는 경우도 종종 있다.

미국에서 중학교까지 다니다 한국으로 돌아온 한 학생이 수업시간에 선생님으로부터 체벌을 받았다. 그 아이는 선생님이 뺨을 때리자, 맞은 후 선생님의 눈을 빤히 쳐다보았다. 선생님은 그 아이의 시선을 반항으로 생각하고 더 세게 뺨을 때렸다. 한국에서는 잘못을 시인하려면 상대방의 얼굴을 피해 고개를 숙여야 한다. 그러나 미국에서는 상대방의 의도를 잘 받아들이기 위해 상대방의 얼굴, 특히 눈을 바라보아야 한다.

사람과 사람 사이의 공간을 인식하고 반응하는 것도 말을 통하지 않고 메시지를 전달하는 방식이다. 우리가 버스나 전철에서 좌석에 앉으려 할 때 이미 앉아 있는 다른 낯선 사람들의 반응을 보라. 그들은 잠깐 움찔하거나 엉덩이를 옮겨 다시 앉기도 한다. 옆자리에 짐을 두어 이러한 반응을 애초에 차단하려는 여성도 있다. 다른 곳에 빈자리가 있는데도 이런 여성 옆에 좀 앉겠다고 말을 하고 앉아 보라. 그 여성은 말은 하지 않지만 상대방이 알아차리도록 노골적으로 언짢아하는 몸짓을 보이면서, 자기만의 공간을 확보하려고 할 것이다. 몸짓이나 눈짓과 같은 비언어적 커뮤니케이션nonverbal communication은 성, 계급, 세대, 지역, 민족, 국가마다 다르다. 다민족 국가인 미국의 사례를 다룬 「말하지 않고 이야기하기」라는 글은 이를 잘 보여주고 있다.

단일 언어공동체speech community 사회에서도 말하는 사람, 즉 화자話者의 성, 계급, 고향, 교육수준 등에 따라 말하는 방식이 다르다. 또한 같은 화자일지라도 언제 어디서 누구에게 무엇 때문에 무엇에 관해서 말하는가에 따라 말하는 법이 달라진다. 상대방의 부탁을 거절할 때나 상대방의 말에 동의하지 않을 때, 우리는 보통 애매하게 말을 한다. 상대방의 체면을 깎아 내리지 않으려는 배려 때문이다. 상대방을 교묘한 방식으로 넌지시 비판할 때 우리는 종종 "말에 뼈가 들어 있다"라고 말한다.

「마다가스카르의 남성과 여성의 말하기」라는 글은 사회적 상황에 따라 말하는 방식과 말하는 사람의 성별이 어떻게 달라지는지를 잘 보여준다. 아프리카 대륙 동쪽, 인도양에 있는 마다가스카르 섬의 사람들은 말라가시어를 사용한다. 그들은 우리처럼 인간관계를 매우 중요하게 생각하여, 다른 사람과 직접 대결하는 것을 피한다. 따라서 그들은 상대방을 비판할 때 분명한 말로 공격하기보다는 간접적으로 넌지시 이야기한다. 속담이나 시, 전통적인 표현을 반복함으로써 무엇을 암시하고 있는지 듣는 사람이 정확히 알아차리도록 한다. 이러한 말하기 방식의 규범은 주로 남자들에 의해 지켜진다.

그러나 여자들은 다른 사람에게 공개적으로 화를 내며, 직설적으로 말을 한다. 상대방에게 즉각적인 대답을 요구해야 하는 상황에서는 여성이 나선다. 여성은 남성이 말로 표현하기를 꺼리는 감정을 대신 말로 표현한다. 결국 남자는 다른 사람과 좋은 관계를 유지하고, 여성은 사회적으로 불편한 상황을 해결한다. 미묘함과 섬세함이 요구되는 상황에서는 남성이 나서고, 직접성과 명확성이 요구되는 상황에서는 여성이 나서는 마다가스카르 사회의 민족지를 통해, 우리는 말하기와 사회적 상황의 관계를 알 수 있다.

말하지 않고 이야기하기

| 에드워드 홀 · 밀드리드 리드 홀 |

미국인 밥Bob은 오전 8시 15분에 아파트를 나와, 아침을 먹기 위해 편의점에 들른다. 그가 무슨 말을 꺼내기도 전에 가게 주인은, "어때?"라고 인사를 한다. 밥은 고개를 끄덕인다. 밥이 카운터에서 덴마크식 빵을 음미하는 동안, 한 뚱뚱한 남자가 옆자리 의자에 걸터앉으며 밥의 공간을 침범한다. 밥이 얼굴을 찡그리자, 남자는 최대한 자기 몸을 움츠린다. 밥은 말 한마디 하지 않고 원하는 메시지를 보낸 것이다.

진화론적 관점에서 보면, 사람들이 말로 의사소통을 한 것은 비교적 최근의 일이다. 사람들은 줄곧 몸의 자세, 몸짓, 얼굴 표정, 옷차림이나 걷는 모양 등을 통해, 말을 사용하지 않고도 정보를 교환해 왔다. 사람들은 태어나면서 말보다도 이러한 비언어적 의사소통의 방식을 먼저 배우게 된다. 우리는 의식을 하든 못하든, 몸짓이나 얼굴 표정 등으로 일상생활에서 자신의 감정을 표현하고, 다른 사람의 감정을 알아차린다. 심지어 시간과 공간이나 물건에 대한 태도까지도 언어가 수행하는 역할과 유사한 역할을 할 때가 있다. 한 미국인이 약속시간보다 30분 늦게 나타났다고 하자. 그는 무의식적으로 약속을 그다지 중요하지 않게 생각하고 있다는 메시지를 주거나 상대방은 그런 취급을 받아 마땅한 사람이라고 이야기한 셈이다.

사람들은 동시에 여러 가지 측면에서 의사소통을 한다. 그러나 보통은 말에만 집중하기 때문에 몸짓으로 메시지를 주고받고 있다는 사실을 잘 인식하지 못한다. 그렇지만 말과 몸짓이 서로 다른 메시지를 전달하게 되면, 우리는 두 메시지의 차이를 알아차릴 수 있다. 몸짓의 메시지는 말보다 꾸며내기 어렵다. 어떤 사람의 말과 행동이 일치하지 않을 때, 우리는 "그 사람에 대해서는 잘 모르겠지만, 어쩐지 진실한 것 같지 않다"라고 말하게 된다.

　우리는 상대방이 내 이야기에 귀를 기울이고 있는지 그렇지 않은지도 금세 알아차린다. 미국의 백인 중산층 문화에서는 자신이 상대방의 이야기를 듣고 있다는 것을 알리기 위해 상대방의 얼굴, 특히 눈을 바라본다. 고개를 끄덕이기도 한다. 아니면 "응, 응"이라고 작게 소리를 낸다. 상대방의 이야기에 맞장구 칠 때에는 고개를 강하게 끄덕일 것이다. 이야기를 재미있게 듣고 있다거나, 상대방의 이야기를 믿고 있다는 것을 나타내기 위해서는 미소를 짓는다. 상대방의 이야기에 의심이 가면, 눈썹을 치켜 올리거나 입가를 끌어내린다.

　이야기를 듣는 사람은 내내 말하는 사람에게 긍정적이거나 부정적인 반응을 보이면서 이야기를 이끌어간다. 그러다가 대화를 끝내고 싶을 때에는 다리를 뻗거나, 꼬거나, 꼰 다리를 풀거나, 발을 까딱까딱 움직이거나, 시선을 다른 데로 옮기는 등 몸을 움직이기 시작한다. 듣는 사람이 점점 더 안절부절못하게 되면, 말하는 사람도 알아차리게 된다. 그래도 못 알아차리면, 듣는 사람은 시계를 들여다본다. 이렇게 말하기와 듣기는 서로 얽혀 있다. 혼자 있으면서 자신에게 말할 때에도 뇌의 한쪽은 말을 하고 다른 한쪽은 듣는다.

말하지 않고
이야기하기

눈과 시선

눈짓은 오랫동안 감정을 교환하는 수단으로 사용되어 왔다. 눈짓이라는 언어는 미묘하면서도 복잡하다. 눈짓이나 시선의 의미는 성, 계급, 세대, 지역, 민족, 국가마다 다르다. 각자의 지위에 따라 상대방을 어떤 상황에서 어떻게 바라보아야 하는지에 대한 규칙이 있는 셈이다. 미국인들은 외국인들이 사람을 너무 빤히 쳐다보거나 오래 응시한다고 종종 불평을 늘어놓는다. 많은 미국인들은 어떤 사람이 낯설게 자기를 쳐다보면, 그의 시선을 피한다. 더구나 한 남자가 다른 남자의 부인에게 특별한 시선을 보내면, 문제가 생길 수 있다. 한 파티장에서의 일이다. 조지라는 남자가 찰리의 아내와 이야기를 나누고 있다. 그들은 가벼운 화제를 가지고 대수롭지 않은 이야기를 나누고 있지만, 찰리는 둘을 의심의 눈초리로 바라본다. 두 사람 사이의 거리와 둘의 시선이 서로 상대방에게 강하게 끌리고 있다는 것을 보여준다고 생각했기 때문이다.

이 경우 조지는 무례를 범하거나, 남편의 질투심을 자극하려는 게 아닐 수도 있다. 그렇다면 그는 시선에 관한 미국식의 도덕을 잘 모르는 유럽인일 수 있다. 미국 여성이 프랑스나 이탈리아에 가면, 남자들이 자기를 빤히 쳐다보는 생소한 경험 때문에 당황하게 된다. 유럽 남자들은 그녀의 눈, 머리, 코, 입술, 가슴, 엉덩이, 다리, 허벅지, 무릎, 발목, 발, 옷, 머리스타일, 심지어 걸음걸이까지 샅샅이 쳐다본다. 그런 시선에 익숙해진 미국 여성이 미국에 다시 돌아오면, 반대로 "이젠 아무도 날 쳐다보지 않아"라는 느낌을 갖게 될 것이다.

사람들은 눈으로 지배와 복종, 관심과 무관심, 긍정적인 태도와 부정적인 태도 등의 메시지를 나타낸다. 윙크나 곁눈질은 어떤 의도를 가지고 눈을 움직이는 행동이다. 무의식적인 행동이기는 하지만 언제 어디에

다 시선을 두어야 하는지 나름대로 배운 것이다. 눈동자의 광채나 동공 반사처럼, 완전하게 통제가 불가능한 눈동자 자체의 반응도 있다. 눈은 다른 신체기관과는 달리 두뇌의 연장이기 때문이다. 중동지방의 사람들은 무의식적인 반응으로 여겨지는 광채나 동공반사가 보이는 의미를 잘 파악한다. 몇 년 전 중동의 보석가게에서의 일이다. 한 고객이 이것저것을 구경하다가 팔찌 하나를 골랐다. 그러나 고객이 팔찌를 고르는 동안 고객의 눈동자를 유심히 들여다보던 보석상 주인은 다른 팔찌를 사라고 하였다. 그는 고객이 진짜 무엇을 사고 싶어 하는지를 알아챈 것이다.

시카고대학의 심리학 교수인 에크하드 헤스Eckhard Hess는 처음으로 동공반사에 대해 체계적으로 연구했다. 어느 날 그가 침대에서 책을 읽고 있는데, 부인이 "당신 동공이 넓어진 걸 보니, 책이 재미있는가 보구려"라고 이야기하였다. 부인 이야기에 영감을 얻어, 헤스 교수는 동공반사에 대한 실험을 하였다. 먼저 남학생에게 여자 누드사진집을 보여주었다. 남학생의 눈동자만 보고도 누드사진을 보는 순간, 그가 어떤 느낌을 가지는지를 정확하게 알 수 있었다. 다음에는 한 여자의 누드사진을 두 장 인화하여, 다른 부분은 그대로 두고, 하나는 눈동자를 작게 그려 넣고, 다른 것은 눈동자를 크게 그려 넣었다. 그러자 두 사진을 본 사람들은 눈동자가 큰 여자를 더 매력 있는 여자로 보았다. 한 여자가 한 남자를 바라볼 때 반사적으로 눈동자가 확대되면, 그것은 남자에게 눈으로 어떤 메시지를 보낸 것이다.

공공장소나 거리에서도 시선의 문제에 부딪친다. 시선과 눈짓에 대한 법칙은 장소가 어디냐에 따라, 사람의 필요나 감정에 따라, 또는 어떤 민족이냐에 따라 달라진다. 미국의 도시에 사는 백인들은 특별한 경우가 아니면 확실하게 누군지 알아볼 수 있는 거리(평균 시력으로 5~10미터) 내

말하지 않고
이야기하기

에서는 서로 눈을 피한다. 물론 친구 사이라면 당연히 인사를 나누어야 한다. 그렇지 않으면 친구를 모욕한 꼴이 된다. 그렇다고 해도 친구를 빤히 쳐다보는 것은 무례한 행동이다. 물론 상황에 따라 다르긴 하지만, 흑인들은 상대방을 잘 모르더라도 공공장소에서 서로 반갑게 대한다. 거리에서 시선을 마주치지 않으려는 백인의 행동을 보고, 흑인들은 백인들이 자신들을 무시한다고 생각하기 쉽다. 그러나 그것은 거리에서 누구와도 눈을 마주치지 않으려는 백인의 무의식적인 행동일 뿐이다.

공간 다루기

한 파티에서 라틴계의 호세는 영국 사람인 에드먼드 경을 만났다. 대화를 나누면서, 호세는 라틴식으로 에드먼드 경에게 점점 더 가까이 다가갔다. 에드먼드 경은 호세가 자신을 밀고 있다고 생각해서 자꾸 뒤로 물러났다. 그러자 이번에는 호세가 에드먼드 경이 자기를 차갑게 대한다고 느꼈다. 두 사람은 사업상 필요 때문에 좋은 관계를 맺고 싶어 했지만, 서로 상대방에게 실망하면서 돌아섰다. 자신만의 영역을 차지하거나 공간을 다루는 방식이 민족에 따라 다르기 때문에 생긴 일이다.

사람들은 누구나 보이지 않는 자기만의 공간을 만들고 있다. 이는 외부로부터 방해를 받지 않으려는 영역이다. 이러한 자기만의 공간은 감정 상태나 현재의 활동이나 문화적 배경에 따라 크기가 달라진다. 다른 사람과 접촉하기를 싫어하는 북유럽(영국, 스칸디나비아 반도, 스위스, 독일 등) 사람들은 자기만의 공간이 넓은 편이다. 이탈리아, 프랑스, 스페인, 러시아, 남미, 중동 사람들은 다른 사람과 가까운 거리에 있는 것을 좋아한다.

사람들은 다른 사람들이 자기만의 공간을 침범하면 매우 민감하게 반응한다. 누가 당신 곁에 너무 가까이 서면, 당신은 뒤로 물러날 것이다. 뒤로 물러나는 것이 불가능할 때에는 근육을 긴장시켜 움츠리거나 몸을 뒤로 젖힐 것이다. 다른 사람이 그래도 뒤로 물러나지 않으면, 당신은 가방, 우산, 비옷 같은 물건으로 거리를 두려 할 것이다. 그것도 여의치 않으면, 당신은 아예 방패막이가 되는 의자나 책상 뒤로 가버릴 것이다. 누구나 자신이 편안할 수 있도록 자기 주변의 공간을 조정하려고 애쓴다. 많은 경우 무의식적으로 그렇게 한다.

감정 상태도 한 사람의 영역의 크기를 좌우한다. 화가 나거나 스트레스를 받으면 공간의 크기가 넓어진다. 뉴욕의 정신과 의사 킨젤Augustus Kinzel 박사는 '몸의 완충지대Body-Buffer Zone'에 관한 실험을 했다. 킨젤 박사는 조그만 방 가운데에 죄수를 서게 하고, 그를 향해 천천히 다가갔다. 폭력 전과가 없는 죄수는 킨젤 박사가 가까이 오는 것을 받아들였지만, 폭력 전과가 있는 죄수는 가까이 오는 것을 참지 못하고 약간 격렬하게 반응했다. 스트레스를 받고 있는 사람은 확실히 다른 사람을 실제보다 더 크게, 더 가깝게 느낀다. 정신분열증 환자들의 공간개념은 때때로 일그러져 있다. 어떤 환자는 자기 몸이 방 전체에 싸여 있다고 느낀다. 이런 환자는 누가 방으로 들어오면, 상대방이 자기 몸으로 들어오는 것으로 받아들여 폭력적으로 대응한다.

만원인 지하철에서나 사람들이 빽빽이 찬 엘리베이터에서도 사람들은 스트레스를 받는다. 사생활이 조금도 보장되지 않는 조그만 사무실에서 하루 종일 일한 사람은 퇴근할 때가 되면 꽤 많은 스트레스를 느낀다. 복잡한 곳에서 받는 스트레스는 계속 쌓이기 때문에 도시인들은 아침보다 늦은 오후에 더 스트레스에 시달린다. 출퇴근 시 교통혼잡 때 느끼는 감정을 비교해 보라. 자기 차로 출근하면 다른 차들 때문에 스트레스를 받긴 하지만, 복잡한 대중교통 수단에서 벗어나 자기만의 공간을 확보할

한국의 한 대학 캠퍼스
풍경. 같이 앉아 있는
사람들 간의 거리가
그들의 관계를 말해준다.
© 김종우

수 있다.

현재 하고 있는 활동에 따라, 또는 사무실, 식당, 회의석상 등 장소가
달라짐에 따라 공간에 대한 개념이 달라진다. 미국의 중산층 백인은 친밀
함의 거리, 개인적 거리, 사회적 거리, 공공장소에서의 거리 등 네 가지
거리개념을 두고 있다. 친밀함의 거리는 직접적으로 다른 사람을 접촉하
거나 잠자리를 같이하는 지극히 사적인 관계가 이루어지는 거리이다. 가
벼운 접촉, 구타, 애무 등도 사람들 사이에서 지속적으로 의사소통을 하
는 방법이다. 친밀한 거리 내에 있는 사람들은 다른 사람의 체온, 피부의
촉각, 향수 냄새, 심장박동 소리에 둘러싸인다. 이 거리는 낯선 사람끼리
는 너무나 가까운 거리이므로 웬만한 상황이 아니면 피해야 한다.

개인적 거리는 가깝게는 공공장소에서 아내가 남편 곁에 설 때 생기
는 두 사람 사이의 거리이다. 다른 여자가 이 정도의 거리에 들어오면,
아내는 평정을 잃기 쉽다. 멀게는 사람들이 보통 이야기를 나눌 때 생기

는 거리도 개인적인 거리에 해당되는데, 이 경우 대개 사람의 팔 길이 정도의 거리를 둔다.

사회적 거리는 판매원이나 수리공을 만날 때처럼 일 때문에 만날 때 사용하는 거리이다. 사교모임에서 이야기를 나눌 때나 같이 일하는 동료끼리는 사회적 거리가 비교적 가깝다. 사회적인 거리를 두고 앉아 있는 사람과 서 있는 사람의 관계는 선생과 학생 또는 사장과 비서처럼 지배-복종의 관계를 표현하기도 한다. "내가 볼 수 있는 정도로 뒤로 물러나라"라는 말을 들을 때 사람들이 멈춰 서는 거리는 비교적 먼 사회적 거리에 해당된다. 공식적으로 이야기할 때 이런 정도의 거리를 두게 되는데, 예를 들어 사장실에서는 이 정도의 거리를 유지할 수 있도록 책상을 배치한다.

공공장소에서의 거리는 선생이 교실에서 가르칠 때나 공공의 모임에서 연설할 때 나타난다. 중요한 인물의 경우, 이 정도의 거리가 지켜지지 않으면 심각한 일이 생기기도 한다. 1970년 퐁피두Georges Pompidou 프랑스 대통령이 미국을 방문했을 때의 이야기이다. 시카고에서 피켓을 든 사람들이 손을 뻗칠 수 있는 거리에까지 나오자, 퐁피두 대통령은 그들이 무례하다며 화를 냈다. 프랑스에서는 피켓을 든 사람들을 바리케이드에서 멀리 떨어져 있게 한다. 결국 미국의 닉슨Richard Nixon 대통령은 유감을 표시해야만 했다.

미국에서 행상과 거지가 시선과 거리의 관행을 이용하는 것을 보자. 일단 시선이 확실하게 마주치면, 시선을 피하는 것은 상대방을 무뚝뚝하게 거절하는 무례한 행동으로 여겨진다. 행상은 일단 자기가 점찍은 사람의 시선을 붙잡으면, 공공장소의 거리에서 사회적 거리로, 궁극적으로는 친밀함의 거리를 만들어낼 때까지 시선을 고정시켜 그 사람을 도망가

말하지 않고
이야기하기

지 못하게 붙잡아 둔다. 친밀함의 거리에 들어온 사람은 행상의 요구를 쉽게 뿌리치지 못한다.

사람들은 스스로 잘 깨닫지 못하는 경우가 많지만, 시각을 비롯한 모든 오감五感으로 거리를 유지한다. 귀는 들을 수 있는 공간을 인지하고, 피부는 열이 전달되는 공간을 파악하며, 몸의 근육은 운동할 수 있는 공간을, 코는 냄새를 느낄 수 있는 공간을 인지한다. 문화는 어떤 감각 정보가 더 좋은지에 대해, 즉 감각이 정보가 되는 방식을 결정한다. 따라서 두 사람 사이의 문화적인 차이가 크면 문제가 생길 수 있다. 부부관계에 대해 정신과 상담을 받은 한 미국인 부부의 예를 들어 보자. 남편은 뉴잉글랜드 지방 출신으로 감정을 조절하고 다른 사람의 사생활을 존중하라는 가르침을 받고 자랐다. 부인은 이탈리아계 가정에서 대가족의 성원들과 가깝게 접촉하면서 자랐기 때문에, 열정적이고 즉흥적이며 감정을 잘 드러내는 성격을 가졌다.

남편은 하루 종일 일하고 힘든 발걸음으로 집에 돌아오면 쉬고 싶어한다. 그러나 부인은 현관에 들어선 남편에게 달려가서 숨 막힐 정도로 키스 세례를 퍼붓는다. 손을 굳게 잡고, 눈두덩을 비비며, 흥얼거리는 등 피곤한 남편을 내버려두지 않는다. 반대로 아내가 기분이 좋지 않을 때, 남편은 위로나 따뜻한 포옹을 해주지 않고, 그녀를 내버려둔다. 아내는 남편이 더 이상 자기를 사랑하지 않는다고 확신하게 되어 정신과 의사를 찾아왔다. 그들 부부 사이의 문제는 심리적인 것이 아니라 기본적으로 문화적인 것이다.

신체언어

왜 우리는 말을 하지 않고 여러 가지 다른 방법을 통해 메시지를 전달할까? 어떤 메시지는 말로 전달하고 싶지 않기 때문에 사람들은 감정을 표현할 다른 방법을 찾으려 한다. 구애와 같은 민감한 상황에서는 특히 그러하다. 남자는 거절당할까 봐 겁을 내고, 여자도 남자를 매몰차게 거절하지 못하는 경우가 있다. 좋다, 싫다는 말로 표현하는 대신에 서로의 체면을 살리고 갈등을 피하는 미묘한 방법을 사용하는 것이다.

이성을 사귈 때 공간을 조정하는 방법을 보면, 한 사람이 상대방에 대해 어떤 감정을 가지고 있는지를 확실히 알 수 있다. 첫 번째 만남에서 여자의 존재를 느낄 수 있는 친밀한 거리에 여자가 있게 되면, 남자는 여자가 자기를 좋아하고 있다고 생각한다. 그러나 이때에도 남자는 여자에게 더 접근하기 전에 여자가 보내는 메시지가 진정 무엇인지를 확인해야 한다. 그렇지 않으면 그 남자는 자존심을 상하게 될 것이다. 여자들은 종종 남자를 골탕 먹이려고 공간을 이용하기도 한다. 남자 품에 안기다가도 남자가 다음 단계로 나아가려면 모욕을 주는 것처럼, 상충되는 메시지를 전달하는 방법만큼 남자를 쫓아내는 좋은 방법도 없다.

여자는 남자에게 관심을 갖고 있다는 표현을 어떻게 할까? 미소를 보내는 고전적인 방법 이외에 남자를 부끄럽게 쳐다보다가 얼굴을 붉히면서 외면하는 방법도 있다. 아니면 유혹의 눈길을 보내거나, 남자가 다가올 때 여자도 좀더 가깝게 다가갈 수도 있다. 남자의 팔을 붙잡고 담뱃불을 붙여달라고 말하는 방법도 있다. 당겨주는 담뱃불을 붙이려고 앞쪽으로 기울면서, 살짝 남자를 스치거나 몸에 뿌려둔 향수냄새를 맡게 하여 남자를 흥분시키기도 한다. 여자는 계속해서 미소를 띠며, 마치 동물이 털을 다듬는 것처럼 몸단장preening gesture을 할지도 모른다. 머리카락을 뒤로 쓰다듬는다든지, 가슴을 앞으로 내밀거나, 서 있다면 엉덩이를 기울이고, 앉아 있다면 다리를 꼬는 동작을 할 것이다. 심지어 한쪽

허벅지를 보이거나, 허벅지를 손으로 쓰다듬기도 할 것이다. 남자의 관심을 끌기 위해, 이야기하면서 손목을 어루만지기도 할 것이다. 여자의 피부가 보통 때와 달리 붉어지거나 창백해지고, 눈이 더 광채를 띠거나 동공이 넓어질 것이다.

남자는 마음에 드는 여자를 보면, 자신만만한 사람의 자세를 취할 것이다. 움직일 때도 기세 좋게, 믿음직스럽게 걷는다. 여자의 눈과 마주치면, 보통 때보다 더 오래 여자의 시선을 붙잡아두려고 애쓸 것이다. 여자 쪽에서 미소를 지어 반응하면, 남자는 가깝게 다가가 가볍게 이야기를 건넬 것이다. 이야기를 나누는 동안 남자의 시선은 여자의 얼굴과 몸을 더듬고, 넥타이를 고쳐 매만지는 등 멋을 부리는 동작을 취할 것이다.

사람들은 이러한 신체언어body language를 어떻게 배우게 될까? 자라면서 다른 사람들을 관찰하고, 따라 하면서 배운다. 말을 배우는 것과 같은 방식이다. 어린 소녀는 어머니나 성인 여성을 따라 한다. 소년은 아버지나 좋아하는 삼촌, 텔레비전에 나오는 배우를 흉내 낸다. 이런 식으로 성별에 따른 신호를 배운다. 어릴 때 배운 신체언어는 평생 사용되기 때문에 신체언어에도 지역, 계급, 민족 등에 따른 차이가 나타난다.

여성의 신체언어와 남성의 신체언어는 문화마다 유형이 매우 다르다. 미국 여성은 서 있을 때 허벅지를 붙인다. 걸을 때에는 골반을 약간 앞으로 기울이고, 팔꿈치부터 어깨까지를 몸에 붙인다. 앉을 때에는 두 다리의 무릎을 붙인다. 중년을 넘긴 여성은 발목을 꼬고 앉기도 한다. 미국 남성은 걸을 때 팔을 앞뒤로 흔들면서 걷는다. 보통 다리를 벌리고 서 있다가 엄지를 허리띠 속에 끼우고 서 있는 카우보이 자세를 취하기도 한다. 앉을 때도 다리를 벌려 발을 바닥에 붙이거나, 한쪽 발목을 다른 쪽 무릎에 올려놓은 자세로 앉는다. 남미사회에서는 발을 넓게 벌리고,

척추를 세워 앉은 자세가 젊은이의 남자다움을 나타낸다. 이 자세는 20세기 초 미국의 뉴잉글랜드 지방의 처녀들에게 요구되던 자세지만, 현재 미국 군인의 자세와 비슷하다.

다리의 움직임은 성별 또는 지위와 성격을 말해주거나 심리적 상태를 보여준다. 즉 어떤 사람이 편한 마음으로 있는지, 다른 사람에게 존경을 표시하는지, 다른 사람을 무시하는지도 알려준다. 미국 여성이 남자 앞에서 다리를 벌리고 앉았다고 해서 유혹하려는 자세를 취한 것은 아니다. 대개는 무의식적으로 남자처럼 앉았을 뿐이다. 친한 사이의 중산층 여자들은 종종 소파에 파묻혀서 흐트러진, 편안한 자세를 취하기도 한다. 이는 심각할 필요가 없다는 신호이다. 남자들은 몸을 뒤로 젖히고 다리를 어딘가에 얹어 놓는다.

걷는 자세 역시 지위, 존경심, 분위기, 문화나 민족의 정체성을 표현한다. 미국에서 백인과 흑인의 걷는 방식은 매우 다르다. 흑인의 눈에 백인은 너무 꼿꼿하게 기계적으로 걷는 것처럼 보인다. 반대로 흑인 남성은 백인들을 불편하게 할 정도로 온몸으로 건들건들 걷는다. 걸음걸이는 자기의 성격을 나타내기도 하지만 직업을 표현하기도 한다. 중산층 이상의 전문직 종사자들의 걸음걸이에서는 백인과 흑인의 차이가 별로 없다. 북유럽 사람들은 직장에서의 올바른 걸음걸이를 중요시한다. 군인들의 걸음걸이 역시 군대생활에서 매우 중요한데, 걸음걸이 때문에 종종 미국 군대에서 흑백갈등이 생기기도 한다. 양반사회에서 발을 끌듯이 빠르게 움직이는 하인의 발걸음은 양반에 대한 존경을 표시한다. 트루크Truk 제도에서는 추장chief 앞에서나 추장의 집 앞을 지날 때 걸어야 하는 걸음걸이를 공손과 존경을 뜻하는 '수판sufan'이라고 따로 이름을 붙여 부르기까지 한다.

말하지 않고
이야기하기

몸짓, 표정, 자세나 걸음걸이로 메시지를 전달하는 비언어적 커뮤니케이션 방식은 매우 복잡하다. 신체언어는 사람과 떼어놓을 수 없으며, 퍼스낼리티와 얽혀 있고, 사회와도 얽혀 있다. 결국 비언어적 커뮤니케이션은 일상생활에서 다른 사람과의 상호작용을 통해 자기를 표현하는 방식이며, 여성인지 남성인지를 경험하는 방식의 하나이다. 비언어적 커뮤니케이션은 자신이 속한 집단의 구성원들에게 어떤 사람인지, 다른 사람을 어떻게 느끼고 있는지, 자기가 속한 문화가 요구하는 기준에 얼마나 맞추면서 사는지를 알리는 방식이며 자아감을 표현하는 수단이다.

마다가스카르의 남성과 여성의 말하기

| 엘리노어 키넌 |

마다가스카르 섬의 바킨안카라트라(중부고원 남쪽 지방의 지명) 사회에서는 각각 '레사카resaka'와 '카바리kabary'라 불리는 말하기 방식이 있다. 레사카는 일상생활에서 말을 하는 방식으로서 가십gossip, 인사말, 부탁하거나 요청하는 말, 상의나 토론을 할 때 사용하는 말 등을 의미한다. 카바리는 결혼식, 장례식, 할례식 같은 의례적인 상황에서 하는 말로 고도로 양식화된 말을 지칭하며, 말의 내용과 순서가 정해져 있다. 의례가 아닌 상황에서 카바리 형식으로 말을 하면, 그 상황은 곧 의례적인 상황이 된다. 손님이 주인에게 감사를 표시하거나, 문상할 때나 환자를 위로할 때 카바리 형식을 사용하면, 그 상황은 의례적인 상황으로 규정된다.

간접적으로 넌지시 이야기해야 한다

말을 하는 방식은 어느 정도 특정 상황에 맞는 행동규범에 따른다. 바킨안카라트라 지방에서는 다른 사람과 직접 대결하는 것을 피해야 한다. 예를 들어 아무 예고도 없이 불시에 남의 집을 방문하는 것은 무례한 짓이다. 친척집이나 이웃집을 방문할 때는, '하오디'라고 외쳐 손님이 왔음을 알린다. 집안에 있는 사람은 '만드로소아'(들어오세요!)라고 대답한다. 이렇게 말을 주고받음으로써 주인은 손님을 맞을 준비가 되었음을 알린다. 만약 친척이나 이웃이 아닌 외부 사람을 방문하려면, 그 집에 미리 심부름꾼을 보내야 한다.

다른 사람을 공개적으로 직접 몰아붙이는 것은 수치스러운 행동이다. 그런 행동을 한 사람은 자신의 가족이나 마을공동체의 명예에 먹칠을 한 꼴이 된다. 따라서 누군가를 대놓고 모욕한 사람은 마을 사람들로부터 무시당하거나 비난을 받는다. 그러나 이때에도 마을 사람들은 대놓고 비난하지 않는다. 한번은 다른 사람을 직접적으로 모욕한 어떤 사람의 집 앞을 마을 사람들이 사이잘삼(밧줄의 재료로 쓰이는 중남미 원산의 용설란의 일종)으로 막아버렸다. 그리고 아무도 그 집의 모내기를 도와주지 않았다.

정면 대결을 피해야 하는 규범nonconfrontation norm 때문에 사람들은 상대방에게 직접 화를 내거나 공개적으로 불만을 표시하지 않는다. 양측이 각자 주변의 가까운 친구에게 자신의 감정을 이야기하면, 이야기를 들은 사람이 대신 상대방에게 알린다. 분쟁은 보통 연장자나 '관계 개선자'로 불리는 중개자가 조정하게 된다. 양측을 다 아는 사람이 이러한 중개자를 찾아가서 중재를 부탁한다.

카바리에서도 상대방을 대놓고 비판해서는 안 된다. 카바리에서는 적어도 두 사람이 의례화된 대화에 참여한다. 한 연사가 이야기할 때, 다른 연사 쪽은 듣고 있다. 자기 차례가 되면, 연사들은 보통 앞서 말한 연사에 대한 지지를 나타낸다. 그러나 다른 연사를 비판하고자 하는 경우도 있다. 앞 차례의 연사가 말의 순서를 틀리게 하거나 내용을 틀리게 말하면, 다음 차례의 연사는 이를 지적할 것이다. 카바리에서 다른 연사의 이야기를 반박할 때에는 교묘하게 표현해야 한다. 실수가 있었다는 것을 지적하되, 너무 퉁명스럽거나 분명하게 지적하지는 말아야 한다. 상대방과 정면으로 대결하는 것을 피하려는 것이다. 정면 대결은 자신과 자신의 집단에게 수치가 된다. 반면에 비판이 교묘할수록 연사로서의 지위는 높아진다. 따라서 연사는 분명한 말로 공격하기보다는 여러 가지 기교를 부린다. 먼저 칭찬으로 말을 시작함으로써 자신의 비판을 희석시킨다.

"선생님, 대단히 감사합니다. 말씀하신 앞부분은 편하게 잘 들었습니다. 저도 선생님과 같은 생각입니다. 말씀하신 바는 저에게 용기와 힘을 주었습니다. 당신은 세련되면서도 겸손하게 말씀하셨습니다. 당신은 새로운 말을 만들었을 뿐만 아니라 전통적인 방식으로도 말씀하셨습니다. 그러나 저 자신은 말을 만들어낼 줄은 모르고 빌려 쓸 줄만 아는 사람입니다. 당신의 말에서 빈틈이라고는 전혀 찾아볼 수 없었습니다. 당신은 연장자에게는 물론 젊은이들에게도 존경을 보여주셨습니다. 이것으로 마치겠습니다. 하지만 ……"

그러면서 넌지시 빗대어 비판을 시작한다. 속담이나 시, 전통적인 표현 등을 총동원하여 조금씩 자기의 생각을 드러낸다. 같은 내용의 속담이나 시, 전통적인 표현을 반복함으로써, 이러한 문장기교가 무엇을 암시하고 있는지를 다른 연사가 정확히 알아차리도록 한다. 보통 "이키리자볼라가 고구마 캐듯 한다, 굴봉掘棒(원시농경에 사용하는 막대기)이 고구마 눈을 정통으로 찌른다"라는 속담으로 비판을 시작한다. 고구마를 제대로 캐기 위해서는 뿌리 부근의 흙을 조심스럽게 털어내야 하는데, 이키리자볼라는 성급하게 고구마를 캐려다 낭패를 본 사람이라는 뜻이다. 속담을 인용함으로써, 다른 연사가 이키리자볼라와 비슷한 행동을 했다는 것을 넌지시 이야기한 것이다. 고구마를 조심스럽게 캐듯이 카바리도 각각의

부분을 조심스럽게 다루어야 하는데, 상대방 연사는 그렇지 못했다고 비
판한 셈이다.

　카바리에 정통한 사람이라는 것을 보여줌으로써, 상대방을 비판한 연
사는 자신의 지위를 높일 수 있다. 따라서 카바리는 청혼, 장례, 할례 등
과 같은 의례를 수행하는 것뿐만 아니라, 연사들이 카바리의 구성형식과
속담이나 격언을 얼마나 많이 알고 있는가를 내보이는 장場이 된다. 그러
나 카바리에서 비판을 직설적으로 하게 되면, 상대방 연사 측 사람들은
보복을 하거나 자리를 뜰 것이다. 따라서 간접적인 표현을 사용함으로써
연사는 자신의 지식과 기술을 과시할 수 있고, 카바리를 계속할 수 있으
며, 나아가서 두 집단 간의 의사소통을 계속 유지할 수 있게 된다.

　그들은 일상생활에서도 상대방을 공개적으로 비난하지 않는다. 일상
대화나 가십에서 남을 의심하는 말은 할 수 있지만, 명백한 비난은 하지
않는다. 어떤 사람이 비난받을 일을 하고 있는 현장에서조차 사람들은

대놓고 그를 비난하지 않는다. 그렇기 때문에 바킨안카라트라 사람들은 다른 사람들로부터 네가 잘못하고 있다는 말을 들을 기회가 별로 없다.

이곳에서는 생각이나 의견을 직접 말하기를 꺼리는 것 자체가 중요한 행위규범이다. 어떤 의견을 공개적으로 지지하면 결과적으로 혼자 남게 될 수 있다는 두려움 때문에 사람들은 자신의 입장을 분명히 밝히지 않는다. 다른 사람을 비난하게 되면 '잘못을 밝힌' 사람이라는 책임을 지게 되므로 사람들은 비난하려 들지 않는다. 잘못한 사람이 밝혀지면, 마을 사람들이 그 사람의 잘못된 행동에 대한 책임과 죄과를 함께 나누어야 한다. 한 연사가 그런 상황에서 어떤 일이 벌어지는지 다음과 같이 이야기했다.

누군가가 잘못 행동했다 하더라도, 그에게 대놓고 창피를 줄 수는 없다. 특별한 표현을 사용하거나 돌려 말해야 한다. 그러나 잘못을 범한 사람을 직접 지적해야 한다는 사람이 나타나면, 잘못한 이가 누구인지를 카바리에서 직접 말해야 한다. 직접적으로 말한 사람은 사람들에게 그의 모든 죄과를 용서해 달라고 요청해야만 한다. 청중 가운데 잘못에 대해 더 알고 싶어 하거나 이해하지 못한 사람이 있으면, 잠깐 쉬는 사이에 다음과 같이 말해줄 수 있다. "분명하지 않습니다, 선생님. 집 고양이와 야생 고양이를 구별하기는 힘듭니다. 점박이건 누렁이건 회색이건 고양이는 똑같습니다. 닭을 훔친 야생 고양이를 알아내기는 어렵습니다. 야생 고양이가 닭을 훔쳤지만, 집 고양이의 꼬리가 잘리기도 합니다. 그러니 야생 고양이를 직접 지적해 주십시오."

일반적으로 사람들은 부정적이거나 불쾌한 일로 다른 사람과 정면으로 맞닥뜨리게 되는 것을 꺼린다. 대놓고 분쟁을 일으키거나 비판과 비난을 직접적으로 해서는 안 된다. 분쟁은 중개자를 통해 해결한다. 비판은 은유로 가려진다. 비난의 책임을 집단 전체가 감당하지 않으려면, 비난은 분명하지 않은 채로 남는다. 직접적으로 남을 모욕하면, 모욕한 사람은 다른 사람에 대한 존경심이 부족하거나 아예 없다는 것을 보여주는 셈이다. 따라서 공공장소에서는 다른 사람에게 존경을 표시해야만 한다. 특히 카바리같이 격식을 갖춘 공식적인 상황에서는 더욱 그러하다.

카바리에서 직접 대놓고 이야기하면, '어린애의 카바리'가 되어 존경과 명예가 땅에 떨어진다. 사람들은 지혜롭게 대꾸하는 것을 두려워하지 않지만, 공개적으로 창피를 주거나 모욕하거나 상대방의 기를 꺾지 않도록 조심한다. 다른 사람을 비난하거나 다른 사람의 명예를 손상시키는 카바리는 화합의 카바리가 아니라 증오의 카바리가 된다. 그러면 청중들은 '나쁜 카바리'라고 말하면서 떠나버린다. 따라서 다른 사람의 비난을 각오한 사람만이 남을 직접적으로 모욕할 수 있다. 직접성은 어린애의 방식이며 전통에 어긋나는 일이다. 더군다나 직접적으로 모욕한 사람은 연사로서의 지위가 낮아진다. 직선적인 말로 남을 공격하는 것은 창피한 일이며, 죄를 범한 것이 되기도 한다.

다른 사람에게 명령하거나 부탁하는 일은 직접 맞닥뜨리게 되는 상황이지만, 직접적으로 말을 하는 것은 피해야 한다. 명령이나 부탁을 받은 사람은 지시에 따르거나, 아니면 거절해야 하는 상황에 놓이고 명령이나 부탁을 한 사람은 자신의 권위가 인정되지 않을 가능성에 직면하게 된다. 지나칠 정도로 분명하게 요구하면 상대방을 모욕할 수 있다. 반대로 명백한 거부도 상대방을 모욕하는 것으로 여겨진다.

청혼 카바리에서는 소년의 가족이 소녀의 가족에게 청혼한다. 소녀의 가족은 청혼을 거절할 권리를 가지고 있으므로, 청혼하는 소년의 가족 측 연사는 소녀의 가족 측 연사보다 지위가 낮다. 청혼할 때에는 부드러운 말을 사용해야 하며, 허풍을 떨거나 상대방과 같은 지위에 있는 것처럼 말해서는 안 된다. 소녀 측 연사가 미숙하더라도, 소년 측 연사는 자기를 낮추어 카바리에 관한 지식이 적은 것처럼, 즉 카바라에 진 것처럼 보이게 해서 소녀 측 가족에게 경의를 표해야 한다.

대리인이 연사로 나서면, 실제 당사자는 직접적인 모욕을 피할 수 있다. 부탁하는 사람은 자신이 어떤 물건이나 도움을 청하고 있음을 분명히 하지 않고, 대화를 통해 넌지시 요청한다. 화제를 갑자기 바꿈으로써 무엇인가를 부탁하겠다는 신호를 보내기도 한다. 소년들은 갑자기 저녁에 떠날 여행에 대해서 이야기하면서, 밤은 깜깜한데 양초가 없다고 이야기한다. 여자들은 유럽 사람 앞에서 유럽제 비누에 비해 자기네 비누는 질이 형편없다고 수다를 떨기도 한다. 남자들은 어떤 사업을 하는데 자금이 부족하다고 한탄을 하기도 한다. 그러면서 듣는 사람이 이러한 단서를 포착해 말한 사람의 요구를 들어주기를 기대한다.

부탁을 거절하면 양쪽 다 체면이 깎이게 된다. 그러나 직접적으로 부탁을 하지 않고 암시만 함으로써, 부탁하는 사람은 부탁이 거절당할 위험에 크게 노출되지 않게 된다. 마찬가지로 부탁을 받은 사람도 상대방의 말을 부탁으로 인식할 의무가 있는 것은 아니다. 따라서 부탁을 안 들어줘도 부탁을 암시한 말을 잘 알아듣지 못해서 거절한 셈이 되므로 상대방을 모욕한 것이 되지는 않는다. 그러나 친척들끼리 담배나 머릿기름처럼 일상적인 일을 부탁할 때에는 이러한 암시가 필요 없다. 대리인을 내세우지 않고 비교적 직접적이고 명백하게 부탁을 한다. 왜냐하면 거절될 가능성이 별로 없어 체면을 손상하는 일이 일어나지 않기 때문이다.

여성은 직설적으로 말한다

바킨안카라트라 지방에서는 다른 사람을 불편하게 하거나, 다른 사람에게 불쾌한 느낌을 갖게 해서는 안 된다. 그러면 체면을 손상하게 되므로, 이런 식의 대면을 피함으로써 다른 사람에게 존경을 표시한다. 그러나 여성은 이러한 말하기 규칙을 따르지 않는 것 같다. 여자들은 다른 사람에게 직접적이고 공개적으로 화를 낸다. 남자들은 자신의 감정을 터놓고 표현하지 않는 경향이 있으며, 말을 미묘하게 하는 사람을 높이 산다. 그렇게 함으로써 사람들 간의 관계를 편하게 만드는 것이다. 남자들이 불편한 대결을 피하려 하는 반면에 여자들은 더 직설적으로 말하는 경향이 있으며, 상대방에 대한 노여움이나 비난을 직접 표현한다. 남녀 모두 여성이 '긴 혀'(라바렐라lavalela)를 가졌다고 생각한다.

사람들은 남녀 간에는 말하는 방식에 있어 차이가 있다는 것을 알고 있으며, 남성이 여성보다 더 노련하게 말을 사용한다고 생각한다. 그러나 남자들이 남녀 간의 말하는 방식의 차이를 종종 이용하고 있다는 것은 잘 인식하지 못한다. 실제로 불쾌한 일로 다른 사람과 대면해야 할 때, 남자들은 종종 여자를 이용한다. 남성이 표현하기를 꺼리는 감정을 여성이 대신 표현하는 것이다. 즉 남성은 다른 사람과 좋은 관계를 유지하고, 여성은 사회적으로 불편한 내용을 소화한다.

한번은 어린아이들이 새로 회칠한 집의 벽에 대고 공을 차는 바람에 벽의 일부가 떨어져 나갔다. 집주인 남자가 이것을 보고 하루가 지난 후, 아이의 부모에게 "당신네들이 메워놓지 않으면 우리 사이는 재미없게 된다"라고만 말했다. 다음날 그는 부인과 함께 다시 찾아왔다. 부인은 마을에 들어서면서 제일 먼저 만난 사람에게 불평을 늘어놓기 시작했는데, 그 사람은 마침 마을의 최연장자였다. 그녀는 자신의 목소리를 들을 수 있는 거리 안에 있는 모든 사람들에게 화를 내며, 벽을 고치려면 무엇을 해야 하는지 떠들었다. 이 소동은 예견된 일이긴 하지만, 마을 사람들은 불쾌하게 느끼면서 불만을 가지게 되었다. 그러나 집주인 남자 자신이 나선 것이 아니라 부인이 나섰으므로 놀랄 만한 일은 아니다. 여자가 화 낸 것이므로 허용될 수 있고, 적절하기까지 한 행동이었다.

다른 경우를 보자. 마을의 한 노인이 친척들과 한마디 상의도 없이 부인을 얻었다. 일주일이 지나도록 아무도 그와 부인에게 말을 하지 않았다. 어느 날 아침 노인이 여자들이 모여 있는 곳 앞을 지나가자, 여자들은 그를 비난하기 시작했다. 노인은 눈을 떨군 채 변명하며 불편한 기색을 내비쳤다. 그러자 한 남자가 다가와, 방금 전 상황을 전혀 몰랐다는 듯이 사소한 이야기를 꺼냈다. 주제를 바꾸면서 자신의 등장을 알린 것이다. 그 남자는 여자들과 같은 생각이었지만 동조는 하지 않았다. 이런 일은 보통 비난이 한 번 있은 후에는 더 이상 입방아에 오르지 않으므로, 결국 여자들이 사회적 긴장을 풀어버린 것이다. 그러나 이 사회에서 여자들은 말을 하는 데 있어 교묘함과 민감함이 부족하고 '부정적인' 정보를 전달한다고 여겨지기 때문에 '관계 개선자'가 될 수 없다.

남자는 직접적인 방식으로 말을 해야 될 경우에는 여자를 이용한다. 예를 들어 남녀가 같이 길을 걸어갈 때, 손을 흔들어 차를 세우고 태워 줄 수 있는지 묻는 사람은 여자이다. "어디로 갑니까?" "어디에 있었습니까?" "저것은 얼마입니까?" 등을 묻는 사람도 여자이다. 이런 물음은 듣는 사람에게 즉각적인 대답을 요구하므로, 잠재적으로 모욕이 발생할 수 있는 상황이기 때문이다.

시장에서 물건을 팔거나 사는 사람이 여자인 것도 부분적으로는 이들이 더 직접적으로 말을 하기 때문이다. 사고 팔 때에는 흥정을 해야 하므로 사람들은 직접적으로 부닥치게 된다. 여자들은 판매자나 구매자로서 '가격'을 매기는 일에 직접 나선다. 여자들은 직접적으로 신속하게 흥정을 벌인다. 물론 남자들도 흥정은 하지만, 교묘하게 꾸며서 한다. 따라서 남자들끼리의 가격 흥정은 훨씬 정교하고 사람들은 흥정하는 것을 구경하려고 모여들기도 한다. 남자 손님은 체면을 잃기보다는 상인이 마지막으로 제시한 가격에서 일단 물러섰다가, 나중에 어린아이를 보내 그 가격에 사기도 한다. 그러나 이런 식으로 흥정하면, 여자들끼리 흥정해서 파는 만큼 벌지 못한다. 그래서 남자들은 고기같이 어느 정도 가격이 정해진 품목을 팔고, 여자들은 흥정의 여지가 많은 야채나 과일을 판다. 부부가 가게를 운영하면, 대체로 부인이 흥정을 하고 남편은 무게를 재거나 돈을 받는다. 남자들은 자신이 흥정하는 솜씨가 좋다고 내세우지만, 흥정이 이루어지는 실제 상황은 대개 여자들에게 맡긴다.

말하는 데 있어 여자와 남자는 다른 종류의 권력을 사용하고 있는 것이다. 남자들이 말하기를 꺼리는 상황에서는 여자들이 말을 꺼낸다. 아이들을 나무라는 것도 여자들이 주로 한다. 여자들은 다른 사람의 수치스러운 행동에 대해 꼬치꼬치 따지며 말을 건넨다. 또한 가족의 명예를 실추시킨 사람에 대해서도 터놓고 말한다. 남자들이 그렇게 할 수 없거나 꺼리는 상황에서, 다른 사람에게 공격적일 수 있는 말을 하거나, 다른 사람의 즉각적인 답변을 요구하는 것도 여자들이다. 여자들은 직접적이며 솔직한 태도를 보이고, 남자들은 신중하고 교묘하게 행동하는 경향을 보인다. 결국 여자는 직접성이 요구되는 상황을 지배하고, 남자는 간접성이 바람직하게 여겨지는 상황을 지배하는 것이다.

간접적으로 말하는 것이 전통적이며 이상적이다

존경을 표현해야 하거나 모욕을 주어서는 안 되는 상황에서는 간접성이 바람직하다. 특히 의례적인 말을 하는 상황인 카바리에서는 간접성이 더욱 요구된다. 앞서 이야기했듯이, 카바리는 주최 측과 손님 측을 대표하는 연사가 격식을 갖춰 주고받는 대화이다. 한 연사가 카바리의 한 부분을 끝내면, 다른 연사가 응답한다. 먼저 말한 연사를 지지하는 응답이 없으면 계속해서 대화를 진행시키지 못한다. 따라서 카바리의 상당 부분은 상대방의 승인과 지지를 이끌어내거나 확인하는 데 소요된다.

카바리를 시작하면서 연사는 청중의 호응을 부탁한다. 그러면 청중들은 "계속하시오! 당신은 할 수 있소! 실수하지 말고, 헷갈리지 말고, 무사히 잘 끝내기를 바라오"라고 소리친다. 또한 연사는 두 집단의 결속을 강조하기 위해 다른 집단을 포함한 개념으로 '우리 가족'이란 말을 자주 언급한다. "우리 가족은 우리 모두에게 이같이 고요한 날을 선물해 주신 신께 감사드립니다. 우리 가족 모두가 마음에 그렸던 때가 온 것입니다."

연사가 상대방에게 존경을 표시하지 않을 때에는 상대방의 지지를 받을 수 없게 되어 결과적으로 두 집단의 결속이 성취될 수 없다. 존경을 표현하는 방식이 바로 간접적으로 말을 사용하는 것이다. 연사가 무뚝뚝하게 직접 말하는 것은 청중을 모욕하는 것이다. 그렇기 때문에 연사는 이런 말하기 방식에 적절한 격언을 종종 인용한다. "우리는 당신 가족에게 이렇게 간다. 야생 황소처럼 우르르 달려 나가지 않고, 흰 새처럼 천천히 부드럽게, 길 잃은 비둘기처럼 조심스럽게, 닭처럼 천천히 당신의 궁전에 도착한다."

간접적으로 말하는 것이 솜씨 좋게 말하는 것이다. 남녀 모두 직접적으로 말하는 것보다 간접적으로 말하는 게 어렵다고 생각한다. 말을 잘

꼬는 사람이 누구인지 마을 사람들 대부분은 잘 안다. 카바리에서 훌륭한 연사는 말을 감았다 풀었다 하는 사람이다. 훌륭한 연사는 속담이나 격언을 인용하거나, 은유를 사용하여 이야기의 주제를 암시한다. 연사가 여러 가지 방법으로 암시함에 따라 전달하려는 의미는 점점 분명해진다. 이러한 말하기 방식은 마을 사람들이 자주 인용하는 속담에도 나타난다. "페인트를 칠할 때처럼, 두 번 칠해야 색깔이 짙어진다." 여러 가지 방법으로 암시된 이야기는 '잘 정돈된' 것이고, 단순하고 직접적인 이야기는 '하나의 끈으로 엮은' 소박한 이야기가 된다.

바킨안카라트라 지방에서는 남성만이 능력 있는 연사로 여겨진다. 남자들은 일상적인 말(레사카)을 할 때조차 의례적인 말(카바리)에서 요구되는 말하기 양식을 사용한다. 따라서 남자들은 애매하게 말을 돌려서 부탁하고, 분명하지 않게 비난하고, 교묘하게 비판한다. 남자들은 체면이 깎이지 않도록 행동하는 것이다. 그러나 여자들은 남자들과는 정반대로 행동하므로, 일반적으로 연사로서 적합하지 않다. 한 가지 예외적인 상황은 청혼 의례에서 소년 측 여자가 소녀 측 여자에게 이야기할 때이다. 그러나 이때의 카바리는 짧고 단순해서, 단순한 레사카로 대체될 때가 많다. 더구나 이때의 카바리는 여자들만 듣는다.

마을 내 일상생활과 관련된 일은 주로 여자들이 담당한다. 여자들은 다른 여자들과 아이들을 주로 만난다. 실제로 어린 자녀를 둔 어머니들은 마을 내에서 어느 정도 자율적인 집단을 이룬다. 여자들끼리의 관계는 남자들끼리의 관계나 남녀 관계보다 더 친밀하다. 여자들끼리는 이질, 회충, 월경, 기형아, 혼외정사 같은 개인적인 주제를 가지고 수다를 떤다. 여자들은 남자끼리는 금기시되는 사적 공간도 침범할 수 있다. 서로 머리카락을 헤집어 벼룩을 잡아주거나, 임산부의 복대를 들여다보거나, 개울에서 함께 목욕을 하기도 한다. 이렇게 여자끼리의 규범은 친밀함과 직접성이다. 반면에 카바리에서는 보통 두 마을 이상의 사람들이 만난다. 카바리는 서로 잘 모르는 사람들이 상호작용하는 것이므로, 사람들은 존경과 간접성의 규범에 따라야 한다.

여성과 아이는 직접성과 관련되고, 남성과 마을 간의 관계에는 간접성이 적용된다. 나아가서 간접성을 조상들이 사용했던 방식이라고 생각한다. 비비 꼬인 말을 하는 것은 이들이 사용하는 말라가시어의 전통적인 말하기 방식으로, 존경과 사랑을 표현했던 과거의 사회적 태도를 보여주는 것이다. 여자들이 말할 때나 친척끼리 부탁할 때 직접적으로 말하는 것은 전통이 사라진 현대의 방식이라고 생각한다. 요즈음에는 사람들이 인간관계를 중요하게 생각하지 않기 때문에 말을 직접적으로 한다고 느끼고 있다.

친족과 혼인

하와이 원주민들은 아버지, 큰아버지, 작은아버지, 고모부, 외삼촌, 이모부 등 아버지 세대의 모든 남자들에 대해 같은 명칭을 사용한다. 마치 모두를 '아버지'라고 부르는 것과 같다. 또 어머니, 큰어머니, 작은어머니, 이모, 고모, 외숙모에 대해서도 같은 명칭을 사용한다. 한국 사람이 이곳에 가서 친구를 사귀면 친구에게 '아버지'도 여럿 있고 '어머니'도 여럿 있다는 사실에 어리둥절할 것이다. 한편 미국 뉴욕주의 이로코이Iroquois 인디언들은 아버지와 외삼촌은 구분하지만, 아버지와 아버지의 남자 형제들에 대해 모두 같은 명칭을 사용한다. 즉, 아버지도 '아버지'라 하며 큰아버지나 작은아버지도 '아버지'라 한다. 또 어머니와 이모를 명칭상으로 구별하지 않고 모두 '어머니'라 한다.

에스키모 사람들의 경우에는 아버지와 어머니를 뜻하는 말이 각기 따로 있으나, 큰아버지, 작은아버지, 고모부, 외삼촌, 이모부에게는 모두 같은 명칭을 사용한다. 그리고 큰어머니, 작은어머니, 이모, 고모, 외숙모도 명칭상으로 구분하지 않는다. 미국의 크로Crow 인디언들은 큰아버지, 작은아버지, 고종사촌 형제들에 대해 모두 같은 용어를 사용한다.

이러한 친족용어의 사용은 무엇을 의미하는 것일까? 우리 주변에서는 제도나 관습의 변화에도 불구하고 명칭이나 용어는 뒤늦게까지 그대로 남아 있는 경우를 종종 볼 수 있다. 그렇다면 혹시 이러한 친족용어는 아득한 과거의 친족생활이나 혼인형태의 흔적이 아닐까? 예를 들어 '성姓'이라는 글자는 '여성'〔女〕과 '낳다'〔生〕라는 글자가 결합하여 이루어진 것으로서 고대 중국사회가 모계사회였다는 추정의 근거로 사용되기도 한다. 모건Lewis. H. Morgan을 비롯한 초기의 진화주의 인류학자들은 이러한 질문에 매료되었으며 그 결과 친족체계에 대한 방대한 연구를 시작하였다.

신화나 기타 문헌에 나타나는 고대사회나 세계 각지의 여러 민족집단은 매우 다양하고 때로는 야릇하다고까지 여겨지는 친족과 혼인에 대한 용어 및 제도를 가지고 있다. 이를 연구했던 19세기의 학자들 중 상당수는 아버지와 큰아버지, 작은아버지를 모두 같은 명칭으로 표현하는 친족용어 체계의 존재가 아득한 과거에 실제로 아버지와 아버지의 형제들을 구분하지 않았거나 동일시했다는 '사실'의 증거라고 생각하였다. 인류 초기의 사회생활을 복원할 수 있으리라는 원대한 희망을 품었던 이들은 전 세계 인간집단의 친족용어와 제도에 대한 자료를 수집하고 이를 체계적으로 분류하는 작업을 시도하였다.

대부분의 유럽인들과 마찬가지로 이들 19세기의 학자들은 근대 서구의 친족 · 혼인제도가 가장 발전된 것이라 간주하였으며, 소위 '미개인'이나 고대인들의 모계제母系制, 일부다처제나 일처다부제 등은 아직 부계제父系制와 일부일처제 혼인으로 진화하지 못한 것이라 믿었다. 일부일처제가 가장 발전된 혼인형태라는 주장을 받아들일 경우 아득한 원시시대에는 집단혼이나 난교상태가 일반적이었을 것이라고 가정하는 것은 그리 어려운 일이 아니다.

한편 원시시대가 모계사회였다는 그럴 듯한 추측도 등장하였다. 즉, "아이를 출산하는 것은 여성이다. 때문에 아이의 아버지가 누구인가는 가끔 문제가 되지만 어머니가 누군지는 확실히 알 수 있었다. 따라서 인류의 초기 단계에서는 여성을 따라 계보를 추적했을 것이며, 최초의 사회는 모계제 사회였을 것"이라는 설명은 '합리적'인 것으로 받아들여졌다.

인류는 서로 매우 다른 환경에서 살아오는 가운데 지극히 다양한 유형의 친족과 혼인 제도를 만들어냈다. 소위 '미개사회'에서는 "누구의 자식인가?"(출계出系) 또는 "누구와 혼인하는가(할 수 있는가/해야 하는가)?" 등이 당사자의 사회적 역할과 지위를 결정하는 데 가장 중요한 요소였다. 보다 복잡한 정치·경제체제를 가진 사회에서도 친족과 혼인은 정치적 권력이나 경제적 특권의 상속·이전과 관련하여 중요한 역할을 했으며, 친족조직은 사회집단을 조직하는 기본 모델이 되기도 하였다. 미개사회나 전통사회에서 친족이 이렇게 중요하였기 때문에 친족과 혼인에 대한 연구는 한때 인류학에서 가장 각광받는 분야였으며, 치열한 논쟁을 통해 상당한 이론적 발전이 이루어졌다. 또한 오류와 착각도 적지 않았다. 그 가장 중요한 원인의 하나는 모계母系와 부계父系, 모가장母家長과 가부장家父長 사회라는 개념에 대한 혼란과도 관련이 있다.

다음에 소개할 앨프리드 래드클리프-브라운Alfred R. Radcliffe-Brown의 글은, 아프리카 사회의 외삼촌에 대한 독특한 행위유형이나 관습을 분석하고 있다. 래드클리프-브라운은 1920년대에서 1930년대에 걸쳐 영국의 사회인류학, 특히 구조기능주의적 연구를 발전시킨 학자이다. 그는 분석을 통해, 현재 부계사회인 몇몇 사회가 모계단계를 겪었다는 기존의 견해를 비판하고, 이는 기본적인 개념의 혼란과 과거에 대한 억측에서 비롯되었음을 지적하고 있다. 그는 문자기록이 없는 소위 '미개사회'를 연구할 때에는 몇 개의 기본적인 원리를 전제로 논리적인 추론을 통해 이러한 관습을 설명하는 것이 보다 과학적이라고 생각하였다. 래드클리프-브라운은 이 글에서 당시로서는 획기적인 방법론인 구조기능주의에 입각하여 초기의 진화주의적 친족 연구를 비판했으며, 모계와 부계 등 친족 연구의 기본적인 개념을 잘 설명하고 있다. 비록 오래 전에 써진 것이지만 이 글을 여기에 소개하는 이유는 바로 이 때문이다.

말레이시아 끌란딴 지역의
이슬람식 전통 결혼식.
신랑과 신부가 서로 반지를
끼워주고 있다.
© 홍석준

　래드클리프-브라운에 따르면 부계사회이건 모계사회이건 기본적으
로 어머니 쪽 친척과 아버지 쪽 친척을 모두 중시하지 않을 수 없다. 그
리고 외삼촌과 관련된 독특한 행위유형은 외삼촌이 어머니와 동일한 집
단에 속해 있는 것으로 간주되기 때문에, 어머니에 대한 행동이나 태도
(친밀함, 너그러움 등)가 어머니의 친척인 외삼촌에게까지 확대된 것이라
해석한다.

　래드클리프-브라운의 이러한 해석은 한국 사회의 친족제도의 변천과
정을 이해하는 데도 다양한 시각을 제공할 수 있을 것이다. 예를 들어 조
선 초기까지 여성의 개가가 금기시되지 않았고 딸에게 재산을 고르게 나
누어 주었던 것, 아들이 없을 경우 굳이 양자를 들이지 않고 외손자에게
제사를 지내게 했던 것 등을 근거로 조선 전기·중기까지는 우리나라가
엄격한 부계사회가 아니었다고 주장하는 논의가 활발하게 전개되고 있
다. 즉, 조선 후기에 와서야 남자들만 기재한 족보가 활발히 간행되었고,

제사를 4대까지 지내는 집안이 증가하였으며, 문중門中이 널리 조직되는 등 부계원리가 강화되었다는 것이다. 심지어 고려시대나 삼국시대가 모계사회였다고 주장하는 사람들도 있다. 혼례를 신부의 집에서 치르고 사흘을 자는 풍습이 남아 있는 경우나, 여성이 결혼 후에도 성을 바꾸지 않는 것 등을 어떻게 이해할 수 있을지에 대한 논의를 벌이는 것도 흥미 있는 일이다.

만만한 남아프리카의 외삼촌

| 앨프리드 R. 래드클리프-브라운 |

세계 각지의 소위 미개부족들 중 상당수는 어머니의 남자형제(외삼촌)와 누이의 아들(조카 중에서도 이를 특히 '생질'이라 함) 사이의 관계를 중시하고 있다. 아프리카의 바쏭가BaThonga족의 경우 외삼촌이 일생 동안 생질(누이의 아들)을 특별히 돌보아야 하며 생질이 아프면 그를 위해서 희생 제물을 바친다. 한편 생질은 외삼촌에게 버릇없이 치근거려도 된다. 예를 들어 생질은 외삼촌의 집에 가서 외삼촌 몫으로 차려놓은 음식을 다 먹어버리기도 하고, 외삼촌이 자신의 선조에게 제사를 지내려고 차려놓은 고기나 술의 일부를 훔쳐 먹기도 한다. 생질은 외삼촌이 죽으면 외삼촌의 재산의 일부에 대해 소유권을 주장하기도 하고 때로는 외삼촌의 아내 중 한 명을 달라고 요구하기도 한다.

이러한 관습들은 흔히 모가장제matriarchy*와 관련이 있다고 간주되었으며, 부계사회에서 이러한 관습이 발견될 경우 어떤 학자들은 이것이 그 사회가 과거에 모계사회였음을 보여주는 증거라고 생각하였다.

그러나 이러한 관습들은 바쏭가족에게만 있는 특유한 것이 아니다. 아프리카의 다른 부족들뿐만 아니라 세계 곳곳의 여러 민족들도 이와 유사한 습관을 가지고 있다. 남부 아프리카에서

*__스위스의 법률가이자 고전학자이기도 한 바흐오펜Johann J. Bachofen은 신화 등에 대한 연구를 기초로, 아득한 옛날에는 성적 난교가 만연했으며 모계사회가 보편적이었으므로 여성이 지배하는 모가장제母家長制가 남성 중심의 가부장제家父長制에 선행했을 것이라고 추정하였다.

1900년대의 바쏭가족 여성들.
(Henri A. Junod, *Life of a South African Tribe*, Neuchatel : Imprimerie Attinger Frères, 1912, 1:193)

는 호텐토트Hottentot족이 유사한 관습을 가지고 있다. 한편 폴리네시아의 통가Tonga족이나 피지Fiji의 원주민 사회에서도 바쏭가족 사회와 유사하게 생질은 외삼촌에게 버릇없이 치근거려도 되고 외삼촌의 소유물을 가져가거나, 외삼촌이 제사를 지낼 때 제물을 가져가 먹어버릴 수도 있다.

바쏭가족, 호텐토트족 그리고 통가족은 모두 부계사회이다. 즉 자식들은 어머니의 사회적 집단이 아니라 아버지의 사회적 집단에 속하며, 재산은 통상 아버지에게서 아들로, 즉 남계男系를 통하여 상속된다. 이와는 반대로 모계사회에서는 자식들이 어머니의 사회적 집단에 속하며, 재산이 소유자의 형제나 누이의 아들에게로, 즉 여계女系를 통해 상속된다.

외삼촌과 관련된 이러한 관습들은 과거 이 세 부족들이 모계사회였다는 가정을 통해서만 설명 가능하다고 주장하는 학자들도 있다. 이 글에서 나는(여기서 '나'는 래드클리프-브라운을 가리킨다—엮은이) 이러한 가정이 불필요하다는 사실을 지적하고자 한다.

외삼촌과 관련된 관습들은 이들만을 따로 떼어 연구할 것이 아니라 사회 내의 여러 다른 제도들과 관련하여 검토할 필요가 있다. 지금까지 입수한 자료에 따르면, 외삼촌에게 버릇없이 구는 관습이 나타나는 곳에서는 일반적으로 고모에 대해 특별한 존경 및 복종의 의무가 존재하고 있는 것 같다. 즉, 이 두 가지 관습은 서로 상관관계가 있다. 바쏭가족의 경우 남자들은 고모에게 '지극한 존경을 표시'하며, 호텐토트족의 경우에도 고모는 조카들에게 커다란 존경의 대상이 된다. 통가족의 경우에도 고모는 다른 누구보다도 존경하고 복종해야 하는 친척으로서, 만약 고모가 조카에게 아내를 정해 준다면, 조카는 그 신붓감과 반드시 결혼해야만 하며 감히 주저하거나 반대한다는 내색조차 할 수 없다고 한다. 고모는 조카에게 거의 신성한 존재로서, 고모의 말은 조카에게 곧 법이며, 고모에게 불경스러운 언동을 하는 것은 조카가 저지를 수 있는 가장 큰 잘못 중 하나라고 한다.

외삼촌과 관련된 관습을 설명할 때에는 반드시 이러한 상관관계를 고려해야만 한다. 왜냐하면 상호 관련된 이러한 관습들은 하나의 체계를 구성하고 있으며 서로 독립적이지 않기 때문이다. 즉 체계 전체에 대한 분석이 따르지 않는 한, 체계 일부에 대한 분석은 만족스럽다고 할 수 없다.

대부분의 미개사회에서 개인의 사회적 관계는 거의 친족관계에 기초하고 있으며 각각의 친족관계에는 정형화된 행동패턴이 있다. 예를 들어 아버지에 대한 아들의 행동이나 형에 대한 남동생의 행동에는 독특한 패

만만한
남아프리카의
외삼촌

턴이 있다. 이러한 패턴은 사회마다 각각 형태를 달리하지만, 모든 사회에 공통적으로 나타나는 근본적인 원리나 경향이 있기 마련이다.

친족관계를 널리 살펴보면, 논리적으로 구별 가능한 친족의 종류가 매우 많다는 것을 알 수 있다. '미개사회'에서는 '유별적 친족체계'*라는 방식을 통해서 친족의 종류를 줄이고 있다.

유별적 체계는 상당히 널리 발견되며, '미개사회'는 이를 통해 특정한 부류의 삼촌들과 아주머니들 그리고 사촌들에 대한 유사한 행동패턴을 발전시키게 된다. 즉, 남자의 경우 큰아버지 또는 작은아버지에 대해 취하는 행동이 친아버지에 대해 취하는 행동과 일반적으로 동일해야 한다. 또한 이모에게는 어머니를 대할 때와 똑같은 방식으로 행동해야만 한다. 자신의 형제나 자매와 똑같이 친사촌들이나 이종사촌들을 대해야 한다.

그러나 유별적 체계의 원리는 외삼촌이나 고모에 대해 어떠한 행동패턴을 취할 것인가를 직접 제시하는 것은 아니다. 물론 외삼촌을 아버지처럼, 그리고 고모를 어머니처럼 대하는 것은 가능하다. 아프리카와 폴리네시아의 몇몇 사회에서는 이러한 경향이 나타나고 있다. 그러나 유별적 친족체계가 고도로 발전한 곳에서는 어머니의 남자형제는 일종의 '남자 어머니'로, 아버지의 여자형제는 '여자 아버지'로 간주하는 경향이 나타난다. 이러한 경향은 때때로 언어에도 반영된다. 즉, 외삼촌을 지칭하는 남부 아프리카의 공통 용어는 '말루메malume'나 '우말루메umalume'인데, 이는 어머니를 의미하는 어간인 '마ma'와 남자를 의미하는 접미사인 '메me'가 합성된 것이다. 바쏭가족은 고모를 '여자 아버지'라 부른

*__유별적 친족체계는, 서로 다른 종류의 친족들을 따로따로 구분하는 기술적 체계descriptive system와 달리, 몇 개의 범주로 묶어서 분류하는 체계이다. 이러한 체계는 '형제의 동등성' 원리에 입각해 있다고 할 수 있다. 만일 내가 어떤 남자와 특정한 관계라면 나는 그의 형제와도 동일한 관계라고 일반적으로 말할 수 있다. 이것은 자매의 경우에도 마찬가지이다. 이런 방식으로 아버지의 형이나 아우(큰아버지나 작은아버지)는 '일종의 아버지'로, 또한 아버지의 형제의 아들들(사촌들)은 '형제와 같은 부류의 친족'으로 간주된다. 마찬가지로 어머니의 자매(이모)는 '또 하나의 어머니'라 간주되며, 어머니의 자매의 자식들(이종사촌들)은 '형제나 자매와 마찬가지'로 여겨진다.

다. 남부 아프리카의 일부 지역에서는 고모를 지칭하는 별도의 용어가 존재하지 않으며 부족에 따라 '아버지의 누이'라고 풀어서 말하기도 하고, 아버지의 형제를 지칭할 때와 마찬가지로 '아버지'를 뜻하는 용어로 부르기도 한다. 폴리네시아의 통가족의 경우에는 외삼촌을 뜻하는 별도의 명칭을 사용하기도 하고, 때로는 '남자 어머니'라고 부르기도 한다. 남부 아프리카와 폴리네시아의 이러한 유사성은 폴리네시아어와 반투어의 언어학적 관련성이나 문화의 전파 때문이 아니라 두 사회의 구조적인 특성 때문에 나타난다고 보아야 할 것이다.

이번에는 기본적인 원칙이나 경향을 전제로 하고 이로부터 외삼촌이나 고모에 대한 행동패턴을 추론해 보기로 하겠다. 이를 위해서는 먼저 아버지와 어머니에 대한 행동패턴을 알아야 한다. 어느 아프리카 연구자는 "아버지는 존경의 대상일 뿐만 아니라 공포의 대상이기도 하다. 아버지는 자식들에게 크게 신경을 쓰지는 않지만, 자식들의 훈계자로서 자식들을 꾸짖고 벌주는 사람이다. 큰아버지나 작은아버지와의 관계 역시 마찬가지이다"라고 말한다.

아들과 친어머니와의 관계에 대해서는 "아들과 어머니와의 관계는 사랑과 존경이 결합된, 매우 깊이 있고 부드러운 관계이다. 그러나 일반적으로 사랑이 존경을 능가하고 있다"고 말하고 있다. 또한 "어머니는 보통 자식들에게 엄하지 못하며, 종종 아버지로부터 '아이들을 망친다'라는 비난을 듣기도 한다"고 한다.

이를 요약하자면, 남부 아프리카같이 강력한 가부장제 사회에서 '아버지는 존경하고 복종해야 할 존재이며 어머니는 부드러우며 응석을 기대할 수 있는 존재'이다. 통가족의 경우도 마찬가지이다. 이를 응용하면, '고모는 아버지처럼 복종하고 존경해야 할 사람이고, 반면에 외삼촌은 어머니처럼 응석과 보살핌을 기대할 수 있는 사람'이라고 할 수 있다.

　나아가 우리는 '성별'의 문제를 고려해야 한다. 미개사회에서는 남자가 '남자에 대해 취하는 행동'과 '여자에 대해 취하는 행동' 간에 커다란 차이를 보인다. 바쏭가족과 같은 사회에서는 남자들끼리 또는 여자들끼리만 스스럼없이 대할 수 있다. 남자는 남자 친척보다 여자 친척을 대할 때 더욱 정중해야 하므로, 아들은 아버지를 대할 때보다 아버지의 누이를 대할 때 더 조심해야 한다. 또한 연령 또는 연공 존중원리에 따라 아들은 친아버지보다 큰아버지를 더욱 정중하게 대해야 한다. 역으로, 아들은 같은 남자인 외삼촌을 다른 어떤 여자, 심지어 어머니보다도 훨씬 더 가깝고 스스럼없이 대할 수 있다.

　가까운 친척들의 행동에 성별이 얼마나 커다란 영향을 미치는지는 오빠와 누이동생 또는 누나와 남동생 사이의 관계를 보면 잘 알 수 있다. 통가족이나 호텐토트족의 경우, 남자들은 누이, 그중에서도 특히 큰누나를 매우 정중하게 대해야 한다. 큰누나에게는 결코 응석을 부리거나 버릇없이 굴어서는 안 된다. 이는 남부 아프리카의 반투족도 마찬가지이다. 많은 '미개'사회의 경우 고모에 대한 행동패턴과 누나에 대한 행동패턴은 일반적으로 동일하며, 몇몇 사회에서는 이들 두 종류의 친족을 동일한 범주로 분류하여 동일한 명칭으로 부르고 있다.

　이와 같이 바쏭가족, 호텐토트족 그리고 통가족 사이에서 발견되고 있는 외삼촌에 대한 독특한 행동패턴은 몇 개의 기본 원리를 가정하고 추론함으로써 설명이 가능하다. 이러한 방식으로 외삼촌뿐만 아니라 고모와 관련된 관습도 해석해낼 수 있다. 다만 이는 가설 단계에 불과하며, 앞으로 이를 입증하기 위해서는 무엇보다도 모가장제 사회에서의 외삼촌과 생질 간의 행위패턴에 대한 폭넓은 연구가 이루어져야 한다.

불행히도 이에 관한 정보는 그리 많지 않다. 더욱이 가부장제 및 모가장제라는 용어와 관련하여 상당한 혼란이 있기 때문에, 논의를 계속하기에 앞서 먼저 이 문제부터 다루기로 한다.

아이를 낳으려면 남성과 여성이 필요하므로 모든 인간 사회의 친족관계는 기본적으로 양변적兩邊的, bilateral이다. 즉 개인은 아버지를 통해서 어떤 사람들과 친족관계를 맺고 있고 또 어머니를 통해서도 어떤 사람들과 친족관계를 맺고 있다. 개인이 '아버지 쪽 친족'(부변친족父邊親族, paternal kin) 및 '어머니 쪽 친족'(모변친족母邊親族, maternal kin)과 맺고 있는 친족관계의 성격은 그 사회의 친족체계에 의하여 결정된다. 미개사회는 흔히 여러 개의 분절(지역집단, 씨족 등)로 나뉘는데, 분절 집단의 구성원 자격을 결정하는 수단은 대부분의 사회에서는 세습원리로서, 아버지나 어머니 중 어느 한쪽의 가계를 택해야만 한다. '자식들은 아버지의 집단에 속한다'는 규칙을 가진 집단들이 모여 사회를 이루고 있을 경우, 이를 부계patrilineal라 한다. 반면에 자식들이 항상 어머니의 집단에 속할 경우에는 모계matrilineal라 한다.

모가장제와 가부장제라는 용어는 매우 모호하게 사용되고 있기 때문에 상당수 인류학자들은 아예 이들 용어를 사용하지 않고 있다. 굳이 이를 사용하려면, 먼저 정확한 정의부터 내려야 할 것이다. 즉, 아이들이 어머니의 집단이 아니라 아버지의 친족집단에 속하고(부계父系), 결혼 후 아내가 남편이 사는 곳으로 거주를 옮기며(부거제父居制, patrilocal), 재산의 상속과 지위의 계승이 남계男系를 통해서 이루어지고, 아버지나 아버지의 친족이 가족원에 대하여 권위를 가질 때(부권적父權的, patripotestal), 우리는 이러한 사회를 '가부장제patriarchal' 사회라고 한다. 반면에 어떤 사회의 출계, 상속, 계승이 여계女系를 통해서 이루어지고, 결혼 후 남편

195
반만한
남아프리카의
외삼촌

이 아내가 사는 곳으로 거주를 옮기며(모거제母居制, matrilocal), 외삼촌 등 어머니의 친족이 아이들에 대한 권한을 장악하고 있을 때, 이를 '모가장제matriarchal' 사회라고 정의한다.

이러한 정의를 따를 경우, 상당수의 미개사회는 비록 어느 한쪽에 가깝기는 하겠지만 가부장제 사회나 모가장제 사회 어느 한쪽으로 분류될 수 없다. 동부 오스트레일리아의 부족들은 흔히 모가장제 사회라고 불리지만, 이들은 부거제父居制 결혼을 하고, 지역 집단의 성원자격은 남계를 통해서 계승되며, 자식들에 대한 권한은 주로 아버지와 아버지의 형제들의 수중에 있다. 또 그나마 '재산'이라고 할 수 있는 것들은 대부분 남계를 통해 상속되며, 사회적 등급rank이 없기 때문에 지위의 세습도 없고, 단지 모계를 통해서 개인이 어느 토템 집단에 속하는지를 알 수 있을 뿐이다. 그리하여 이 부족들은 모가장제 사회이기는커녕 오히려 가부장제 사회에 가깝다고 할 수 있다. 이들의 친족관계는 양변적이지만, 어머니보다는 대체로 아버지를 통해 연결되는 친족관계가 더욱 중시된다. 예를 들면, 누군가가 살해당했을 경우 이에 대한 복수는 여계가 아니라 남계를 통해 연결된 친족원의 의무가 된다. 이렇게 모가장제 사회와 가부장제 사회 간의 구분은 그리 명확하지 않으며, 때로는 매우 강력한 가부장제 사회에서조차 어머니를 통해서 연결된 친족이 상당히 중시되고 있다. 이와 마찬가지로 매우 강력한 모가장제 사회에서도 아버지 및 아버지와 가까운 친척들은 일상생활에서 매우 중요하다.

아프리카의 동남부에 살고 있는 대부분의 부족사회들은 가부장제 사회로서, 개인이 어느 사회적 집단에 속하는가라는 출계, 재산의 상속 및 족장 지위의 계승 등 모든 것이 남계를 통해서 이루어진다. 결혼은 부거제이며 가족 내에서는 강력한 부권이 존재하고 있다. 북쪽의 케냐와 그 주변에도 강력한 가부장적 부족들이 살고 있다. 그런데 이들 주변에 있는 부족들은 모가장제에 더 가깝다. 사회적 집단에의 귀속이나 재산의 상속 그리고 족장지위의 계승은 여계를 통해서 이루어지고 있다. 이들 중 일부 부족의 경우에는 남편이 결혼 후 일정 기간은 아내의 거주지로 가서 아내의 친족들과 함께 살아야 하는 등, 잠정적으로 모거제를 취하고 있다.

이 부족들과 관습에 대한 정보는 아직 매우 빈약하고 불완전하지만 지금까지 입수된 자료에 따르면 적어도 다음과 같은 사실을 알 수 있다. 첫째, 외삼촌이란 이들 사회에서 매우 중요한 인물로서 심지어 생질과 생질녀를 죽일 수도 살릴 수도 있는 권리를 갖고 있는데, 이는 다른 친족은 물론 심지어 부모조차도 갖지 못하는 권한이다. 둘째, 생질은 외삼촌에 대해서는 아버지에 대한 것 이상의 경의를 표해야 하며 극존칭의 언어를 사용한다.

외삼촌과 생질 사이의 이러한 엄격한 관계는 흔히 모가장제 사회에서나 기대할 수 있는 것이며, 바쏭가족의 외삼촌과 생질 사이에 나타나는 친밀한 관계와는 전혀 다르다고 할 수 있다. 그렇다면 바쏭가족의 외삼촌과 관련된 관습을 일부 학자들의 주장처럼 과연 모계사회의 흔적이라고 설명할 수 있다는 말인가?

외삼촌과 생질 사이의 관계뿐만 아니라 외삼촌을 제외한 '어머니 쪽'(모변母邊)의 다른 친족들에 대한 태도 및 어머니 쪽 집단 전체에 대한 태도도 검토할 필요가 있다. 통가족의 경우에는 외삼촌과 생질 사이의 독특한 관계가 '딸의 아들'(외손자)과 '어머니의 아버지'(외할아버지) 사이에도 존재한다. 외할아버지는 외손자를 극진히 예우해야만 한다. 외손자는 외할아버지에게 마치 '추장'과 같은 존재이다. 외손자는 외할아버지의 재산을 차지해도 되고 외할아버지가 의식을 거행했을 때 신에게 바친

제물을 집어가도 된다. 외할아버지에 대한 행동패턴은 외삼촌의 경우와 매우 유사하다. 그 특징은 한쪽(외할아버지와 외삼촌)은 응석을 받아주며 다른 쪽(외손자, 생질)은 버릇없이 굴어도 된다는 것이다. 바쏭가족의 경우에도 정보가 충분하지는 않지만 외할아버지는 "친손자보다 외손자에게 더 너그럽다"고 한다.

모가장제 사회에서 외할아버지는 외손주와 동일한 집단에 속하지 않으며 또한 재산을 물려주거나 권한을 행사하는 존재가 아니다. 폴리네시아와 남부 아프리카의 일부에서 나타나는 외할아버지에 대한 버릇없는 행동은 외삼촌에 대한 버릇없는 행동과 마찬가지로 앞서 제시한 가설로 간단히 설명할 수 있다.

미개사회에서는 개인과 그가 속하는 집단을 동일시하는 경향이 매우 강하다. 그 결과 친족관계에서는 특정한 관계에 있는 사람에 대한 독특한 행동패턴을 그가 속한 집단의 구성원 모두에게 확대하여 적용하려는 경향이 나타난다. 그래서 바쏭가족의 경우에는 아들의 어머니에 대한 독특한 행동패턴이 외삼촌을 비롯한 어머니 집단(가족이나 종족)의 모든 성원들에게 확대된 것이다. 어머니는 보살펴주고 응석을 받아주는 존재이기 때문에 아들은 어머니의 집단에 속하는 모든 사람들, 즉 모든 '어머니 쪽 친족'들로부터도 동일한 것을 기대하는 것이다. 반면에 '아버지 쪽 친족'들에게는 복종과 존경을 해야만 한다. 아버지나 어머니에 대한 행동패턴은 '아버지 쪽'이나 '어머니 쪽'의 가까운 친족들에게까지 일반화되고 확대된다.

외삼촌에 대한 행동이나 용어가 외삼촌에 그치지 않고 어머니 쪽의 친족 전원에게까지 확대되는 현상은 바쏭가족의 친족용어에서도 나타난다. 주로 외삼촌을 지칭하는 '말루메malume'란 용어는 '말루메'라고 불리는 모든 사람의 아들에게까지 확대되어 이들 역시 '말루메'라 불린다. 나의 외삼촌들이 모두 사망해버리고 없을 때에는 외삼촌의 아들들이 나를 대신하여 나의 어머니 쪽 조상들에게 제사를 지내게 된다. 북부에 거주하는 바쏭가족은 '말루메'라는 용어를 이제 더 이상 사용하지 않으며, 외할아버지, 외삼촌, 외사촌 등을 모두 '코콰나kokwana'(외할아버지)라고 부른다. 자신보다 훨씬 나이가 어릴 수도 있는 '외사촌'을 '외할아버지'라고 부르는 것은 매우 어리석게 보일지 모른다.

나를 대신해서 나의 어머니 쪽 조상들에게 희생제물을 바쳐야 할 사람은, 첫째, 나의 외할아버지이다. 외할아버지가 돌아가시고 나면 외삼촌이 제사를 지내야 한다. 또 외삼촌이 돌아가시고 나면 대개 나보다 나이가 어린 '외사촌'이 그 역할을 맡아야 한다. 나와 이 세 사람과의 각각의 관계에는 유사한 기능이 있으며, 이들 세 사람에 대한 나의 행동에도 하나의 일반적인 패턴이 있다. 그리고 이러한 패턴은 외할아버지에 대한 일반적인 태도와도 매우 유사하다. 그러므로 이러한 친족용어는 적절하다고 볼 수 있다.

남부 아프리카의 '로볼라lobola'라는 관습은 흔히 '매매혼'이라 잘못 알려져 있는데, 이는 결혼과 더불어 집을 떠나는 신부의 가족에게 신랑 측이 여성의 상실에 대한 보상으로 소를 지불하는 것이다. '로볼라'의 중요한 기능의 하나는 결혼의 결과 태어나는 아이들의 사회적 집단을 결정하는 것이다. 신랑의 가족이 신부의 가족에게 '로볼라' 소를 제대로 지불하면, 신랑 집으로 옮겨와 살게 된 신부가 낳게 될 아이들은 신랑 쪽 집단에 속하게 된다. 만일 '로볼라'를 지불하지 않으면, 아이들은 어머니 쪽 집단에 귀속될 수밖에 없다. 남부 아프리카의 가부장제 부족의 경우 딸은 아버지의 집단에 속하기 때문에 이러한 '로볼라'는 '아버지 쪽'의 친족에게 지불하게 된다.

그러나 상당수 부족들의 경우, '로볼라'의 일정 부분을 신부의 외삼촌에게 지불하고 있다. 바페디BaPedi족은 '로볼라'로 받은 가축 중 한 마리를 신부의 외삼촌에게 주고 있다. 또 바소토BaSotho족의 경우에는 신부의 '아버지 쪽' 친족들이 받은 가축 중 일부를 신부의 외삼촌이 가져가는데, 이것을 '디초아ditsoa'라고 한다. 원주민들은 외삼촌의 몫이 된 가축은 사실은 외삼촌이 누이의 자식인 생질이나 생질녀를 위해 쓰기 위해 잠시 맡아두는 것이라고 설명한다. 생질이나 생질녀가 아플 때면 외삼촌은 디초아 가축 중에서 한 마리를 자기 조상신에게 제물로 바치기도 한다. 또한 아내를 얻으려고 하는 생질은 외삼촌에게 가서 로볼라로 쓰일 가축을 도와달라고 요청하기도 한다. 이 경우 외삼촌은 전에 생질녀가 혼인할 때 받았던 디초아 가축의 일부를 생질에게 주거나 또는 생질녀가 장차 혼인할 때에 디초아를 받으리라는 확신하에 우선 자기가 소유하고 있는 가축을 주기도 한다.

남동부 아프리카에서는 부계로 계보가 추적되는 죽은 친척들의 신령, 즉 조상신을 숭배하며 이들에게 제물을 바친다. 조상신들은 자손들의 기원을 들어주기도 하며 때로는 벌을 내리기도 한다. 어머니의 친족집단의 신령들에게 소원을 빌거나 제물을 바칠 경우에는 반드시 어머니 쪽의 친족을 통해야 한다는 주장도 있다.

트란스케이Transkei의 원주민들은 어머니의 친족집단의 신령들, 즉 어머니의 부계 조상들은 결코 아이들을 병에 걸리게 하는 등 초자연적인 처벌을 가하지는 않는다고 믿는다. 결혼한 여자는 자신의 아버지의 친족들의 조상신의 보호를 받을 수 있으며 또한 아이들 역시 그녀 곁에 있는 한 그러하다. 왜냐하면 아이들은 성년이 되어야만 완전히 아버지의 친족

집단의 일원으로 받아들여지게 되기 때문이다. 그래서 트란스케이에서는 여자가 결혼할 때 아버지 쪽 집단이 소유하고 있던 암소 한 마리를 받아서 신혼살림을 차리는 집으로 가져갈 수 있는데 이를 '우불룽가ubulunga'라고 한다. 신부는 결혼 생활 초에는 남편의 소에서 짠 우유를 마시지 않고, 자신이 아버지로부터 받은 우불룽가 암소에서 짠 우유를 마신다. 이 암소야말로 신부와 신부의 부계 친족집단, 그 소유의 소들, 그리고 신부의 부계 친족집단의 조상신들을 연결하는 고리이다. 그리하여 신부가 아플 때에는 우불룽가 암소의 꼬리털로 목걸이를 만들어 걸고 자신의 친족집단의 조상신들에게 보호를 청한다. 더욱이 어린 자식들 중 하나가 아프면 어린아이를 보호해 줄 목걸이를 만들기도 한다.

어머니 쪽의 조상들은 그 후손들을 병에 걸리게 하는 등의 처벌을 가하지 않으며, 도와달라고 호소할 수 있는 존재들이다. 그러므로 어린애가 아플 때면 부모들은 외삼촌 집, 만일 외할아버지가 살아 있으면 외할아버지 집에 가서 희생을 바치는 등 아이의 어머니 쪽 조상들에게 도움을 호소한다.

이러한 행위들은 외삼촌과 관련된 관습의 근거라고 제시했던 원리가 확대된 것으로 볼 수 있다. 어머니에 대한 행동패턴은 가족 내에서 발전한 것이지만, 적절한 변화를 거쳐 이모와 외삼촌, 그리고 어머니 쪽의 친족 중 가까운 사람들 모두, 나아가 어머니가 속한 집단의 선조들, 즉 어머니 쪽 조상신들에게까지 궁극적으로 확대되고 있다. 마찬가지로 아버지에 대한 행동패턴은 큰아버지와 작은아버지, 고모들과 아버지가 속한 집단 전체에게, 그리고 궁극적으로는 아버지 쪽의 조상신들에게까지 확대된다.

아버지와 아버지의 친족들은 복종과 존경의 대상이 되며, 따라서 아버지 쪽의 조상들 역시 복종과 존경의 대상이 된다. 아버지가 자식들을 벌하는 것과 마찬가지로 아버지 쪽의 조상들도 자손들을 벌할 수 있다. 반면에 어머니는 자녀들에게 부드럽고 너그러우며, 어머니의 친족과 어머니 쪽의 신들도 마찬가지로 부드럽고 너그러울 것으로 기대된다.

바쏭가족이나 서부 폴리네시아에서는 생질이 희생의 의례에 참여한다. 죽은 사람의 오두막을 철거하는 바쏭가족의 의식에서 생질과 생질녀는 중요한 역할을 하고 있다. 이들은 희생제물로 바치는 동물들을 죽이고 나눌 뿐만 아니라, 의례를 주관하는 사제가 죽은 자의 영혼에게 기도를 드릴 때, 일정 시간이 흐른 후 기도를 중단시키고 끝낼 수 있는 권한을 가지고 있다. 이들은 망자의 영혼에게 바쳤던 제물 중 일부를 집어 들고 달아나기도 한다. 즉 이를 '훔치기도 한다'.

이러한 행위는 생질과 외삼촌 사이에 존재하는 특별한 관계를 의례적으로 표현하는 것이라 볼 수 있다. 외삼촌이 살아 있을 때, 생질에게는 외삼촌의 마을에 가서 외삼촌의 음식을 먹을 권리가 있다. 외삼촌이 죽으면 생질은 외삼촌의 장례식이 거행되는 외삼촌의 마을에 가서 이러한 행위를 한다. 마치 이제 마지막 기회인 것처럼 이들은 죽은 외삼촌의 몫으로 준비한 고기와 술의 일부를 훔쳐가는 것이다.

이 글에서 제시된 가설과 이에 포함된 몇몇 가정들은 다음과 같이 간략히 정리할 수 있다.

첫째, 우리가 미개사회라고 부르는 대부분의 사회들에서는 개인들 간의 행위가 대체로 친족을 기반으로 규정되어 있다. 각각의 친족관계에 대해서는 일정한 행동패턴이 형성된다.

둘째, 이러한 미개사회는 흔히 분절적 사회조직을 가지고 있다. 즉 사회가 수많은 분절(종족, 씨족)로 이루어져 있다.

일곱 번째
친족과 혼인

셋째, 친족관계는 필연적으로 양변적일 수밖에 없지만, 분절적 조직은 단계출계의 원리에 기반을 두고 있으므로 모계제나 부계제 중 어느 하나를 선택해야만 한다.

넷째, 일부 부계사회에서 나타나는 외삼촌과 생질 사이의 특수한 행동패턴은 자식과 어머니 간의 행동패턴으로부터 유래하고 있는데, 자식과 어머니 간의 행동패턴이란 좁은 의미의 가족 내 사회생활의 결과로 형성된 것이다.

다섯째, 이러한 행위는 외삼촌이 속해 있는 가족 또는 집단의 구성원 전체, 즉 어머니 쪽의 모든 친족에게까지 확대된다.

여섯째, 부계 조상숭배 관습을 가진 사회에서는 동일한 행동패턴이 어머니 가족의 신들에게까지 확대된다.

일곱째, 어머니 쪽 친족(생존해 있거나 사망했거나)이나 어머니 쪽 집단 및 이들의 조상신들과 의례 등에 대한 독특한 행동패턴은 일정한 의례 관습으로 표현된다. 의례는 특정한 유형의 행위 및 이에 수반되는 의무와 감정을 정형화하며 또한 영속적인 것으로 만드는 기능을 한다.

권력과 사회통제

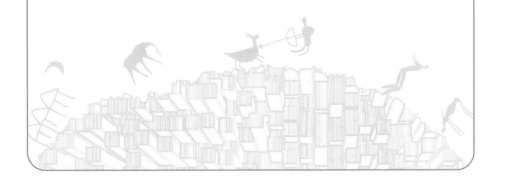

대통령으로 당선된 지도자들에게는 흔히 '가신'이라고 불리는 지지집단이 있다. 가신들은 학연, 지연으로 연결되었거나 지도자 개인의 도덕적, 정치적 성향에 대한 신뢰를 바탕으로 지도자에 대한 지원을 아끼지 않으며 고생을 견뎌온 사람들이다. 지도자들은 이렇게 추종자를 모아서 소위 '사조직'을 만들고 이를 기반으로 정권을 장악하는 데 성공하지만 사조직의 우두머리 시절의 '의리' 때문에 합리적인 의사결정을 내리는 데 어려움을 느끼기도 한다. 많은 경우 정치적 지도자의 지위에 오르는 경쟁에서 도움이 되었던 파벌이나 도당徒黨의 존재가 정치적 지도자로서의 성공적인 임무 수행에는 장애요인으로 등장하며, 자칫하면 정치적 생명의 파멸을 재촉할 수도 있다.

다음에 읽어볼 마셜 살린스Marshall Sahlins의 「빅맨과 추장」이라는 글은 치밀한 현지조사와 역사적, 고고학적 자료의 분석을 통해 정치지도자와 추종자들의 관계를 정치체제의 진화의 맥락에서 다루고 있다.

멜라네시아에서는 경제적 부, 후한 인심, 용기 등을 과시하여 정치적 권위를 획득하는 사람들이 있는데 이들을 '빅맨Big Man'(大人)이라 부른다. 이들은 마치 추장처럼 보이지만 그 권력과 지위는 본질적으로 불안정하다. 만일 흉년이 들어 농사를 망치거나 잔치에 쓸 돼지를 충분히 모을 수 없거나, 또는 전투에서 패배하면 빅맨은 쉽게 몰락한다. 살린스는 특히 멜라네시아와 폴리네시아에서 각기 전형적으로 나타나는 빅맨과 추장의 비교를 통하여, 비중앙집권적인 정치체제와 중앙집권적인 정치체제가 어떻게 다른가, 각각의 이점과 취약점은 무엇인가를 잘 보여주고 있다. 부족사회인 멜라네시아와 추방酋邦사회chiefdom*인 폴리네시아에서는, 지도자가 되거나 권력을 행사하는 방법이 서로 다르며, 이러한 권력의 구조는 정치체제가 안정되어 있는가 불안정한가, 강력한가 약한가를 결정하는 요인이 된다.

빅맨은 자신과 가까운 친지의 재산과 노력봉사를 '정치적 자본'으로 활용하여 주위의 여러 사람들에게 혜택을 베풀어주는 등 '관대하다'는 명성을 누리게 됨으로써 정치적 지도자로 떠오르게 된다. 유능한 빅맨은 마치 자본주의 사회의 기업가처럼 자신의 '정치적 자본' 또는 '권력의 기금'을 능란하게 운용한다. 도움을 줌으로써 추종자들을 확보하고, 새로운 추종자들의 재산과 노력을 활용하여 더욱 많은 사람들을 도움으로써 또다시 추종자를 확보하는 빅맨의 기본적인 행동방식의 구조는 여러 다른 사회에도 나타나고 있으며 그 한계점과 약점 역시 마찬가지이다.

반면에 폴리네시아에서는 특정한 가계 출신자들이 당연히 추장의 지위에 오르는데, 추장은 조세를 거두어들이고 부역을 시킬 수 있다. 추장은 빅맨보다 훨씬 커다란 '권력의 기금'을 활용하여 군사적 원정이나 대대적인 토목 사업 등 더 대규모의 활동을 할 수 있으며 빅맨보다 훨씬 더 정치적으로 안정되어 있다.

살린스의 글은 소위 '미개사회'를 대상으로 1960년대에 써진 것이지만, '권력의 기금'의 형성 및 사용방법에 대한 그의 분석은 현대 한국 사회의 정치를 이해하는 데도 상당한 통찰력을 제공하고 있다.

실질적 권력을 획득하는 방식이 다양하듯이, 사회마다 분쟁을 해결하는 수단도 다양하다. E. 애덤슨 호블E. Adamson Hoebel의 「에스키모 사람들의 노래 시합」이라는 글은 갈등이나 불만을 해결하기 위한 재판소 같은 제도적 장치가 없는 에스키모 사회에서 물리적 폭력에 호소하는 대신

*＿추장이 다스리는 나라. 군장국君長國 또는 족장사회族長社會라고도 번역한다. 조방적 농업이나 집약적 어로를 생계의 기반으로 하고 있는 문화에서 발견되는 중앙집권적인 정치체제로서 국가state에 비하여 복잡도가 훨씬 낮고 규모도 작다.

알래스카 에스키모 소년들은 10살경에 남성의 집에 들어가
사냥과 도구를 만드는 기술을 배운다(1905년경 사진).
© Anchorage Museum of History and Art

에 서로 조롱하고 비방하는 노래를 지어 부르는 분쟁 해결방식을 잘 보
여주고 있다. 노래 시합은 칼이나 주먹 대신에 '노래'를 무기로 사용하
여 겨루는 결투로서, 피를 흘리지 않고 원한과 분쟁을 '해결'하는 수단
이다.

　에스키모 사람들은 수렵채집으로 생계를 유지하고 있으며 소규모의
'군단'으로 나뉘어 생활하고 있다. 중앙집권적 정치체제를 가지고 있지
않으므로 권리의 침해 등으로 분쟁이 발생했을 때, 현대 국가의 국민들
처럼 경찰에 신고하거나 법원에 제소할 수 없다. 왜냐하면 이러한 기구
가 존재하지 않기 때문이다. 에스키모 사람들은 스스로 자신의 권리를

여덟 번째
권력과
사회통제

지키거나 피해를 복구하기 위하여 노력하는데, 목숨을 건 결투는 드물며, 흔히 주먹 싸움이나 박치기 등 어느 정도 제한된 대결방법이 사용된다. 분쟁의 해결방식 중에서 주먹 싸움과 박치기는 비교적 폭력을 제한적으로 사용하는 형태이며, 노래 시합은 폭력 대신에 '날카로운 말'과 '조롱'을 사용하여 대결하는 것이다.

그런데 노래 시합에 열중하다 보면 때로는 원래 왜 시합을 시작했는지, 자신의 원한이 무엇이었는지, 모두 잊을 정도로 노래 자체에 집착하는 경우도 있다. 시합을 하는 당사자들이건 구경꾼들이건 모두 절묘한 표현과 임기응변의 재주가 불꽃을 튀기고 대결하는 노래 시합 그 자체를 즐기는 것이다. 결국 이러한 분쟁 해결방식은 누가 옳고 그른가를 가리는 것을 목적으로 하기보다는, 소원해진 공동체 구성원들 사이의 관계를 정상화하는 기능을 하고 있다고 할 수 있다. 이러한 점에서 에스키모 사람들의 노래 시합은 다른 여러 사회에서 발견되는 조롱과 비방으로 가득 찬 '농담 관계'와 관련이 있다는 주장도 있다.

정치에 대한 현대 인류학의 관심은 대체로 다음 네 가지로 나누어 생각할 수 있다. 첫째는 전통적인 진화론적, 역사적, 비교문화적cross-cultural 연구로서 현지조사뿐만 아니라 문헌조사와 고고학적인 방법론을 사용하여 정치체제의 진화과정을 규명하고 각 유형을 분류한다. 둘째는 인류학자가 직접 관찰할 수 있는 마을, 소도시, 기업, 학교, 병원, 각종 단체나 정당, 관료기구 또는 사회운동 등 국지적 수준local level의 정치에 대한 치밀한 현지조사 연구이다. 이를 통해 정치적 행동이 경제, 종교, 상징, 친족, 생태적 환경 등 사회의 다른 측면들과 어떻게 연관되어 일어나고, 개인들이 정치적 목표를 달성하기 위하여 동원할 수 있는 규범과 규칙은 무엇인가, 또한 이들을 어떻게 조작manipulate하는가 등의 문제를 이해한다. 셋째는 국지적 정치질서와 초국지적supra-local 환경과의 관계에 대한 연구이다. 예를 들자면 전 지구적 자본주의나 식민통치 등 국제적 수준의 경제적, 정치적 구조가 국지적 수준의 정치에 어떠한 영향을 주는가, 그 한계는 무엇인가 등에 대한 관심이다. 최근에는 국가의 경계를 초월하는 문제들에 관심이 고조되고 있는데, 다민족 사회의 종족관계에 대한 연구, 초국가적 정치운동, 이민과 계절노동, 난민 등의 정치적 의미와 결과에 대한 연구 등이 여기에 포함된다. 넷째는 권력과 정통성legitimacy에 대한 문화적, 상징적 연구이다.

이와 같이 정치에 대한 인류학적 연구는 소위 '미개인'에 국한되어 있지 않으며, 현대 사회의 여러 문제의 분석을 그 주요 내용으로 하고 있다. 문화인류학의 현지조사방법과 여러 다양한 생활양식에 대한 비교문화적 시각은 권력의 행사 방식과 억압체제를 폭로하고 분석하며 또한 더 나은 사회를 위한 실질적인 제안을 하는 데 크게 기여할 수 있을 것이다.

빅맨과 추장

| 마셜 살린스 |

남태평양의 뉴기니, 비스마르크 제도, 솔로몬 제도 등을 중심으로 한 지역을 멜라네시아라 하며, 태평양 동쪽의 하와이, 이스터섬, 뉴질랜드 일대의 지역을 폴리네시아라 한다. 이 두 지역은 얌, 타로, 바나나, 코코넛, 빵나무 등의 작물을 재배하고 있으며 역사적으로도 깊은 관련을 맺고 있다.

그러나 폴리네시아와 멜라네시아는 정치, 경제, 친족, 종교, 예술 등 각 분야에서 크게 대조적인 모습을 보인다. 멜라네시아에서는 정치적 집단들이 수십 명에서 수백 명, 기껏해야 천 명 정도의 규모이지만 폴리네시아의 경우에는 통상 수천 명이 넘는다. 또한 지리적 범위도 훨씬 넓다. 정치적 구조도 멜라네시아의 부족은 여러 작은 분절segment들의 단순한 집합에 불과하지만 폴리네시아의 경우에는 집단들이 피라미드처럼 위계적으로 통합되어 있다. 멜라네시아의 빅맨 정치체제는 폴리네시아의 위계적 추장제도에 비하여 제도적인 측면에서 진화가 덜 되었다고 할 수 있다.

빅맨

빅맨의 특징은 빅맨이 가지고 있는 힘/권력power이 제도적인 것이 아니라 지극히 개인적인 것이라는 점에 있다. 빅맨이 된다는 것은 어떠한 공식적인 직책에 취임하는 것이 아니다. 빅맨은 그 주변에 자신을 추종하는 사람들이 계속 모이도록 만듦으로써 '지위'를 획득한다. 그러므로 빅맨이란 정치적 직함이 아니며 단지 사람들 간의 상호관계에서 인정되고 있는 '위치'에 불과한 것이다. 멜라네시아 사람들은 빅맨을 '중심인물center-man', '중요한 사람' 또는 '명성 있는 사람man of renown', '인심 좋은 부자' 등으로 부른다.

빅맨의 정치적 권위와 영향력의 범위는 둘로 나누어 생각할 수 있다. 하나는 '중심인물'이라는 표현이 말해주듯이, 그 주위에 일단의 추종자들이 모여들었다는 것이다. 즉 빅맨은 소규모 배타적 집단 내에서 실질적 영향력을 발휘하며, 정치적 지배력을 행사한다. 다른 하나는 '명성 있는 사람'이라는 표현에서 알 수 있다. 대개 빅맨의 정치적인 영역은 자신의 추종자(대개 수십 명)들로 이루어진 '내부 영역'과 그 외의 다른 집단들로 이루어진 더 큰 '외부 영역', 즉 부족으로 구성되어 있다. '명성 있는 사람'이라는 말은 '외부 영역'의 사람들이 한 '도당' 또는 '파벌'의 실력자란 의미로 빅맨을 가리킬 때 사용된다.

즉 빅맨의 권력은 내부 영역과 외부 영역에서 그 내용이 질적으로 다르다. 자신을 추종하는 집단 내부에서 빅맨은 어느 정도 명령을 내릴 수 있다. 그러나 집단 외부에서는 단지 명성, 그리고 간접적인 영향력만을 가지고 있을 뿐이다. 빅맨은 자신의 도당에 속한 사람들을 물리적 힘을 사용해서 지배하는 것은 아니다. 빅맨은 추종자들에게 열변을 토하거나 장광설을 늘어놓는 등 설득을 통하여 대개 자신이 원하는 것을 얻기 때문에 간혹 '장광설을 늘어놓는 사람'이라 불리기도 한다.

그러나 '외부 영역'의 사람들은 빅맨의 명령이나 열변에 대해 "당신이 직접 하시지. 나는 당신 부하가 아니야"라는 반응을 보이기도 한다.

이렇게 빅맨의 권위는 분산되어 있으며 전쟁 수행이나 의식의 거행 등 집단적인 목표를 위하여 대규모 인원을 동원하거나 조직해야 할 때는 상당한 어려움이 따르기도 한다. 빅맨은 대규모 인원을 동원하는 집단행동을 주도할 수 있지만 이러한 일은 널리 명성을 쌓거나 또는 다른 빅맨들과 특별한 개인적 충성관계 또는 호혜관계를 맺음으로써만 가능하다.

멜라네시아에서 정치는 주로 개인적이며 소규모적인 행동으로 이루어진다. 또한 정치 지도자의 파벌의 규모나 명성이 통하는 범위는 대개 다른 야심적인 인물들과의 경쟁에 의해 결정된다. 빅맨은 혈통이나 계급 등 출생에 의하여 자동적으로 정치적 권위를 획득하는 것이 아니다. 지도자가 되기 위해서는 추종자들이 있어야만 한다. 추종자들은 대개 지도자와 여러 다양한 방식으로 관계를 맺고 있으며, 이들이 지도자의 결정을 따르는 이유는 각기 지도자와 다양한 관계를 맺고 있기 때문이다.

지도자는 자신이 주술능력, 농사기술, 웅변능력, 전투상황에서의 용맹 등 특별한 능력을 가지고 있다는 사실을 증명함으로써 존경을 얻어야 한다. 중요한 것은 자신의 기술과 노력을 일정한 방향으로 집중하는 것이며, 특히 돼지를 비롯한 각종 재화, 조가비 화폐, 농작물 등을 대량으로 모아서 이를 사람들에게 나누어 주는 등 '멋있고 인심 좋은 사람'이라는 명성을 쌓아올리는 일이 중요하다. 특정 지역의 주민들에게 비공식적으로 사적인 지원을 함으로써 파벌이 발전할 수도 있다. 정치적 부상을 노리는 빅맨은 때때로 자기 자신이나 자신의 파벌을 위하여 대규모의 공공연한 증여행위를 함으로써 부족 내에서 자신의 등급과 명성을 대폭 신장할 수 있다.

멜라네시아에서 '명성 만들기'를 위한 이러한 증여행위는 여러 형태로 나타난다. 어떤 곳에서는 두 친족집단 사이에 돼지를 증여하고 상당한 시간이 지난 후 다시 돼지를 답례로 받는 등 '지연된 교환delayed exchange'의 형태를 띠기도 하고, 때로는 신부의 친족에게 지불하는 신부대의 성격을 띠기도 한다. 또한 '명성 만들기'는 빅맨의 집이나 그의 파벌들이 모이는 집회소를 지을 때 베푸는 잔치를 통해서 이루어지기도 하며, 다른 친족집단과의 군사적 동맹을 맺으면서 그 대가를 지불하는 보조금 또는 혈상血償, blood compensation(친족원 등 집단 구성원의 죽음에 대한 피의 보복) 등을 통해서 이루어지기도 한다. 심지어 '명성 만들기'는 서로 경쟁하는 정치 지도자들이 상대보다 더 많이 재화를 소비하여 자신의 부를 과시하고, 상대방의 코를 납작하게 만드는 포틀라치potlatch* 같은 의례적 결투를 통해서 이루어지기도 한다.

*___참석자들에게 엄청난 재화가 분배되는 미국 북서해안의 콰키우틀Kwakiutl족의 호화로운 잔치이다. 때로는 참석자들이 보는 앞에서 모피나 구리제품을 불에 던지는 등 재화를 파괴함으로써 상대방을 모욕하기도 한다.

그러므로 멜라네시아의 '빅맨 만들기'는 결국 '파벌 만들기'라고 할 수 있다. 빅맨은 '명성 만들기'를 위한 분배에 필요한 생산작업에 동원할 수 있도록 일단의 사람들과 충성·의무관계를 수립해야만 한다. 파벌의 규모가 크면 클수록 명성도 커진다. '떠오르는' 빅맨은 처음에는 소규모의 핵심적인 추종자 집단에 의존하기 마련인데, 이들은 대개 빅맨의 가구 구성원들 및 가까운 친척들로 이루어진다. 빅맨은 먼저 친족으로서의 의무를 밑천(자본)으로 삼아 이들에게 자신을 지원해줄 것을 설득한다. 또한 가까운 친족들 간에 따르기 마련인 호혜관계를 교묘히 이용하기도 한다. 때때로 빅맨은 자신의 가구 규모를 인위적으로 확대하기도 한다. 즉 야심 있는 지도자는 과부나 고아 등 가족이 없는 여러 종류의 떠돌이들을 자신의 가구원으로 받아들이기도 한다.

아내를 여러 명 얻는 것 또한 빅맨으로서는 매우 유용한 일인데, 아내를 추가로 맞아들이면 돼지를 더 많이 가질 수 있기 때문이다. 즉 아내가 여럿 있으면 농사를 더 많이 지을 수 있어 돼지 먹이가 많아지며, 또한 돼지를 돌볼 사람도 많아지게 된다. 일부다처제 사회의 경우 노래 가사처럼 "한 아내는 농사를 짓고 또 다른 아내는 나무를 하러 가고, 또 다른 아내는 고기를 잡으러 가고, 또 다른 아내는 요리를 하고 …… 남편은 노래를 부르고 많은 사람들이 먹으러 몰려온다 ……"는 상황이 성립된다. 빅맨으로서는 혼인을 새로 할 때마다 경제적인 도움을 얻어낼 수 있는 일단의 인척들을 새로 얻게 되는 셈이다. 그리하여 빅맨은 가족들과 여러 다른 사람들을 자신의 파벌에 포함시키고 이들의 생산행위를 자신의 야심에 연결시킴으로써 출세가도를 달리게 된다.

빅맨의 등장은 다른 사람들을 크게 도와줌으로써 그들이 고마움을 느끼도록 하거나 빚을 지게 만드는 등, '철저히 계산된 인심 쓰기'에 의하여 이루어진다. 그 가장 손쉬운 방법의 예는 아내를 맞이하고자 하는 가난한 젊은이를 위하여 신부대를 대신 지불해 주는 것이다. 인류학자인 말리노프스키는 이러한 행위를 '권력 기금fund of power'의 축적이라 표현한 바 있다. 빅맨이란 다른 사람들의 생산활동에 영향력을 행사하고 잉여 생산물을 착취할 수 있는 사회적 관계를 만들어내거나 이를 이용할 수 있는 사람이라고 볼 수 있다. 심지어 빅맨은 생산자들이 생산한 물품을 다른 용도에 사용하기 위하여 생산자들의 소비를 억제하기도 한다.

빅맨은 이렇게 하여 때때로 국지적인 범위를 초월하는 조직을 만들어내기도 하지만 이러한 조직은 항상 소규모의 파벌, 특히 중심인물과 그 추종자들 간의 관계에 의해 일정한 한계를 넘을 수 없는 경제적 동원력에 의존하게 된다. 빅맨의 정치력의 일반적 한계와 약점은 결국 파벌을 구성하고 있는 내집단內集團의 한계와 약점에서 비롯되는 것이다.

또한 '중심인물'에 대한 복종이 개인적이라는 점이야말로 이러한 구조의 중대한 약점이다. 개인적 충성은 일단 형성된 후에도 지속적으로 강화되어야만 한다. 또한 불만이 발생하면 쉽게 단절될 수도 있다. 파벌을 만드는 작업에는 상당한 시간과 노력이 필요한데, 이를 유지하기 위해서는 더욱더 많은 시간과 노력이 필요하다. 따라서 파벌이라는 거대한 쇠사슬을 이루고 있는 개인이라는 연결고리가 언제든지 끊어질 수 있는 가능성은 서멜라네시아의 정치질서에 구조적으로 존재하고 있는 커다란 약점 중 하나이다. 그 결과 빅맨 체제는 두 가지 문제점을 갖게 된다.

첫째는 빅맨의 지위가 상당히 불안정하다는 점이다. 한 지역 내에 존재하고 있는 야심만만한 인물들의 성격과 매력, 또한 이들이 누리고 있는 명성의 높고 낮음에 따라 파벌들은 부침과 이합집산을 거듭하게 된다. 중심인물의 사망 역시 지역 내 정치상황에 커다란 영향을 미친다. 지도자의 죽음은 개인적 충성관계로 다져진 파벌의 붕괴를 가져오거나 파벌의 전체적 또는 부분적 해체라는 결과를 낳기도 한다. 이러한 정치체제의 상부는 정치적 지도자들의 부침으로 인하여 매우 유동적인 성격을 띠며 그 하부에서는 파벌들이 팽창과 수축을 거듭한다.

둘째로 빅맨 체제는 개인적인 정치적 유대로 이루어져 있다는 한계 때문에 더 이상의 정치적 진화가 불가능하다. 추종자들이 언제라도 이탈할 수 있기 때문에 지도자는 추종자들로 하여금 능력을 최대로 발휘하도록 끝까지 강요할 수 없다. 따라서 더 고도화된 정치적 조직의 등장이 어려워진다. 그뿐만 아니라 빅맨 체제가 크게 확대될 경우 지도자와 그 추종자들 사이에 더 커다란 모순을 야기할 수도 있다. 지도자가 생산의 증대를 무리하게 요구할 경우 추종자들의 이탈이 촉진되거나 심지어 반란이 일어날 수도 있기 때문이다.

멜라네시아의 빅맨 정치의 모순점 중 하나는 '중심인물'과 그 추종자들의 각별한 관계가 경제적 호혜성에서 비롯되었다는 사실이다. 추종자들은 빅맨 또는 중심인물로부터 여러 가지 도움을 받으며 이에 대한 대가로 빅맨을 지원하게 된다. 빅맨의 손을 통하여 재화가 외부로 유출되기도 하지만 종종 외부로부터 다른 재화가 빅맨을 거쳐 유입되기도 한다. 빅맨 체제의 또 하나의 모순점은 빅맨의 명성이 높아짐에 따라 빅맨이 자신의 파벌을 경제적으로 착취하게 된다는 사실이다. 빅맨의 일반 대중에 대한 증여행위에서의 성공 여부가 빅맨 자신의 지위뿐만 아니라 그의 추종자들의 지위, 심지어 군사적인 안전 문제까지도 좌우한다는 사실은 매우 중요하다.

규모가 큰 파벌집단의 우두머리가 된 빅맨은, 자신의 추종자들로부터 더 많은 재화를 긁어내면서 이들에게 지고 있는 빚은 가급적 늦게 갚고, 집단 외부에서 유입되는 재화를 추종자들에게 분배하지 않고 '외부 영역'의 사람들에게 분배하려는 유혹을 점점 더 강하게 느끼게 된다. 즉 다른 빅맨과의 경쟁에서 성공하기 위해서는 파벌 내의 호혜관계를 크게 훼손시키지 않을 수 없다. 왜냐하면 성공하려는 빅맨은 집단의 외부 사람들이 이루 다 갚을 수 없을 만큼 많이 베풀어야 하고 그러다 보면 빅맨은 자신을 추종하던 사람들이 당연히 기대하고 있던 호혜적 의무를 수행하는 데 소홀해지는 경우도 있다. 즉 빅맨은 추종자들을 짜내기만 하면서 혜택은 주지 않고 이들에게 다만 '지도자의 명성을 먹고 살 것'을 강요하게 된다. 이러한 상황이 심해지면 추종자들이 이탈하거나 반란을 일으키게 된다. 한편 어떤 빅맨은 다른 빅맨들보다 자신의 파벌 내에서 고조되고 있는 불만을 비교적 잘 막아내고 있는 것처럼 보이는데, 이는 이들의 카리스마적인 인성이나 사회조직의 독특한 성격 때문이다.

이탈이나 반란 사태를 방지하기 위해서 빅맨은 '권력 기금'의 사용범위를 확대하려는 노력을 자제해야 한다. 중심인물이 오로지 자신의 명성을 높이기 위해 호혜적 의무의 수행을 회피하거나 추종자들에게 물질적 궁핍을 강요하면 중심인물과 추종자들과의 사회적 관계는 매우 부담스러워진다. 적대감의 발생, 이탈, 그리고 극단적인 경우에는 중심인물을 폭력적으로 제거하는 사태도 발생할 수 있다. 이렇게 내부적인 압력이 증대함에 따라 멜라네시아의 빅맨 정치질서는 일정한 수준 이상으로의 진화가 불가능하게 된다. 즉 빅맨의 정치적 권위가 높아지면, 그 영향을 통해 가내 생산을 증대시킬 수 있지만 광범한 정치적 조직을 유지하기 위해 가내 생산물의 많은 부분을 집단 외부로 전용하여 권력을 더 확장시키는 데는 일정한 한계가 있게 된다.

추장

폴리네시아의 경우에는 멜라네시아의 빅맨 중심의 정치체제의 문제점들과 한계들이 극복될 수 있다. 폴리네시아에서는 빅맨 체제의 기초를 구성하고 있는 내부 영역과 외부 영역이라는 구분이 존재하지 않는다. 소추장들과 소집단들이 더 큰 대추장과 대집단에 복속됨에 따라, 폴리네시아의 추방사회chiefdom에서 개인적 추종집단들은 독립성을 상실한다. 폴리네시아 추방사회는 수많은 정치적 직책들의 거대한 연쇄로 이루어져 있으며 수많은 대·소추장들이 피라미드식 조직을 형성하고 있다.

이곳에서는 최고위 추장뿐만 아니라 그 밑에서 일정 영역을 지배하고 있는 각 족장들도 모두 직책과 직함을 가지고 있다. 이들은 멜라네시아의 빅맨들처럼 끊임없이 '사람을 낚을' 필요가 없으며 영속적인 집단을 지배하는 직책을 가지고 있다. 따라서 이들의 권위는 사람들 간의 상호관계 속에서의 위치에 의해 형성되는 것이 아니라 정치적 집단의 지도

THE PRIZED TABUA

피지에서는 모든
의례에서 추장에게
땀부아(고래이빨)를
바친다.

자로서의 지위를 통해 얻어진다. 멜라네시아와 달리 폴리네시아에서는
개인적 관계를 넘는 지도와 추종의 구조가 등장하였다. 즉 지위를 차지
하는 개인들의 생사나 노력과 무관하게, 더 영속적으로 존속하는 조직들
이 등장했다.

　폴리네시아의 추장들은 자신들의 지위를 스스로 만들어낸 것이 아니
라 이미 존재하고 있던 자리를 차지한 것이다. 물론 이 추장들 역시 자
리를 놓고 경쟁했으나, 권력은 직위 자체에 있지 개인의 우월성을 증명
함으로써 만들어지는 것이 아니다. 타히티를 비롯한 여러 추방사회에서
는 추장 지위의 승계는 출생에 의해 엄격히 규제된다. 추장의 종족은 '신
의 자손'임을 통치의 근거로 하고 있으며 추장 직은 장남들에 의해 계승
된다.

　멜라네시아에서는 충성스러운 추종자들을 확보하기 위해 빅맨 자신
이 지도자로서의 자질들을 끊임없이 증명해 보여야 하지만, 폴리네시아
에서는 지도력이 직책과 등급에 내재하고 있다고 간주된다. 폴리네시아

에서는 높은 직책이나 등급에 있는 사람들은 당연히 지도력이 있다고 인정되며, 같은 이유로 일반 대중들은 등급이 낮기 때문에 지도자로서의 자질이 없다고 여겨진다. 그리고 아무도 그 이유를 의심하지 않는다. 멜라네시아의 빅맨이 지위를 유지하는 데 주술적 능력 같은 것을 필요로 하였다면, 폴리네시아의 추장들은 신성한 혈통을 통하여 특별한 힘인 마나mana를 물려받았다고 여겨진다. 마나는 추장의 통치를 신성한 것으로 만들며 또한 추장의 신체를 일반 대중으로부터 보호해 준다. 멜라네시아의 빅맨은 농사에 관한 능력을 증명해야 했으나 폴리네시아의 추장은 태어날 때부터 농작물의 풍요를 통제하는 종교적인 능력을 가지고 있다고 생각되기 때문에 모든 사람들은 추장이 수행하는 풍년 의례에 의존한다. 멜라네시아의 빅맨이 화려한 웅변술을 갖추어야 하는 데 비해 폴리네시아의 추장은 단지 추장의 말씀을 전하는 대변인, 즉 '말하는 추장'을 거느리면 충분하다.

폴리네시아에서는 추장이 본질적으로 강력한 힘을 가지고 있다. 이는 추장의 힘이 추장 개인의 것이 아니라 집단의 것이라는 사실을 의미한다. 추장의 권력은 조직에서 나오며 또한 이에 대한 조직의 동의와 조직적 수단을 기반으로 하고 있다. 정치적으로 더 진화된 체제인 추방사회에서 조직적 권력을 행사하는 추장은 빅맨처럼 개인적으로 뛰어난 자질을 가졌다는 사실을 증명할 필요를 느끼지 않는다. 그러나 조직적 권력은 개인적 권력에 비하여 개인의 결정이나 그 효과 및 영향력이 크게 확대되기 때문에, 개인적 능력을 증명할 필요 없이 권력이 더 많이 행사될 수 있다. 폴리네시아의 추장제 같은 제도적인 정치체제는 개인 상호간의 지배를 기반으로 하는 멜라네시아의 빅맨 체제에 비하면 진화된 것이다.

폴리네시아의 추장이 사회적으로 중요한 의미를 갖는 것은 멜라네시아의 그 어느 빅맨보다도 커다란 권력 기금을 만들어낼 수 있는 특권을 가지고 있다는 사실이다. 폴리네시아의 추장은 이론적으로 자신이 다스리는 모든 사람들의 주인이며 또한 집단 내의 모든 자원을 소유하고 있으므로 자신의 영지 내에 살고 있는 모든 가구들에게 노동과 농업 생산물을 요구할 권리를 가지고 있다. 추장들은 경제적인 동원을 위하여 멜라네시아의 빅맨처럼 개인적 충성 및 경제적 의무 관계에 의존할 필요가 없다. 추장은 빅맨처럼 '인심 좋은' 행동을 취함으로써, 즉 다른 사람들로 하여금 모두 자신에게 빚을 지도록 노력함으로써 지지를 얻을 필요를 느끼지 않는다. 왜냐하면 경제에 대한 권리는 추장의 고유한 권리 중 하나이기 때문이다.

　　추장이 모든 토지에 대한 이론상의 소유권을 가지고 있다는 사실이 추장의 특권적인 권력 기금에 대해 어떠한 의미를 가지고 있는지 살펴보자. 추장은 집단 전체의 사업을 위하여 특정 작물의 소비를 금지하도록 명령(터부taboo)할 수 있다. 생산의 경로나 방향에 대한 추장의 결정이 내려지면 추방사회 내의 모든 가구들은 그 생산을 확대하고 다른 생계수단을 찾아야만 한다. 무엇보다도 중요한 것은 추장이 정치적 목적에 사용할 수 있는 잉여가 이러한 방식으로 생산된다는 사실이다. 추가로 생산한 잉여, 즉 '권력 기금'을 정치적 자본으로 하여 추장제가 성립된다. 폴리네시아의 추장들은 일반 대중에게 압력을 가하여 거두어들인 재화를 보관하기 위해 거대한 창고를 가지고 있다.

　　축적된 권력 기금을 재분배하는 방식이 폴리네시아 정치의 핵심을 이루고 있다. 소위 '고귀한 신분에 따르는 의무noblesse oblige'를 주도면밀하고 체계적으로 이행함으로써 최고 추장은 광활한 영지를 다스리고 거대한 토목공사 등을 통해 다른 추방사회의 공격에 대항하면서 그 경제적 부를 더욱 증대시킬 수 있다. 추장의 '기금'은 다른 추장들이나 주민들에게 아낌없이 베풀거나 즐거움을 주는 데 활용되며 또한 기근이 발생했을 때는 백성들의 구휼에 사용되었다. 추장은 또한 공예품의 생산을 지원하므로 폴리네시아에서는 태평양의 그 어느 지역보다 규모가 크고 전문성이 뛰어난 기술적 노동 분업이 발전하였다. 추장들은 거대한 관개시설 등 토목공사를 지원하며 이에 따른 생산의 증가로 추장의 기금은 더욱 많아진다. 추장들은 대규모 사원을 건축하거나 호화로운 의식을 지원하고 대규모 군사활동을 위한 병참 활동을 조직적으로 하기도 한다. 멜라네시아의 빅맨에 비하여 훨씬 더 커다란 자금을 가지고 있던 폴리네시아 추장의 권력 기금은 더 대규모로, 더 다양한 사회적 활동들을 정치적으로 통제할 수 있다.

폴리네시아에서도 가장 잘 발전된 추방사회였던 하와이나 타히티에서는 추장의 기금 중 상당 부분은 일반 대중에 분배되지 않고 추장제의 유지에 사용되었다. 즉 기금은 영속적인 행정기구의 유지에 전용되었고 일반 대중으로부터 거두어들인 재화와 용역은 거대한 건물이나 집회소, 사원 등의 건설에 사용되었다. 또한 이러한 기금의 일부는 추장의 부하들의 생계유지에 전용되었는데 이들 중 상당수는 추장의 가까운 친족원이었다. 이들은 추방사회의 정치적 핵심을 구성하고 있었다. 창고의 관리인, '말하는 추장', 의례의 보조자, 통치에 긴밀히 참여하는 고위 사제, 추방사회의 방방곡곡에 지시를 전달하는 사자들로서 이들 중에는 추방사회의 분열이나 반란을 획책하는 내부의 적에 대비한 특별한 전사 집단도 포함되어 있었다. 타히티나 하와이의 고위 추장은 단순한 언변보다 훨씬 더 강제적인 수단을 가지고 있었으며, 추장이 보유했던 이러한 상비병력은 특히 일반 대중들에 대한 지배권의 확립에 기여하였다.

추장의 부하들은 겉보기에는 빅맨의 파벌과 유사해 보이지만 그 기능은 매우 다르다. 예를 들어 폴리네시아에서는 추장의 부하들이 추장에게 경제적으로 의존하고 있는 반면, 멜라네시아에서는 빅맨이 그 추종자들에게 경제적으로 의존하고 있다. 또한 추방사회를 구성하는 여러 부분이나 하위신분들에 대하여 폴리네시아의 추장들은 명령권을 가지고 있지만 멜라네시아의 빅맨은 기껏해야 명성만을 가지고 있을 뿐이다.

이와 같은 사실이 폴리네시아의 추방사회가 잠재적 또는 실제적으로 문제가 없었다는 것을 의미하지는 않는다. 폴리네시아에서 발전한 대규모의 정치-군사적 기구는 오히려 그 반대로 여러 가지 문제를 내포하고 있다. 또한 폴리네시아에 관한 연구는, 지위경쟁의 대부분이 단순히 지배계층 내에서 벌어진 것만이 아니라 추장의 전제專制에 대항하는 일반 대중의 반란에 상당하는 것이었다는 사실을 보여주고 있다. 이는 폴리네시아의 추방사회도 멜라네시아의 빅맨 체제와 마찬가지로 권위를 상쇄하는, 또는 반反권위적인 압력을 야기했으며 바로 이러한 압력 때문에 궁극적으로 그 발전이 저지되고 있었다는 사실을 보여준다.

폴리네시아의 모순은 매우 명백해 보인다. 추장제는 친족에 기반을 두고 있었으며 또한 친족적 경제 윤리를 기반으로 하고 있었다. 아무리 폴리네시아의 추장이 위대하다 하더라도 이들은 일반 대중과 전혀 동떨어진 존재가 아니라 일반 사람들에 비하여 '뛰어난 친족원'이거나 '일반 대중의 아버지'라고 생각되었으며, '아낌없이 베푸는 관대함'은 이들에게 요구된 도덕적 의무였다. 그런데 폴리네시아의 추장들은 타히티 사람들의 표현을 빌자면 '통치권력을 남용하는' 경향이 있었다. 그리하여 이들은 일반 대중의 경제적 부에서 너무나도 많은 부분을 추장의 권력을 위하여 전용하였다. 이러한 전용은 관습적인 재분배인 일반 대중에 대한 추장의 물질적 보답을 축소함으로써 이루어졌다. 몇몇 추방사회에서 발생한 대규모 반란은 바로 이러한 이유 때문이다. 추방사회의 발전은 그 권력의 기금을 조달하는 가운데 자멸을 초래할 반란의 불씨를 키운다는 모순을 만들어내고 있었다.

하와이를 비롯한 폴리네시아의 여러 섬들의 역사를 살펴보면 정치적 중앙집권과 분권이 주기적으로 반복되어 왔다는 사실을 알 수 있다. 즉 대규모 추방사회들은 종종 소규모의 단위로 분열되었으며 그 후 또다시 통일되기도 하였다. 이러한 사실은 추방사회 정치구조에 지나친 부담을 주는 요인이 존재한다는 것을 의미한다. 정치적 발전을 가로막는 이러한 난관, 즉 일정한 수준 이상으로의 정치적 발전을 어렵게 만드는 요인은 무엇일까? 추장의 낭비 성향이나 폴리네시아인의 반란 기질만으로는 이를 설명할 수 없다. 여기에도 역시 유명한 '파킨슨의 법칙Parkinson's Law'*이 작용하고 있다. 정치체제의 규모가 확대됨에 따라 지배기구는 이보다 훨씬 더 크게 팽창하며, 또한 경제적 부의 흐름은 지배기구에 유리하도록 왜곡된다. 그 결과 불안정이 야기되어 추장의 요구에 대한 저항이 발생하거나 때로는 추방사회가 분열되어 그 규모가 축소되기도 한다.

*___영국의 역사학자 파킨슨Cyril N. Parkinson이 사회 풍자적 의미를 담아 만든 것이다. "공무원의 수는 일과 관계없이 늘어난다"거나 "일의 양은 일을 끝마칠 때까지 걸린 시간의 양에 따라 늘어난다"는 등의 법칙을 말한다.

좁은 계곡에 자리 잡은 소규모 추방사회의 경우, 추장은 비교적 소수에 불과한 주민들과 자주 접촉하면서 사회를 통치할 수 있었다. 그러나 위대한 폴리네시아의 추장들은 더 규모가 크고, 지리적으로도 더 넓으며, 내적으로도 여러 개의 독립적인 조직으로 구성되어 있는 주민들을 다스려야 했다. 면적이 1만 평방킬로미터가 넘고 인구가 10만 명에 가까운 하와이의 경우, 어떤 때는 단 하나의 추방사회로 이루어져 있었고, 어떤 때는 2∼6개 정도의 독립적인 추방사회로 나누어져 있었다. 각 추방사회는 또한 강력한 소추장이 다스리는, 더 작은 단위의 사회로 구성되어 있었다. 때때로 어떤 추방사회는 정복을 통해 자신들의 삶의 터전을 벗어나 다른 섬까지 영토를 확대하기도 하였다. 그러한 경우에는 대규모 추방사회의 내부를 조정하는 작업이 필요하였다. 즉 중앙집권적인 방식으로 조세를 거두어, 권력의 기금을 마련하여, 추방사회를 내부적 분열로부터 방어하거나, 장거리 또는 해외 군사원정을 위해 필요한 인원을 동원해야 했다. 이러한 모든 것들은 인간의 육체 및 카누 등을 이용하는 통신 및 운반수단을 통해 달성되었다. 따라서 추방사회에서 행정요원들의 수가 크게 증가했고, 머리 부분이 너무 비대해지는 기형적인 현상이 발생하였다. 이에 따른 경제적 부의 소모로 인해 추방사회 자체가 붕괴하는 결과가 발생할 수도 있지만, 이러한 현상은 기능적인 측면도 가지고 있었다.

　추장과 일반 대중 간에 삶의 양식과 생활수준의 격차가 확대되는 것은 추방사회를 물질적으로 피폐하게 만들지만 동시에 이는 추방사회를 유지하는 데 기능적으로 작용하기도 했다. 궁전의 건축, 화려한 장식과 사치, 장엄한 의식 등 소위 과시적 소비conspicuous consumption는 언뜻 보기에는 이기적인 것 같지만 사회적으로 매우 중요하다. 과시적 소비는 지배자와 피지배자를 뚜렷이 구별하며, 이 결과 수동적인, 그리하여 매우 경제적인 '권위의 인정'이 발생한다. 역사적으로 폴리네시아에 비해 훨씬 더 강력했던 정치조직들도 권위의 인정을 위해 이러한 방식을 채택하였다. 심지어 혁명 이전에는 대중과의 연대를 강조하거나 계급 평등을 소리 높이 부르짖었던 현대의 여러 혁명 정부나 프롤레타리아 정부들도 정권을 잡으면, 과시적 소비에 집중했다.

결국 폴리네시아에서도 멜라네시아와 마찬가지로 지도자와 일반 대중과의 관계에 과도한 부담이 발생함에 따라 정치적 진화가 중단되었다. 그러나 폴리네시아에서는 추장의 부하들을 위해 민중을 착취한 결과 정치적 진화의 한계가 발생한 반면에 멜라네시아에서는 집단 외부의 사람들을 위하여 빅맨이 자신의 파벌을 과도히 착취한 결과 한계가 발생하였다. 또 다른 차이는, 폴리네시아의 경우 그 한계의 상한선이 더 높았다는 것이다. 멜라네시아의 빅맨과 폴리네시아의 추장은 단지 정치적 진화과정의 다양성과 상이한 수준을 반영할 뿐만 아니라, 정치적 진보를 이룩하고 유지하는 데 동원되는 자원과 역량의 차이를 보여준다.

이들 두 사례를 나란히 놓고 볼 때 특히 두드러지는 점은 경제에 대한 폴리네시아 추장의 영향, 즉 사회를 구성하고 있는 여러 가구들의 생산에 대해 추장이 가졌던 커다란 영향력이다. 추방사회에서 정치적 조직의 성공은 각 가구의 경제에 대한 통제력을 얼마나 강화할 수 있는가에 달려 있다. 소위 미개사회에서 각 가구는 단지 생산의 기본 단위일 뿐만 아니라 독자적으로 생산의 방향을 결정할 수 있었다. 또한 생산은 사회적 소비가 아니라 가구의 자가 소비를 위한 것이었다. 폴리네시아의 추장제가 가진 커다란 잠재력은 바로 추장이 각 가구의 생산에 대해 발휘할 수 있는 커다란 영향력, 즉 분업을 확대하고 잉여를 창출하며 거대한 토목·건축 사업을 벌이고 대규모의 의례와 군사행동에 다시 그 잉여를 전용하는 능력을 의미한다. 폴리네시아의 추장제란 정치와 경제를 비롯한 문화의 모든 면에서 사회적 협동을 달성하기 위한 더 효과적인 수단이었다.

에스키모 사람들의 노래 시합

| E. 애덤슨 호블 |

에스키모 사람들은 분쟁을 해결하기 위해서, 씨름, 주먹 싸움, 박치기 등을 한다. 이러한 싸움은 군중들이 많이 모이는 축제 때 마치 운동시합처럼 열린다. 싸움의 목표는 상대방을 아예 없애려는 것이 아니라, 상대방의 복종을 얻어내려는 것이다. 분쟁이 무엇이었든, 힘으로 이긴 자는 사회적 명성을 얻고, 진 사람은 사회적 등급이 내려간다.

그런데 에스키모 사람들이 신체적인 힘과 동등하게 취급하거나 신체적인 용맹성보다 더욱 가치 있게 여기는 것이 노래 실력이다. 그러므로 사람들은 노래 연습을 열심히 한다. 신체적인 힘이 너무 약하다든지, 승리를 확실히 장담할 만큼의 훌륭한 노래 실력을 갖추고 있다면, 원한관계에 있는 사람에게 노래 시합을 요청한다. 북극에 사는 에스키모 사람들은 주먹 싸움과 박치기 같은 결투는 하지 않고, 노래 시합을 통해서만 분쟁을 해결한다. 그린란드에서는 박치기를 노래 시합과 함께 하기도 한다. 서부 그린란드에 사는 에스키모 사람들은 가족들이 합창을 함으로써 시합에 나간 사람을 도와주기도 한다.

사람들은 대개 노래 시합에서 전통적인 멜로디에 맞추어 노래한다. 상대방을 약 올리거나 놀리기 위해서 특별히 새롭게 작곡하여 부르기도 한다. 그러나 멜로디보다는 가사가 무기라 할 수 있다. 풍자가 많이 섞인

가사를 만들거나, 자기를 비하하는 가사를 만들기도 한다. 또한 노래를 부르면서 가사에 맞게 상대방을 조롱하면서 익살을 부리기도 한다.

동부 그린란드 에스키모 사람들의 노래 시합을 살펴보자. 이파아Ipa-는 이그시아아Igsia-의 세 번째 부인을 빼앗았다. 그러자 이그시아아는 이파아에게 노래 시합을 신청했다. 이파아는 노래 실력이 그리 좋지 않았기 때문에 그의 의붓아들인 에엠M-에게 대신 노래를 부탁했다. 에엠은 예전에 이그시아아가 에이이A-를 살해하려 했다고 비난했다. 다음으로 노래할 차례가 되었을 때, 이그시아아는 적절하게 익살을 섞어가면서 상대방을 조롱하였다.

"난 네가 노래부르지 못하게, 목소리조차 내지 못하게 하겠어."

(이그시아아는 에엠의 입에 나무 한 조각을 집어넣고 입술을 꿰매는 시늉을 했다.)

"적에게 무엇을 할 수 있을까? 이 자는 아무것도 부를 수 없고, 목소리조차 낼 수 없다네. 사람들은 네 목소리를 들을 수 없어. 그러니 난 네 입을 벌려 크게 만들 거야."

(이그시아아는 손가락으로 에엠의 입을 옆으로 잡아당겨, 고래의 지방을 가득 넣고, 막대기로 재갈을 물리는 시늉을 했다.)

"적이 내게 말하길, 내가 에이이에게 상처를 입히고 죽이려 했다지. 아니야, 우리가 남쪽에서 이리로 왔을 때, 이렇게 에이이와 북치기 시합을 했지."

(이그시아아는 가죽끈을 상대방의 입에 넣은 후 그 끝을 서까래 밑에 묶는 시늉을 했다.)

이런 식으로 노래는 한 시간 가량 계속되었다. 이그시아아가 이렇게 에엠을 조롱하고 있을 때, 에엠은 군중들에게 소리 지르고 웃으라는 시

'늑대 춤' 복장을 갖춘 에스키모 사람들(1910년 사진)
© Glenbow Museum

늉을 하였다. 에엠은 자기에 대한 조롱을 무시하고 있음을 보여주려는
것이다. 시합의 참가자들은 모욕적인 언사를 들어도 분노나 열정을 보여
주지 않는 것이 좋다. 노래시합 이후에는 소원해진 관계가 다시 정상화
되기를 바라기 때문이다. 때로는 화해의 징표로 선물을 교환하기도 한다.

어떤 노래는 비난과 풍자로 상대방을 조롱하기도 한다. 케이K-와 이
이E-가 대결했던 경우를 보자. 이이는 케이라고 하는 노인의 전처와 결
혼했다. 그러자 케이는 그녀가 자기한테 다시 돌아오길 원했다. 이이가
그녀를 보내주려 하지 않자 케이와 이이 사이에 노래 시합이 벌어졌다.
그들은 서로를 조롱하면서 노래를 불렀다. 노래의 내용은 다음과 같다.

에스키모
사람들의
노래 시합

케이 : 이제 말들을 잘게 쪼개내겠다. 작고 날카로운 말들로

마치 도끼로 잘라낸 나무 조각들처럼.

옛날부터 내려온 한 노래가 있어―조상님의 숨결처럼

내 아내를―그리는 노래

내 아내를 훔쳐 간 뻔뻔스럽고 못생긴 그 바보 녀석은

그녀를 경멸하려 했다네.

인간의 살을 좋아하는 비열한 자식―

굶주린 식인종 같은.

이이 : 숨을 멈추게 하는 오만함

우스꽝스러운 거만함과 뻔뻔스러움.

나를 비난하는 얼마나 빈정거리는 노래인가!

네가 내 가슴속에 공포를 심어 놓으려고!

죽음을 두려워하지 않는 나.

이봐! 넌 네 것이었던 내 여자를 노래하는군.

그땐 넌 그녀를 사랑하지 않았어―그녀는 혼자였을 뿐.

넌 노래할 때, 그녀를 칭찬하는 걸 잊었지.

이제 그녀는 내 거야.

결코 그녀는 거짓된 연인에게 돌아가진 않을 거야.

낯선 집에 있는 여자들의 배반자에게.

케이 : 나도 카약을 저어 우미악 Umiak 강을 따라가게 해주렴!

노래하는 사람들의 배를 따라서

마치 내가 두려워하는 것처럼!

마치 내가 나약한 것처럼!

내가 카약을 젓는 사람을 뒤쫓아갈 때

그가 기뻐하는 것은

이상하지 않아,

사촌을 거의 죽일 뻔했던 그가

사촌을 작살로 찌를 뻔했던 그가

만족스러워서

그런 기쁨을 느끼는 건 당연해.

이이 : 그렇지만 난 웃음이 나올 뿐

그렇지만 난 단지 재미있을 뿐

케이, 살인자는 바로 너야

넌 원래 질투가 많은 사람이지.

부러워했지

너는 부인을 세 명밖에 가지지 않았으니까,

부인의 수가 너무 적다고 생각하니까

그래서 넌 질투했어.

넌 네 부인들을 다른 사람들과 결혼시켜야 했어.

그렇다면 넌 그 남편들이 가져오는 걸 가질 수 있었을 테지.

케이, 넌 그런 것들에 관심이 없었기 때문에

집밖에서 네 여자들이 너를 욕했기 때문에

넌 네 친구들을 죽었던 거야.

　　동부 그린란드 사람들이 이렇게 상대방을 조롱하면서 노래를 부르는
반면, 서부 그린란드 사람들은 자기를 비하하면서 노래를 부르기도 한다.
물론 동시에 강한 비난과 비아냥거림으로 상대방을 공격한다. 한 남자가
다른 사람의 아내를 유혹했다. 아내는 유혹에 넘어가, 카약을 찢어 남편

을 물에 빠뜨려 죽게 한 후 남자와 결혼할 계획이었다. 그러나 그 계획은 실패하고 말았다. 여자는 육체적인 벌을 받았고, 남자는 노래로 조롱을 당했다. 남편이 그 남자를 공격하기 위해 부른 노래를 들어보자. 자기를 비하하는 형태의 노래이다. 에스키모 사람의 성격에서 자기 비하는 아주 중요한 부분이다.

아! 난 얼마나 망설이고 있는가!

노래해야만 하는 내 기분은 어떠한가.

강하지도 않은 내 영혼!

그 남자를 공격하는 노래를 해야 한다니.

그 남자 때문에 골치 아프다는 것은 또 얼마나 한심한가.

우리가 북쪽에 갔을 때,

우리가 키알리넥Kialineq에 갔을 때

늘 그랬듯이 그녀는 날 화나게 했지,

늘 그랬듯이 난 그녀를 야단쳤지.

난 이유 없이 화내진 않아.

늘 그랬듯이 그녀가 한 일에 기분 상했을 뿐,

내 카약의 덮개가 찢겼으니까.

구멍이 뚫렸으니까 :

내가 잠깐 밖에 나갔을 때, 그들은 말했지,

네가 나에 대해 이렇게 말했던가 :

무섭도록 사려 깊게 난 항상 행동한다고 :

난 언제나 비정상적일 정도로 관대하다고.

내가 그때 그를 똑같이 취급하지 않았다니 얼마나 어리석은가,

칼로 그를 찌르지 않은 것도.

널 내가 그렇게 관대하게 다루다니 얼마나 한심한지.

너에게 그렇게 사려 깊었던 것도 얼마나 한심한지,

악당인 너, 정말 날 화나게 했어.

전체 에스키모 영토에서 가장 중심부에 위치한 카리부Caribou 에스키모 남자가 앞의 노래와는 정반대의 상황에서 부른 노래를 들어보자. 한 여자가 남편의 학대를 받다 도망쳐서 다른 남자에게로 갔다. 전 남편의 도전을 받은 이 남자는, 노래에서 그 여자의 남편을 다음과 같이 혹평하였다.

한 부부에 대한

이야기를 속삭인다

그들은 서로 마음이 맞지 않았고

그렇지 않나?

화가 난 부인은

남편의 옷을 찢고

카누를 빼앗아

아들과 함께 노 저어 갔지.

아-예, 사람들아,

그를 어떻게 생각하는가?

그를 부러워할까,

분노가 대단한 그를

그러나 힘이 없어

무기력하게 엉엉 울고 있는

그는 벌 받는 것인가?

바보같이 교만하기만 한 그가

멍청한 말로 싸움을 시작하고 있는데도.

노래 시합에서도 승자는 있기 마련이다. 그러나 물리적인 힘겨루기나 어떤 초자연적인 힘을 빌려 이기는 것은 물론 아니다. 전통적인 멜로디를 훌륭한 솜씨로 불러 청중을 사로잡거나, 다소간의 진실이 있는 독설을 퍼부어 상대방의 말문을 막히게 하는 사람이 승자가 된다. 그렇다고 해서 승자가 실재적인 법에 정의된 권리나 특권을 부여받는 것은 아니고, 약간의 위세를 얻을 뿐이다. 그러나 더 중요한 것은, 에스키모 사람들은 노래 시합의 참가자들이 불만을 해소함으로써 심리적 만족을 얻고 다시 형평을 찾는 것이 정의를 실현하는 길이라고 생각한다는 점이다. 소위 말하는 좀더 '높은' 수준의 문명사회에서는 이러한 부분을 종종 놓치기도 한다.

에스키모 사람들의 노래 시합은 그 틀 속에서 논쟁을 해결하고, 소원해진 공동체 성원들 사이의 관계를 정상화하려는 노력을 기울인다는 점에서 법적인 제도라고 할 수 있다. 그러나 누가 옳고 누가 그르다는 식의 판결은 별로 중요하지 않다. 노래 시합은 그 무엇보다도 기쁨을 제공하므로 논쟁의 해결이라는 목적이 거의 잊힐 정도이다. 사람들은 때때로 무슨 원한 때문에 이렇게 모여 있는지 까맣게 잊어버릴 정도로 노래 부르는 데에만 열중하기도 한다. 오히려 최상의 노래 시합은 이렇게 본래의 목적을 잊을 때 이루어진다. 원한을 해결하려는 의도보다는 노래를 부르는 즐거움 그 자체가 더 클 때 노래 시합은 오랫동안 계속된다.

경제economy란 일반적으로 '먹고 사는 것', 즉 생계를 유지하기 위한 활동을 의미한다. 근대 이후에는 '최소의 비용이나 노력을 들여서 최대의 효과를 거두는 합리적인 행동'이나 '절약economizing'이라는 의미와 동일시되기도 한다. 그런데 한 사회에서 '합리적'으로 생각되는 행동이 다른 사회에선 그다지 합리적이지 않아 보이는 경우도 있다.

자본주의가 발전한 서구사회와 달리, 종종 저개발국가의 국민들은 합리적이지 않으며 잘 살아보고자 하는 의지를 가지고 있지 않다는 사실이 문제점으로 지적되곤 한다. 서구식 근대화 모델을 바탕으로 경제성장을 추진하던 1960년대의 한국정부는 사람들로 하여금 근검절약과 저축을 통한 부의 증대를 바라고 이를 위해 노력하도록 만드는 데 힘을 기울였다. 〈잘 살아보세〉라는 노래를 보급하고 "새마을 운동은 정신혁명"이라고 주장했으며 가정의례준칙을 제정하여 혼인이나 장례에 재물을 소비하는 것을 낭비나 사치로 규정하는 등 엄격히 금지하였다. 경제적 합리성의 추구는 사람들의 세계관을 개혁함으로써 이루어질 수 있다는 논리였다.

다음에 소개할 조지 포스터George Foster의 글은, 왜 전통사회의 농민들은 잘 살겠다는 의지에 불타고 있지 않은가, 왜 남보다 열심히 노력하고 근검절약함으로써 부자가 되려고 노력하지 않는가, 왜 농민들은 장례식이나 결혼식 등의 의례에 막대한 부를 소비하는가 등에 대한 답변을 제시한다. 포스터에 따르면, 농민들은 기본적으로 '이 세상에서 좋은 것은 한정되어 있다'는 사고방식을 가지고 있다. 마을 내에서 누군가가 갑자기 부자가 되었다는 사실은 마을 내의 누군가가 가난해져야만 가능하기 때문에, 부자가 되려고 노력하는 사람은 의심과 질시의 대상이 된다. 남보다 부자가 된 사람은 각종 의례에 축적된 부를 소비함으로써, 이웃들의 따가운 눈초리를 벗어날 수 있다.

따라서 농민들이 부자가 되는 유일하게 정당한 방법은 외부에서 부를 획득하는 것뿐이다. 과거에는 보물을 발견하는 것이 흔한 방식이었다. 이제는 미국에 살고 있는 친척의 도움을 뜻하지 않게 받거나 복권에 당첨되는 등과 같은 현대판 보물 이야기가 등장하고 있다.

응고된 고무를 기계로 압축시키기 전에 손으로 펴고 있는 말레이시아의 여성 노동자. 오늘날 제3세계의 노동자들은 점점 더 다국적 기업의 경제 체제에 종속되고 있다.
© 오명석

'좋은 것은 제한되어 있다'라는 세계관은 농민사회가 그만큼 폐쇄적이라는 것을 보여주기도 하지만, 이것이 모든 농민사회의 일반적 특성은 아니라는 사실도 명심해야 한다. 일찍이 인류학자인 에릭 울프Eric Wolf는 농민사회를 '폐쇄적 커뮤니티closed corporate peasant communities'와 '개방적 커뮤니티open peasant communities'의 두 가지로 구분한 바 있다. 폐쇄적 공동체에서는 포스터의 모델에서처럼 구성원 자격이 공동체 내에서 태어나고 성장한 사람으로 제한되며 결혼도 공동체 안에서 이루어진다. 강력한 사회적 유대와 동질성이 있으며 자가 소비를 위한 농사가 경제활동의 주된 내용을 이루고 있다. 또한 공동체 내에서 특정한 사람에게 부가 편중되는 것을 막기 위한 평준화 메커니즘이 있다. 반면에

'개방적 커뮤니티'에서는 외부사회와의 교류가 활발해서 환금작물을 많이 재배하고 그 판매를 위해 시장경제에도 참여한다. 라틴 아메리카에서 폐쇄적 커뮤니티는 토양이 척박한 고지대에, 개방적 커뮤니티는 저지대에 흔히 존재한다. 폐쇄적 공동체성은 농민사회의 보편적 특성이라기보다는 식민지배하에서 또는 국가의 착취로부터 원주민들이 스스로를 보호하기 위해서 발전시킨 독특한 양식이라는 견해도 있다.

또한 모든 농민사회가 동질성을 갖고 있는 것도 아니다. 정치적, 경제적, 사회적으로 농민사회는 다양한 집단으로 구성되어 있는 경우가 많으며, 경제적 기회를 추구하고 활용하는 방식도 개인에 따라 다르다. 농민들이 항상 현상유지와 자급자족에 만족하는 것은 아니며, 맹렬히 이익을 추구하기도 한다.

따라서 '한정된 재화의 이미지'는 현실에 대한 그릇된 인식이라기보다는 미래가 불확실한 상태에서 자신들이 통제하지 못하는 힘에 대한 농민들 나름대로의 적응과정에서 비롯된 것이라고 볼 수 있다. 실질적으로 다른 경제적 기회가 별로 없기 때문에 한 개인의 갑작스런 지위 향상이 지역 공동체에 대한 위협으로 인식되는 상황에서 농민들은 별다른 선택의 여지가 없는 것이다. 즉, 농민들이 부자가 되려고 노력하지 않는 것처럼 보이는 것을 이들이 체념적 태도를 가진 운명론자라거나 성취욕구를 결여하고 있다는 등의 심리적인 요인 때문이라고 설명할 수는 없다. 이러한 성향은 오히려 사회적이며 문화적인 것이다. 포스터의 글은 농민들, 나아가 도시 빈민들에게 나타나는 소위 '비합리적' 태도가 나름대로는 '합리적'이라는 점을 역설적으로 잘 보여주고 있다.

두 번째로 소개할 폴 보해넌Paul Bohannan의 글은, 서아프리카 나이지리아의 티브Tiv족의 사례를 통하여 아프리카 경제가 세계 자본주의 체제에 편입되고 화폐가 도입되면서 일어난 변화를 분석한다. 식민지 관리들에 의해 '화폐'라고 오해되었던 티브족의 놋쇠막대가 실제로 어떻게 사용되었던가를 검토함으로써, 보해년은 화폐의 도입이 얼마나 엄청난 변화를 야기하고 있는지를 보여주고 있다. 현재 티브 사람들이 겪고 있는 극심한 식량 부족과 '신부대'의 상승은 그 전주에 불과한 것이다.

혼인 시 남자 측(신랑의 친족집단)에서 여자 측(신부의 친족집단)으로 이전되는 상당한 규모의 부를 신부대新婦貸, bridewealth, brideprice라 한다. 반면에 여자 측에서 남자 측으로 이전되는 부는 지참금dowry이라 한다. 현대인류학에서는 'bride-price'라는 용어가 신부를 구입 또는 판매한다는 인상을 주기 때문에 정확한 표현이 아니라 하여 더 이상 사용하지 않는다. 그 대신 일반적으로 혼인과 더불어 여성 및 여성이 낳을 아이들에 대한 권리가 신부 측에서 신랑 측으로 이전되는 데 대한 보상으로 신랑 측에서 신부 측으로 이전되는 재화를 지칭하기 위하여 'bridewealth'라는 용어를 사용한다.

식민지배 이전의 티브족의 경제는 서로 독립적인 영역들로 이루어져 있었다. 사람들은 재래시장에서 식량 같은 하위 영역의 물건을 소나 놋쇠막대같이 위세를 높여주는 상위 영역의 물건과 바꾸려고 노력하였다. 경우에 따라서는 이러한 놋쇠막대나 소를 주고 신부를 맞아들일 수도 있었다. 놋쇠막대는 얼핏 화폐처럼 보이지만 그 용도는 극히 제한되어 있었으며, 모든 거래에서 지불이나 교환의 수단으로 사용된 것은 아니었으며, 화폐처럼 가치 척도 구실을 하지는 못하였다.

식민통치와 더불어 도입된 화폐는 모든 품목의 교환가치를 하나의 공통된 척도로 표시하게 되었다. 이러한 식민지배 상황에서 진행된 세계화 과정은 티브 사람들에게는 매우 고통스러운 것이었다. 세금을 내고 수입제품을 구입하기 위해 화폐가 필요하게 된 티브 사람들은 대량으로 환금작물을 재배하게 되었다. 위세를 높이려는 남자들은 농산물을 팔아서 생긴 돈으로 신부대를 지불하거나 자신의 지위를 높일 수 있는 다른 위세재prestige goods를 구입하였다. 그 결과 식량은 외부로 수출되었고 티브 사람들이 소비할 수 있는 생필품의 양은 점점 줄어들었다. 또한 신부대는 엄청나게 상승하였다. 화폐의 침투로 인하여 티브경제의 각 영역 간의 구분을 비롯하여 지금까지 중시되어 오던 여러 제도나 관행, 가치 등은 여지없이 붕괴되거나 변화를 겪게 되었다. 이러한 변화는 마치 "모든 것이 무너져내리고 모든 확실하던 것들이 녹아서 사라지고 있다"는 느낌으로 이들에게 다가왔다.

좋은 것은 제한되어 있는가

| 조지 포스터 |

한 사회의 구성원들은 현실을 비슷한 방식으로 파악하는 경향이 있다. 즉 '인지적 지향cognitive orientation'을 공유하는 것이다. 인지적 지향은 마치 문법이 사람들의 언어생활에 영향을 미치는 것과 같이 사람들의 행위에 영향을 미친다. 인지적 지향은 무의식적인 것이므로 사람들은 이를 명확히 인식하거나 설명하지는 못하지만 그들이 어떤 선택을 내리거나 행동하는 데 결정적으로 작용할 때가 많다.

인지적 지향은 하나의 모델이다. 좋은 모델이란 사실을 기술하는 것이 아니라 설명하는 것이며 예측할 수 있는 것이어야 한다. 그렇게 함으로써 연구자는 행동의 유형을 찾고, 유형 간의 관계를 발견할 수 있다. 즉 어떤 환경에서 사람들이 어떤 행동을 할 것인지를 알아낼 수 있다. 완전한 모델은 집단에 속한 구성원들의 모든 행위를 포함해야 한다. 그렇지만 현실적으로 이것은 불가능하며, 대부분의 행위를 포함한다면 이는 좋은 모델이라 할 수 있다.

집단의 구성원들의 규범적 행동이 특정한 인지적 지향에 의해 이루어진다고 할 때, 이런 행동은 합리적이고 의미 있는 것으로 간주된다. 반면에 상이한 인지적 지향에 따른 행동을 하는 사람은 비합리적인 행위를 한다고 여겨진다. 급격히 변화하는 세계에서 농민들은 사회경제적으로는 국가에 통합되어 생활하고 있으나 전통적인 세계관에 얽매여 있는 관계로 다른 사람의 눈에는 이들의 행위가 비합리적인 것처럼 보일 수 있으며 변화하는 생활조건에 적합하지 않아 보일 수도 있다. 그 결과 농민들은 국가의 발전에서도 뒤지게 되고 경제발전으로 인한 혜택도 제대로 누릴 수 없다.

이 글은 농민들의 인지적 지향에 관한 것으로서 이러한 인지적 지향 때문에 농민들이 어떤 방식으로 국가의 경제적 성장에 참여하는지를 분석할 것이다. 이와 더불어 비합리적으로 보이는 농민들의 행위가 이들의 인지적 지향에서 보면 합리적일 뿐만 아니라, 고전적인 형태의 농민사회를 유지하는 데에도 기여한다는 점을 밝힐 것이다.

'좋은 것은 양이 제한되어 있다'는 이미지

농민들은 기본적으로 세상을 바라볼 때 '좋은 것은 양이 제한되어 있다'는 생각, 즉 '한정된 재화의 이미지image of limited good'를 가지고 있다. 농민들의 사회적, 경제적, 자연적 삶의 모든 영역에서 토지, 경제적 부, 우정, 사랑, 남자다움, 명예, 존경, 지위, 권력, 영향력, 평온, 안전 등 농민들이 바라는 것들은 그 양이 한정되어 있고 항상 부족하다. 더욱이 이러한 것들은 늘 모자랄 뿐만 아니라 농민들에게는 그 양을 증가시킬 힘이 없다. 토지와 같이 유용한 것은 계속해서 분할될 뿐, 그 양이 늘어나지는 않는다는 것이다.

농민의 삶은 살고 있는 마을의 자연적, 사회적 자원에 의해 결정되고 제한되기 때문에, 농민들의 지역공동체는 하나의 '폐쇄적 체계'로 간주될 수 있다. 폐쇄적 체계에서는 한 개인이나 가족의 지위 향상이 다른 사람의 희생에 의해서만 가능하기 때문에 한 개인의 지위가 지나치게 향상

멕시코 친춘찬 마을의 전경

되면, 사회 전체를 위협하게 된다. 게다가 누가 희생을 당하는지, 누가 손해를 보는지가 항상 명확하지 않기 때문에 어떤 사람의 지위가 향상된 다는 사실은 모든 사람들에게 위협이 된다.

'한정된 재화'라는 모델은 멕시코의 미초아칸Michoacán 주에 있는 친춘찬Tzintzuntzan이라는 마을에서 수집된 자료를 바탕으로 만든 것인 데, 이 모델을 다시 친춘찬 사람들의 행위에 적용해서 경제적 행위와 사회관계를 연관시키면 놀라울 정도의 구조적인 규칙성을 발견할 수 있다. 이 모델은 다음과 같은 네 분야에 적용될 수 있다.

경제적 행위

농촌경제는 별로 생산적이지 못하다. 농촌지역에서는 대개 경제적 부의 생산이 제한되어 있고, 힘들여서 더 일을 한다고 해도 달라지는 것이 거의 없다. 농촌에서 토지의 면적은 오랫동안 한정되어 있었으며 부모의 집을 떠나 새로운 부를 창출해내기는 쉽지 않다. 경작할 수 있는 토지는 인구의 폭발적 증가와 토양의 피폐로 더욱 줄어들고 있다. 이와 더불어 농민들의 생산 기술은 수백 년 동안 거의 변화하지 않은 채로 남아 있다.

농민들은 노동과 생산기술, 그리고 경제적 부의 획득 사이에서 어떤 연관성을 찾아낼 수 없다. 단지 먹고 살기 위해서 일을 할 뿐 부자가 되기 위해 일하는 것은 아니다. 토지와 마찬가지로 경제적 부는 자연에 속해 있으며, 분할되거나 전달될 수는 있어도 절대양이 증가하는 것은 아니다. 관습에 의해, 또는 시간이 지나더라도 각 개인이나 가족이 소유할 수 있는 몫은 어느 정도 정해져 있다. 물론 개인의 몫은 고정된 것이 아니고 달라질 수 있지만, 마을 사람들은 한 개인이 어째서 그 정도의 몫을 차지하고 있는지에 대하여 항상 잘 알고 있으며, 이에 커다란 변화가 있을 경우에는 그 이유에 대한 설명이 필요하다.

우정

농민사회에서는 우정이나 사랑, 감정 등의 양도 제한되어 있다. 단편적인 예로 현지조사를 하고 있는 인류학자가 어느 사람에게 특별히 호의나 우정을 보이면 다른 사람들은 소외감을 느끼게 되고 인류학자를 도와주지 않으려고 한다. 라틴 아메리카에서 우정은 매우 희소한 귀중품으로서 진정한 우정이 있어야 외톨이가 되는 것을 피할 수 있다. 그래서 질투나 이별의 위협으로 인한 박탈감 때문에 폭력 사태가 발생하기도 한다.

농촌에서는 형제들 간에 경쟁이 심하다고 한다. 이는 아이들 각자에 대한 어머니의 사랑 역시 기본적으로 양이 제한되어 있다고 믿기 때문이다. 멕시코에서는 어머니가 다시 임신을 하여 큰아이의 젖을 떼게 되면 큰아이는 떼를 쓰고 소란을 피우거나 침울해 한다. 아직 태어나지도 않은 동생에 대해 질투를 느끼는 것이다. 아프리카 일부 지역에서는 큰 아이의 젖을 떼는 이유가 '동생이 형이나 언니를 질투하여 젖에 독을 넣기 때문'이라고도 한다. 어쨌든 사랑도 이들 모두에게 충분히 나누어줄 만큼 많이 있지 않다는 생각은 공통적이다. 이와 마찬가지로 남편도 임신한 아내와 성관계를 가질 수 없고, 아내가 자식들에게 애정을 쏟는 것에 대해서 화를 내고 질투를 하기도 한다. 다시 말해 아내의 사랑과 애정은 한정되어 있기 때문에 아이들이 많이 차지하면 그만큼 남편의 몫은 줄어든다는 것이다.

건강

농민들에게 건강이 한정된 재화라는 것은 자명하다. 농민들의 민간 의료법은 과학적 의술에 비해 제대로 농민들의 건강을 보호해 주지 못한다. 또한 위생과 면역의 결여로 발생하는 영양결핍 때문에 건강이 악화되고 있다. 따라서 농민들에게 건강과 질병은 주요한 관심사이다. 건강이 한정된 재화라는 생각은 라틴 아메리카의 농민들이 '피는 다시 만들어지지 않는다'고 믿고 있다는 사실에서도 드러난다. 즉 피는 생명과 같은 것이고 좋은 피가 많은 것은 건강하다는 것을 의미하는데, 피를 손실하면 건강을 해치고, 피가 계속 모자라면 살아 있기는 해도 허약해진다는 것이다. 따라서 농민들은 헌혈을 매우 꺼린다.

아프리카의 나이지리아에도 이와 비슷한 사례가 있다. 나이지리아에서는 피와 정액을 동일시한다. 남성은 정력을 지나치게 사용하면 허약해진다. 신중한 남자들은 성행위를 적절히 자제하고 헌혈을 피해야 된다. 멕시코에서는 건강이 머리카락과도 연관된다고 여겨지고 있다. 사람들은

좋은 것은
제한되어
있는가

여성들의 긴 머리를 좋아하지만, 머리가 길어질수록 몸의 에너지가 빠져 나가기 때문에 길게 기른 여성들이 대개 마르고 창백하다고 믿고 있다.

남성다움과 명예

남성들이 자신의 명예를 손상하는 일체의 행위에 대해 분노하거나 자신의 남성다움에 의문을 제기하는 행위에 저항감을 갖는다는 사실은 명예와 남성다움도 한정된 재화라는 것을 의미한다. 브라세로bracero*로 미국에 가서 일한 경험이 있는 멕시코 농촌 사람들은 미국 인류학자들에게 "미국에서는 여자가 명령하지 않느냐?"라고 종종 묻는다. 남자들은 남성다움과 가정의 통제권을 원한다. 멕시코의 남자들은 마치스모machismo**를 해치지 않으면서 아내와 남편이 가족 내의 책임과 의사결정을 공유할 수 있다고 믿지 않는다. 그래서 아무리 착한 아내라도 가끔 맞아야 한다고 믿는다. 이들은 미국에서는 아내를 때리면 감옥에 가야 한다는 사실을 알고는 놀란다.

마치스모의 본질은 용기이다. 대단한 용기를 가진 남자, 즉 마초macho는 강하고 건강한 사람으로서 공평하게 행동하고 약한 사람을 못 살게 굴지 않는다. 진정한 마초는 싸움을 피하지 않으며, 싸우면 언제나 이기기 때문에 무엇보다도 존경의 대상이 된다. 어떤 사람이 마치스모를 얻는다는 것은 이를 빼앗기는 사람이 있다는 것을 의미한다.

*___브라세로는 제2차 세계대전 중에 많은 젊은이들이 전쟁에 참여하면서 노동력이 부족해지자 미국이 멕시코와 협정을 맺어 합법적으로 미국에서 일하게 된 멕시코 노동자들을 의미한다. 이 협정은 1964년에 공식적으로 끝났다. 그러나 그 뒤에도 많은 멕시코인들이 불법으로 미국에 건너가서 일하게 되었는데, 현재는 이러한 불법 노동자들도 일반적으로 브라세로라고 한다.
**___지중해 인근 국가의 남성 우월주의 사상과 천주교의 남성에 대한 편견이 결합하여 나타난 라틴 아메리카의 남성 중심주의 사상을 의미한다.

농민들의 행위는 '한정된 재화의 이미지'가 기능하기 때문인가?

좋은 것은 한정되어 있어 더 이상 늘릴 수 없으며 한 사람이 얻는 이득은 다른 사람들의 희생에 의해 가능하다는 것이 농민들의 지배적인 세계관이라면, 사회제도나 개인의 행위, 가치, 인성 등은 모두 이러한 인지적 지향을 반영하며, 일정한 패턴을 드러내 보일 것이라 가정할 수 있다. 농민들은 자신의 안전을 극대화하고 전통적 질서체계 안에서 자신의 지위를 지키는 것이 가장 바람직한 행동이라고 믿게 된다. 자신이 현재 위험한 상황에 처해 있다고 느끼는 사람은 다음의 두 가지 형태 중 한 가지 반응을 보일 것이다. 첫째, 개인적 차이를 무시하고 개인주의에 제재를 가하여 공동체의 이익에 최대한으로 협력하거나 공산주의를 지향한다. 둘째, 극단적인 형태의 개인주의를 보인다.

농민들은 보통 후자를 선택한다. 그 이유는 확실하지 않지만 대개 두 가지 요소가 이러한 선택에 영향을 미치는 듯하다. 첫째, 협력을 위해서는 지도체제가 필요하지만 농민들은 스스로 자신들을 대표할 권력집단을 구성하지 못하고 있다. 강력한 인물이 권력을 휘두르는 경우도 있으나 이것은 일시적인 대책일 뿐, 문제를 구조적으로 해결하는 것은 아니다. 진정한 권력은 농민들의 지역공동체 외부에 존재하고 있기 때문에 농민사회의 정치구조에는 상부가 없다. 이는 농민들이 외부세력의 대리인 역할을 하는 것 이외에는 지역에서 권력을 획득하거나 행사하기 어렵다는 것을 의미한다. 농민사회는 보다 커다란 전체 사회의 일부이며 농민사회에서 지도자가 등장하는 것에 위협을 느끼는 정치 엘리트들은 이를 효과적으로 저지하고 있다.

둘째, 농민들 간의 협력은 경제적 여건 때문에 제한적일 수밖에 없다. 전형적인 농촌 가족은 식량을 생산하고 집도 손수 짓고 옷도 만들어 입으며 직접 생산물을 시장에 가져다 판다. 즉 농민들은 산업사회에서는 생각조차 할 수도 없고 수렵채집사회에서도 어려울 정도의 독립성을 가지고 삶의 문제들을 헤쳐 나가고 있다. 모든 농민사회가 독립성을 누리고 있지는 않지만, 농민사회는 그 어느 사회보다도 독립적이다.

농민들은 개인주의적이며, 가장 작은 사회적 단위인 핵가족이나 개인들은 자신들의 몫이라고 생각하는 것을 차지하기 위해 끊임없이 투쟁한다. 이러한 상황에서는 극도의 신중함과 자제력이 필요하며, 자신의 실질적인 힘이나 입장을 밝히지 말아야 한다. 따라서 의심과 상호불신이 커지게 된다. 남자들은 또한 용감해 보이기를 원하는데, 그래야만 약한 사람보다 표적이 될 가능성이 적어지기 때문이다. 이런 '상호불신의 정신'은 많은 농민사회에서 광범위하게 나타난다.

경제적으로 매우 윤택해졌거나 남들에 비해 엄청나게 많은 재화를 획득한 사람은 다른 사람들의 희생 위에 그렇게 되었다고 간주되며, 따라서 지역공동체의 안정에 위협이 된다고 여겨지고 있다. 농민문화에는 존립에 필수적인 안정을 유지하기 위한 두 가지 중요한 메커니즘이 있다. 첫째는 농민사회의 구성원들이 동의하고 사회적으로 인정되며 바람직하게 여겨지는 행위규범이며, 둘째는 채찍과 당근, 즉 실제 행동이 이러한 규범에 가깝게 이루어지도록 하는 제재와 보상이다.

모두가 동의하고 있는 지역공동체를 안정시키는 규범이란 기존의 상태를 그대로 유지하는 것이다. 좋은 것들, 특히 경제적 재화를 자신의 몫 이상으로 소유한 개인이나 가족들은 지역공동체 전체를 위협하는 존재이다. 그래서 경제적 부를 축적하는 사람들은 바람직한 규범을 어긴 것이 되고, 그렇게 되면 이러한 불균형을 시정하는 문화적 메커니즘이 작동하기 시작한다. 또한 많은 것을 상실했거나 남들보다 뒤처져 있는 개인이나 가족은 다른 방식으로 지역공동체에 위협이 된다. 이들은 질투, 시기, 분노 때문에 공공연하게 또는 은밀한 방식으로 자신들보다 '운이 좋다'

고 생각되는 사람들을 공격하게 된다.

지역공동체의 균형을 지켜주는 자동수정 메커니즘은 다음의 세 가지 수준에서 작동한다. (1) 개인 및 가족의 행위의 수준 : 여기에는 개인들이 사회 내에서 자신의 지위를 유지하는 수단 및 이웃사람들로부터의 제재나 착취를 피하기 위한 방법이 포함된다. (2) 비공식적이며 통상 비조직적인 집단 행위 : 지역공동체가 취하는 조치로서, 모두가 동의하고 있는 규범을 누군가가 어긴다고 느낄 경우 가하는 제재이다. (3) 제도화된 행위 : 어느 개인이나 가족이 초래한 불균형을 상쇄하기 위하여 지역공동체가 취하는 문화적 표현 형식이다. 이들을 각각 상세히 살펴보면 다음과 같다.

개인 및 가족의 행위

개인의 입장에서는 바람직한 행위의 지침이 되는 두 가지 규칙을 생각해볼 수 있다. 첫째, 제재를 피하려면 지역공동체 내에서의 자신의 상대적 지위가 물질적 또는 다른 측면에서 현저히 개선되었다는 증거를 노출하지 말아야 한다. 이전보다 나아졌다는 것을 드러내게 된다면 그 결과를 완화할 수 있는 조치를 취해야 한다. 둘째, 실질적인 삶에서 고통을 당하지 않으려면 자신과 가족이 기존의 상태보다도 더 떨어지지 않도록 해야 된다.

가족의 입장에서 지역공동체 내에서의 상대적 지위가 훨씬 향상되거나 그러한 의혹을 받을 경우에 문제를 해결하는 방법은 두 가지이다. 첫째, 이러한 결론을 낳을 수 있는 증거를 숨기는 것이다. 둘째, 이러한 비난에 정면으로 대응하는 것으로서 향상되었다는 사실을 인정하되, 의례에 비용을 지출하여 축적된 부를 모두 소비함으로써 정상적인 상태를 회

좋은 것은
재한되어
있는가

복하는 등 새로이 획득한 부를 마을에 해가 되도록 사용할 의도가 없음을 명백히 밝히는 것이다.

농민들의 지역공동체에 관한 연구에 따르면 전통적으로 농민들은 의복, 주택, 음식 등의 물질을 사용하여 위신을 높이기 위한 경쟁을 하지는 않는다. 또한 이들은 지도자 역할을 하려고 노력하는 등 권위를 얻기 위해 경쟁하지도 않는다. 농민들은 다른 사람들과 유사하게 보이고 행동하기를 원하며 지위나 행동 면에서도 다른 사람들의 눈에 띄지 않기를 바란다.

전통사회의 농민들은 왜 지도자가 되기를 꺼릴까? 농민들에게는 지도자가 되면 행동의 동기를 의심받게 되며 이웃사람들의 비판의 대상이될 것이라는 우려가 존재한다. 따라서 명성을 유지하려는 소위 '훌륭한' 사람들은 의례적인 것을 제외하고는 지역공동체의 책임을 맡는 것을 피하려 한다. 농민사회의 이러한 특징은 현대사회에서 발전에 필수적인 지도자들의 등장을 저해하고 있다.

위의 사실에 비추어 이상적인 농민은 어떤 사람인지를 짐작할 수 있다. 자신의 가족을 먹이고 입히기 위하여 일하며, 지역공동체와 의례의 책임을 완수하며, 남의 일에 참견하지 않으며, '튀려고' 하지 않지만, 자신의 권리를 어떻게 지켜야 하는지 알고 있는 사람이다.

이러한 인물은 혹시라도 다른 사람의 소유물을 차지하려는 것처럼 보이지 않도록 주제넘게 남의 일에 참견하지 않는다. 한번은 친춘찬에서 도자기 제작 기술이 어떻게 전파되었는지를 조사해 보았는데 아무도 이웃으로부터 기술을 습득했다는 사실을 인정하지 않았다. 질문을 하면 한결같이 자신들이 스스로 고안한 것이라고 답변하였다. 다른 사람에게 공을 돌리지 않으려는 생각은 멕시코에서 흔한 일인데 어떤 이는 이를 자기중심주의 때문이라고 설명한다. 그러나 이웃사람이 고안해낸 새로운 도자기 제작 기술을 이용하여 득을 보았다는 사실을 인정하지 않으려는 것은 '한정된 재화'의 세계관에 기반을 둔 것이라 할 수 있다. 도자기 만드는 사람은 다른 사람의 생각을 빌려서 사용했다는 사실을 부인할 수밖에 없다. 왜냐하면 다른 사람의 생각을 빌렸다는 사실을 고백하는 것은 본래 자신의 것이 아닌 남의 것을 취했다는 사실을 인정하는 행위로서, 애써 지켜온 자신의 이미지와 지역공동체의 균형을 깨뜨리는 것이다.

대부compadrazgo 관계가 어떻게 형성되었는지를 조사해 보아도, 친구에게 먼저 요청했다는 사람은 없고, 모두 다른 사람들이 부탁해서 이를 수락했을 뿐이라고 답변하였다. 현지주민들은 남에게 요청했다는 사실을 인정하는 것이 마치 주제넘게 남을 이용하거나 강요에 의하여 본래 자신들의 몫이 아닌 것을 얻으려 한 것처럼 보이지 않을까 우려하였다.

이와 관련된 부수적인 현상 중 하나는 농민사회에서는 칭찬이 드물다는 사실이다. 농민들은 다른 사람을 거의 칭찬하지 않으며, 인류학자 등 외부 사람의 칭찬을 받는 경우에도 막상 당사자는 그럴 이유가 없다고 부인한다. '한정된 재화'라는 맥락에서 이런 행동은 적절한 것이다. 이탈리아 남부의 농민들 사이에서도 이와 유사한 현상이 보고되고 있다. 어느 학자가 넓은 농토를 잘 경작하고 있는 농민을 칭찬하자, 그는 자신이 특별하게 한 일도 없고 "그저 아무렇게나 심었을 뿐"이라고 강력히 부인했다. 이러한 답변은 농민들이 환경을 변화시킬 능력을 가지고 있지 못하므로 자신감을 결여하고 있다는 사실을 보여주는 것이라 해석되기 쉽다. 그러나 이 농민은 아마도 틀림없이 학자의 칭찬에서 위협을 느꼈을 것이다. 왜냐하면 영농기술이 뛰어나다는 것은 남들의 질시 대상이 될 수 있음을 의미하기 때문이다.

비공식적 · 비조직적 집단행동

어떤 사람이 지역공동체 내에서 자신의 위치를 상승시킴으로써 마을의 안정을 저해하려 든다면 비공식적이고 비조직적이지만 제재를 받게 된다. 이러한 채찍 구실을 하는 것이 소문, 험담, 비방, 인신공격, 마술 등이며, 때로는 신체를 공격하기도 한다. 이러한 부정적 제재는 지역공동체의 공적인 결정의 결과는 아니지만 법에 의해 승인을 받은 것만큼 효과가 있다. 농민사회의 커다란 관심사 중 하나는 자신에 대한 남들의 평판이나 여론이다.

부정적 제재는 대개 비공식적이지만 때로는 제도화되기도 한다. 스페인 북부에서는 늙은 남자가 젊은 여자를 아내로 맞이할 때(대개 남자에게는 두 번째 결혼인데), 결혼 적령기의 젊은 남자들이 소방울을 울려 소란을 피우고 짚으로 만든 마네킹을 들고 행진하면서 냄새가 고약한 물질을 태우고 음란한 말을 떠든다. 한 번 결혼했던 늙은 사람이 다시 혼인한다는 것은 젊은이들이 아내로 맞을 수 있는 처녀들의 수를 줄이는 결과를 가져오기 때문에, 아직 한 번도 결혼하지 못한 젊은이들이 이러한 불평등에 대해 분개하는 것이다.

제도화된 행동

농민사회에서 기존의 세력 균형이 변화하려 할 때 제도적인 차원에서 기존의 상태를 유지하려는 노력이 나타난다. 지위가 향상된 사람들에게는 '당근' 전략의 하나로 의례에 과도한 비용을 지출하게 함으로써, 즉 '과시적 소비'를 하게 함으로써 균형을 유지한다. 라틴 아메리카에서는 마요르도모mayordomo(축제를 주관하는 사람)가 되어 엄청나게 비용이 많이 드는 축제를 주관하라는 압력을 받는다. 그 대신 그는 위신을 얻게 되는데, 이러한 위신은 위험한 경제적 부와 교환되었기 때문에 그다지 위협적인 것으로 여겨지지 않는다. 마요르도모가 된 사람은 무장해제당한 것과 마찬가지이며 아무런 해도 끼칠 수 없게 된다. 농민들이 축제를 벌이면서 화약, 양초, 음식, 음악 등에 상당한 부를 사용하고, 세례, 결혼, 장례 등의 의식에 막대한 액수의 비용을 쓰는 것은 나름대로 이유가 있다. 이러한 관행은 지역공동체의 안정을 위협했던 개인이나 가족을 별 마찰 없이 원상태로 돌아오도록 하는 재분배의 메커니즘이기 때문에 사회적으로도 인정되고 있다.

울프는 식민지 지배가 시작되면서 등장한 멕시코 원주민들의 '폐쇄적 공동체'에 대해서 언급하면서, 이런 제도는 '가진 자'의 것을 빼앗음으로써 모든 사람들을 '못 가진 자'로 만든다고 말한 바 있다. 부의 차이를 평준화하면서 부에 근거한 계급 격차가 등장하는 것을 막는 것이다.

농민사회의 개방적 측면

지금까지 농민공동체는 폐쇄된 체계라는 가정하에서 전통적인 농민들의 속성을 파악하였다. 그러나 실제로 농민사회는 폐쇄된 체계가 아니다. 비록 대다수의 농민들은 그렇지 못하지만 소수의 성공한 사람들은 마을 밖에 존재하고 있는 자원과 경제적 부를 활용하여 경제적 성공을 거둘 수 있다. 그러한 성공은 시기의 대상이 되기는 하지만 마을 안에서 누군가의 희생으로 발생한 것이 아니기 때문에 공동체의 안정을 위협하지는 않는다. 변화를 겪고 있는 오늘날의 농민공동체에서는 '계절적 이동'을 통한 임금노동이 외부의 부에 접근할 수 있는 가장 유용한 방법이다. 수많은 멕시코의 농민들이 브라세로로 미국에 와서 일함에 따라 상당한 자본이 농촌으로 유입되었다. 브라세로가 획득한 부는 마을 내의 누군가가 원래 가지고 있던 것이 아니기 때문에 부자가 되었다는 이유로 비판을 받거나 공격을 당하지 않는다. 즉, 소득을 크게 증가시키는 방법은 상당 기간 돈을 더 많이 벌 수 있는 곳을 찾아 마을을 떠나는 것뿐이다.

변화를 겪고 있지 않은 전통적 농민공동체에서는, 설명하기 어려운 부의 증가는 운명의 장난이거나 악마와의 계약 등에 따른 보물의 발견 때문이라고 간주된다. 친춘찬에서도 갑자기 형편이 좋아진 사람들은 보물을 발견했기 때문이라는 이야기가 전해진다. 변화하는 농촌마을에서 브라세로가 계절노동을 통해서 부를 증가시키는 것은, '보물찾기' 같은 이야기처럼 운명이나 행운에 의한 것으로 받아들여진다. 단지 이야기가 '근대적'으로 변형되었을 뿐이다.

돈 많고 힘 있는 후원자를 찾으려는 농민들의 관심도 이런 맥락에서 이해할 수 있다. 후원자들은 대개 마을에 살지 않기 때문에 폐쇄된 체계의 일부가 아니다. 운 좋게 후원자의 도움을 받은 사람들은 부러움의 대상이 되지만 이러한 도움은 마을 사람들의 정당한 몫을 빼앗는 것으로 간주되지 않는다. 친춘찬에서 이렇게 재화를 획득한 사람은 도덕성을 의심받는 일이 없도록 무엇보다도 먼저 자신의 행운과 재화의 출처를 널리 선전한다.

보물이나 후원자에 대한 이야기는 농민들이 지니고 있는 보다 광범위한 견해의 일부가 표현된 것에 불과하다. 즉 모든 형태의 성공이나 진보는 운명, 신의 도움, 행운으로 인한 것이지 열심히 일하거나 노력하거나 절약을 통해 이루어지는 것이 아니다.

이러한 여러 예들은 가치체계를 비교할 때 흔히 인식되지 않는 근본적인 진리를 강조하고 있다. 즉 전통적 농민사회에서 근면과 절약은 그다지 도움이 되지 않는 도덕적 가치에 불과하다. 토지와 기술이 제한되어 있기 때문에 일을 더 열심히 한다고 해서 수입이 느는 것은 아니다. 생계를 유지하는 것이 목적인 경제에서는 절약이 별로 의미가 없다. 왜냐하면 절약할 것이 없기 때문이다.

농민의 인지적 지향과 경제성장

농민의 인지적 지향과 이에서 비롯되는 행태는 개발도상국의 경제발전 문제와 밀접히 관련되어 있다. 예를 들어 전통적인 마을 사람들에게 엄청난 의례비용의 지출은 마음의 안정을 가져다주는 데 필수적이다. 막대한 비용이 드는 의례를 간소화하면 자본을 축적할 수 있겠지만, 농민들은 이를 경제성장의 전제조건이라기보다는 지역공동체를 위협하는 행위로 보며, 따라서 이를 피하려 든다.

국가의 개발계획에는 건강이나 교육 등 마을 수준에서 취할 각종 개선책들이 포함되어 있다. 그러나 전통적 농민사회에서 협조란 지역공동체 전체의 복리를 위한다기보다는 상호 간의 의무를 다한다는 의미만 있을 뿐이다. 그리고 상호 간의 불신 때문에 협조를 통하여 마을의 문제를 해결한다는 것은 대단히 어렵다. '한정된 재화의 이미지' 때문에 농민들은 공동의 사업계획에 참여하기를 꺼린다. 삶에 있어 '좋은 것'은 양이 제한되어 있고 더 많아지지도 않으며, 행운이 찾아오지 않는 한 다른 사람들의 희생에 의해서만 얻어질 수 있다면, 협조를 통해 새로운 사업을 추진한다고 해도 과연 얻을 것이 무엇이 있겠는가?

근면과 절약이 번영의 열쇠라는 말은 농민사회에서는 의미가 없다. 운명이 성공에 이르는 유일한 길이라면, 신중하고 사려 깊은 사람은 행운이 찾아올 기회를 극대화하려고 노력할 것이다. 즉 횡재를 할 수 있는 곳이 어디인가를 찾아서 가급적 그러한 곳에 있으려 할 것이다. 이러한 세계관을 지닌 많은 사람들이 복권에 관심을 갖는 것은 바로 이 때문이다. 당첨될 가능성은 크지 않지만 복권이야말로 평범한 사람이 행운을 만날 수 있는 유일한 방법이다.

현대의 복권제도는 농민사회의 '보물 찾은 이야기'에 해당한다. 적어도 친춘찬 사람들은 이를 잘 알고 있다. "요즘은 왜 보물을 찾은 사람이 하나도 없느냐?"는 질문에 대해 어느 노인은 "보물을 찾은 사람은 없지만 그 대신에 복권이 있다"라고 대답했다. 이러한 소위 '요행 증후군'은 사람들이 생각하듯 경제적 진보를 저해하는 요소가 아니라, 실질적으로 개인의 진보가 거의 불가능한 상황에서 등장한 현실적인 방책이다.

일찍이 매클랜드David McClelland는 경제적 진보를 위해서는 먼저 성취욕구가 있어야 한다고 주장한 바 있다. 성취욕이라는 심적 상태의 변화는 경제적 성장의 결과가 아니라 오히려 그 원인이라는 것이다. 실험을 해보면 성취욕구가 강한 아이들은 도박을 회피한다고 한다. 왜냐하면 도박에서 이긴다고 해도 개인적인 성취감이 없기 때문이다. 그렇지만 성취욕구가 약한 아이들은 상대적 위험을 측정하고 그에 따른 적절한 행동을 하지 못한다고 한다. 성취욕구가 약한 아이들은 "전통적으로는 매우 경제적으로 행동하면서도, 승산이 거의 없는 시도에서 크게 한번 따려고 복권에 탐닉하여 소액을 거는" 사람들과 유사하게 행동한다고 한다. 즉 현실적인 위험부담에 대한 의식이 없다는 것이다.

그러나 전통적인 농민사회에서 성취욕구가 희소한 이유는 심리적 요인 때문이 아니라, 성취욕구를 드러내면 제재를 받기 때문이다. 성취욕구를 느끼거나 이 때문에 무언가를 하려고 하는 농촌사람은 자신이 속한 사회의 기본적이며 묵시적인 규칙을 위반하는 것이다. 정태적이고 폐쇄적인 사회에서 부모나 학교가 교육을 통하여 어린이에게 억지로 성취욕구를 불어넣으려 시도하는 것은 오히려 그 어린이의 사회 적응을 어렵게 만드는 것에 불과하다.

따라서 농민들이 복권을 사는 것은 매클랜드의 주장대로 "전통적인 경제문제에 대처할 때에는 합리적으로 행동하다가도 횡재를 바라며 비합리적으로 행동하는" 등의 일관성을 결여한 행위가 아니다. 농민들로서는 자신이 처한 전통적 환경을 나름대로 파악하고 위험과 기회를 현실적으로 계산한 결과인 것이다. 그렇다면 농민사회에서 복권을 사는 사람은 성취욕구가 약한 것이 아니라 오히려 강한 성취욕구를 보여주고 있는 것이다. 다만 이러한 행위는 지역공동체를 위협하는 것으로 인식되지 않고 있으며, 이 사회에서 유일하게 허용되고 있는 성취욕구의 발현이다.

경제발전을 위해서 필요한 것은 교육을 통하여 어린이들에게 성취욕구를 불어넣는 것이 아니다. '한정된 재화의 이미지'를 탈피하여 '사회체계는 열려 있으며 기회는 증가하고 있다'라는 식으로, 창의적인 사람들이 불안감을 느끼지 않도록 사회나 경제에 대한 농민들의 기본적인 견해를 변화시키는 것이다. 변화를 저해하는 것은 심리적 요인이 아니라 사회적 요인이다. 창의를 발휘하는 것이 이익을 가져다 주며, 그렇게 하더라도 부정적인 제재를 받지 않는다는 것을 농민들에게 보여준다면 농민들은 얼마 안 가서 성취욕구를 갖게 될 것이다.

이런 일들이 오늘날 전 세계에서 일어나고 있다. 국가경제가 팽창하면서 발생하는 기회를 이용하는 기업가들의 수는 늘어나고 있다. 성공한 소규모 기업가들은 평등이라는 이상이 자신들의 이익에 불리하다는 것을 알고 있는데, 이들은 자신이 가진 경제적 부를 숨기려 하지 않으며 의례적 지출을 통해 자신들의 부를 재분배하지도 않는다.

'한정된 재화'라는 시각에서 보면, 농민들이 경제적으로 비합리적이거나 바람직한 심리적 욕구를 결여하고 있기 때문에 보수적이고 후진적인 태도를 취하면서 국가의 경제적 진보를 방해하는 것이 아니다. 농민들이 보수적인 이유는 전통사회에서는 개인의 향상이 지역공동체의 안정에 대한 최대의 위협이며, 모든 문화적 표현의 형식도 기존의 상태를 유지하려는 경향이 있기 때문이다. 농민사회는 보수적이어야만 농민사회로서 계속 존재할 수 있다.

화폐의 사용과 아프리카 사람들의 삶

| 폴 보해넌 |

화폐로 오인된 놋쇠막대

놋쇠막대는 원래 유럽에서 수입된 직경 0.6cm, 길이 90cm 정도의 은못 dowel(목공에서 보이지 않게 안으로 박는 못)이다. 티브 사람들은 이를 녹여서 장신구로 가공하거나 여러 다른 용도에 사용하기도 하였다. 나이지리아의 남부 등 몇몇 지역에서는 놋쇠막대를 노예 거래 시 '화폐'로 사용했고, 티브 사람들도 이를 특정한 영역에서 마치 화폐처럼 가치의 척도, 지불과 교환의 수단이자 부를 축적하는 방법으로도 사용하였다.

티브족을 식민통치하기 시작한 영국 관리들은 티브 사람들이 특정한 경우에만 교환이나 지불수단으로 사용하던 '놋쇠막대'를 모든 곳에 유통되는 화폐라고 착각하였다. 상당수의 학자들 또한 티브 등 아프리카 일부 지역에서는 본격적으로 유럽의 영향을 받기 전부터 이미 화폐가 사용되고 있었다고 주장하였다.

경제학자들은 화폐가 적어도 세 가지 기능을 하고 있다고 본다. 화폐는 교환의 수단이자 지불의 수단이며 가치의 척도이다. 여기에 부의 축적이라는 용도가 추가되기도 한다. 그런데 몇몇 고대제국뿐만 아니라 상당수 미개사회에서 어떤 물품은 그중 어느 한 용도로만 사용된다. 다른 용도로는 또 다른 물건이 사용된다. 경제사학자인 폴라니Karl Polanyi는 이 세 가지 용도 모두에 사용되는 화폐를 '일반목적적 화폐general-purpose money'로, 이에 비해 한두 가지 용도에만 사용되는 것을 '특수목적적 화폐special-purpose money'로 구분하였다. 이러한 구분에 따르면 아프리카에는 서구와 접촉하기 이전부터 특수목적적 화폐는 널리 사용되고 있었으나 일반목적적 화폐는 거의 없었다고 할 수 있다.

그러나 놋쇠막대는 시장이나 혼인 등의 몇몇 중요한 교환 영역에서 화폐의 여러 기능 중 단 한 가지, 즉 지불수단의 기능만을 수행했을 뿐이며 진정한 의미의(일반 목적적) 화폐라고는 할 수 없다. 지금부터 놋쇠막대를 왜 진정한 의미에서 화폐라고 할 수 없는지, 그 이유를 살펴보려고 한다.

세 개의 영역으로 이루어진 티브족의 다중심 경제

티브Tiv족은 나이지리아 중부 베누 계곡Benue Valley에 살고 있다. 이들은 농사를 지어 넉넉한 생활을 하고 있었으며 잘 발달된 재래시장에서 농산물과 수공예품을 교환하는 등 지방과 지방 사이에 교역을 하고 있었다. 화폐를 사용하지 않았던 여러 다른 민족들과 마찬가지로 티브족의 경제에서 교환의 대상이 되는 모든 물건들은, 서로 다른 도덕적 가치와 제도를 가지고 있는 몇 개의 분리된 영역에 속해 있었다. 이러한 영역들은 각기 고립되어 있었으며, 한 영역에서 축적한 부를 다른 영역에 속하는 다른 품목으로 변환할 수 있는 제도적 수단은 극히 제한적으로 존재하였다. 이러한 경제를 다중심적multi-centric 경제라 한다.

전통적으로 티브 사람들의 다중심적 경제는 생계subsistence영역, 위세prestige영역, 혼인 및 친족 영역 등 세 개의 영역으로 이루어져 있었다. 생계와 관련된 첫째 영역에는 인근에서 생산된 모든 식량, 즉 주식인

얌yam과 각종 곡식류, 여기에 각종 양념이나 부식용 야채, 작은 가축(닭, 염소, 양) 외에도 절구, 맷돌, 호리병, 바구니, 항아리 등의 각종 주방용구와 농기구 등의 연장 및 이를 만드는 데 사용되는 원료가 포함되었다. 생계영역 내에서 재화의 분배는 선물의 증여나 시장 거래를 통해 이루어졌다. 화폐는 전혀 사용되지 않았으며 모든 물건은 물물교환을 통하여 임자가 바뀌곤 하였다. 필요한 생필품의 교환은 잘 발달된 시장조직에서 이루어졌다. 티브의 상인들은 시장에서 손에 넣은 물건들을 교환 조건이 보다 유리한 지역의 시장으로 가져가 다른 물건과 교환하였다. 이렇게 생계영역은 자유롭고 무제한적인 시장의 논리가 지배하고 있었다.

이와 달리 두 번째 영역인 위세영역은 시장조직과 전혀 관련이 없었다. 위세영역에 속하는 것으로는 소, 각종 의례적·주술적 '직위職位', 투구두tugudu라는 커다란 흰색 천, 약, 마술 그리고 금속막대 등이 있었다. 티브 사람들은 얼마 전까지만 해도 소와 의례적 직위의 가격을 놋쇠막대와 투구두 천으로 표시하였다.

경제학자라면 이들 위세영역에 속한 재화의 교환에도 수요와 공급의 원리가 작동하고 있다고 주장하겠지만, 이러한 재화의 교환은 잘 발달된 티브족의 시장조직을 통해서 이루어지지는 않았다. 실제로 이러한 재화의 교환은 각종 의식, 의례적인 부의 과시, 원주민 치료사의 치료의례 등이 행해질 때 이루어졌다.

위세영역에서는 놋쇠막대가 화폐처럼 통용되었다. 그러나 놋쇠막대는 위세영역이라는 극히 제한된 범위 내에서만 그리고 오직 이 영역 내에서만 교환과 가치의 척도로, 또한 지불수단으로 사용되었기 때문에 전 영역에서 통용되는 '일반목적' 화폐라고는 할 수 없었다.

위세영역은 생계영역과는 완전히 분리되어 있었다. 유럽과의 접촉

화폐의 사용과
아프리카
사람들의 삶

이후, 놋쇠막대가 종종 티브족의 시장에 등장한 경우가 있었으나, 놋쇠막대는 단지 지불수단으로 쓰였을 뿐, 교환수단이나 가치척도로 사용되지는 않았다. 티브 사람들은 식량을 손에 넣기 위해 의례적 직위를 팔지 않았으며, 아주 절박하지 않으면 주방용구의 대가를 놋쇠막대로 지불하는 사람도 없었다.

셋째 영역은 혼인 및 친족 영역이다. 티브 사람들이 교환하는 것 중에서 가장 중요한 품목은 다른 인간에 대한 권리, 특히 여성에 대한 권리였다. 여자를 다른 여자와 직접 교환하는 '교환혼exchange marriage'*

이 공식적으로 금지된 지 25년이 지났지만, 티브 사람들의 정서에서는 여전히 중요하게 여겨졌다. 셋째 영역에서 교환되는 것은 모두 인간에 대한 권리들로서, 여성과 어린이에 대한 권리의 교환이 그 대부분을 차지하였다.

티브 사람들의 혼인 교환

티브 사람들의 혼인은 매우 복잡하다. 아마 경제학자들은 여기에도 공급과 수요의 원리가 작동하고 있다고 하겠지만, 티브 사람들은 '혼인'과 '시장'을 확연히 구분하였다. 식민통치가 시작되기 전에 티브 사람들의 '진짜' 혼인은 모두 '교환혼'의 형태를 띠었다. 그런데 두 남자가 서로 누이를 주고받는 단순한 형태의 교환혼은 실제로 거의 일어나지 않았다. 상대에게 줄 '누이'가 없는 남자들은 누이 대신에 다른 여성을 상대에게 보냈으며, 상대 역시 '누이'가 없는 경우에는 '누이에 상당하는 여성'을 보내주었다. 이렇게 남자들이 '누이 대신에' 상대방에게 아내감으로 보낼 수 있는 여성을 티브 사회에서는 '잉골ingol'이라고 한다.

서로 가까운 곳에 거주하는 소규모의 부계종족父系宗族은 상대로부터

티브족의 아내의 집 외관(위)과 내부(왼쪽).
티브족 남자들은 한 명 이상의 아내를 둘 수 있다.
© GAI

'여성'을 받는 대신에 상대에게 '아내'로 줄 수 있는 '누이에 상당하는 여성'(잉골)을 확보하기 위하여 '잉골 공유 집단'을 구성한다. 이 집단에 속하는 남성들은 다른 집단과 '잉골'을 '교환'하고 이를 집단 내부에서 분배한 결과 모든 집단구성원들이 각각 하나 혹은 그 이상의 잉골을 관리하게 된다. 남자들은 자신이 관리하는 잉골을 집단 외부 사람에게 아내로 주고 그 대가로 다른 여성을 받게 된다. 이러한 여성은 잉골 관리인 또는 그와 가까운 남계 친족의 아내가 되거나, 때로는 '잉골 공유 집단'에 의해서 관리되다가 다른 여성과 교환하기도 한다.

그런데 티브 사람은 지극히 현실적이고 섬세한 사람들로서, 여성의 의사나 행복을 무시하고는 결혼이 성공할 수 없다는 것을 알고 있다. 잉골은 눈이 맞은 남자와 도망치기도 하며, 때로는 잉골을 받은 쪽에서 그 대가로 보내야 할 여성을 보내지 않는 경우도 있다. 그러면 잉골을 받기만 하고 보내지 않은 쪽(남자 쪽)의 '잉골 공유 집단'은 잉골을 보내기만

하고 받지 못한 쪽(여자 쪽)의 '잉골 공유 집단'에게 '빚'을 지게 된다. 때때로 이러한 채무는 실제 혼인이 이루어지고 두세 세대가 지난 후까지 남아 있기도 한다. 채무를 청산하는 가장 단순한 방법은 혼인한 결과 출생한 큰딸을 아내의 '잉골 공유 집단'에 잉골로 보내는 것이다.

이러한 체제를 유지하는 데는 실제적인 문제가 따르므로 다양한 보완책이 필요하다. 즉 채무의 이행이 지체되는 동안 일종의 '보증금'을 내도록 하거나, 혼인의 효력을 제한적으로만 인정하는 것 등이다. 그리하여 여자를 받기만 하고 주지 않을 때, 즉 혼인교환이 지연될 때에는 대개 놋쇠막대를 '보증금'으로 지불했으며, 때로는 소를 주기도 하였다. 이 경우 놋쇠막대나 소가 결코 잉골로 줄 여성을 대체하는 것은 아니었다. 여성을 받은 '대가'는 오직 또 다른 여성으로만 지불할 수 있기 때문이다.

티브 사회에는 교환혼 외에도 '켐 콰세kem kwase'(여성/아내 모으기)라는 또 다른 형태의 결혼이 있다. 이러한 '켐' 혼인은 여성을 받은 대가로 여성을 주는 것이 아니라 놋쇠막대를 주는 것이다. 티브 사람들에 따르면 '켐' 혼인은 전통적인 관습이 아니며 원래의 형태에 대해서는 다소 논란이 있다.

'켐' 혼인의 본질은 여성에 대한 성적, 가내적家內的, 경제적 권리의 획득에 있다. '켐' 혼인의 경우에는 '교환혼'과 달리 여성이 낳은 아이들은 자동적으로 '남편의 아이들'이 되지 않는다. 여성을 아내로 받고 그 대가를 여성으로 치른 교환혼의 경우, 남편과 그의 종족은 '아내로서의 여성에 대한 권리rights in uxorem', 즉 여성에 대한 성적, 가내적, 경제적 권리와 '생식자生殖者로서의 여성에 대한 권리rights in genetricem', 즉 여성이 낳은 아이를 자신의 사회적 집단에 귀속시킬 권리 등 두 종류의 권리를 자동적으로 획득한다. 그러나 여성으로 대가를 치르지 않은

'켐' 혼인의 경우 남편은 '아내로서의 여성에 대한' 권리만을 얻을 따름이다. 아내가 낳은 아이들을 남편 자신의 아이로 만들기 위해서는, 즉 남편의 사회적 집단에 귀속시키기 위해서는 남편은 아내의 '관리인'에게 추가로 무엇인가를 주어야 한다. 그런데 이러한 추가 지불을 통하여 얻는 것은 '이미 낳은 아이들에 대한 권리'이지 '여성의 생식 능력 자체에 대한 권리'는 아니다. 이러한 권리를 얻을 수 있는 유일한 방법은 아내를 얻을 때 다른 여자로 그 대가를 치르는 것, 즉 여자와 여자를 맞바꾸는 것뿐이다.

'켐' 혼인의 경우 여성으로 대가를 지불하는 대신에 놋쇠막대가 지불되었다. 그러나 티브 사람들의 전통에서는 여성에 대한 권리는 오직 다른 여성에 대한 동일한 권리하고만 교환될 수 있을 뿐, 놋쇠막대 등 다른 영역에 속하는 물건으로 대체하거나 값을 매길 수는 없었다. '켐' 혼인은 얼핏 보면 남부 아프리카와 동부 아프리카에서 행해지는 '신부대 혼인新婦貸 婚姻, bridewealth marriage'과 유사하지만, 여기에는 중요한 차이가 있다. 신부를 받는 대신에 신부 쪽에 소를 주는 '신부대 혼인'의 경우에는 여성에 대한 권리와 소에 대한 권리가 동일한 경제영역 내에 있으며, 여성과 소는 상호 직접 교환이 가능하다. 그러나 티브 사람들의 경우에는 여성에 대한 권리를 얻으려면 반드시 다른 여성을 주어야만 한다. 즉 여성을 직접 교환해야만 하였다. '켐' 혼인의 경우 신부 쪽에 주는 놋쇠막대 등의 물건은 본질적으로 '신부'와 동등한 가치를 가지고 있지 않다고 간주되고 그 효과 또한 다르다. 즉 '켐' 혼인에서 신부 쪽에 지불되는 놋쇠막대는 신부의 값을 매기는 수단, 즉 가치의 척도로 사용된 것이 아니다.

화폐의 사용과
아프리카
사람들의 삶

두 가지 서로 다른 교환 유형 : 이전과 전환

서로 교환되는 품목들이 티브에서는 각기 다른 영역에 속할 수도 있고, 이러한 영역은 도덕적으로 높고 낮은 등급을 가지고 있으며, 대부분의 교환은 동일한 영역 내에서 이루어지고 있다는 사실 등을 바탕으로 우리는 다음과 같이 주장할 수 있다. 즉 교환에는 두 가지 상이한 종류가 존재한다. 첫째는 동일한 영역에 속해 있는 품목들 간의 교환이며 둘째는 서로 다른 범주에 속하는 품목들 간의 교환이다. 이 두 가지를 구분하기 위하여 영역 내 교환을 '이전移轉, conveyances'으로, 영역 간 교환을 '전환轉換, conversion'이라 하자. 티브 사람들은 이 두 가지 교환에 대해 전혀 다른 '도덕적'*태도를 가지고 있다.

동일한 영역 내에서의 교환, 특히 오늘날까지 변치 않고 그대로 남아 있는 생계물품의 교환에 대해서는 아무도 도덕적 평가를 하지 않는다. 이와 달리, 상이한 영역에 속하는 품목들이 교환되는 경우에는 도덕적 판단이 따른다. 도덕적으로 상급의 범주에 속하는 품목(예 : 여성)을 손에 넣기 위해 그보다 하급의 범주에 속하는 품목(예 : 놋쇠막대)을 준 사람은, 자신이 '용감'하며 인생에서 성공한 사람이라는 사실을 자랑한다. 하위범주에 속하는 품목(예 : 식품)을 손에 넣기 위해 상위범주의 품목(예 : 놋쇠막대)을 내주는 사람은 고귀한 동기(대개는 친척을 돕기 위해서) 때문이라고 자신의 행위를 애써 정당화한다.

'이전'은 시장 제도와 밀접히 관련되어 있으나, '전환'은 '이전'에 비해 훨씬 더 복잡하다. '전환'은, 어떤 품목들은 경우에 따라 동등한 가치의 대가를 받지 못하면서도 교환될 수 있다는 사실에 기초하고 있다. 각 영역은 등급에 따라 위계가 매겨져 있으므로, '전환'의 결과 교환에 참여한 한쪽은 등급의 측면에서 득을 보고(좋아지고) 다른 쪽은 손해를 보게 된다(나빠진다). 티브 사람들은 놋쇠막대를 손에 넣기 위해 음식을 내주는 것은 '좋고', 반대로 음식을 손에 넣기 위해 놋쇠막대를 내주는 것은 '나쁘며', 또 아내를 얻기 위해 소나 놋쇠막대를 내주는 것은 '좋지만', 소나 놋쇠막대를 얻으려고 관리하고 있던 잉골 여성을 주는 것은 '아주 나쁘다'고 평가한다.

개인적인 관점에서 보면 하위등급의 품목을 상위등급의 품목으로 '전환'함으로써 높은 도덕적 평가를 얻을 수 있기 때문에 하위등급의 부를 적절히 투자하는 것이 유리하다. 즉 생계영역에 속하는 품목을 놋쇠막대 등 위세영역의 품목으로 전환하거나, 이 두 영역의 품목 모두를 궁극적으로 친족과 혼인 영역의 품목으로 '전환', 즉 여성과 교환하는 것은 티브 사람들이 추구하는 개인적 목표이다. 경제학 용어로 표현하자면 '전환'은 궁극적으로는 이윤 극대화maximization의 한 형태이다.

티브의 혼인체계는 남성이 자신이 가진 놋쇠막대를 아내로 '전환'하는 것을 허용하고 있다. 즉 그는 '켐' 혼인을 통해 아내를 얻을 수 있고, 아내가 낳은 아이들을 또다시 '켐' 증여를 함으로써 자신의 아이로 만들수 있다. 그러한 경우 아내가 낳은 딸은 교환혼에서 '잉골'로 사용될 수있다. '잉골 공유 집단'을 통하는 것 이외의 방식으로 어떻게든 아내 또는 '잉골'을 얻는 것은 모든 티브 남성들의 간절한 바람이다. '잉골 공유 집단'을 통하지 않고 얻은 아내가 낳은 딸들은 '잉골 공유 집단'의 구성원이 나누어 갖는 것이 아니라 남자의 아들들이 관리하게 된다. '잉골 공유 집단'을 통하지 않고 아내를 얻으면, 그 남성은 재정적으로 또 인격적으로 유능하며 인생에서 성공을 거둔 사람이라고 인정받게 된다. 또한 이 경우, 아내에 대한 남편의 권리는 남성의 독립적 재산으로서 '잉골 공유 집단' 등 부계친족의 간섭을 받을 필요가 없어진다.

따라서 위세영역의 품목인 놋쇠막대를 사용하여 친족영역에서 아내와 아이들을 증가시키는 것, 즉 위세영역의 부를 친족영역의 부로 '전환'하는 일은 흔하게 발생하였다. 교환혼 이외의 결혼은 모두 이러한 방식의 '전환'이었으며 대개 놋쇠막대가 사용되었다.

생계영역의 부를 위세영역의 부로 '전환'할 때에도 통상 놋쇠막대가 사용되었다. 놋쇠막대는 때때로 지불수단으로 시장에서의 거래에 등장하기도 하였다. 잔치에 필요한 대량의 식품을 자신의 아내들의 노동을 통해서 마련하기 어려울 경우, 남성은 가지고 있던 놋쇠막대를 내주고 식량을 손에 넣기도 하였다.

그러나 놋쇠막대는 일반적인 의미의 화폐가 아니었다. 우선 놋쇠막대는 분할이 불가능하였다. 놋쇠막대를 주고는 '거스름돈'을 받을 수가 없었다. 게다가 놋쇠막대 하나의 가치는 대부분의 생계물품 시장에서 상인이 하루에 팔 수 있는 양을 크게 웃돌 정도로 컸다. 물론 놋쇠막대를 주고 닭을 몇 마리 손에 넣을 수는 있지만, 티브 사람들은 그런 막대 하나라면 엄청나게 많은 양의 얌과 바꾸었어야 마땅했다고 생각할 것이다. 그러므로 놋쇠막대를 주고 후추 같은 자그마한 물품을 사는 것은 우스꽝스러운 짓이었다. 즉 놋쇠막대는 경우에 따라 위세영역에서 생계영역에 걸쳐 화폐로 기능하였지만 이는 아주 특별한 경우이며 대량 구매 시에만 사용되었다.

'전환'은 사실상 티브 사회에서 '남성적 가치'를 증명하는 행위이므로 어느 의미에서는 바람직한 일로 여겨졌다. 티브 사회에서는 생계영역의 물품을 많이 가진 사람(요즈음은 돈만 많이 가진 사람)은 경멸의 대상이 된다. 생계영역에서 어느 정도 부를 지니고 있으면서도 이에 상응하는 위세를 추구하지 않거나, 아내와 자식을 더 많이 얻으려 노력하지 않는 사람은 무언가 인격적 결함이 있는 사람이라 간주된다.

그러면서도 티브 사람들은 생계영역의 부를 '전환'하여 쉽게 위세를 얻어내는 것 또한 막으려고 애쓴다. 부자를 시기하는 사람들은 주술을 사용하여 부자와 그의 주위 사람들을 병에 걸리게 한다. 그러므로 결국 부자들은 이를 치유하는 의례의 제물 마련에 부를 소비하게 되어, 경제적 평등이 유지된다. 그러나 일단 '전환'이 이루어지고 나면, 주술은 효과가 없어지거나 적어도 새로운 형태를 띠게 된다.

그러므로 자신의 부를 상위범주의 품목으로 '전환'시킨 사람은 성공한 것이다. 그는 용감한 사람이며 두려움과 존경의 대상이 된다. 이러한 과정 전체를 통하여 놋쇠막대가 중추적인 역할을 하기 때문에 초기의 식민지 행정관리들이 놋쇠막대를 화폐라고 오해한 것도 무리는 아니다.

놋쇠막대는 위세영역 내에서는 일반목적적 화폐라고 할 수 있었다. 그러나 위세영역 밖에서 이루어지는 교환, 그중에서도 가장 활발한 교환제도인 시장과 혼인의 경우 놋쇠막대는 화폐의 여러 기능 중 단 한 가지, 즉 지불수단으로서의 기능만을 수행하였다. 즉 티브 사회에는 세 개의 영역으로 구성된 다중심적 경제가 존재하고 있었으며, 놋쇠막대는 위세영역이라는 한정된 범위 내에서 일반목적적 화폐로 기능하였고, 다른 영역들이 겹쳐지는 특수한 거래의 경우에는 특수목적적 화폐로 사용되었다.

화폐의 도입과 그에 따른 변화

이제 우리가 살펴볼 문제는, 19세기와 20세기 초반 식민지 지배를 통해, 티브 사회와 같은 다중심적 경제에 통용범위가 훨씬 넓은 일반목적적 화폐가 도입되면서 일어나는 변화를 살피는 것이다. 물론 서구의 영향은 경제제도에 한정되지 않았다. 행정조직과 선교단을 비롯한 다른 요인들도 변화의 수단이라는 점에서 이에 못지않은 위력을 발휘하였다.

영국의 식민통치에 따른 가장 커다란 변화의 하나는 사회 전반에 걸쳐 치안이 확립되었다는 사실이었다. 과거에는 아무도 감히 자신의 친족이나 특별한 친구들이 살고 있는 지역을 벗어나 아무 데나 이리저리 다닐 수 없었다. 그러다가는 죽임을 당하거나 노예로 잡히기 일쑤였다. 식민통치에 의한 경찰제도의 도입으로 치안이 확립되면서 도로가 건설되기 시작했다. 돌아다니는 것이 안전하고 비교적 용이해졌다. 치안의 확립과 새로운 도로망으로 인해 교역이 증가하고 시장의 수도 늘어났다.

식민지 통치의 초기에는 조세가 현물로 징수되었으나, 몇 년 후 주조화폐가 도입되면서 세금을 화폐로 내게 되었다. 티브 사람들은 현금을 마련하기 위해 직접 교역에 뛰어들거나 외부 상인과 계약을 맺어야만 했다. 무역회사는 정부와 손을 잡고 재빨리 환금작물의 재배를 추진하였다. 티브인들은 환금작물의 경작면적을 대폭 늘렸으며 이를 상인들에게 팔아서 마련한 현금으로 세금을 납부하고 수입품을 구입하였다.

티브 경제는 무역회사를 통해 외부세계의 경제와 연결되었다. 무역회사는 티브 사람들이 생산한 환금작물을 구입했고 이들에게 수입품을 공급하였다. 수입옷감, 법랑식기, 철제품 등은 대개 원주민 상인들의 네트워크를 통해 판매되었다. 무엇보다도 중요한 변화는 일반목적적 화폐의 도입이었다. 화폐의 도입으로 티브 사람들의 관념과 제도에 실질적인 커다란 변화가 일어났다.

일반목적적 화폐의 등장으로 지금까지 서로 독립되어 있던 각 영역을 초월하는 공통의 척도가 나타났으며 각 영역에 속하는 품목들의 가치는 단 하나의 기준으로 표시되어 즉각 교환 가능하게 되었다. 새로운 화폐는 일반적으로 물물교환이 이루어지던 생계영역에서도 가치의 척도로 사용되었다. 또한 신부대를 지불하는 수단으로도 사용되기 시작하였다. 그럼에도 불구하고 티브 사람들은 여성이 음식처럼 '값'이 매겨지거나 가치가 쉽게 평가될 수 있다고는 믿지 않았다.

일반목적적 화폐의 본질은 모든 물품의 교환가치를 하나의 공통의 척도로 표준화하는 것이다. 놋쇠막대는 바로 이러한 기능을 수행하지 못했었기 때문에 '제한적 목적의 화폐'였던 것이다. 이미 살펴본 바와 같이 놋쇠막대는 '위세영역'에서 이루어지는 몇몇 '이전'에서 가치의 척도로 사용되었으며, 일부 '전환'에서는 지불수단으로 이용되었으나 가치의 척도로 사용되지는 않았다.

이러한 상황에서 식민지 행정 초기의 당국자들은 놋쇠막대를 '화폐', 즉 일반목적적 '화폐'라 해석하였다. 따라서 이들은 행정명령을 통하여 놋쇠막대와 새로운 주조화폐 사이의 교환비율을 정하고 놋쇠막대를 '퇴장시켜(유통을 중단시켜)', 하나의 화폐를 다른 화폐로 대체하는 것은 간단한 일일 것이라 생각했다. 그러나 이러한 조치는 특수목적적 화폐만 존재하던 곳에 일반목적적 화폐를 도입하는 일이었다. 오늘날 모든 '전환'과 대부분의 '이전'은 주조화폐를 통해 이루어지고 있다. 그럼에도 불구하고 티브 사람들은 여전히 화폐에 대한 불신을 표시하고 있다. 화폐라는 단일한 교환수단의 등장으로 지금까지 존재하던 영역 간의 구분은 사라졌으며 티브 사회에는 단일중심uni-centric 경제가 형성되었다.

화폐가 사용되자 시장의 범위가 크게 넓어졌다. 이에 따라 시장에서의 가격은 인접한 지역의 생산자나 소비자와 멀리 떨어진 곳에서의 수요와 공급에 의해 결정되게 되었다. 이러한 상황에 대해 티브인들은 외부 상인들이 자신들의 시장을 망쳤다는 반응을 보이고 있다. 이제까지 여성의 영역으로 한정되었던 식료품의 교환영역에 식량거래를 위해 남성들이 나서고 장거리 교역에도 종사하게 되었다. 티브 사람들이 모이는 주요시장에는 외부로 수출할 식량을 실은 트럭이 줄을 잇게 되었다. 티브 사람들은 과거에 비해 훨씬 넓은 면적의 땅을 경작하지만 식량은 오히려 적어졌다고 한다. 티브의 노인들은 이러한 상황을 개탄하고 있지만 왜 이런 일이 일어났는지는 모르고 있다. 그러면서도 무엇인가 대책을 세우려다 보니 때로는 여성들의 식료품 판매를 금지하는 조치를 취하기도 한다. 아내들은 이러한 결정에 불복하는데, 남편들도 이러한 불복종이 정말로 나쁘다고 느끼지 않는다.

티브 사람들은 식량의 유출을 막기 위해 티브 출신이 아닌 상인들에 대해 차별적 조치를 취하기도 한다. 티브의 노인들은 생계유지에 필요한 식량이 급격히 유출되는 상황을 비난하면서, 이러한 사태에 대한 책임은 식량을 판매하는 수단인 화폐, 그리고 화폐를 이 땅에 가져온 유럽인들에게 있다고 말하는 등 하나같이 화폐 자체를 저주하고 있다.

티브 사람들에게 더욱 커다란 문제는 화폐가 혼인제도에 미친 영향이다. 오늘날 신부대를 돈으로 받고 있는 '잉골' 여성의 '관리자'들은 자신들이 손해를 보고 있다고 느끼고 있다. 이들은 신부대로 받은 돈으로 자기 자신이나 아들을 위해 아내를 얻으려고 시도하지만, 이는 화폐의 본질 때문에 매우 어렵다고 한다. 티브 사람들은 딸을 '팔아서te' 아내를 '사야만yam' 하는 현실을 개탄한다. '신부대혼'을 '교환혼'으로 만들 수 있는 가능성이 사라져버렸기 때문에 신부대혼에는 아무런 도덕적 품위도 없다.

화폐의 도입에 따라 티브의 경제는 단일중심적으로 변화하였다. 이렇게 등장한 단일영역은 시장의 성격을 가지고 있으므로, 결국 시장이 확대된 것이나 마찬가지라고 할 수 있다. 제도는 이렇게 변화했지만 부를 최고의 범주에 속하는 여성과 아이들로 '전환'시켜야 한다는 티브 사람들의 기본적 가치는 여전히 남아 있다. 그리고 이러한 가치와 제도 간의 괴리 때문에 티브 사람들은 모순적인 상황에 직면하고 있다. 오늘날 식량 등 생계물품을 팔아서 번 돈으로 각종 위세재와 여자를 사는 등, 자신의 위세를 빠르게 높이는 것은 그리 어렵지 않은 일이 되어버렸다. 그러나 이렇게 판매된 식량은 외부로 유출되며 그 결과 티브 사람들이 소비할 생계물품의 절대량은 줄어들게 된다. 한편 여성의 수는 한정되어 있다. 그 결과 신부대는 점점 올라간다. 즉 여성에 대한 권리는 시장에서 거래되기 시작했지만 공급이 한정되어 있으므로 여성의 가격이 상승하는 것이다.

티브 사람들은 원래 한 사람이 소유하고 있는 부를 다른 사람들과 같은 수준으로 줄이기 위하여 서로 주술을 걸었다고 믿을 정도로 평등주의적인 사람들이다. 화폐가 도입되면서 빈부의 격차는 커지고 있으며 아마도 이러한 경향은 앞으로 계속될 것이다. 또한 화폐의 도입과 함께 새로운 형태의 부채가 등장하였다. 과거 티브 사람들의 부채란 아내를 받는 대신에 앞으로 '잉골' 여성을 주어야 한다는 것이었으며(이는 친족체계와 모순되는 것이 아니었다), 그러지 않으면 위세가 줄어드는 것을 감수해야 했다. '외상'은 친족과 이웃 간에만 주고받는 것으로서, 금융업자의 행위라기보다는 가족의 지위와 관련된 일이라고 생각되었기 때문에 생계영역에서는 부채가 존재하지 않았다. 일반목적적 화폐의 도입과 이에 따른 시장의 확산으로 부채는 친족이나 지위의 개념으로부터 분리되었으며, 생계영역에서도 부채 개념이 등장하였다.

요컨대 시장의 확산과 일반목적적 화폐의 도입으로 티브 경제는 세

273

화폐의 사용과
아프리카
사람들의 삶

계경제의 일부로 편입되었다. 이에 따라 티브 사회의 여러 제도는 심각한 변화를 겪게 되었다. 화폐는 모든 것을 끔찍할 정도로 단순화시키는 전무후무한 사상의 하나로서 다른 모든 새롭고 강력한 사상과 마찬가지로 그 자체가 새로운 혁명을 창조한다. 화폐 혁명은, 적어도 아프리카의 이 지역에서는 다중심적 경제로부터의 이탈을 의미하는데, 그 과정은 매우 고통스러운 것이다.

열 번째

상징과 의례

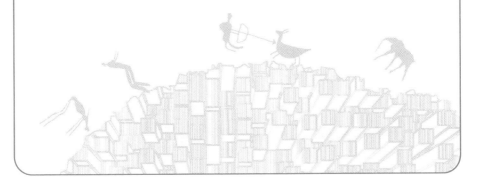

〈음식남녀飲食男女〉라는 대만영화를 보면, 아버지와 딸들이 일요일 저녁 만큼은 반드시 함께 식사하는 모습이 나온다. 가족식사라는 일상생활의 의례는, 주인공인 아버지에게 음식과 입맛이 어떤 의미인지를 잘 보여주며, 가족의 유대감을 강화해 준다. 회의를 시작하면서 행하는 국민의례는 공식적인 일의 시작을 알려 준다. 표준화된 의식으로서의 의례는 어떤 일을 수행하기 위해 틀에 박힌 행위들을 꼼꼼하게 정해주며, 상징과 상징적 행위를 통해 문화적인 의미를 만들어낸다.

우리는 여러 가지 의례에 둘러싸여 살고 있다. 그중 일부만이 초자연적 존재나 힘과 관련된, 좁은 의미에서의 종교적인 의례라 할 수 있다. 세속적인 의례이건 종교적으로 신성한 의례이건 의례는 보통 과도기에 행해지는 법이다. 과도기는 어떤 상태인지 모호하기 때문에 위험이 따른다. 의례는 상태가 명확히 정의되지 않을 때 일어날 수 있는 위험을 억제하는 기능을 한다. 메리 더글러스Mary Douglas는 범주가 애매모호할 때 오염이 나타나며, 의례는 범주를 명확하게 해주고, 범주의 경계나 한계를 규정한다고 주장한다. 오염된 것을 정화하기 위해서나 시간, 계절, 생애 단계가 바뀔 때 의례를 행해야만 하는 이유가 바로 여기에 있다.

또한 결혼이나 죽음같이 개인의 지위가 바뀔 때, 이사할 때, 경찰관에 임용될 때, 단체경기가 시작될 때처럼 경계가 확실하지 않을 때 의례가 행해진다. 따라서 의례는 어떤 것이 하나의 범주에 속하고 다른 범주에는 속하지 않는다는 것을 공표한다(어떤 사람은 아이가 아니라 어른이다, 지금은 건기乾期가 아니고 우기雨期이다, 나는 이제 저쪽 친족집단의 일원이 아니라 이쪽 친족집단의 일원이다). 빅터 터너Victor Turner가 이야기한, 이쪽

도 저쪽도 아닌 의례의 중간단계(문지방 단계liminal stage)에서조차 중간단
계의 경계는 명확하게 인식된다.

북미지역 한 대학병원의 수술병동에 대한 민족지인 「수술실 이야기」
라는 글에서는 수술을 하나의 의례행위로 분석하고 있다. 물론 수술을
준비하고 행하는 일련의 행동은 우리가 보통 생각하는 의례가 아니다.
그러나 전통에 의해 확립된 절차를 따르는 일련의 행동을 의례라고 정의
한다면, 앞에서 소개한 호러스 마이너의 「나시르마 사람들」이라는 글에
서처럼 수술의 절차를 의례로 간주할 수 있다.

인류학자들이 주로 연구하는 종교적인 의례들은 가치를 표현하고 전
달하며, 일상생활의 제도와 연결되어 있다. 그러나 수술실은 일상생활과
분리되어 있으며, 수술실 의례는 수술실 밖의 가치나 범주와는 관련이
없다. 수술실 의례처럼 일상과 떨어진 특수한 상황에서 행해지는 의례를
살펴봄으로써, 지금까지 인류학 문헌에서 간과되어 왔던 의례의 색다른

277

의미에 대해서 이해할 수 있을 것이다. 수술실 의례는 범주의 경계를 명확하게 규정함으로써, 의례의 참가자들이 경계 안에서 자율성을 가질 수 있게 만든다.

의례에서 통상 성聖과 속俗을 구분하는 것처럼, 수술병동에서도 깨끗함과 더러움, 소독과 감염을 구분한다. 병원의 수술병동은 일상에서 분리되어 고립된 영역이다. 수술을 시작하기 전에 시술자들과 물건들을 소독하면서 소독과 감염을 명확하게 구분 짓는다. 수술은 째고, 처치하고, 꿰매는 세 단계의 과정을 거친다. 수술하는 과정에는 항상 위험이 도사리고 있다. 단계마다 물건과 작업에 대한 소독과 감염의 구분이 바뀌게 된다. 게다가 단계가 바뀌는 도중에는 소독과 감염의 구분이 명확하게 드러나지도 않는다. 이렇게 구분이 애매해질 때 의례가 행해진다.

의례에는 실질적인 행위보다는 표현적인 행위가 더 많이 나타난다. 또한 의례는 과학적이고 합리적인 행위보다는 비합리적인 행위를 더 많이 포함하고 있다. 그러나 우리는 수술병동에 대한 민족지를 통해, 과학적인 기술을 사용할 때에도 틀에 박힌 행위들을 꼼꼼하게 정해주며 단계가 바뀌는 상황을 알려주는 의례가 효과적으로 사용되고 있음을 알게 된다.

수술실 이야기

|펄 카츠|

북미지역의 한 대학병원의 수술병동을 보자. 수술병동은 정해진 가운을 입은 사람만이 출입할 수 있는 제한구역으로, 병원 안의 다른 병동과 뚜렷이 구분된다. 수술병동에서는 감염 예방이 중요하므로 소독된 것과 감염된 것을 구분하는 것이 중요하다. 이를 위해 수술병동에서는 깨끗함과 더러움을 나름대로 규정하여 분리시키고 있다.

수술병동의 공간구조도 이러한 구분과 분리의 원칙을 따르고 있다. 수술병동은 크게 주변구역과 수술지역으로 나누어진다. 수술지역은 다시 바깥쪽, 중간, 안쪽 구역으로 나누어져 있다. 주변구역에서 안쪽 구역으로 갈수록 깨끗한 곳이다. 깨끗한 구역이 더러운 구역으로부터 오염되지 않도록 구역들은 물리적으로 확연히 차단되어 있다. 수술병동에서 가장 깨끗하지 않은 주변구역에는 마취과 의사의 사무실, 병리학 검사실, 탈의실, 그리고 간호사와 의사의 휴게실이 있다. 주변구역에 들어가기 위해서는 의료진임을 나타내는 흰 가운을 입어야 한다.

수술지역의 바깥쪽 구역에는 환자와 파란색이나 녹색 가운을 입은 의료진만이 들어갈 수 있다. 미닫이문을 열고 바깥쪽 구역에 들어가면, 먼저 출입을 통제하는 간호사를 만나게 된다. 복도에는 매일 매일의 수술일정과 현재 이용되고 있는 수술실을 알려주는 칠판이 걸려 있다. 수술을 받으려는 환자들은 복도의 한쪽 벽을 따라 한 줄로 놓여 있는 침대 위에 누워 있다. 복도 한쪽의 책상에는 수술실 일정을 조정하는 간호사가 앉아 있다. 이 간호사는 각각의 수술실과 인터폰으로 지속적으로 연락을 주고받는다. 바깥쪽 구역에는 수술이 끝난 직후 환자들을 수용하는 회복실이 있다.

중간구역은 '무균지대aseptic core'라고 일컬어지는 곳으로, 이 대학병원에는 세 개의 무균지대가 있다. 각각의 무균지대에는 다섯 개의 문이 있다. 하나는 바깥쪽 구역과 통하는 문이며, 나머지 네 개의 문은 각각 수술실로 통한다. 무균지대에 들어가기 위해서는, 마스크로 입과 코를 가리고, 덮개로 신발과 머리카락을 감싸고, 파란색이나 녹색 가운을 입어야 한다.

가장 안쪽 구역에는 수술실과 세탁실이 있다. 안쪽 구역에는 세 개의 문이 있다. 하나는 바깥쪽 구역에서 바로 들어오는 문으로 환자들이 출입한다. 작은 유리창이 달린 문은 의료진이 무균지대에서 수술실로 들어올 때 사용한다. 세 번째 문은 세탁실로 통하는데, 두 개의 수술실이 하나의 세탁실과 연결되어 있다. 세탁실은 수술과정에서 더러워진 가운과 의료기구를 처리하는 곳이다.

수술 전의 의례

수술실 의례에서 수술을 시작하기 전 무균지대에서 손과 팔뚝을 씻는 세척과정은 매우 중요하다. 세척과정에서 수술진은 엄밀하게 규정된 시간과 동작에 따라, 손가락, 손톱, 팔뚝 등에 있는 세균을 가능한 한 많이 제거해야 한다. 수술을 집도하거나 직접 수술을 돕는 의사와 소독 간호사 scrub nurse만이 소위 말하는 세척의례에 참여한다.

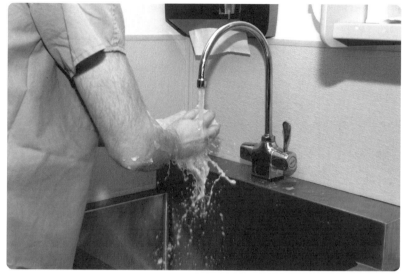

　한 의사의 세척과정을 살펴보자. 7분이라는 규정된 시간 내에 씻기 위해, 그는 먼저 시계를 본다. 엉덩이로 수도꼭지 버튼을 눌러 물을 틀고, 소독약에 담겨 있는 손톱 다듬는 줄과 솔, 그리고 스펀지가 들어 있는 꾸러미로 손을 내민다. 2분 동안 손톱 다듬는 줄로 손톱을 청소한다. 한쪽 팔을 2분 30초 동안 솔과 스펀지로 문질러 씻은 후 수도꼭지에서 나오는 물에 완전히 헹군다. 그 다음 역시 2분 30초 동안 다른 쪽 팔을 씻는다. 사용한 세척도구들을 버리고, 엉덩이로 버튼을 눌러 수돗물을 잠근다.

　세척이 끝난 의사는 역시 엉덩이로 문을 밀어 수술실로 들어간다. 세척한 손과 팔은 다른 물건이나 사람과 닿아서는 안 되기 때문에 팔뚝을 들고 다녀야 한다. 소독 간호사가 소독된 수건을 건네주면, 손가락을 하나씩 닦고 난 후 바닥에 놓인 용기에 그 수건을 던진다. 허리부터 겨드랑이까지 앞쪽 겉에만 소독된 파란색이나 녹색 가운을 입을 차례이다.

가운 앞쪽의 겨드랑이 윗부분과 허리 아래, 가운 뒤쪽과 안은 소독되지 않았다. 소독 간호사가 가운의 바깥쪽 소독된 부분을 들고 있으면, 의사는 가운의 소매에 손을 집어넣는다. 이 단계에서 손이 가운의 바깥쪽에 닿지 않도록 주의해야만 한다. 가운의 바깥쪽은 소독된 상태인데, 의사의 손은 깨끗하긴 하지만 아직 소독되지는 않았기 때문이다.

의사가 가운을 걸친 후, 소독 간호사는 소독된 장갑의 열린 부분을 의사의 손 쪽으로 향하게 하여 든다. 의사는 차례로 한 번에 한 손씩 장갑에 밀어 넣는다. 이러한 동작은 한순간에 이루어져야 한다. 장갑을 한쪽만 낀 상태에서 장갑을 끼지 않은 다른 손으로 장갑을 잘 끼우려고 해서는 안 된다. 그러나 양 손에 장갑을 끼고 나서는 장갑과 소매를 비롯한 가운의 앞쪽을 만질 수 있다.

아직 가운은 몸에 딱 맞도록 죄여 있지 않다. 의사가 소독된 장갑을 낀 채 가운의 소독된 앞부분에서 허리끈을 풀어, 세척을 하지 않은 부소독不消毒 간호사circulating nurse(수술에 직접 참여하지 않고 주변에서 도와주는 간호사)에게 건네준다. 부소독 간호사가 의사의 소독된 장갑을 건드리지 않은 채 허리끈을 들고 서 있는 동안, 의사는 360도로 회전하여 자기 몸을 끈으로 감는다. 소독된 끈은 부소독 간호사의 손이 닿는 순간 감염된다. 부소독 간호사는 허리끈과 가운의 다른 끈을 묶는다. 가운의 끈은 소독되지 않은 가운 뒤쪽에 묶여 있기 때문에 감염된 상태로 남는다.

손과 팔뚝을 세척하고, 가운을 입고 수술용 장갑을 끼는 의례를 보면, 소독된 것에 대한 분류와 감염과정에 대한 기본원칙들을 알 수 있다. 첫째, 수술실에서는 물건과 사람을 소독된 것과 그렇지 않은 것으로 분류한다. 소독되지 않은 물건은 깨끗한 것, 더러운 것, 감염된 것 등으로 다시 세분된다. 마취과 의사와 부소독 간호사는 소독되지 않은 상태이다.

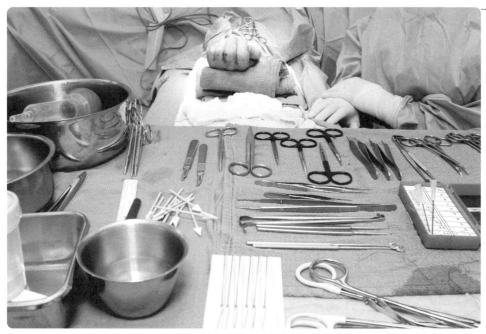

소독된 수술도구들이 소독 상태를 의미하는 녹색 천 위에 가지런히 놓여 있다.

세척을 한 외과 의사와 소독 간호사는 장갑을 낀 손을 비롯한 몸의 일부만 소독된 상태이다.

둘째, 소독된 물건이 소독되지 않은 물건과 접촉하면 소독되지 않은 상태로 변하게 되는데 이를 감염이라고 한다. 감염된 물건은 일정 시간 동안 고압솥에서 소독되면 다시 소독된 것으로 바뀔 수 있다. 그러나 감염된 가운과 장갑은 소독된 새것으로 교체해야만 한다. 장갑이 감염되면, 소독된 새 장갑을 끼기 전에 3분 동안 손과 팔뚝을 다시 세척해야만 한다.

대부분의 소독된 물건들은 녹색을 띠거나, 적어도 녹색 물건과 접하고 있다. 소독된 수술도구들은 트레이(수술용 쟁반)에 놓여 있는 녹색 천 위에 놓는다. 녹색 천은 소독되었지만, 천의 아래쪽은 소독되지 않은 트레이와 접촉해 있으므로 감염된 상태이다. 그러나 천의 위쪽은 소독된 상태이며, 소독된 도구들은 소독된 천 위에 놓여 있으므로 여전히 소독된 상태이다.

수술실 침대 위에 있는 전등을 사용할 때에도 소독과 감염의 원칙을 따른다. 수술이 시작되기 전, 소독 간호사는 전등에 소독된 손잡이를 단다. 의사와 보조의사 그리고 소독 간호사는 소독된 손잡이를 잡고 등을 조절한다. 부소독 간호사와 마취과 의사는 소독되지 않은 등의 프레임을 가지고 빛의 방향을 조절한다.

'깨끗한', '더러운', '소독된', '감염된'이라는 말의 의미는 수술의 단계에 따라 달라진다. 수술이 시작되기 전, 수술실은 깨끗하다. 이전의 수술에서 감염된 의료기구나 가운을 치우고, 바닥과 벽, 수술실의 비품과 가구를 소독약으로 깨끗이 닦는다. 수술실에는 항상 공기정화 장치가 가동되고 있다.

깨끗한 곳으로 규정된 수술실은 다시 소독된 구역과 깨끗한 구역으로 나뉜다. 환자를 제외한 수술실의 모든 사람들은 이러한 구분을 잘 알고 있는데, 보통 소독된 녹색 종이로 구역을 구별한다. 녹색 종이는 공기 속에 떠다니는 세균들을 완전히 막지는 못하지만, 소독된 구역과 그렇지 않은 구역을 나누는 상징적 방패물의 역할을 한다. 우선 녹색 종이로 환자의 몸과 머리를 구분한다. 환자의 머리 쪽은 소독되지 않은 것으로 간주되어, 소독되지 않은 마취과 의사가 접근할 수 있는 부위이다.

환자가 마취되면, 소독 간호사는 긴 손잡이가 달린 스펀지로 황갈색 소독약을 환자의 수술부위 피부에 바른다. 적어도 두 번은 바르는데, 한 번 사용한 스펀지는 버리고 새것으로 다시 바른다. 소독된 스펀지는 소독되지 않은 환자의 피부에 닿는 순간 감염된다. 이렇게 소독된 스펀지가 감염됨으로써 환자 몸의 더러운 부분은 깨끗해진다. 그리고 소독된 녹색 종이로 황갈색으로 소독처리된 수술부위만 제외하고 환자의 몸 전체를 덮는다.

수술이 시작되기 전, 부소독 간호사와 소독 간호사는 수술에 사용할 소독된 도구와 스펀지를 펼쳐놓고 세어본다. 부소독 간호사는 소독되지 않은 저장소에서 물품들을 가져온다. 바늘, 실, 약병처럼 밀봉된 용기의 겉면은 소독되지 않았고 내용물만 소독된 것일 경우, 부소독 간호사는 용기의 겉면을 잡는다. 소독된 부분이 소독되지 않은 부분으로부터 감염되는 것을 방지하기 위해서, 부소독 간호사는 내용물을 밀어서 소독된 녹색 천 위에 놓는다. 아니면 소독 간호사가 용기 속으로 똑바로 손을 넣어 재빠르게 내용물을 꺼낸다.

수술과정의 의례

수술 중에는 환자가 외부로부터 감염되는 것을 방지해야 한다. 더욱이 감염 위험이 높은 수술의 경우에는 환자와 의료진이 더러운 수술부위로부터 감염되는 것도 방지해야 한다. 수술실에서 집도의사와 보조의사는 대체로 환자를 사이에 두고 마주 보고 선다. 소독 간호사는 수술도구들이 놓인 트레이를 받치고 있는 막대기둥을 사이에 두고 집도의사 옆에 선다. 트레이는 환자 몸 위쪽에 매달려 있다. 이들은 옆 사람의 반대편으로 이동할 때, 360도로 회전하여 자기의 등이 옆 사람의 등과 마주 보게 한 채 이동한다. 소독된 가운의 앞면이 옆 사람의 소독되지 않은 뒷면에 닿는 것을 방지하기 위한 동작이다. 마취과 의사와 부소독 간호사는 주로 환자 머리 부분에 있는 녹색 커튼 뒤에 서는데, 그곳은 소독되지 않은 구역에 해당된다.

수술은 절개, 처치, 봉합이라는 세 단계를 거친다. 첫 단계인 절개가 시작되면, 침묵과 긴장이 감돈다. 의사가 소독된 수술용 메스로 먼저 환자의 피부층을 가른 후, 이제는 감염된 메스를 소독된 용기에 버린다. 소독된 메스가 감염된 것은 소독되지 않은 환자의 피부와 접촉했기 때문이다. 환자의 피부는 소독제로 깨끗이 씻긴 했지만, 소독된 상태는 아니다. 감염된 메스가 소독된 용기와 접촉함으로써 용기도 감염된다. 의사는 소독된 다른 메스로 지방과 근육층을, 개복수술을 할 때는 복막을 가른다. 이때는 하나의 메스로 피부 밑의 모든 층을 절개하는데, 왜냐하면 감염된 피부와 달리 피부 밑은 균이 없다고 간주되기 때문이다.

피부층을 절개하는 단계에서 소독된 것과 소독되지 않은 것은 새롭게 정의된다. 수술 전에는 소독되지 않았다고 여겨지던 환자의 피와 내부 장기는 일단 수술이 시작되면 소독되었다고 간주된다. 그러나 물론 의사의 피는 소독되지 않은 상태로 남아 있다. 환자의 피부는 수술 전에 소독약으로 깨끗이 씻었음에도 불구하고, 절개과정에서 소독되지 않은 것으로 간주된다.

의사는 간결한 어투로 필요한 수술도구의 이름을 짧게 말한다. 소독 간호사는 즉각 호명된 수술도구를 의사의 손바닥에 올려놓는다. 사용한 후에도 도구가 깨끗하다고 규정되는 경우에는 소독 간호사에게 도구를 돌려준다. 도구는 소독된 트레이 위에 다시 놓인다. 피부층을 절개한 메스처럼 감염된 도구는 부소독 간호사만 다루는 용기에 넣는다.

절개작업이 궤도에 오르면 농담이 시작된다. "스미스 씨, 당신 쓸개를 빨리 만져봤으면 좋겠네요." "관객 여러분, 이제 쇼가 시작됩니다." 이런 농담은 수술의 두 번째 단계인 처치과정과 관련된다. 장기가 드러나면 수술의 첫 단계는 끝난다. 두 번째 단계가 시작되려는 순간, 농담은 갑자기 중단된다.

수술의 두 번째 단계는 처치단계로, 특정 부위를 고치거나, 잘라내거나, 붙이거나, 이식하는 단계이다. 이 단계는 전체 수술과정 중 가장 중요하고 긴장되는 순간이기 때문에 수술진은 의례(틀에 박힌 절차와 행위)에 집착하게 된다. 소독 간호사, 보조의사, 마취과 의사, 부소독 간호사 등에게 의사는 필요한 물건과 행위에 대해서 짧게 명령한다. 이들은 의사의 명령에 재빨리, 조용히 그리고 효율적으로 대처한다. 대처가 늦거나 부적절하면 다른 사람들로부터 노골적인 비난을 받는다.

처치단계에서는 소독된 것과 소독되지 않은 것에 대한 분류가 달라진다. 담낭절제수술을 예로 들면, 수술 전에 쓸개는 소독되지 않은 것으로 간주된다. 그러나 일단 수술이 시작되면 쓸개가 잘리기 전까지 쓸개는 소독된 것으로 간주된다. 하지만 일단 환자의 몸에서 잘리면 쓸개는 깨끗하지만 소독되지 않은 상태로 변한다. 잘린 쓸개는 소독된 용기에 담는데, 이 용기는 소독되지 않은 쓸개와 접촉했으므로 감염된다.

잘린 쓸개는 소독되지 않은 상태이기 때문에 부소독 간호사같이 소독되지 않은 사람들만 다룰 수 있다. 그렇지만 쓸개는 크게 감염되지 않은 깨끗한 상태이며, 검사를 거쳐야 하기 때문에 더 이상 감염되어서는 안 된다. 따라서 부소독 간호사는 소독하지 않은 손에 소독된 장갑을 끼고 쓸개를 검사한다. 쓸개를 제거하고 검사하는 과정에 수반되는 소독에 관한 의례는 이렇게 복잡하다. 제거된 쓸개는 그 상태가 애매하기 때문에 대부분의 수술진은 만지지 않는다.

일단 쓸개가 제거되고 나면, 담석이 남아 있는지 알아보기 위하여 환자의 몸 안에 있는 도관導管, ducts(각종 분비액을 보내는 관)에 대한 방사선 촬영을 실시한다. 마스크를 쓰고 방사선 차단 장치를 하고 가운을 입은 방사선과 의사가 소독된 녹색 천으로 덮은 방사선 기계를 가지고 수술실로 들어온다. 다른 사람들은 방사선에 노출되는 것을 피하기 위하여 수술실을 나간다. 방사선 촬영이 끝나면, 다시 들어와 수술을 계속한다.

예상치 못한 사건은 수술 중 어느 단계에서도 일어날 수 있지만, 두 번째 단계(처치단계)에서 일어날 가능성이 가장 크다. 왜냐하면 이 단계에서 환자의 몸이 가장 크게 손상을 입기 때문이다. 갑작스런 출혈이나 심장마비가 일어나면, 소독된 것과 소독되지 않은 것을 격리시키는 의례는 중지된다.

출혈이 생기면 그 원인을 알아내어 멈추게 하고, 잃은 피를 보충하기 위해 수혈을 해야 한다. 아무리 수혈이 급하더라도 환자의 혈액형에 맞는 피를 찾아 정확하게 처치할 수 있도록 정해진 절차를 꼭 따라야 한다. 마취과 의사와 부소독 간호사는 각자 환자의 혈액형, 공급된 혈액의 일련번호와 날짜, 수술실의 처방전 등을 확인하고, 대조하고, 소리 내어 재확인한다. 이러한 의례는 반복과 확인의 절차인 것이다. 환자의 심장박동이 정지된 경우, 심장마비를 담당하는 응급진이 수술실에 들어와 심장소생술을 실시한다. 응급상황에서는 소독된 것과 그렇지 않은 것에 대한 구분이 무시된다.

처치단계에서는 내내 고도의 긴장상태가 이어진다. 따라서 농담이나 잡담은 하지 않는다. 수술부위에 대한 처치가 끝나게 되면, 어느 정도 긴장이 풀어지고 소독된 것과 그렇지 않은 것을 구분하는 소독에 관한 의례로 돌아간다.

수술의 세 번째 단계인 봉합단계는 수술에서 사용된 물품들을 세어 보는 것으로 시작된다. 즉 소독 간호사와 부소독 간호사 모두는 '숫자세기'라는 의례에 참여한다. 그들은 수술도구, 바늘, 스펀지 등 남아 있는 물건들의 숫자를 소리 내어 센다. 부소독 간호사는 수술이 시작되기 전에 작성한 물품기록과 남은 물건을 대조한다. 부소독 간호사는 각각의 물품을 다 세고 난 후 문제가 없으면, 의사에게 이제 꿰매기 시작해도 좋다고 알린다.

봉합과정의 절차는 수술의 첫 단계인 절개과정의 절차와 유사하다. 의사는 소독 간호사에게 특정한 바늘과 실을 요청한다. 의사는 안쪽부터 한 층씩 환자의 절개부위를 꿰맨다. 봉합도 수술에서 무척 중요한 부분이긴 하지만, 상대적으로 자유스러운 분위기에서 이루어진다. 두 번째 단계인 처치과정보다는 훨씬 덜 긴장된 분위기 속에서 소독된 것과 소독되지 않은 것을 구분하는 소독에 관한 의례에서 약간 벗어난 행위도 어느 정도까지는 허용된다. 만약 의사가 소독된 장갑으로 소독되지 않은 마스크를 만진다 해도, 처치단계에서처럼 마스크와 장갑을 교체하지는 않는다.

봉합단계에서는 농담과 잡담이 많이 오간다. 처치단계에서 일어난 일들과 일어날 가능성이 있었던 위험에 대한 이야기를 농담처럼 한다. "난 출혈이 멈추지 않을 줄 알았어." "실수로 비장을 떼어낼 뻔했지." "이 환자가 보험금이 많은 생명보험에 가입해 있어야 할 텐데, 하고 바랐어." 의사들은 다음 수술에 관한 대화나 점심이나 스포츠에 관한 잡담도 나누며 봉합을 한다. 봉합이 끝나면 의사는 마취 의사에게 환자를 깨우라고 한다. 의료진은 기록을 정리한 후, 환자를 회복실로 운반하고 다음 수술을 준비한다. 이제 수술은 끝났다.

분리와 의례

지금까지 한 대학병원 수술실에서 정해진 절차에 따라 행해지는 수술과정을 의례로 간주하여 살펴보았다. 수술실의 의료진은 수술단계를 구분할 때, 구분을 명확하게 하기 위한 의례를 행하였다. 혈액형과 수술에 사용한 도구의 개수처럼 정보를 정확하게 파악할 때에도 의료진은 이에 맞는 의례(틀에 박힌 절차)에 따라 움직였다. 수술의 전 과정에서 가장 중요한 의례는 소독된 것과 소독되지 않은 것을 분리하는 소독에 관한 의례였다.

이러한 의례들은 수술실 특유의 믿음과 가치를 보여주는 동시에 수술실을 외부와 분리시켜 주고 있다. 의료진은 수술실과 외부를 분리하는 경계를 거치면서 특별한 정신자세를 갖게 된다. 의례가 경계를 명확하게 해줌으로써, 의료진은 감정적일 수 있는 상황에서 냉정할 수 있게 된다. 수술실에서는 장기나 분비물, 피, 고름, 배설물 등을 감정의 동요 없이 보거나 만진다. 그러나 이런 것들을 수술실 바깥에서 보게 되면, 의료진도 혐오감이나 무서움을 느끼거나 당혹스러워할 것이다.

고름이 가득 찬 종기를 째고 잘라내는 의료기술에 관한 영상자료를 볼 때, 의사들은 수술실에서 자기들이 직접 종기를 쨀 때와는 매우 다른 반응을 보인다. 의사들은 혐오감을 말이나 소리로 드러냈다. 또한 화면에서 눈길을 돌리기도 하였다. 수술할 때에는 상처의 이미지가 수술실 의례와 연결되어 있는 반면, 수술실 바깥에서는 의사도 일상생활의 이미지로 상처를 대하게 된다. 일상생활에서 상처는 역겨움을 불러일으킨다. 그러나 경계를 분명하게 분리해 주는 수술실 의례를 따르다 보면, 의료진은 일상생활의 감정과 분리된다.

의례에 따라 명확하게 분리되는 수술단계는 몸을 인지하는 태도도 단계마다 달라야 한다는 것을 말해준다. 더러운 것과 깨끗한 것 사이의 구분은 수술의 첫 번째 단계인 절개과정의 전후에서 그리고 처치과정인 두 번째 단계와 봉합하는 세 번째 단계 사이에서 가장 크게 변한다.

환자의 피는 수술실 바깥에서는 더러운 것으로 분류된다. 그러나 수술의 첫 번째 단계와 두 번째 단계에서는 깨끗한 것으로 취급되다가, 마지막 봉합단계에서는 다시 더러운 것으로 분류된다. 마찬가지로 소독약으로 철저하게 닦인 환자의 피부는 수술실 바깥에서는 매우 깨끗한 것으로 간주된다. 그러나 일단 수술이 시작되면 환자의 피부는 더러운 것으로 분류되고, 절개와 처치과정 내내 더러운 것으로 간주되다가 봉합이 시작되면 다시 깨끗한 것으로 변한다.

그대로 따라야 하는 정해진 절차로서의 수술실 의례는 행동수칙을 정교하게 규정하여 혼동 가능성이 있는 범주를 명확하게 하고, 각 단계에서 취할 수 있는 행동의 한계를 정해준다. 경계가 명확하게 규정되지 않으면, 특정한 시간과 장소에서 어떤 범주가 적용되는지 혼란이 생기고 어떻게 대응해야 하는지 알지 못한다. 경계를 안다는 것은 범주를 만들고 규정하는 것이다. 반대로 범주를 규정하고 범주 안에서의 특정한 행위를 규정함으로써 경계를 만들기도 한다. 도구는 소독된 것과 소독되지 않은 것으로 분리되어야 하며, '거의' 소독된 것이나 '대체로' 소독된 것은 있을 수 없다. 마찬가지로 사람도 손과 팔을 세척하고 가운을 입고 장갑을 낀 소독된 사람과 소독되지 않은 사람으로만 나뉠 뿐이다. 수술과정 역시 명확하게 구분되어, 세 단계 중 어느 한 단계에 있거나, 아직 시작되지 않은 상태거나, 이미 끝난 상태여야 한다.

자율성과 의례

인류학자들이 주로 연구하는 종교적인 의례처럼 수술실에서 행해지는 의례에서도 행위의 경계는 명확하다. 의례가 경계를 명확하게 규정함으로써, 역설적으로 의례의 참가자들은 경계 안에서 자율성을 갖게 된다. 따라 해야 할 행동을 세세하게 규정한 의례가 참가자들에게 자율성을 부여한다는 주장은 얼핏 보면 앞뒤가 안 맞는 것처럼 들릴지 모른다. 그러나 의례에서는 일상생활에서 금지된 행위가 보장되기도 한다. 한계나 경계가 명확하면 그 안에서의 자율성은 증대된다. 따라서 의례는 범주의 경계를 명확히 함으로써 참가자들의 자율성을 높인다. 반대로 의례가 충분히 행해지지 않으면, 즉 어떤 사람이 규정된 한계 안에 확실하게 있지 않으면 자율성은 줄어든다.

예를 들어 한 의사가 손과 팔은 세척했지만 가운을 입지 않고 수술용 장갑도 끼지 않은 채 수술실에 들어갔다고 생각해 보자. 그는 아무것도 할 수 없는 사람이다. 엄격하게 말하면, 의사의 손은 세척하여 깨끗해졌지만 소독된 것으로 확실하게 규정될 수 없으며, 그렇다고 해서 오염된 것으로 규정되지도 않았다. 의사는 다른 것이 자기 손에 닿지 않도록 매우 조심해야만 한다. 그는 아무 일도 하지 못하고, 손을 들고 있어야만 한다. 가운을 입고 수술용 장갑을 끼는 절차, 즉 수술을 시작하기 전에 행해야 하는 의례를 완벽하게 수행하여 자기의 손이 소독된 것으로 규정될 때, 비로소 그는 자율성을 갖게 된다. 그는 소독된 구역 안에서 소독된 것을 만지며 움직일 수 있게 된다.

수술실에서 행해지는 의례(정해진 절차에 따른 행위)를 잘 모르는 풋내기는 범주의 경계를 혼동하기 쉽다. 혼동이 일어나면, 풋내기뿐만 아니라 수술실 내 다른 사람들의 자율성까지 감소된다. 의례에 익숙하지 않은 한 의대생의 실수가 빚어낸 촌극을 살펴보자. 의대생은 수술실에 들어가기 전까지는 소독 의례를 훌륭하게 따랐다. 그러나 그는 부소독 간호사가 바늘을 포장지에서 꺼내 달라고 요청하자, 바늘을 꺼내면서 소독되지 않은 포장지를 건드리고 말았다. 그래서 장갑과 바늘이 모두 감염되었다.

규정된 의례를 따르지 않음으로써 그는 자율성을 잃었다. 그는 가운을 입고 장갑을 끼는 의례를 다시 치러야 했다. 부소독 간호사는 다시 한번 그를 도와야 했다.

또 다른 예를 보자. 의료진은 감염된 바늘을 버리고, 소독된 바늘을 다시 꺼냈다. 바늘을 교체하는 과정에서 부소독 간호사는 바늘의 숫자를 잘못 계산하고 말았다. 그리하여 봉합을 하기 전 행하는 숫자세기 의례에서 바늘 하나가 없어진 것으로 나타났다. 수술진의 모든 사람들이 바늘을 찾기 위해 환자의 수술부위의 안과 밖을 샅샅이 뒤졌다. 결국 부소독 간호사가 자신의 실수를 깨달을 때까지 봉합은 지연되었다. 한 사람이 의례를 제대로 따르지 않았기 때문에 모든 수술진의 자율성이 제한된 것이다.

의료진이 수술을 하면서 농담과 잡담을 한다는 것은 잘 알려진 사실이다. 농담과 잡담을 나누는 것은 수술실에서 자율적인 행위가 이루어지고 있음을 잘 표현해 준다. 수술의 진지하고 위험한 측면을 하찮게 만드는 농담과 잡담은 수술절차의 한 부분으로 규정되지는 않았지만, 의료진이 언제 농담과 잡담을 하는지는 예측할 수 있다.

과도기에는 위험이 따르기 때문에 농담과 잡담을 하지 않는다. 과도기가 지나 긴장이 완화된 후, 또는 의례를 조심스럽게 치러서 범주가 명확히 정의되어 자율성이 보장된 동안에만 농담과 잡담을 한다. 의료진은 과도기적인 상황이나 위험한 상황이 완전히 끝났다고 명확히 규정된 후에만 위험할 뻔했던 상황이나 환자의 몸과 성격에 대해 노골적으로 농담을 주고받는다. 그러나 의료진은 수술실에서 행해야 하는 의례(틀에 박힌 행위)에 대해 경외감을 갖고 있기 때문에 의례 그 자체에 대해서는 농담하지 않는다.

지금까지 살펴보았듯이, 한 상태와 다른 상태의 경계가 분명하지 않은 경우에 의례는 상태 간의 차이를 과장함으로써 범주를 규정하고 경계를 명확하게 해준다. 또한 의례는 의례의 참가자에게 정확하게 어떤 시기에 어떤 범주가 적용되는지를 알려주어, 범주가 명확하지 않을 때 생기는 혼란을 없애주기 때문에 참가자들의 자율성을 증가시킨다. 뚜렷하지 않은 범주들이 의례적으로 분리되고 뚜렷한 정의가 주어질 때, 행위의 모호성은 줄어들고 경계 안에서의 자율성은 강화되는 것이다.

문화변동

문화변동은 사람들이 자기 주변의 자연이나 세상을 새로운 방식으로 해석할 때 일어난다. 예를 들어 호주 원주민이 새로운 신화를 만들어낼 때, 식당 주방에서 일하는 사람이 접시를 식기세척기에 좀더 빠르게 집어넣는 방법을 고안해낼 때, 뉴기니의 빅맨이 유령에 관한 전통적인 믿음체계를 들먹여 식민지 정부가 새롭게 만든 정치지도자의 지위를 정당화할 때, 문화변동이 일어난다. 문화변동이 광범위하게 일어나거나 좁은 범위에서 일어나거나 간에, 빠른 속도로 진행되거나 비교적 느리게 진행되거나 간에, 문화변동은 모든 사회에서 삶의 일부가 된다.

문화변동의 과정은 매우 복잡하지만, 몇 명의 개인들이 새로운 것을 만들어내거나 외부에서 가져옴으로써 대부분 시작된다. 그러나 사회의 상당 부분이 새로운 변화를 받아들이기는 쉽지 않다. 결국 새로운 것이 받아들여져 기존의 문화체계에 통합될 때, 문화변동이 일어난다.

서구의 맹공격으로 대부분의 비서구 부족사회들은 변화를 강요당해 왔다. 그 결과, 기존의 문화가 심각할 정도로 손상되거나 전통적인 사회조직이 해체되기도 한다. 다음에 읽어볼 로리스턴 샤프Lauriston Sharp의 「돌도끼와 쇠도끼」라는 글은 이러한 문화변동을 극명하게 보여준다.

1930년대 중반 미국의 인류학자인 샤프는 호주 원주민 집단 중의 하나인 이르요론트Yir-Yoront 사람들과 함께 13개월 동안 생활하였다. 이때까지도 이르요론트 사람들은 상대적으로 고립되어 있었고, 테크놀로지 측면에서는 돌도끼를 비롯하여 거의 석기시대 수준의 도구만을 이용하고 있었다. 이들에게 돌도끼는 경제생활에서뿐만 아니라 대인관계에서도 매우 중요한 도구였다. 그러나 1940년대 중반 이후 하잘것없어 보이는 쇠로 만든 손도끼가 백인들을 통해 대량으로 유입되면서 돌도끼는 급속히 자취를 감추게 되었다.

호주의 토착적 조건에서 삶을 영위하던 이르요론트 사회에 쇠도끼가 대량으로 유입·사용되면서 어떠한 변화가 나타났을까?

쇠도끼가 대량으로 사용되면서, 이르요론트 사람들의 전통적인 생활양식의 거의 모든 측면에서 변화가 일어났다. 테크놀로지와 사회구조는 모든 사회에서 매우 밀접하게 연결되어 있기 때문이다. 가족관계와 경제적인 교환형태가 바뀌게 되고, 결국에는 삶의 의미 자체까지 위협당하게 되었다.

이르요론트 사람들의 이야기는 문화변동의 좋은 사례일 뿐만 아니라, 문화는 여러 요소들이 서로 밀접하게 연결되어 있는 체계라는 점도 잘 보여준다. 이 글을 읽고 나면, 문화를 구성하고 있는 요소들 중 한 가지만 골라 그것의 기능, 의미, 결과 등을 분석해도 이러한 분석이 전체 문화를 이해하는 데 매우 유용하다는 것을 알게 될 것이다.

돌도끼와 쇠도끼

| 로리스턴 샤프 |

호주 케이프요크 반도의 콜맨 강 어귀에 거주하는 이르요론트Yir-Yoront 사람들은 다른 호주 원주민 집단들과 마찬가지로 애초에는 금속에 대해 알지 못했다. 이들은 농사를 짓지 않고, 사냥과 어로, 채집으로 살았다. 기르는 가축도 없고, 단지 개만 집에서 키웠을 뿐이다. 그러나 다른 호주 원주민 집단들과 달리 이들은 반들반들하게 윤이 나는 작은 돌도끼를 가지고 있었는데, 돌도끼는 이들의 경제생활에서 매우 중요하였다.

돌도끼 그 자체가 아니라 돌도끼와 관련된 이르요론트 주민의 행위를 이해하려면, 우리는 돌도끼의 사용법을 알아야 한다. 이를 알고 나면, 원주민들의 돌도끼가 유럽인들로부터 직접·간접으로 획득한 쇠도끼로 대체된 후 나타난 결과를 부분적이나마 정확하게 예측할 수 있을 것이다.

돌도끼 자체는 단순한 것 같지만 돌도끼의 제작에는 여러 가지 지식과 기술이 필요하다. 도끼를 만드는 사람은 도끼의 구체적인 부분을 머릿속에 그릴 수 있어야 한다. 돌도끼는 이르요론트에서 오직 성인 남자만이 만들 수 있다. 도끼를 만들려면 우선 주변에서 구할 수 있는 재료의 성질과 그 위치를 파악해야 한다. 도끼의 머리 부분을 감싸기에 알맞은 두 갈래로 갈라진 나무, 도끼 자루로 쓰기에 적당한 탄력 있는 나무줄기, 끈으로 쓸 나무껍질, 도끼를 자루에 고정할 나무진 등에 대해 알아야 한다. 이러한 재료들을 잘 모아서 보관했다가 크기에 맞게 잘라 붙이고 잡아맨다.

흔히 구할 수 있는 재료는 비록 다른 사람의 것이라도 특별히 허락을 받지 않고 이용할 수 있다. 먼 곳에서 교역을 통해 입수해야 하는 도끼의 머리 부분을 제외하면, 재료에 대한 일정한 지식과 이에 관련된 기술적 재능을 가지고 있는 성인 남자들은 불로 나무진을 녹이고 주변에 흔한 조개껍질 칼을 사용하여 어렵지 않게 돌도끼를 만들 수 있다.

돌도끼는 사냥과 어로, 채집은 물론 다른 도구들의 제작에도 사용되는 등 그 용도가 광범위했다. 남자나 여자나 아이나 모두 돌도끼를 사용하여 그날그날 필요한 각종 도구는 물론 무기 같은 다양한 물건들을 만들었기 때문에 돌도끼는 원주민들의 경제생활에서 큰 비중을 차지하였다. 사실 여자들은 요리를 하고 모깃불을 피우며 기온이 떨어지는 겨울철에는 장작을 피워 추위를 막는 등 여러 가지 번거로운 일을 담당하고 있었으므로, 남자들보다도 오히려 여자들이 돌도끼를 더 많이 사용하였다. 다만, 다음 두 경우에 한해서만큼은 오직 성인 남자들만이 돌도끼를 사용할 수 있었다. 이르요론트에서 가장 좋은 음식인 야생 벌꿀을 채집할 때와 토템 의식에 사용되는 장식품을 만들 때였다.

돌도끼가 사용되는 사례들을 살펴본다면 이곳의 모든 가정에, 또한 사냥 때나 집단 간 다툼이 있을 때, 그리고 혼자 숲속에서 '어슬렁거릴' 때에 최소한 도끼 한 자루 정도는 있어야 하는 이유를 짐작할 수 있다.

돌도끼는 자연 자원을 이용하거나 도구를 제작할 때도 중요하지만, 대인 관계에서도 그에 못지않게 큰 역할을 한다. 지질학적으로 볼 때 이르요론트 지역에서는 도끼로 쓸 만한 돌을 거의 구할 수 없다. 그렇기 때문에 이르요론트의 남자들은 인적 관계망을 통하여 도끼용 돌을 얻는다. 도끼

돌도끼와
쇠도끼

용 돌은 남쪽으로 400마일 정도 떨어진 곳에서 가져오는데, 서로 지속적인 교역 관계를 맺은 남자들의 중개를 여러 차례 거쳐서 입수된다. 이르요론트의 남자들은 이렇게 입수한 도끼용 돌을 직접 사용하기도 하지만 때로는 이를 더 북쪽으로 중개해 주는 중간고리 역할을 하기도 한다.

이르요론트의 성인 남자들의 대부분은 남쪽과 북쪽 지방에 각각 한두 명의 지속적인 거래상대, 즉 단골을 가지고 있었다. 이르요론트의 남자들은 남쪽의 단골로부터 도끼용 돌 하나를 받으면 그 대가로 창을 주었다. 이 창은 전투용으로서 끝에 갈고리 모양의 돌기가 달려 있는데, 살을 파고들면서 조각나도록 설계된 악명 높은 무기였다. 이르요론트의 남자들은 창을 직접 제작하기도 하고 북쪽의 단골로부터 입수하기도 하였다. 창의 가치는 남쪽으로 갈수록 크다고 한다. 남쪽으로 150마일 떨어진 곳에서는 대체로 창 한 자루에 돌 하나가 교환된다. 아마도 더 남쪽으로 내려간다면 창 한 자루에 여러 개의 도끼용 돌이 거래될 것이다. 창이나 돌도끼를 직접 제작하지 않는 원주민들도 중간에서 중개교역으로 이익을 얻고 있었다.

이러한 교역의 고리를 통하여 여러 가지 다른 물품들도 유통되지만, 숲속 또는 선교단 주변 마을에 사는 원주민들에게 가장 중요한 교역 물품은 창과 도끼용 돌이었다. 대부분의 교역은 건기乾期에 이루어졌다. 건기에는 원주민들이 가장 중요시하는 성년식이나 토템 의식과 같은 다른 축제들이 열렸으며, 이때에는 수백 명의 사람들이 몰려들어 교역이 이루어졌고 그 외에도 여러 가지 흥미로운 행사가 개최되었다.

이르요론트 남자들은 자신이 만든 돌도끼를 집안에 보관하다가 여행할 때에도 가지고 다녔다. 그렇기 때문에 여자나 어린이들은 돌도끼를 사용하려면 항상 남자들에게서 잠깐 빌렸다가 곱게 돌려주어야 했다. 그래서 남자들은 "내 도끼"라고 말했으나, 여자나 아이들은 "내 도끼"라고 하지 못하고 언제나 "당신 도끼" 또는 "그 사람의 도끼"라고 말했다.

여자나 아이들이 남자들로부터 도끼를 빌릴 때에는 항상 친족의 행위 규범을 따라야 했다. 만일 남편과 사이가 좋다면 아내는 남편이 도끼를 사용하지 않을 때에는 얼마든지 사용할 수 있으며, 남편도 무어라 하지 않을 것이다. 미혼이거나 남편과 사별한 여자는 오빠나 아버지로부터 도끼를 빌린다. 아주 특별한 사유가 없다면 외삼촌이나 회피관계의 친척, 즉 아주 조심스럽게 대해야 하는 친척에게서는 도끼를 빌리지 않는다. 청소년들은 아버지나 형 또는 오빠에게서 도끼를 빌리며, 결코 장래에 장인이나 시아버지가 될 수도 있는 외삼촌에게서는 도끼를 빌리지 않는다. 성년 남자들도 도끼를 빌릴 때 이와 유사한 규칙을 따랐다.

이처럼 도끼는 두 사람 사이의 관계 규칙에 맞게 빌리고 빌려주는 것이며, 두 사람 사이의 관계를 규정하고 또한 강화하였다. 이르요론트 주민들은 서로 지배 · 종속 관계에 있고, 그에 따라 행동하며, 그 누구도 평등하지 않다. 특히 도끼에 관한 한, 여자와 아이들은 남자들에게 의존적이고 종속적이었다. 남자들 사이에서도 젊은 사람은 더 나이 든 사람이나 일부 친족에게 의존적이었다. 평등관계에 가까운 형제간이라도 형은 동생보다 우월하다. 부족 간에 물자를 거래하는 통로인 지속적 거래자, 즉 단골 간의 관계는 호혜성을 기반으로 하고 있으며, 비교적 평등에 가깝다. 그러나 둘 중 어느 하나가 형의 입장에 서며, 만일 둘 사이에 다툼이 발생하면 형의 입장에 선 사람이 더 많은 이익을 취한다.

이렇게 이르요론트에서는 규칙에 맞추어 도끼를 빌리고 빌려주는 등 규칙적이고 반복되는 행동으로써 성 · 연령 · 친족에 따르는 역할이 일반화되고 표준화되며, 일정한 지위에 있는 사람에게는 그 지위에 적합한 행동을 할 것이 기대된다. 이르요론트에서는 상대방에게 호의를 베풀거나 해를 끼치거나 그 어떠한 경우에도 이러한 방식을 따른다.

이르요론트에서 개인의 지위는 성, 연령, 친족 관계 그리고 토템 씨족에 의해 결정된다. 이르요론트 사회는 모두 열두 개의 부계 토템 씨족으로 나뉘어 있으며, 개인의 이름, 특정 지역의 토지에 대한 권리 그리고 토템 의식 참여(남자들에게만 한정되지만)는 모두 토템 씨족 성원 자격에 의해 결정된다. 각 씨족은 문자 그대로 수백 가지의 토템을 가지고 있으며, 그중 한두 가지를 택하여 씨족 이름을 정한다. 또한 개인의 이름도 같은 방식으로 짓는다. 토템에는 태양·별·일출 같은 자연현상, 유령·무지개뱀·영웅적 조상 같은 문화적 상상들, 창·오두막 같은 문화적 실체들, 식사·구토·수영·싸움·아기·시체·우유·피·입술·허리 같은 인간의 행동·조건·속성 등이 있다. 이러한 각 토템에 속하는 개별 대상들이 사라지거나 파괴되더라도 그 범주 자체는 영원토록 존속되며, 파괴되지도 않는다. 그러므로 씨족은 토템에 의해서 영원히 지속되고 안정되며, 세대가 바뀌어도 다른 씨족 성원과 구별되는 토템 집단이 존속된다.

햇살-구름-이구아나 씨족의 경우 수많은 토템 중에서 돌도끼가 가장 중요하였다. 그렇기 때문에 이 씨족에 속하는 사람들은 자기 이름을 도끼에서 직접 따오기도 한다. 또한 도끼가 중요시되는 교역이나 야생 벌꿀 채집 활동, 또는 도끼와 깊은 연관이 있다고 믿어지는 신화 속의 조상과 관련시켜 이름을 짓는 경우도 많다. 그 때문에 돌도끼와의 연관성을 과시하는 자리인 토템 의식에서도 오직 이 토템의 남자들만이 돌도끼를 전시하거나 무언극으로 표현할 수 있다. 물론 일상생활에서는 누구든지 돌도끼를 만들어 사용할 수가 있다. 그러나 토템이라는 성스러운 영역에서는 돌도끼는 오직 햇살-구름-이구아나 씨족만의 성물이었다.

이렇듯 관념, 감정, 그리고 가치 등을 포함하는 문화의 영역은 도끼의 테크놀로지와 사용 관행을 지탱해 주지만, 이를 밝히는 것은 쉬운 일이 아니다. 도끼의 '의미'와 중요성은 이르요론트 주민들의 생활 속에 잠재되어 있기도 하며 때로는 무의식적이기 때문에, 인류학자는 겉으로 드러난 행동이나 언어 또는 기타 의사전달 행위를 보고 이를 연역해낼 수밖에 없다.

도끼에 대한 이상적 개념 그리고 도끼를 만드는 단순한 육체 활동보다도 도끼 제작법에 대한 지식이 이곳에서는 남성 역할의 한 부분이 된다. 이르요론트에서 돌도끼는 남성다움의 상징으로서 이는 마치 미국인에게 바지나 파이프가 남성의 상징인 것과 마찬가지이다. 도끼는 남성에게 '귀속'된다고 인식되며, 모든 사람들이 이를 받아들였다. 도끼와 마찬가지로 창이나 부싯돌도 남성에게 속하며, 남성다움의 상징이었다. 모든 사람들은 도끼를 사용하려면 남자 연장자에게 빌려야 한다는 사실을 마음에 새겨야 했다. 도끼는 이르요론트 문화의 중요한 주제로서 남성의 우월성과 지배, 그리고 남성이 하는 일의 중요성 등을 대표하였다. 이러한 현상은 단순히 가부장제나 부계제라 하기보다는 '남성중심주의'라 불러야 할 것이다. 남성의 가치가 여성의 가치를 압도한다는 관념이 정서적으로도 강력하기 때문이다. 한편 연소자가 연장자에게 도끼를 빌려야 한다는 사실은 연령에 따른 서열을 표현한다. 이 또한 이르요론트 문화의 중요한 주제이다.

이르요론트 문화를 알려면, 이들의 토템 사상을 이해해야 한다. 이들의 기본적인 믿음 내에서는 시간이 두 부분으로 구별된다. 첫 번째는 세상이 열렸던 아득한 옛날, 씨족의 조상들이 활약하던 시기이다. 그 후에 현재와 같은 새로운 질서에 입각한 두 번째 시기가 이어졌다. 그런데 원

돌도끼와
쇠도끼

천적으로 현재를 대신할 새로운 시대가 열리리라고는 기대할 수 없다. 미래는 단순히 현재의 영속적인 연장이요 재생산일 뿐이다. 즉 조상들의 시기에 있었던 획기적인 혁명 이래 시간은 변화 없이 지속된 것이다.

그런데 잘 살펴보면, 세상이 열리면서 시작되어 조상들이 활약했다는 신화의 성스러운 세계는 다름이 아니라, 현재의 원주민 세계를 세세하게 복사한 것임을 알 수 있다. 성스러운 세계는 단지 원주민들의 자연과 인간, 문화를 환상적으로 묘사한 것이다. 간단히 말하면, 조상들의 시대라는 신화적 관념체계는 곧 원주민들의 행위 유형에서 추론한 것에 불과하다. 신화의 근거는 정상 또는 비정상, 현실 또는 이상, 의식 또는 무의식 등 다양하지만, 중요한 사실은 원주민들은 현재 세계가─자연환경이든 문화적 조건이든 관계없이─과거 조상 세계의 단순한 복사판이며 또한 그래야만 한다고 믿었다는 점이다. 그들은 "현재에 이러한 것은 애초부터 그러했기 때문"이며, 당초의 상태는 조상들이 창조하고 물려주었다고 믿었다. 즉 조상들의 일상생활이 이르요론트의 마을생활이 되었다. 그리고 조상들의 특별했던 삶은 토템 의례 가운데 가장 성스러운 분위기로 연출되는 상징적 팬터마임을 통하여 반복되었다.

이러한 믿음은 어떠해야 한다는 관념을 낳았고 (왜냐하면 과거에 그러했기 때문에) 그 결과 현재 상황에 영향을 미치게 된다. '나무 위로 이구아나를 쫓아서 밤새도록 짖는다'라는 이름을 가진 사람은 자신의 조상 중 누군가가 그 이름을 가졌다고 믿는다. 그리고 그 조상이 햇살-구름-이구아나 씨족이었기 때문에 그 또한 그 씨족에 속한다. 당연히 그는 조상과 동일한 영토나 토템과 연관된다. 성년식에서 그는 개 흉내를 내며, 상징적인 표현을 통하여 다른 씨족 성원을 공격하고 죽인다. 그가 이러한 행동을 하는 것은 그의 조상들이 실제 이와 같은 행동을 했기 때문이다. 그가 장모와 마주치는 것을 피하거나, 촌수가 먼 외삼촌을 만만하게 대하거나, 창을 만드는 것은 모두 조상이 한 행동을 그대로 따르는 것이다. 이렇듯 원주민들의 행동은 과거 그리고 현재와 과거의 관계에 대한 일련의 관념에 의하여 테두리가 정해지고 어느 정도까지는 결정되기도 한다.

이렇게 이르요론트에서는 관념적인 신화 세계에 비추어 현실을 부분적으로 교정하는데, 다른 한편으로는 '현재는 과거의 거울'이라는 근본적 믿음이 깨어지지 않도록 현실 세계에 맞추어 신화의 세계를 수정하기도 한다. 이렇게 이르요론트에서는 과거와 현실 사이에 절묘한 균형이 이루어지고 있다.

이르요론트 주민들이 기억하는 백인과의 최초 접촉은 대개 1900년 이후의 일이다. 접촉이 자주 있었던 것은 아니지만 가끔 원주민들이 목숨을 빼앗기곤 했다. 당시 백인들은 이르요론트의 남부 변경에 거주하면서 그곳에 목장을 만들었는데, 목동들은 원주민 지역으로 들어가서 탐사를 하거나 '거칠고 검은 친구들'을 납치하여 목동이나 '가정부'로 훈련시키곤 하였다. 간혹 충돌이 벌어져, 많은 원주민 남녀가 죽음을 당하기도 하였다.

얼마 후 케이프요크 반도의 서부 해안선을 따라 세 개의 선교단이 설립되었으며, 해안 일부 지역이 원주민 보호구역으로 지정되어 백인들은 더 이상 거주지를 확대할 수 없게 되었다. 1915년에는 성공회 선교단이 미첼 강 하구 근처에 설립되었는데, 이곳은 이웃 부족의 영토로서 이르요론트의 중심지로부터 걸어서 약 사흘 정도 걸리는 곳이었다. 이르요론트의 원주민들은 선교단과 관계를 맺지 않으려 했고, 가까이 가려고도

돌도끼와
쇠도끼

하지 않았다. 그러나 일부 원주민들은 선교단을 가끔 방문했고, 마침내 그중 일부가 선교단 주변의 세 개의 마을 중 한 마을에 정착하게 되었다.

이렇게 새로운 변화가 일어나고 있었으나, 정부가 원주민 보호구역을 설정하고 또한 선교단의 중재가 있었기에, 1942년까지는 대부분의 원주민들이 과거와 마찬가지로 숲속에서 자급적 생활을 유지할 수 있었다. 그래서 이르요론트 주민들은 백인과 최초로 접촉한 이후 한 세대가 지나는 동안 과거 백인 문명사회로부터 받았던 충격에서 벗어날 수 있었다. 만일 이 시기에 누군가 이르요론트 숲속을 찾아갔더라면, 비록 원주민들이 유럽에서 들어온 자질구레한 도구와 물건들을 여러 용도로 사용하고 있었음에도 불구하고, 석기시대의 세계에 들어왔다는 착각에 빠졌을 것이다.

미첼 강가에 설립된 선교단의 활동 결과, 원주민들은 전보다 훨씬 많은 종류의 유럽 물품을 받게 되었다. 원주민들의 생활을 향상시키기 위한 계획의 일환으로, 선교사들은 주위에 사는 원주민들에게 유럽 물품을 공급해 주었는데, 이들은 대부분 선물 또는 교역의 형태로 물품을 건네주었다. 선교사들은 또한 원주민들이 서로 필요한 물건을 교환하도록 유도하였다. 이처럼 '생활을 개선할 것이라' 판단되는 물품 유입은 장려하면서도, 치명적인 질병이나 총기류, 술 그리고 유해한 마약류 등으로 원주민들이 해를 입는 일이 없도록 노력하였다.

그런데 원주민들은 테크놀로지 측면에서 우수한 다른 유럽 물품들을 마다하고, 짧은 손잡이가 달린 쇠도끼를 몹시 원하였다. 그래서 선교단에서는 쇠도끼를 다량으로 확보했으며, 선교단의 크리스마스 파티나 다른 축제 때에는 이웃 마을의 원주민들에게는 물론, 그 밖의 다른 원주민들에게까지도 다량의 쇠도끼를 선물하였다. 이 밖에도 원주민들은 선교단 남부의 목장을 통하여 다른 유럽산 물품과 함께 약간의 쇠도끼를 구입하

였다.

이르요론트에 쇠도끼가 무차별적으로 유입된 것은 수많은 변화 가운데 하나일 뿐이다. 따라서 쇠도끼의 유입이라는 한 가지 변화의 결과만을 따로 구별하기는 어렵다. 그렇지만 돌도끼가 쇠도끼로 바뀐 것이 원주민 사회에 여러 가지 결과를 가져왔다는 것은 분명하다. 그리고 쇠도끼의 도입 사례를 감안한다면, 원주민들이 유럽산 물품과 도구를 더 많이 받아들이게 되었을 때 토착 문화에 미칠 영향의 대체적 경향도 짐작할 수 있을 것이다. 이르요론트에서 도끼는 가장 중요한 문화적 품목의 하나였으므로, 쇠도끼의 도입은 원주민 사회에서 유럽의 영향을 살펴보는 데 적절한 사례이다.

돌도끼가 쇠도끼로 바뀌었다고 하여 심각한 기술적 어려움이 발생하지는 않았다. 비록 원주민들 스스로 쇠도끼를 만들 수는 없었지만, 쇠도끼는 꾸준하게 외부로부터 공급되었으며, 도끼 자루가 부러지면 쉽게 숲 속의 나무로 교체할 수 있었다. 선교단이나 목장에서는 목수일, 말뚝 박기 등 여러 작업에 쇠도끼를 사용하였다. 그러나 이르요론트의 주민들은 그와는 다른 용도로 쇠도끼를 사용하였다. 사실 원주민들은 쇠도끼를 돌도끼와 거의 같은 방식으로 사용하였으므로, 쇠도끼가 원주민들의 삶의 질을 향상시켜 주지는 못하였다. 물론 쇠도끼를 사용하면서 일하기가 훨씬 수월해졌고, 쇠도끼는 더 강하고 오래 사용할 수 있었으므로 당연히 쇠도끼를 가치 있게 생각하였다. 그러나 유럽의 쇠도끼가 더 효율적이고, 시간을 절약해 주며, 따라서 원주민을 위한 기술적 '진보'를 대표한다는 백인들의 가정을 원주민들이 그대로 받아들인 것은 아니다. 쇠도끼나 다른 서구 물건을 사용하면서 얻게 된 여가 시간에 원주민들은 '삶의 질을 향상시키거나' 새로운 심미적 활동을 개발하려 하지 않았다. 잠을 자거나 또는 이미 익숙해질 대로 익숙해진 전통 예술에 심취하였다.

원주민들은 과거 단골 거래자로부터 정기적으로 돌을 구한 후에, 재료에 관한 지식을 토대로 손쉬운 방식으로 돌도끼를 제작할 수 있었다. 그러나 쇠도끼는 스스로 해결할 수 있는 물건이 아니었다. 물론 교역을 통하여 쇠도끼를 구할 수는 있었다. 원주민들은 새로운 물건인 쇠도끼에 대해서는 기술적 지식도 없었고 또한 새로운 상대와 지속적 거래 관계를 수립할 수도 없었다. 원주민들로서는 오로지 선교사들에게 매달려야 했다.

쇠도끼를 선물로 나누어주는 선교단의 축제에 참석한 원주민들은 우연하게 또는 선교단 간부들에게 자신이 '더 훌륭한' 원주민이라는 인상을 심어주어야 쇠도끼를 얻을 수 있었다. 물론 '더 훌륭한'이라는 기준이 원주민 문화의 기준과는 같지 않았다. 또한 원주민들은 아주 우연히 선교단에서 간단한 일을 맡는 것을 계기로 쇠도끼를 얻기도 하였다. 어떠한 경우이건 간에 쇠도끼를 구하려는 남자들은 자신감을 가질 수 없었으며 누군가의 호의에 의존해야만 하였다. 즉 쇠도끼를 입수할 수 있는 조건이 체계적으로 규정되지 못하고, 예측할 수도 없는 상황에 처하게 된 것이다. 특히 백인과의 접촉 초기에 백인들의 잔혹함을 경험하거나 들어본 나이 많은 남자들은 백인들을 의심하여 그들과 일체 접촉하지 않았다. 그 결과, 이들은 백인들로부터 쇠도끼를 직접 얻을 수가 없었다.

쇠도끼는 모든 사회관계에서 심리적 스트레스의 원인이 되었다. 선교사들이 쇠도끼가 원주민 모두에게 이익이 될 것이라고 생각했기 때문이다. 선교사들은 남녀노소를 불문하고 쇠도끼를 마구 나누어주었다. 선교단 간부에게 잘 보이면 여자들도 얼마든지 쇠도끼를 받을 수 있었다. 여자들도 자신만의 쇠도끼를 갖게 되었고 그들은 그것을 '나의 것'이라고 불렀다. 청소년들도 선교단에서 쇠도끼를 얻을 수 있었다. 그 결과 이르요론트 사회의 성인 남자들은 더 이상 도끼를 독점하지 못하게 되었다. 성인 남자들은 돌도끼를 가지고 있었으나, 이들의 아내들이나 아들들은 '나의 것'으로 간주되는 쇠도끼를 가지게 되면 더 이상 도끼를 빌리지 않았다. 그 결과 성, 연령 그리고 친족 역할에 급격한 혼란이 초래되었다. 새로이 쇠도끼를 얻은 사람들은, 도끼를 가지지 못했던 과거와는 달리, 이제는 성인 남자에게 종속되지 않게 되었다.

이 새로운 상황은 지속적 교역 관계에도 영향을 끼쳤다. 이르요론트의 남자들은 과거에는 남쪽 지역의 단골 거래자를 동생처럼 대하면서 형으로서의 이익을 취할 수 있었다. 그러나 단골 거래자들이 선교단과의 접촉 등 다른 경로로 쇠도끼를 구하게 되면서, 이들에 대한 우위는 확실히 약화되었다. 사실 많은 쇠도끼가 새로운 방식으로 분배되기 시작한 후, 사람들은 단순한 호의로 쇠도끼를 선물하거나 정규 교역 경로를 통하지 않고 쇠도끼를 처분할 수도 있었다. 무엇보다도 건기의 성년식 같은 부족들이 모이던 축제의 열정이 사라져버렸다. 단골 거래자들은 전통적으로 이러한 기회에 모여 물품을 교환했으며, 특히 남자들은 1년 동안 사용할 돌도끼용 돌을 구하였다. 그러나 이제는 쇠도끼나 그 외의 백인들의 물건을 구하려고 아내가 남편을 대신하여 낯선 사람들과 접촉하는 상황이 되어버렸다. 단골 교역 관계가 약화됨에 따라 축제에 참석할 필요성이 줄어들었다. 이처럼 대규모로 사람들이 모이던 중요한 사회 행사가 약화되면서 그 행사가 가졌던 또 다른 재미도 줄어들었다.

쇠도끼의 숫자가 늘어나고 여자들마저 도끼를 가지게 됨에 따라 대인 관계의 성격도 변화했다. 과거에는 두 개인 사이의 관계만이 중요하였다. 그러나 백인들과 접촉하여 쇠도끼를 얻는 과정에서 이르요론트 주민들이 알지 못했던 새로운 유형의 관계가 발생하였다. 원주민 사회에서는 한 개인이 여러 사람을 동등하게 대하는 경우가 없었다. 개인은 친족 체계에 따라 어떤 사람에게는 우위에 서서 행동을 명령할 수도 있으며, 다른 사람에게는 자신이 하위에 서므로 명령 따위는 생각할 수도 없다. 그리하여 이곳에서는 추장이나 권위적 지도자가 등장하지 않았다. 초원에 불을 놓거나 동물 몰이를 하거나 또는 토템 의식 같은 복잡한 일을 거행할 때에도 각자 자신의 역할을 잘 알고 있기 때문에 전체를 통괄하는 지도자 없이 작업이 이루어졌다.

그러나 선교단이나 목장에서는 백인들의 지도자에 대한 관념을 따라, 한 사람이 집단 전체를 통제하며 강제력을 행사하였다. 원주민들은 선교단의 크리스마스 파티에 참석하여 쇠도끼 등 선물을 받는 자리에서, 한두 명에 불과한 백인이 자신들의 행동을 전체적으로 통제하고 있음을 알게 되었다. 원주민들에게는 너무나도 분명한 연령, 성, 친족 등의 변수가 고려되지 않은 채, 이 자리에서는 원주민 전체가 아랫사람으로 취급되었다. 작업을 할 때에도 백인들은 비슷한 방식을 강요하였다. 아마도 원주민 중 한 사람에게 작업 책임을 맡겼다면, 그 '우두머리'보다 아랫사람들은 일을 하겠지만, 그보다 윗사람들은 낮잠을 잘 것이다. 쇠도끼를 비롯한 여러 유럽 물건들은, 원주민들에게는 새로우면서도 거북스러운 형태의 사회조직, 특히 지도자-집단이라는 새로운 관계를 상징하게 되었다.

쇠도끼가 초래한 가장 혼란스러운 결과는 전통적인 관념, 정서 그리고 가치의 영역에서 발생하였다. 대체할 만한 새로운 개념이 없는 상황에서 이 영역은 급속하게 파괴되어 갔다. 그 결과는 전체 이르요론트 문화의 붕괴와 파괴를 예견케 하는 정신적·도덕적 공허감이었다. 비록 생물학적 집단 자체가 사라지지는 않았지만.

테크놀로지와 그 사용법의 변화에 따라 남성중심주의 또는 남성으로서의 위신, 연령에 따른 위신 그리고 다양한 친족 관계에 함축되어 있는 가치관이 얼마나 약화되었는가는 앞에서 언급한 사실들만으로도 명백히 알 수 있다. 아내 또는 성년식도 치르지 못한 어린 아들로부터 쇠도끼를 빌려야 했던 남편이나 아버지들은 혼란과 불안을 느꼈으며, 아내와 소년들은 남편과 아버지에게 더 이상 경의를 표할 필요가 없게 되었다. 쇠도끼를 손에 넣음으로써 여자와 소년들은 과거의 무의식적인 스트레스로부터 벗어나 새로운 자유를 누리게 되었다. 그러나 한편으로 혼란과 불안정이 계속되고 있었다. 쇠도끼의 소유권이 명확하게 규정되어 있지 않았기 때문에 훔치거나 남의 것을 함부로 사용하는 일이 벌어지기도 하였다. 큰 축제 때의 열정이 사라지면서 축제다운 맛과 흥미가 줄어들었다.

생활 자체에 흥미가 사라져버렸다고도 할 수 있다.

이제 문화의 붕괴 과정에서 토템 사상의 역할을 살펴보기로 하자. 유럽과의 접촉 이전에는 큰 위기가 발생하지 않았기 때문에 원주민들은 상대적으로 안정된 환경을 유지해 왔으며, 급격한 문화변동은 토템 체계에 의하여 매우 효과적으로 억제되었다. 세상이 시작된 이래 아무것도 변하지 않았다고 설명하는 폐쇄적인 토템 관념 체계 때문에, 과거의 문화 요소가 쉽게 소멸되거나 새로운 요소가 쉽게 수용될 수 없었다. 그러나 일상생활의 규범을 둘러싸고 발생하는 사소한 변동은 허용되었으며, 단지 대규모 변동이 쉽게 용납되지 않았을 뿐이었다.

예를 들어 이르요론트에는 카누가 없었다. 이르요론트 주민들이 물을 건너는 유일한 수단은 가벼운 통나무였다. 강이나 염분이 많은 샛강 또는 파도가 밀려드는 내해에서는 통나무를 끌어안고 헤엄을 친다. 그런데 이르요론트로부터 북쪽으로 70킬로미터쯤 떨어진 곳에 사는 사람들은 나무껍질로 만든 카누를 가지고 있다. 그들이 강둑이나 해안 언저리만을 맴돌지 않고, 강 한가운데나 먼 바다로 나가서 고기잡이를 하며, 또 악어나 상어, 독을 가진 물고기가 있는 곳이나 무기를 가진 포르투갈인들이 거주하는 해안을 거침없이 가로질러 다닌다는 것을 이르요론트 사람들은 알고 있었다. 물론 카누를 만들 재료는 이르요론트 주변에서도 얼마든지 구할 수 있었다. 그러나 이들은 카누를 제대로 달리게 하는 주술을 알지 못했으며, 이들 스스로가 밝히듯이 북쪽 부족들의 조상 신화에는 카누가 등장하는 반면에 자신들의 신화에는 카누가 등장하지 않기 때문에 자신들은 카누를 가질 수 없다고 생각했다.

이르요론트 사람들에게는 카누를 받아들인다는 사실이 단순히 카누 제작법과 항해법을 배우는 차원의 일이 아니다. 카누를 받아들이려면 동시에 매우 복잡한 과정을 거쳐야 한다. 카누가 신화의 세계에서도 받아들여질 수 있도록, 창작 또는 차용을 통해 신화에 카누를 등장시켜 신화속의 많은 조상 중 최소한 한 사람과 관련지어야 한다. 물론 '어느 조상을 택하여 어떻게 관련을 짓는가?' 하는 것은 중요한 문제이다. 어쨌든 전체 공동체가 카누를 사용할 수 있도록 이를 씨족 토템 중의 하나로 만들어야 한다. 그러나 이르요론트에서는 이러한 작업이 이루어지지 않았다. 우리는 이 사례를 통하여 관념이 상당한 기간 동안 기술적 변화의 압력을 견뎌낸다는 사실을 알 수 있다.

백인들과의 접촉이 계속되면서, 이르요론트에서는 토템 사상 체계로는 설명할 수 없는 현상들이 너무나 빈번하게 발생하기 시작하였다. 1회적 사건이라면 이를 무시하거나 토템 사상의 함축적 원리에 따라 설명하고 통합시킬 수 있으나, 너무나 빈번하게 일어나는 사건들은 더 이상 무시할 수도 통합시킬 수도 없게 된다. 1930년대 중반에 이미 이르요론트 문화는 이러한 문화접변의 과정에 있었다. 주민들은 유럽산 물품과 행위 유형을 수용하게 되었다. 그러면서도 그러한 상황을 토템 체계에 끼워 맞추어 종래의 토템들과 함께 씨족 토템으로 삼으려 하고 있었다. 결국 신화의 창작을 통하여 문화변동에 대처하고, 문화의 나머지 부분을 유지시키려 했던 것이다. 그러나 이르요론트 원주민의 행위, 꿈, 새로운 신화 등을 분석해 보면, 그러한 시도가 전적으로 만족할 만한 수준은 아니었음을 알 수 있다. 주민들은 정신적으로 토템체계에 끈질기게 집착하고 있었지만, 토템체계와 관련된 정서와 가치는 이미 약화되었다.

토착 문화와 유럽 문화에 대한 주민들의 태도는 이중적이다. 유령은 모두 '동쪽으로 머리를 향한 시체' 씨족의 토템이다. 유령은 하얀색이라 생각되었으며 죽음과 연관되어 있다. 백인들 역시 하얗기 때문에 죽음과 연관되었고, 백인들과 관련된 모든 것은 자연스럽게 '동쪽으로 머리를 향한 시체' 씨족의 토템이 되었다. 그러나 쇠도끼는 백인들의 것이면서도 도끼였기 때문에 '햇살-구름-이구아나' 씨족의 토템이 되었다. 그렇지만 대부분의 유럽 물품과 마찬가지로 쇠도끼는 기원 신화도 없었으며 신화적 조상과도 관련되지 않았다. 원주민 중 누군가가 고즈넉한 오후, 나무 그늘 아래 앉아서 이러한 혼란을 해소할 만한 신화를 창작해냈으면 좋았으련만, 그러한 일은 일어나지 않았다. 오히려 혹시 기원 신화가 잘못되었기 때문에 백인들의 광대한 새로운 세계를 설명하지 못하는 것이 아닌가 하는 꺼림칙한 의심마저 등장하고 있었다. 쇠도끼는 단지 물리적으로 돌도끼를 대체하고 있는 것이 아니라, 문화체계 전체를 지탱하는 힘을 붕괴시키고 있었다.

열두 번째

몸과 문화

몸이란 무엇인가? 우리는 무엇을 몸이라고 이해하는가? 몸과 '나' 혹은 자아는 어떤 관련이 있는가? 그리고 개별적인 몸과 사회 혹은 문화는 어떻게 관련되는가?

우리는 종종 우리가 몸을 갖고 있다고 말한다. 하지만 동시에 우리는 곧 몸이기도 하다. 어떤 때 우리는 종양이나 상처가 난 몸을 '나'의 의식이나 욕망과 독립되어 있는 것으로 인식한다. 하지만 나병이나 에이즈는 '나'에게 사회문화적 낙인을 찍어, 병에 걸렸다는 사실이 '나'를 위협하고 나의 의식, 곧 '나'를 죽인다.

또 몸의 소멸, 즉 죽음은 '사람'이 죽은 것이라고 말한다. 그러나 우리는 몸이 없어진 뒤에도 '귀신'이나 어떤 힘이 존재한다고 믿고, 몸이 없는 영혼끼리 결혼하는 것을 목격하며, 교통사고로 다리를 절단한 사람들이 없어진 다리의 통증을 호소하는 경우도 듣는다. 또한 출산 후 샤워를 하는 서구여성과 달리 한국여성은 따뜻한 방에서 몸을 완전히 감싸고 있으면서 바깥바람에 노출되지 말아야 한다. 각 문화마다 몸은 다르다.

그러나 오늘날 세계를 지배하는 서구의 근대적 인식론은 몸body을 마음mind의 반대 개념으로 이해해 왔다. 17세기 이후 서구에서는 몸을 내부의 자아self와 외부 세계 사이에 존재하는 자연의 영역으로 인식하였다. 즉 몸은 생물학적으로 주어지며, 눈에 보이지 않는 '마음'과 달리 눈에 보이는 물질적 영역으로 정의되어, 이성에 의해 과학적으로 규명되어야 할 대상으로 간주되었다. 그래서 근대 이후 다른 사람이나 문화와는 분리되어 존재하는 가시적인 몸은 자연스럽게 자연과학의 연구 영역으로, 비가시적인 마음은 인문학과 사회과학의 영역으로 들어가게 되었다.

오랫동안 비서구사회를 연구해 온 인류학자들은 비서구사회에서는 서구에서와는 다른 방식으로 몸이 존재한다고 보고해 왔다. 서구에서 나타난 근대적 몸의 인식과 달리, 전통사회에서 개인의 몸은 우주와 자연환경 그리고 사회집단과의 상호관계 속에서 존재하며 그들의 일부분으로 인식되는 경향이 있었다. 몸은 개인의 마음과 육체, 초자연적인 힘, 사회관계와 개인적인 심리를 포함하는 등 개인을 둘러싼 소우주의 반영으로 파악되었다.

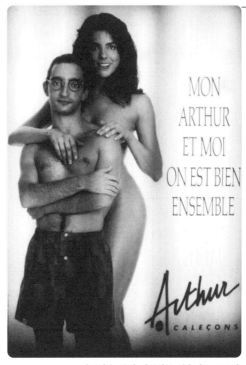

아름다운 몸의 상품화를 부추기는 포스터
프랑스 파리 ⓒ 송도영

몸의 인식에 대한 근대적 방식과 전통적 방식의 차이를 쉽게 알 수 있는 예를 들어보자. 서구의학에 기초하고 있는 오늘날, 대부분의 병원에서 질병이란 세균이나 바이러스 혹은 외부의 자극이 개인의 몸에 기능적 이상을 가져온 결과라고 간주한다. 물론 심리적 원인 때문인 경우도 있지만, 몸은 다른 사람이나 사회와는 독립적인 개별적 실체라는 인식이 전제된다. 반면에 전통사회에서 병은 제대로 대접을 받지 못한 조상 귀신 혹은 누군가의 해코지 때문에 걸린다고 여겨졌다. 이때 병이나 고통은 몸의 조화가 상실된 상태, 보이지 않는 힘의 공격, 사회적 규범의 일탈 등으로 생각된다. 현대의 진료실과 전통사회에서 보여주는 아픈 몸에 대한 이해방식은, 몸에 대한 이해가 고정된 것이 아니라 질병과 개인과 사회에 대한 각 시대의 인지방식에 따라 달라진다는 것을 보여준다. 즉 몸에 대한 이해방식은 역사나 문화의 산물이라고 할 수 있다.

우리의 일상적 경험 속에서 이야기되는 몸은 신체를 의미하기도 하고, 의식이나 경험을 포함하는 사람 자체를 의미하기도 한다. 또 집단적인 경험을 매개하는 사회적인 몸을 의미하기도 한다. 이렇게 몸의 의미는 다양하고 유동적이므로 '몸은 마음과 분리된, 지금 우리 눈에 보이는 것'이라는 관념이 흔들리게 된다. 이제까지 명확한 경계가 있다고 생각했던 몸과 마음, 몸과 외부세계, 자아와 타자, 자연과 문화의 의미 경계가 급격하게 허물어지기 시작했다. 주로 비서구사회를 연구해 왔던 인류학자들의 연구는 여기에 중요한 기본 자료를 제공해 주었다.

전통사회를 주로 연구했던 인류학자들은 몸에 대한 논의를 종교와 상징주의의 맥락에서 발전시켰다. 인류학자들은 몸을 사회관계의 구성물로서, 인간과 자연 간의 결합의 표시로 보아 왔다. 몸과 상징체계를 연구해 온 대표적인 인류학자인 메리 더글러스는 몸을 설명하는 사고방식은 사회적으로 유래한다고 지적하면서, 몸의 이해는 바로 사회구조에 대한 인지방식이고, 몸은 문화에 대한 은유라고 설명한다. 따라서 개인의 몸은 그 사회의 오염과 금기, 의례와 상징에 대한 기원과 사회의 중심적 규범들과 위계가 새겨지는 장場이다. 그리고 몸은 스스로에게 부여된 의미를 통해 사회구조를 강화하는 강력한 상징적 형태이다. 따라서 더글러스는 사회관계를 이해하지 않고서는 그 사회 속에 살고 있는 개인의 몸을 이해할 수 없다고 주장한다. 이런 상황에서 개인의 몸은 항상 정치적 의미를 가질 수밖에 없게 되고, 몸의 이상異常을 치료하는 치유자healer는 개인과 사회구조의 사회적·정치적 매개자로 기능하게 된다.

'왜 대부분의 사회에서는 사람들이 오른손을 사용할까'라는 질문을 통해 오른손이 지배적으로 사용되는 생물학적 근거를 발견하려 했던 어느 인류학자는, 왼손과 오른손의 구분은 사회의 사고방식이 반영된 결과라고 보았다. 즉 왼손과 오른손에 대한 사회적 규칙과 의미는 개인이 자신의 신체를 인식하고, 이를 사용하는 방식을 제한한다는 것이다. 이러한 예는 사회적·도덕적 기호로 작용하는 몸의 분비물, 의복, 머리 스타일, 탈모, 몸의 장식품들에 대한 연구에서도 살펴볼 수 있는데, 이러한 연구들은 개인의 몸을 통해 사회적 의미가 어떻게 드러나는지를 보여주고자 했다. 즉 문화가 개인들로 하여금 사회적으로 규정된 몸의 의미를 자신의 몸에 실천하도록 함으로써, 몸의 여러 변화나 움직임을 마치 자연적 사실인 것처럼 인식하게 만든다는 것을 지적해 왔다.

그러나 몸에 대한 인류학자들의 연구가 모두 이 같은 접근방식을 취하는 것은 아니다. 웨일스인들의 생리와 폐경의 의미를 분석한 어느 인류학자는 몸의 상징주의와 사회구조 간의 관계를 논하면서 몸이 단순히 문화를 반영하는 것만은 아니라는 견해를 제시한다. 이러한 입장에 선 인류학자들은 몸이 갖는 보편적인 생물학적 조건과 문화의 상호작용을 강조하면서, 이 두 가지를 결합해 몸을 생문화적bicultural 적응의 결과로 봐야 한다고 주장한다.

이 장에서는 최근 우리 사회뿐만 아니라 전 세계적으로 문제가 되고 있는 비만, 특히 여성들의 피하지방에 관한 글을 소개한다. 인류학의 생문화적 접근이란 무엇인가 그리고 사회경제적 조건과 아름다움에 대한 가치들이 몸의 의미와 어떻게 연결되는지를 살펴보고자 하는 것이다. 오랜 역사적 과정에서 발생하는 진화와 비교문화라는 틀 속에서 여성의 피하지방을 검토하는 이 글은 오늘날 전 세계적 문화현상의 하나인 다이어트를 인류학적으로 어떻게 이해할 수 있는지 생각해 보는 기회가 될 것이다.

비만에 대한 인류학적 시각

| 피터 브라운 · M. 코너 |

오늘날 서구사회에서 비만은 개인적 차원의 건강이나 아름다움의 문제가
아니다. 이는 의학이나 국가의 보건 정책까지 관련된 사회 문제로 부상
하고 있다. 미국에서 비만은 심각한 질병이 되었으며, 비만 치료를 위한
체중감소 관련 산업은 1년에 50억 달러 이상의 막대한 규모로 성장하고
있다.

현대사회에서 이토록 문제시되고 있는 비만을 인류학에서는 어떻게
접근할 수 있을까?

이 글에서 우리는 진화론과 비교문화론의 차원에서 비만 문제를 다
루고자 한다. 즉 비만 문제를 인간의 몸이 갖는 생물학적 조건과 사회문
화적 환경의 상호과정 속에서 살펴보려 한다. 이러한 접근방식을 통해서
'살과의 전쟁'을 벌이는 눈물겨운 노력에도 불구하고, '살찌기 쉬운 상
황'을 만들어낸 서구사회의 풍요의 역사적 성격에 대해 논의하고자 한
다. 그리고 다양한 문화, 사회계층 또는 민족 집단들 사이에 나타나는 비
만의 여러 다양한 형태의 의미를 검토하고자 한다.

인간의 역사 대부분의 기간 중 비만은 '건강상 문제시'되지 않았음
은 물론, 뚱뚱해지는 것 자체가 대부분의 사람들에게는 현실적으로 불가
능했다. 그 이유는 대부분의 원시사회가 질적으로는 괜찮은 식생활 패턴

을 지니고 있었음에도 불구하고, 주기적으로 굶주림에 허덕이고 있었기 때문이다. 과거에는 '살'이 굶주림에 대한 인간의 적응능력을 높여주는 유전적·문화적 특질이었으나, 오늘날의 풍요로운 사회에서는 '살'이 더 이상 아무런 기능도 하지 않을 뿐만 아니라 오히려 '비만'의 원인으로 전락하고 말았다.

비만에 대한 진화론적, 비교문화론적 토론을 시작하기 전에 먼저 비만의 사회적 원인과 관련된 몇 가지 기본적 사실들을 훑어보자.

인간의 비만에 관한 세 가지 사회문화적 사실

인간은 포유동물 중에서 가장 뚱뚱한 편에 속한다! 다른 포유류의 지방 축적은 추위로부터의 보호가 목적이지만, 인간의 경우 지방은 에너지의 저장고로 기능한다. 인간 집단 내에서 비만(과다지방)의 분포는 사회적으로 특정 경향을 보이는데, 바로 이러한 분포 경향이 비만 문제를 이해하는 열쇠가 된다. 비만을 이해하기 위해서는 비만의 '사회적 원인'과 관련된 다음 세 가지 사실들을 검토해 보아야 한다.

첫째, 비만도 성性에 따라 차이가 있다. 남성과 여성을 비교할 때 나타나는 지방의 양적 차이는 호모 사피엔스의 성적 이형性的 異形(같은 종種에 속하는 암수 간의 신체적, 유전적 차이)의 중요한 측면이다. 인간은 신장과 체중을 비롯한 여러 신체적 특질의 형태상 변수에서 차이가 나타나는 영장류이다. 남녀 차이를 드러내는 가장 중요한 측면은 부드러운 세포 조직(지방)에서 현저하게 나타난다. 미국의 한 연구에 따르면, 남성은 여성에 비해 대개 신장이 10퍼센트 정도 크고, 몸무게가 20퍼센트 정도 더 나가는데, 지방 조직의 평균치는 남자가 전체 몸무게의 15퍼센트, 여자가 약 27퍼센트 정도이다. 부위별 체지방은, 여성이 남성에 비해 복부에서 10퍼센트, 팔과 다리에서 각각 30~40퍼센트 이상 더 많다고 한다.

흥미로운 점은 이러한 성에 따른 차이, 즉 성차가 형성되는 과정이다. 이러한 차이는 아동기에도 나타나지만, 사춘기에 크게 벌어지고, 재생산(출산) 능력을 가질 정도로 성숙해지는 시기에 이르면 남녀 간의 차이는 더욱 확실해진다. 칼라하리 사막에서 수렵채집 생활을 하고 있는 쿵 부시맨!Kung Bushmen족(이후에는 우리에게 더 익숙한 이름인 '부시맨'으로 표기한다.)은 보통 키가 아주 작고 그야말로 비쩍 말랐지만, 남녀 간의 피하지방의 차이는 미국인에 비해 훨씬 더 크다.

성차는 비만율에서도 나타난다. 비만에 대한 정의 및 표본 수집 등 방법론적 차이에도 불구하고, 여러 사회에서의 조사결과를 비교해 보면, 여성이 남성보다 훨씬 더 비만 비율이 높다. 그러나 풍요로운 서구사회에서는 저개발 사회에 비해 남녀 간의 비만율의 차이가 적다.

둘째, 비만은 근대화와 함께 등장한다. 비만과 관련하여 문화변동과 비만의 기원의 관계에 주목할 필요가 있다. 인체를 측정한 여러 조사결과에 따르면, 전통적인 수렵채집 사회에는 뚱뚱한 사람이 거의 없다. 이와 대조적으로, 근대화(혹은 서구화)를 경험하고 있는 전통사회에 대한 많은 조사연구들이 비만율의 급속한 증가를 보고하고 있다.

셋째, 비만의 비율은 사회계층에 따라 다르게 나타난다. 이는 비만에 관한 우리의 논의 중 가장 핵심적인 부분이다. 몇몇 연구에 따르면, 미국 같이 풍요로운 사회에서는 비만과 사회계층이 반비례 관계에 있다. 특히 여성의 경우 사회계층과 비만의 반비례 관계는 매우 뚜렷하게 나타난다.

어린 시절에는 일반적으로 중산층과 상류층의 여자아이들(그리고 남자아이들)이 가난한 계층의 여자아이들보다 더 뚱뚱하다. 그러나 사춘기에 이르면 이 두 집단의 여자아이들의 지방 획득 수준이 역전되고, 성인

기에 들어서면 하층 계급의 여성들이 중산층 여성들보다 확실히 뚱뚱한 경향을 보인다.

진화와 비만의 관계 : 음식물 섭취 패턴, 식량 부족 그리고 적응

비만의 원인으로 유전자와 생활양식 중 어떤 것이 더 중요한지, 그리고 두 요소 사이의 상호작용 방식이 어떠한지는 명확하게 알려져 있지 않다. 그러나 두 요소가 서로 관련되어 있다는 것만은 확실하다. 이 글에서는 비만을 유전적 성질과 문화적 요소 두 가지가 복합적으로 관련된 진화적 압력의 산물로 간주한다.

인류가 지구상에 등장한 이래 거의 대부분의 기간 동안 인간은 전적으로 수렵채집 생활을 하며 살아왔다. 현존하는 식량 채집인들은 집단의 규모가 작고 유동적이며 준*유목적인 삶의 양식을 가지고 있다. 이들은 젖을 먹이는 기간이 길고, 영아 사망률이 높기 때문에 인구 증가율도 낮다. 그리고 질적으로 매우 훌륭한 식생활 패턴을 가지고 있기 때문에 식량 채집에는 그다지 많은 시간을 투자하지 않지만, 농업에 의존하는 현대의 제3세계의 사람들에 비해 오히려 더 튼튼하고 영양 상태가 좋다고 할 수 있다.

약 1만 2천 년 전에 몇몇 인간 집단들은 식량채집 경제에서 식량생산 경제로 이행하였다. 대다수 고고학자들의 일치된 결론에 따르면, 농업에 기반을 둔 새로운 경제는 인구 증가와 식량 부족이라는 생태학적 압력의 결과로 등장하였다. 그러나 농업의 시작은 사회계층의 출현과 관련되어 있다는 사실에도 주목해야 한다. 사회의 계층적 분화는 지배 계급의 성원들에게 여러 가지 이익을 가져오는데, 그중 가장 핵심적인 이익은 굶주림의 시기에도 이들만큼은 식량을 확보할 수 있다는 점이다. 상

비만에 대한
인류학적 시각

이한 사회계층에 속하는 사람들이 경험하는 영양과 관련된 스트레스는 결코 평등하지 않다.

결과론적으로 말한다면, 가난한 사람들을 굶주리게 함으로써 부유한 사람들은 기근의 위협으로부터 벗어난다. 따라서 비만은 단순한 문명병이 아니다. 비만은 가난한 사람들조차 비만해질 수 있을 정도로 식량 공급이 가능하게 된 수준의 경제를 가진 문명화된 사회에서만 보편적으로 나타나는 현상이다.

현대의 식량채집인들과 선사시대 조상들의 식생활은 상당히 흥미로운 주제가 되어 왔다. 최근에 밝혀진 구석기시대 음식물 섭취에 대한 영양학적 분석의 결과, 선사시대에 채집생활을 하던 사람들은 단백질, 섬유질, 식물성 탄수화물을 주로 먹었으며 당분과 포화지방산은 적게 섭취했다는 사실을 알게 되었다. 이러한 석기시대의 음식물 섭취 패턴과 미국 상원 특별조사위원회가 권장한 일일 영양 섭취량을 비교하면, 석기시대에 콜레스테롤 섭취량이 많다는 것 외에, 이 둘은 놀랄 만큼 서로 비슷하다. 그러므로 콜레스테롤 항목을 제외한다면 구석기시대의 음식물 섭취 패턴은 질병 예방적인 식생활 패턴의 모델이 될 수도 있다. 아마 현재 권장되고 있는 식이 패턴보다 오히려 더 엄격한 건강식으로 구성되었다고도 볼 수 있다.

그러나 이것은 우리 조상들의 지혜라기보다는 음식의 선택과 취득 가능성이 제한적이었다는 사실을 반영한다. 대체로 음식 공급이 나름대로 적절하거나 풍부했던 전前 산업사회의 음식물 섭취 패턴은 현대 미국에 비해 훨씬 나았다고 한다. 그러나 우리가 전 산업사회와 관련하여 주목해야 할 점은, 음식물 섭취 패턴의 영양학적 내용이 아니라 식량 부족 상황에 대한 대처가 취약했다는 사실이다. 또 하나 우리가 주목해야 할

점은 문화변동에 대한 여러 연구가 지적하듯이, 건강한 식생활 패턴을 가지고 있던 많은 전통 사회들이 기회만 있으면 오히려 건강에 해로운 서구식 식생활로 이행한다는 사실이다.

식량 부족은 선사시대는 물론 역사시대에도 너무나 보편적이었기에 일종의 불가피한 삶의 일부였으며 또한 매우 심각하였다. 수렵채집 생활을 하는 부시맨에 대한 의학적 연구에 따르면, 성인들은 건강이 양호한 편이지만 주기적인 칼로리 부족 때문에 종종 건강을 해치는 경우가 있다고 한다. 식량채집 사회나 식량생산 사회나, 모두 계절에 따라 식량 입수 가능성이 변화하기 때문에, 이러한 사회의 구성원들은 체중 감소와 체중 증가를 1년 주기로 반복하게 된다. 농사를 짓는 사람들은 계절에 따른 체중 증감의 변동 폭이 더욱 크다. 비록 생태 환경과 시간에 따라 달라지기는 하지만, 계절에 따른 부시맨의 체중 감소율은 성인 몸무게의 평균 1~2퍼센트였다. 아프리카의 농민들의 체중 감소율은 더욱 심각해서 전체 몸무게의 평균 4~6퍼센트에 이르는 경우도 있다.

식량 부족은 비만의 진화라는 가설의 전제이기도 하다. 자연 상태에서는 식량 부족이 인간에게 너무나 만연된 현상이기 때문에, 식량의 잉여가 있는 시기에 효과적으로 칼로리를 축적할 수 있는 사람이 자연선택 natural selection에 의해 자손을 남길 가능성이 커진다. 기근 희생자들에 대한 의학적 연구에 따르면, 식량 부족으로 인한 영양실조는 신생아의 체중 감소, 아동의 성장률 저하, 전염병 사망률의 상승 등을 동시에 유발한다. 이따금 피치 못해 맞이할 수밖에 없었던 식량 부족에 대비하여 인류는 지방의 합성과 축적을 통해 식량을 몸 안에 '저장해 두도록' 진화해 왔다. 더욱이 여성은 임신과 수유기에 필요한 영양분을 얼마나 잘 공급할 수 있는 몸을 가지고 있는가에 따라 재생산의 성공이 결정되었다.

때문에 여성은 남성보다 체지방을 덜 소모하면서 더 많은 지방을 축적하는 방향으로 진화하는 것이 아마도 자연선택 과정에서 더욱 유리했던 것 같다.

제3차 하버드 성장 연구Harvard Growth Study에 참여했던 연구자들은 후속 연구를 통하여 동일한 사회계층이나 민족집단 내에서는 지방의 양과 다산多産 사이에 비례적인 상관관계가 있다는 사실을 발견하였다. 사회계층의 영향은 중요하고도 복잡하다. 이들의 연구에 따르면, 선진국에서는 지방의 양이 하층 계급일수록 또한 다산하는 여성일수록 많으나, 저개발 국가에서는 지방의 양과 다산이 상층 계급에서만 상관관계가 있는 것으로 나타나고 있다. 어쨌든 여성의 체지방은 조기 폐경뿐만 아니라 정기적인 생리 주기와도 관련되어 있기 때문에, 지방의 증가는 여성의 일생에 걸쳐 재생산 성공률을 높일 수도 있다. 이런 맥락에서 전 산업사회에서 여성의 사회적 지위는 상징적으로나 통계적으로나 다산 및 지방의 양과 관련되어 있다.

어떤 상황에서는 지방의 양이 성공적 임신을 완성시키는 주요 요인이 된다. 임신 기간 중 9~13킬로그램 정도의 몸무게 증가는 바람직한 일로 권장되고 있으며, 칼로리 섭취가 부적절하여 몸무게가 늘지 않으면 이는 임상학적으로 문제가 있는 징후로 간주된다. 만일 모유가 유아에게 유일한 식량이라면, 수유 기간 동안 여성의 에너지 소모량은 매우 많다. 전통사회에서 수유는 거의 4년 동안 지속되며, 이를 위한 에너지 축적은 임신 기간 초기부터 이루어진다. 임신 기간 동안 몸무게가 많이 늘고 영양 상태도 좋은 여성은 분만 후에 에너지를 조금씩만 보충해 주어도 된다. 출산 이전에 저장해 놓은 지방 조직으로부터 에너지를 끌어다 쓸 수 있기 때문에 에너지 균형을 적자로 유지하더라도 별 문제가 없다. 전통

사회에서 대부분의 여성들은 삶의 대부분의 기간을 임신 또는 수유로 보내기 때문에, 여성의 풍만한 몸은 그러한 점에서 매우 적응성이 높다. 따라서 신부가 될 사람의 몸을 살찌게 하는 잠비아의 오두막살이 풍습은 일생 동안 재생산(임신과 수유)에 소모될 에너지를 축적하게끔 하는 중요한 출발점이기도 하다.

　인간은 식량 부족의 영향을 최소화하기 위해 여러 가지 문화적 기제들을 발전시켜 왔다. 경영의 다각화, 식량의 저장, 기근 시 이용할 수 있는 식량에 대한 지식의 축적, 급할 때 식량으로 교환할 수 있는 귀중품으로 잉여 식량을 전환해 두기, 그리고 다른 지역의 사람들과 강한 사회적 유대를 맺어두기 등이 그것이다. 이런 방식들은 변화무쌍한 환경과 생물학적 적응 사이에서 완충장치 역할을 해왔다.

비만의 사회적 의미 : 문화 간 비교

뚱뚱함은 현대 서구사회를 포함하여 세계 곳곳에서 자신감이나 성적 매력 등 심리적 차원과 관련되어 있다. 그러나 일관된 법칙이란 없다. 현대 미국의 주류 문화에서 비만은 혐오감을 불러일으키는 대상으로서 낙인찍혀 있다. 그러나 이와 반대로 다른 문화들에서는 뚱뚱함이 건강과 부의 상징으로 여겨지기도 한다.

　전 산업사회에서는 비만이 매우 드물었기 때문에 많은 인간집단들이 비만에 대한 집단 나름의 의학적 정의를 갖고 있지도 않았고 관심도 없었다. 자주 발생하는 식량 부족 상황을 고려한다면 뚱뚱한 것보다는 마른 것이 더 심각하고 나쁜 징후이다. 농업사회에서 건강, 위세, 풍요 그리고 성숙함의 상징으로 존경받는 것은 비만 그 자체라기보다는 커다란 덩치, 커다란 몸일지도 모른다. 예를 들어 농경생활을 하는 나이지리아의 티브Tiv족은 매우 긍정적인 상태인 '아주 크다kehe'와 불쾌한 상태인 '뚱뚱해지다ahon'를 구별한다. 첫 번째 용어는 찬사로서, 음식이 풍부한 건기乾期 초기에 몸무게가 증가되었음을 말하는 부富의 상징이다. 두 번째 용어는 드물면서 바람직하지 못한 상태를 말한다. 산업사회인 미국에서도 비만의 정의에서 민족적 다양성을 찾아볼 수 있다. 일부 멕시코계 미국인들 사이에서는 '고르두라gordura'(뚱뚱함)라는 단어가 긍정적인 의미를 갖기 때문에 비만을 뜻하기 위해 '고르두라 말라gordura mala'(나쁜 뚱뚱함)라는 새로운 표현을 만들어냈다.

미국 의학계의 비만에 대한 정의 역시 역사적으로 변화를 겪었다. 1943~1980년에 남성보다도 여성의 소위 '이상적 몸무게'가 감소했는데, 최근에는 그 기준을 상향 조정하자는 제안이 등장하였다. 왜냐하면 심미적으로 이상적인 몸무게와 의학적으로 건강한 몸무게 사이에 심각한 괴리가 발생했기 때문이다. 아직까지도 이상적 몸무게와 건강한 몸무게는 논쟁거리로 남아 있다. 여하튼 비만에 대한 정의는 궁극적으로 정상성, 아름다움, 건강에 대한 문화적 관념과 깊이 관련되어 있다.

문화적으로 정의된 미의 기준 또한 성적 선택sexual selection 과정에서 하나의 요인으로 작용했을 가능성도 있다. 나이지리아 에픽Efik족의 풍습은 그 고전적인 사례이다. 엘리트 계층의 사춘기 소녀들은 결혼 전에 오두막에 갇혀서 2년 동안 격리되어 지내면서 몸을 살찌운다. 이러한 통과의례를 마치면 소녀는 성인 여성으로 간주되며, '결혼할 수 있음'을 의미하는, 3층으로 된 머리스타일, 음핵 절개, 뚱뚱하게 살찐 몸을 갖게 된다. 그중에서도 뚱뚱함은 이 풍습에 참여할 수 있는 경제적 자원을 가진 엘리트 계층에게 가장 중요한 미의 기준이 된다. 남자들의 뛰어난 장거리 달리기 능력으로 잘 알려진 북부 멕시코의 타라후마라 지방에서도

비키니 차림으로 해변을 걷고 있는 여인.
이 여인의 몸은 비만 상태의 몸일까,
아름다운 뚱뚱한 몸일까.
브라질 ⓒ 유희경

여자의 크고 뚱뚱한 허벅지가 미의 제1요건으로 여겨진다고 한다. 이곳
에서 미인은 '아름다운 허벅지'라고 불린다.

　　그러나 아름다움과 뚱뚱함 사이의 문화적 연관은 얼마나 보편적일까?
여러 다양한 사회들의 여성적 아름다움 혹은 이상적 체형에 대한 체계적
인 비교문화적 조사연구는 아직 없다. 『인간관계 지역파일』*Human Rela-
tions Area Files; HRAF*에 수록된 325개 문화 중 단 58개 문화에 대해서만
여성의 이상적 체형에 대한 몇 가지 자료가 보고되어 있을 뿐이다.

　　자료의 취약성에도 불구하고, 『인간관계 지역파일』은 미에 대한 문화
적 기준이 그 사회의 지배집단이 갖고 있는 '정상성'의 특성에 기반하고
있다는 것을 보여준다. 가장 두드러지게 나타나는 특성은 신체적 극단성
의 배제로서, 어떤 사회도 극단적 비만을 미의 이상으로 삼고 있지는 않
다. 자료가 보고된 사회 중에서 81퍼센트가 뚱뚱함을 바람직한 아름다움

으로 보고 있는데, 거의 모든 사회에서 성적인 아름다움에 대한 기준은 2차 성징이 끝난 결혼 적령기의 젊은 성인들의 외모에 기반을 두고 있다. 또한 뚱뚱함은 여성성의 다른 측면인 모성과 보살핌의 상징이기 때문에 바람직하다고 여겨지는지도 모른다. 여성이 오로지 모성을 통해서만 사회적 지위를 부여받는 전통사회에서는 "뚱뚱한 여성이란 보살핌을 잘 받은 여성이며, 이러한 여성은 아이들을 잘 보살필 것이다"라는 상징적 연계가 비만을 바람직한 것으로 받아들이는 문화적 수용도를 높이는 것 같다.

미의 기준에 문화적 다양성이 존재한다고 할지라도, 이런 다양성은 맥락에 따라 달리 해석된다. 날씬함에 대한 미국적 이상은 뚱뚱해지기 쉬운 환경에서 발생한 것이고, 뚱뚱함에 대한 선호는 마르기 쉬운 상황에서 생긴 것이다. 상황적으로 두 가지 기준 모두가 개인의 노력과 경제적 자원을 필요로 한다. 즉 마름과 뚱뚱함은 각각 부를 표시하는 기호이다. 가난한 사회에서 부자는 뚱뚱해짐으로써 자신의 우월한 지위를 과시하지만, 가난한 사람은 그렇게 할 수가 없다. 그러나 부유한 사회에서는 가난한 사람도 뚱뚱해질 수 있고, 실제로 그들은 게걸스럽게 먹기 때문에 뚱뚱해진다. 따라서 부자는 날씬함을 유지함으로써 자신의 우월한 지위를 과시하는데, 마치 '우리는 다음 끼니를 어떻게 마련할지를 걱정하지 않아. 그러니 우리는 단 1그램의 지방도 몸에 저장해둘 필요가 없지'라고 말하는 것 같다. 따라서 여성의 아름다움에 대한 기준의 상대성은 한편으로는 진화 과정에서 결정된 인간의 보편적 속성에 의해서, 또 한편으로는 문화적 다양성에 의해서 제한되는지도 모른다.

바람직한 남성 체형에 대한 민족지적 기록은 거의 존재하지 않는다. 이러한 사실이 혹시 여성에게만 몸이 중요한 가치 평가 기준이 된다는 사실을 의미하는 것은 아닐까? 부시맨 같은 경우를 제외하고는 거의 모든 인간 사회에서 신체가 크다는 사실은 예외 없이 남자의 매력을 구성하며 찬사의 대상이 된다. 그러나 이는 반드시 뚱뚱함을 의미하지는 않는다. 신체가 크다는 것은 일반적인 건강과 영양상태의 지표로 간주될 수 있다. 그러나 몇몇 사회에서는 큰 신체는 물론 심지어 비만조차도 경제적 성공과 정치권력, 사회적 지위를 상징하기 때문에 바람직한 것으로 여겨진다. 실제로 큰 덩치는 식량 자원에 대한 차별적 접근의 지표이다. 큰 덩치의 사회적 위세는, 세습적 정치 지도자들의 가족이 일반인들이 생산하는 농산물의 일정 부분을 보장받을 수 있는 폴리네시아의 추장 제도에서 더욱 두드러지게 드러난다. 폴리네시아에서 추장은 그의 영혼, 영적인 힘mana과 귀족적 양육의 흔적이 그의 외모에서 드러날 것으로 기대되며, 실제로도 그러하다.

살찐 몸과 관련된 다양한 문화적 의미는 미국의 여러 민족 집단 내에서도 발견된다. 몸무게의 문화적 의미에 대한 연구가 필라델피아의 푸에르토리코인 사회에서 민족지적 방법을 통하여 수행된 바 있는데, 이 연구는 비만이 긍정적 의미를 갖고 있으며, 비만에 대한 사회적 낙인도 없다고 보고하고 있다. 살찐 몸에 대한 긍정적 평가는 하층 흑인사회나 멕시코계 미국인 사회에서도 나타난다.

그러나 이러한 민족집단 내에서도 차이가 존재하는데, 계층 상승을 하고 있는 집단에서는 비만과 이상적 체형에 대한 태도가 주류 미국 문화의 기준을 닮아간다. 소수 민족 집단들이나 세계의 대부분의 문화에서와는 대조적으로, 미국의 지배 계층과 중산층에서 이상적인 여성의 체형은 날씬한 체형이다. 많은 연구들이 남성보다 여성이 이러한 문화적 가치에 더 집착하고 있음을 보여주고 있는데, 지난 30년간 여성의 이상적인 아름다운 체형은 점점 더 의학적인 이상형보다 날씬해져버렸다. 그러

비만에 대한
인류학적 시각

므로 매력적인 체형과 관련된 문화적 신념은 여성들에게 몸무게를 줄이라는 압력으로 나타났고, 이는 거식증과 폭식증의 주 원인으로 작용하고 있다. 현대 미국사회의 여성들에게 날씬함은 선탠suntan과 마찬가지로 경제적 지위와 여가의 상징이 되었다.

마지막으로 덧붙일 것은, 우리가 살펴본 인류 역사상의 굶주림 문제는 불행하게도 과거에 국한되지 않는다는 점이다. 아프리카 소말리아 지역과 사하라 사막 주변에서 발생한 가뭄과 기근은 전 세계의 주목을 받아 왔다. 인류 역사상 가장 부유한 국가라는 미국 내에서도 2천만 명 정도가 굶주리고 있는 것으로 추산된다. 이렇게 계속되는 기아는 새로운 질병처럼 등장한 비만에 대한 우리의 생각과 비극적인 대조를 이루고 있으며, 인류 역사의 가혹한 현실을 보여준다.

꼭 30년 전 3월 신학기 서울 어느 초등학교의 교실 풍경이다. 선생님이 어린이들의 위생보건 실태를 조사하였다. "한 달에 한 번 목욕하는 사람?" 10여 명의 아이들이 손을 들었다. "이 주일에 한 번?" 반 아이들 대부분이 손을 들었다. "일주일에 한 번?" 앞 줄의 몇 명만 손을 들었다. 교과서에 나온 정답이었다. 그보다 더 자주 목욕하는 사람이 있는지는 물어보지 않았다. 사람이 그 이상 자주 씻어야 한다고는 아무도 생각하지 않았다.

"그때 사람들은 참 지저분하게 살았구나!" 하는 느낌이 들지도 모른다. 하지만 그때는 지금보다 물도 공기도 땅도 깨끗했다. 여름 한강가 넓은 백사장이, 마치 해수욕장처럼 물놀이 나온 사람으로 붐빌 정도였다. 겨울에는 강물이 꽁꽁 얼어 스케이트도 타고, 두껍게 얼어붙은 강 위로 사람과 마차들이 건너다녔다. 이제 한강물은 더 이상 얼지 않는다. 공해 때문에 기온도 올라갔지만, 더 직접적인 원인은, 많은 사람들이 거의 매일 더운물로 샤워하고, 합성세제로 세탁하며, 물비누로 설거지하는 '깨끗한' 생활을 하기 때문이다. 깨끗해진 우리 옆을 흐르는 강물은 냄새 나고, 헤엄도 칠 수 없으며, 아무리 약을 타서 정수를 해도 그냥 먹기에는 꺼림칙한 더러운 물이 되었다.

한 사람, 한 사람의 '청결'에 대한 기준이 조금만 높아져도 주변 환경은 기하급수적으로 오염된다. 우리가 몸을 자주 씻게 된 것이 선진국이 되었다는 증거는 아니다. 이는 새로운 아파트 생활문화 속에, 일본같이 습기가 많은 섬나라의 목욕 문화, 영미 문화권의 과도한 청결과 위생에 대한 집착이 그대로 반영된 화장실 문화가 유입되어 나타난 현상일 뿐이

사루 강가의 이나우(신목).
강 하구에 일본인들이
연어잡는 기계를
설치하고 댐공사를 강행하자,
아이누족은 상류의 곰들까지
먹을 것이 없어질 것이라고
걱정하고 있다.
일본 홋카이도 © 정병호

다. 프랑스나 네덜란드 같은 건조한 유럽 대륙 쪽 사람들은 그렇게 자주
몸을 씻지 않는다. 피부를 보호하는 지방이 씻겨나가 견딜 수 없기 때문
이다. 한국과 중국, 몽고 등 아시아 대륙 쪽의 문화도 비교적 건조한 대
륙성 기후에 적응하여 발달한 것이다. 우리들은 그리 자주 씻는 사람들이
아니었다. 일본 식민지 시대에 강요된 청결에 대한 열등감과 전쟁과 분단
을 통해 강화된 미국식 삶의 방식에 대한 선망이 오늘날 우리 기후와 환
경 그리고 우리의 피부에조차 어울리지 않는 생활문화를 빚은 것이다.

　　최근 중국 여행을 간 한국 관광객들이 현지 가이드의 기름기 흐르는
머리카락을 보고 지저분하다고 흉을 보았다. 12억 중국 사람들이 오늘날
한국 사람들처럼 자주 씻고 산다면 황해는 어떻게 될까? 그들보다 '깨
끗'한 우리들이 더럽힌 것은 한강뿐인가? 베이징으로 출장 간 한국 기업
인들이 거리의 자전거 물결을 보고 "우리보다 20년 뒤떨어졌군" 하고 말
했다. 20년 뒤 중국 대륙이 남한만큼 자동차로 덮이면 그 공해 물질은 다

어디로 올까? 우리는 전 세계로 자동차를 수출하면서 우리 하늘, 우리 공기를 보호하기 위해 중국은 더 이상 산업화되어서는 안 된다고 주장할 수 있을까? 인류는 도대체 어떤 방식으로 살아야 하는가?

지난 30여 년 사이에 한국 사람들의 일상생활은 확실히 풍요로워졌다. 물을 물 쓰듯 해서 몸만 깨끗하게 된 것이 아니라 맛있는 것도 많이 먹어 키도 크고 살도 찌게 되었다. 이전보다 고기도 많이 먹고, 아이스크림, 요구르트에 빵과 과자도 비교적 마음껏 먹게 된 것이다. 그러나 그 기간 동안 식량 자급률은 80퍼센트에서 20퍼센트대로 떨어졌다. 수입고기, 외제 과자를 먹어서만이 아니라, 바로 국산 소, 돼지, 닭들을 먹일 옥수수와 국산 라면, 과자, 빵을 만들 밀가루 같은 기초 곡물의 대량 수입이 절대적으로 필요해졌기 때문이다. 95년에는 먹고 남아 버린 음식물만 8조 원어치라는 통계까지 나왔다. 음식물 쓰레기는 가장 지독한 오염 물질 중 하나라고 한다.

오늘날 많은 사람들이 유행에 맞춰 옷을 입고, 추운 겨울에 더운 아파트에서 살고, 더운 여름에 추운 사무실에서 근무한다. 에너지도 석탄에서 석유, 일부는 원자력으로 바뀌면서 그 원료를 전부 수입에 의존하게 되었다. 즉 돈을 주고 다른 나라에서 사오는데, 그것도 무한정 있는 것은 아니다. 장차 모든 사람들이 더 절실히 필요해 하면 할수록 더 비싸질 물건임에 틀림없다. 심지어 어떤 사소한 일로 외부로부터 에너지, 식량, 원자재의 공급이 끊기기라도 한다면 우리는 당장 먹고, 입고, 때고 살아갈 수 없게 될 것이다. 흔히 생각하는 것보다 우리의 운명은 세계 경제와 지구적 차원의 생태균형에 훨씬 직접적으로 연결되어 있다.

에너지와 자원을 낭비하는 대량생산, 대량소비의 일견 풍요로워 보이는 삶의 방식은 오늘날 세계 여러 곳에서 지역적, 지구적 차원의 자연

순환체계를 파괴하고 있다. 한 사람, 한 사람의 삶의 방식의 사소한 변화가 모여 온 사회 사람들의 생활문화가 바뀌고, 시간이 흐르면 어느 사이엔가 그 지역의 자연환경은 물론 지구적 생태균형까지 바뀌게 된다. 그렇게 바뀐 자연환경은 다시 우리의 삶의 방식에 영향을 미친다. 즉 환경문제는 문화의 문제인 것이다. 따라서 이 문제의 해결도 바로 생산과 소비 패턴의 재구성을 통해 생태적으로 조화로운 삶의 방식을 새롭게 창조하는 데 달려 있다.

그동안 존재했던 모든 인류의 역사적 경험과 오늘날 지구상에 있는 다양한 문화들은 인류 사회의 귀중한 자산이다. 이는 다양한 환경과 변화하는 삶의 조건에 적응하며 진화해 온 인간 집단 모두의 삶의 경험이자 지혜의 응축물인 것이다. 요즘같이 급변하는 지구환경과 사회조건 속에서 인류가 앞으로도 계속 생존해 나가기 위해서는 다양한 문화적 자원을 스스로의 삶의 방식을 비추어 볼 수 있는 거울로 활용해야 할 것이다. 따라서 오늘날 빠른 속도로 지구상에 획일적이고 표준적인 삶의 방식을 만들어가는 서구적 생활문화와 가치관을 경계해야 할 것이다. 이것이 결국 온 인류가 채택하게 될 미래 사회의 절대적인 문화적 기준이라고 여기는 허위의식은 위험하다. 이러한 획일적 문화통합과 가치관의 표준화 현상은 인류 생존의 가능성 자체를 줄여나가는 일이기 때문이다.

오늘날 지구환경을 심하게 훼손하고 있는 인류 사회의 미래에 대한 경고로 남태평양의 이스터 섬 문명의 흥망과정을 소개한다. 재러드 다이아먼드Jared Diamond는 최근의 고고학 발굴로 드러난 사실을 통해 1,500여 년 전 최초로 이스터 섬에 찾아 들어간 사람들이 그 풍요로운 자연환경을 이용하여 빠르게 번성하고, 고도로 조직적인 문명을 만들어낸 과정을 소개하였다. 그 후 그들은 자신도 모르는 사이에 조금씩 자연환경을 훼손하여, 결국 문명 자체를 파괴했고 최소한의 식량조차 마련할 수 없게 되자 식인까지 하게 되는 자멸의 길을 걷게 되었다고 한다. 우주 속의 한 작은 섬, 지구에 살면서 그 자연환경에 적응하여 번성하게 된 인류가 이제 스스로의 삶의 방식이 불러온 생태적 불균형의 현실을 어떻게 인식하고 어떻게 대응해야 하는지 생각하고 실천해 보자.

이스터 섬의 몰락

| 재러드 다이아먼드 |

인류의 역사에서 가장 신비한 수수께끼 중 하나는 바로 사라져버린 문명에 관한 것이다. 크메르나 마야 또는 아나사지(푸에블로 인디언이 절벽 틈새에 지은 도시)의 폐허가 된 건축물들을 본 사람이면 누구나가 "저것들을 만든 사회는 왜 사라졌을까?" 하는 의문을 갖게 된다.

그들의 소멸은 다른 동물들의 멸종이 우리에게 주는 것과는 전혀 다른 느낌을 불러일으킨다. 왜냐하면 그러한 문명이 아무리 이국적이라 할지라도 그 문명을 일으킨 이들은 우리와 같은 인간이기 때문이다. 언젠가 우리도 그들과 같은 운명에 놓이지 않으리라고 누가 장담할 수 있는가? 어느 날 뉴욕의 초고층 빌딩들이 앙코르와트나 마야의 신전들처럼 초목으로 뒤덮여 버려진 채 발견될 수도 있지 않은가?

이렇듯 사라져버린 많은 문명 중에서, 이스터 섬의 문명은 오랫동안 신비에 싸인 채 고립되어 있었다. 이 섬의 거대한 석상들과 메마른 정경은 신비감을 불러일으켰다. 이스터 섬의 문명을 이루었던 사람들이 폴리네시아인이라는 사실이 알려진 후 이 신비감은 더 커졌는데, 왜냐하면 폴리네시아는 서양사람들에게 이국적 낭만성의 극치, 즉 파라다이스를 상징하기 때문이다. 최근 고생물학자인 스테드먼David Steadman을 중심으로 여러 연구자들이 이스터 섬을 체계적으로 발굴하였다. 그들의 연구

이스터 섬의 석상. 섬 여기저기에 버려져 있던 석상들이 관광객을 위해 한 곳에 나란히 세워져 있다.
© 김은희

는 이 섬의 역사에 대한 새로운 해석을 제공했는데, 그 역사는 우리에게 경이로움과 동시에 경각심을 불러일으킨다.

면적이 168평방킬로미터 정도 되는 이스터 섬은 태평양에 있고, 인간이 살 수 있는 땅 중에서 주변의 다른 세계와 가장 멀리 떨어진 곳이다. 아열대 지역에 위치해 있어서 기후가 온화한 편이며, 화산작용에 의해 생겨났기 때문에 땅도 비옥하다. 이론적으로 보면 이러한 자연의 축복으로 이스터 섬도 작은 파라다이스가 되었을 법하다.

이 섬의 이름인 이스터는 부활절을 뜻하는데, 네덜란드의 탐험가인 로헤벤Jacob Roggeveen이 이 섬을 1772년 부활절(4월 5일)에 '발견'했기 때문에 이런 이름을 붙였다. 이 섬에 대한 로헤벤의 첫인상은 파라다이스가 아니라 불모의 땅이었다고 한다. 당시 이 섬에는 33미터가 넘는 나무나 관목은 하나도 없었고 갖가지 풀들만 자라고 있었다. 섬사람들은 춥고 습하고 바람이 많은 겨울 동안 땔나무도 없이 살고 있었다. 먹이가 될 만한 큰 동물도 없었으며, 닭이 유일한 가축이었다.

　18세기부터 19세기 초까지 이 섬을 방문했던 유럽인들은 이 섬의 인구가 2천 명 정도라고 추정했는데, 이것은 당시 섬의 척박한 환경을 고려해 보면 적당한 숫자였다. 쿡James Cook 선장이 1774년 이 섬을 방문했을 때 짐작한 것처럼, 섬사람들은 폴리네시아계 사람들이었다. 그러나 폴리네시아인들이 대체로 훌륭한 선원들이라고 알려져 있었던 데 반해, 이스터 섬의 사람들은 아주 조악한 카누를 타거나 수영을 해서 로헤벤과 쿡 선장의 배에 다가왔다. 카누 제작 솜씨도 형편없었으며, 그나마 두 사람이 탈 수 있는 크기의 카누는 온 섬을 통틀어 서너 척뿐이었다.

　그때까지 이스터 섬의 사람들은 다른 사람들이 존재한다는 사실을 모른 채 완벽하게 고립되어 살고 있었다. 이후에 섬을 방문한 연구자들도 이 섬사람들이 바깥세상과 교류를 했다는 증거는 전혀 찾아내지 못하였다. 그러나 이스터 섬의 사람들은 약 420킬로미터나 떨어져 있는 한 무인도에 다녀온 기억이 있다고 주장했는데, 이것은 로헤벤이 당시 섬에서 보던 물이 새는 카누로는 도저히 갈 수 없는 거리였다. 그렇다면 이스터 사람들의 조상들은 어떻게 그 무인도에 갔다 올 수 있었으며, 또 애초에 어떻게 이 외딴 이스터 섬까지 올 수 있었을까?

　이스터 섬은 거대한 석상들로 유명한데, 한때는 200개가 넘는 석상들이 해안에 줄지어 선 대규모의 돌 제단 위에 세워져 있었고, 700개 이상의 석상들이 채석장 주변과, 채석장과 해안 사이의 옛 도로 위에 버려져 있었다. 이 석상들은 완성 정도가 다 달랐는데, 마치 조각가들과 석상들을 운반하는 일꾼들이 갑자기 연장을 놓고 일을 그만둬버린 것 같았다. 세워진 석상 대부분은 높이 10미터에 무게가 82톤까지 나갔는데도, 채석장에서 조각된 후 10킬로미터 정도 거리까지 운반되었다. 한편 버려진 석상들 중에는 높이 20미터에 무게가 270톤까지 나가는 것도 있었다. 마찬가지로 돌 제단도 거대했다. 가장 큰 것은 길이 150미터에 높이 3미터로 쌓은 것인데, 돌판 한 장의 무게가 10톤까지 나갔다.

그렇다면 이런 질문이 가능하다. 두꺼운 재목도 튼튼한 밧줄도 없이 어떻게 이 석상들을 세울 수 있었을까? 수레나 끌 짐승도 없이 오로지 사람 힘만으로 이것들을 운반했단 말인가? 더욱 이상한 것은 왜 섬사람들이 1770년까지도 서 있었던 이 석상들을 그로부터 1864년에 이르기까지 왜 모두 무너뜨려버렸을까 하는 점이다. 왜 그들은 이 석상들을 조각했고, 또 왜 중단했을까?

이 석상들은 1772년 로헤벤이 목격한 것과는 다른 모습의 사회가 이보다 앞서 이 섬에 존재했음을 암시한다. 석상의 거대함이나 숫자로 보아 당시 인구보다 훨씬 많은 사람들이 이 섬에 살고 있었을 것이다. 다들 어떻게 된 것일까? 석상의 재료가 된 돌, 석상이 쓰고 있던 왕관을 만드는 데 필요한 붉은 돌, 조각용구의 재료가 된 돌, 농지 그리고 낚시터 등 이스터의 자원들은 섬 곳곳에 흩어져 있었다. 이러한 자원들을 징수하고 분배하는 데는 고도로 발달된 정치조직이 필요했을 것이다. 이 불모의 땅에서 그러한 수준의 정치조직이 어떻게 생겨날 수 있었으며, 또 어떻게 사라진 것일까?

이스터 섬의 미스터리는 250년이 넘도록 온갖 종류의 추측을 불러일으켰다. 많은 유럽인들은, '단순한 미개인'인 폴리네시아인들이 그토록 아름다운 석단과 석상을 만들 수는 없었을 것이라고 의심하였다. 어떤 사람들은 구대륙의 발달된 문명의 영향을 받은 아메리카 인디언들이 이곳에 정착했던 것이라고 주장하였다. 또 어떤 사람은, 초현대적 장비를 가진 외계인들이 이스터 섬에 좌초하여 이 석상들을 세우고, 마침내 구출되어 다시 외계로 돌아간 것이라고 추측하였다.

　그러나 이스터 섬의 문화가 폴리네시아 문화에서 유래했음을 나타내는 증거는 많다. 언어는 폴리네시아어 방언이었으며, 그들의 낚시도구와 손도끼도 폴리네시아 특유의 형태를 띠고 있었다. 이스터 섬 사람들은 아시아에 기원을 둔 폴리네시아 특유의 농작물을 길렀으며, 그들의 유일한 가축인 닭도 전형적으로 폴리네시아, 궁극적으로는 아시아의 동물이다. 또한 이스터 섬에서 발견된 해골들의 DNA 검사 결과, 폴리네시아인의 DNA와 같다는 사실이 밝혀졌다. 그렇다면 이들에게 어떤 일이 일어난 것일까? 고고학, 꽃가루 분석 그리고 화석학이 이에 대한 답을 제공한다.

　이스터 섬에 대한 고고학적 발굴은 1955년 이후 계속되어 왔다. 방사성 탄소 연대 측정법으로 조사한 결과, 서기 400~700년대에 이스터 섬에서 사람들이 살기 시작했음이 밝혀졌다. 석상들은 주로 1200~1500년대에 세워졌으며, 그 이후에 만들어진 것은 거의 없다. 고고학적 유적들이 조밀하게 모여 있는 형태로 봐서는, 많은 사람들이 살았을 것으로 추정되며, 학자에 따라 이스터 섬의 인구를 7천 명부터 최고 2만 명까지로 추정하고 있다.

　고고학자들은 어떻게 석상들이 조각되고 세워졌는지를 알아보기 위해 현지인들의 도움을 받아 실험을 해보았다. 그 결과는 다음과 같다. 당시 20명이 돌로 만든 조각칼로 1년 정도 일하면 가장 큰 석상을 만들 수 있었을 것이다. 목재와 밧줄을 만들 충분한 재료가 있었다면, 수백 명의 사람들이 한 팀이 되어 석상을 나무 썰매에 실은 후, 나무로 만든 매끄러운 굴림대를 의지해 운반하고 나서, 통나무를 지레로 이용하여 석상을 세울 수 있었을 것이다. 밧줄은 하우하우라고 불리는 작은 나무의 섬유

조직을 이용해 만들 수 있었을 것이다. 그러나 하나의 석상을 운반하는 데만도 수백 미터의 밧줄이 필요했을 터인데, 지금 이 나무는 이스터 섬에 거의 남아 있지 않다. 지금은 불모의 땅인 이스터 섬이 한때는 그 많은 나무들을 공급했던 것일까?

꽃가루 분석을 이용하면 이 질문에 대답할 수 있다. 꽃가루 분석은 늪이나 연못의 퇴적물을 기둥 모양으로 파내어 이를 분석하는 기술인데, 최근의 퇴적물은 위쪽에 쌓이고 오래된 퇴적물일수록 아래쪽에 쌓인다는 원리를 이용한 방법이다. 각 퇴적층의 나이는 방사성 탄소 연대 측정법을 통해 파악할 수 있다. 그 다음 각 층에서 채취된 꽃가루를 분석하고, 이 꽃가루들을 현재 식물의 꽃가루와 비교하여, 각각의 식물 종류를 알아낸다.

꽃가루 분석의 결과 파악된 이스터 섬의 선사시대 풍경은 참으로 새롭고 놀라웠다. 사람들이 이 섬에 도착하기 최소한 3만 년 전부터, 그리고 폴리네시아인들이 정착하여 살기 시작할 때까지 이스터 섬은 불모의 땅이 아니었다. 관목, 약초, 풀 등으로 뒤덮인 대지 위에 나무와 덤불로 이루어진 아열대숲이 솟아 있었다. 숲에서 가장 흔한 나무는 현재 이스터 섬에서는 찾아볼 수 없는 야자나무였는데, 퇴적층의 아랫부분은 온통 야자나무의 씨앗으로 가득 차 있었다. 크고 가지가 거의 없는 이 야자나무는 석상들을 운반하고 세우는 데, 또 카누를 만드는 데 이상적이었을 것이다. 야자나무는 또한 유용한 식량자원이었을 것이다. 칠레에도 이러한 야자나무가 있는데, 칠레 사람들은 열매를 먹을 뿐만 아니라 나무의 수액으로 설탕, 시럽, 꿀 그리고 와인도 만든다.

최근의 발굴을 통해 알려진 이스터 섬의 동물군 또한 무척 놀랍다. 이스터 섬의 초기(서기 900년대부터 1300년대까지) 쓰레기 더미에서 발견된

뼈의 4분의 1 정도가 생선뼈였으며 그중 3분의 1 가까이가 고래뼈였다. 폴리네시아의 다른 섬의 쓰레기 더미에서는 주로 생선뼈가 발견되고, 고래뼈는 전체 음식 뼈 중 1퍼센트를 넘지 않는다. 이는 이스터 섬 주변의 바다는 산호초가 발달하기에는 수온이 낮아 물고기가 많지 않고, 해안이 주로 절벽이라 낚시할 곳도 마땅치 않았기 때문이다. 이곳에서 발견된 고래는 흔히 볼 수 있는 돌고래로서 무게가 80킬로그램까지 나갔다. 이 고래는 연안에서 떨어진 바다에 살기 때문에 해안에서 낚시나 창으로는 잡을 수 없었을 것이다. 대신 지금은 멸종한 야자나무로 크고 튼튼한 카누를 만들어 타고 바다로 나가서 작살로 잡았음이 틀림없다.

최근의 발굴을 통해 초기의 폴리네시아 정착민들이 고래고기뿐만 아니라 바다새도 식량으로 이용했음이 밝혀졌다. 육지로부터 멀리 떨어져 육식동물이 거의 살지 않았던 이스터 섬은, 사람들이 살기 전까지는 새들이 번식하기에 이상적인 곳이었다. 최소한 25종의 새들이 둥지를 틀었던 이스터 섬은 폴리네시아에서, 또는 아마도 태평양 전체에서, 새들이 가장 많이 번식한 곳이었을 것이다.

초기 이스터 섬 사람들의 요리냄비에서는 최소한 6종의 섬토종 새뼈도 발견되었다. 폴리네시아의 다른 섬과 달리, 이스터 섬에서는 쥐뼈가 많이 발견되는 것으로 보아 '새를 끓인 스프'에 쥐고기를 넣어 맛을 낸 것으로 보인다. 고래, 바닷새, 섬새, 쥐와 더불어 바다표범도 식량으로 이용되었다. 이스터 섬 사람들은 숲에서 구한 땔감으로 오븐을 달구어 고기들을 맛있게 요리하였다.

이제 우리는 1,600여 년 전에 폴리네시아인들이 폴리네시아 동쪽으로부터 긴 카누여행을 거쳐 이스터 섬에 처음 정착했을 때의 상황을 상상해볼 수 있다. 그들은 원시의 파라다이스에 서 있는 자신들을 발견했을 것이다. 그 다음에 어떤 일이 일어난 걸까? 남아 있던 꽃가루와 뼈들이 무시무시한 이야기를 우리에게 전해준다.

꽃가루 기록은 인간이 정착한 뒤 겨우 몇 세기 후인 서기 800년쯤엔 이미 이스터 섬의 숲이 많이 파괴되었음을 보여준다. 야자나무와 다른 나무들, 그리고 덤불의 꽃가루는 점점 줄어들다가 사라진 반면, 나무의 연소로 인한 숯이 퇴적층의 중심부를 채우게 되면서, 점차 풀의 꽃가루가 많아졌다. 1400년대 이후 야자나무가 사라졌는데, 사람들이 베어내서 뿐만 아니라 쥐들이 그 열매를 갉아먹어 번식이 불가능했기 때문이다. 하우하우 나무는 멸종되지는 않았지만, 밧줄을 만들 만큼 많이 남지는 않았다.

15세기에는 야자나무뿐만 아니라 숲 그 자체가 사라졌다. 사람들이 밭을 만들기 위해, 카누를 만들기 위해, 석상을 운반하고 세우기 위해, 그리고 불을 피우기 위해 나무를 베어냈다. 또한 쥐들이 씨앗을 먹어치우고, 나무의 꽃가루와 열매를 퍼뜨리던 새들이 죽어가면서, 숲은 종말을 맞았다. 이스터 섬은 세상에서 가장 극단적인 형태로 숲이 파괴된 예로 기록될 것이다. 숲 전체가 사라졌고 대부분의 나무들이 멸종되었다.

섬의 동물계도 숲이 파괴된 것만큼 극단적인 형태로 파괴되었다. 예외 없이 모든 토종 섬새가 멸종되었다. 심지어 조개까지도 남획되어 큰 조개는 씨가 말랐고, 작은 바다달팽이까지 모두 남획되었다. 서기 1500년을 전후하여 고래뼈도 갑자기 쓰레기 더미에서 사라졌다. 나무가 없어서 먼 바다로 나갈 수 있는 큰 카누를 만들 수가 없게 되었으므로 고래 사냥이 불가능했던 것이다. 이스터 섬에서 번식하던 바닷새도 절반 이상 사라졌다.

이렇듯 고기의 출처가 사라지자, 이스터 섬 사람들은 이전에는 그리

자주 먹지 않았던 닭의 사육에 집중하기 시작하였다. 그들은 마지막으로 남은 먹을 고기로 사람에게도 눈을 돌렸다. 이스터 섬의 후기 쓰레기 더미에서는 종종 사람뼈가 발견된다. 식인풍습의 흔적은 섬에서 전해 내려오는 말에서 종종 나타난다. 예를 들어 적에게 내뱉는 가장 모욕적인 말로 "네 엄마의 살이 내 이빨 사이에 끼여 있다"라는 말이 있다. 이들은 이제 새로운 재료들을 요리하기 위하여 사탕수수 껍질, 풀, 덤불 따위로 불을 피웠다.

이러한 모든 정황 증거들을 종합하여 이스터 섬의 흥망을 하나의 이야기로 구성할 수 있을 것이다. 최초의 폴리네시아 정착민들은 비옥한 토지, 풍부한 식량, 충분한 건축 재료 등 편안한 삶을 영위하기에 필요한 모든 것이 갖추어진 섬을 발견하였다. 그들은 번창했고, 인구도 급속하게 늘어났다. 몇 세기가 지나자, 그들은 돌로 단을 쌓고 석상을 세우기 시작하였다. 시간이 갈수록 돌 제단과 석상들은 커져 갔고, 석상들은 10톤이나 나가는 붉은 돌로 만든 왕관을 쓰기 시작했다. 각 씨족들이 부와 힘을 자랑하기 위해 경쟁적으로 더 크고 화려한 석상을 세웠을 것이다. (비슷한 방식으로 이집트의 파라오들도 시간이 갈수록 더 크고 웅장한 피라미드를 쌓았다. 오늘날 부자나 재벌들이 더 큰 집을 더 많이 지으려고 경쟁하는 것도 비슷한 경우이다.) 요즘의 근대국가와 마찬가지로 이스터 섬 사회도 내부적으로 동원할 수 있는 자원을 재분배하고, 여러 지역의 경제를 통합하기 위해 복잡한 정치체제를 만들어 나갔을 것이다.

결국 사람과 석상들이 숲이 재생산되는 속도보다 더 빨리 늘어나서 숲이 급속하게 파괴되기 시작했다. 사람들은 밭을 만들기 위해, 불을 지피기 위해, 카누를 만들기 위해, 집을 짓기 위해 그리고 석상을 옮기기 위해 나무를 베었다. 숲이 사라져감에 따라 석상들을 운반하고 세우는

데 사용되는 밧줄의 재료와 목재도 사라져갔다. 샘과 시내가 메마르고 불을 피울 나무가 없어져 삶이 점점 고달파졌다. 토종 섬새가 사라지고 바닷새도 많이 줄어들어 주린 배를 채울 식량을 찾기도 어려워졌다. 카누의 재료가 되는 나무들이 멸종되면서 고래는 식탁에서 사라졌다. 숲이 파괴됨으로써 흙이 비바람에 의해 침식되고 햇볕에 말라 척박하게 되었으므로 농작물 수확량도 줄어들었다. 닭과 사람고기는 이렇게 사라져버린 식량의 극히 일부분만을 보충해 주었을 뿐이다. 남아 있는 작은 석상들의 홀쭉한 뺨과 드러난 갈비뼈는 당시 사람들이 굶주리고 있었음을 보여준다.

잉여식량이 사라지면서, 그때까지 정교한 분업사회를 이끌어 오던 추장, 관료, 그리고 성직자들이 힘을 잃었다. 중앙집권적 정부는 각 지방의 혼란으로 무너지고, 전사들이 세습되어 오던 추장들의 권한을 빼앗았다. 전사들의 전성기였던 1600~1700년대에 걸쳐 만들어졌던 창과 단검 등이 지금도 이스터 섬의 곳곳에 흩어져 있다. 1700년을 전후하여 인구는 4분의 1 내지 10분의 1로 급격히 줄어들었다. 사람들은 적들의 공격을 피해 동굴생활을 시작하였다. 1770년 전후에는 서로 경쟁부족의 석상을 무너뜨려 머리 부분을 떼어내곤 했다. 1864년에 이르러 마지막 석상이 내팽개쳐졌다.

이렇게 이스터 문명의 쇠퇴과정을 그려보면서 "왜 그들은 너무 늦기 전에 자신들이 어떤 일을 저지르고 있는지 깨닫고 그만두지 못했을까? 도대체 무슨 생각으로 마지막 야자나무를 베어냈을까?"라는 질문을 해보게 된다. 그러나 그들에게 재앙은 한꺼번에 대포 소리를 내며 닥쳐온 것이 아니라 서서히 몇 십 년에 걸쳐 다가왔을 것이다. 버려져 있는 석상들을 생각해 보라. 아마도 이 석상들을 옮기는 도중에 전쟁이 났을 수도 있고 조각가가 작업을 마친 순간 마지막 밧줄이 끊어졌을 수도 있다. 그러는 동안 숲이 점점 파괴되어가고 있다는 누군가의 경고는 조각가, 관료 그리고 추장들 등 기득권층에 의해 묵살당했을 것이다. 계속 숲을 파먹는 일이 곧 그들이 하는 일이었기 때문이다.

나무의 수는 점점 더 줄어들고, 크기가 작아졌으며, 그 중요성도 점차 감소되어 갔다. 열매가 달린 마지막 야자나무를 베어냈을 때는 이미 오래 전에 야자나무의 경제적 중요성이 사라진 뒤였을 것이다. 어린 야자 묘목들은 다른 덤불이나 작은 나무들과 함께 땔감으로 베었을 것이다. 어느 누구도 마지막 어린 야자나무가 사라진 순간을 알아차리지 못했다.

이스터 섬 이야기가 우리에게 주는 교훈은 너무나 명백하다. 이스터 섬은 바로 작은 지구인 것이다. 인구는 늘어나고 자원은 줄어들고 있다. 우리는 이스터 사람들이 바다로 뛰어들 수 없었듯이 우주로 이주할 수 없다. 현재의 상태가 계속된다면 어장, 열대우림, 연료 그리고 농지가 다음 세대에 모두 고갈될 것이다. 위기는 우리가 제대로 인식하지 못하는 사이에 서서히 다가오고 있다. 기득권 세력인 정치·경제 지도자들과 그들을 선출한 사람들은 거대한 변화가 서서히 다가오고 있음을 알아차리지 못한 채 이러한 상황을 고쳐보려는 시도를 오히려 방해하고 있다. 매년 조금씩 인구는 늘어나고 자원은 줄어든다.

이런 상황에서 눈을 감고 절망에 싸여 포기하기란 아주 쉬운 일이다. 만약 수천 명의 이스터 사람들이 단지 돌 연장과 그들의 근육만으로 한 사회를 그렇게 파괴할 수 있었다면, 금속 연장과 기계를 가진 수십억의 사람들이 지구를 파괴하기란 얼마나 쉬울 것인가? 그러나 이 둘 사이에는 결정적인 차이점이 있다. 이스터 섬 사람들에게는 다른 불운한 사회에 대한 책도 없었고 이에 대한 역사를 알 길이 없었다. 그들과 달리 우리에게는, 우리를 구해줄 수 있는 정보, 즉 과거의 역사가 있다. 이스터 섬의 운명을 현재 우리의 교훈으로 삼아야 하지 않을까?

교육과 문화

인류학에서는 일반적으로 교육을 '문화의 전승'이라고 정의한다. 교육을 통해, 새로운 세대는 앞선 세대들이 계속 축적해서 현재의 기성세대가 공유하고 있는 문화를 습득하게 된다. 문화는 교육의 내용이라고 볼 수 있다. 그러나 다른 한편으로 문화는 교육 방법과 교육 환경 등 교육의 여러 측면에 영향을 미친다. 교육은 문화의 한 부분인 것이다.

현대사회의 학교교육에 대한 연구는 교육인류학에서 가장 활발하게 이루어지고 있는 분야이다. 학교의 구성원은 학생과 교사, 교장 같은 행정가, 부모 등이며, 학교에서는 가르치고 배우는 교수와 학습의 과정 및 학교를 행정적으로 관리하는 일이 이루어진다. 이 장에서 읽어볼 해리 월컷Harry Wolcott의 글은, 교장 한 명에 초점을 둔 인류학자의 장기적인 참여관찰로써 학교문화를 폭넓게 이해할 수 있음을 잘 보여준다. 미국에서는 교육청의 산하기관인 교육구 단위로 교사와 교장을 선발하는데, 이 글은 도시에 있는 한 교육구의 교장선발위원회에서 새로운 초등학교 교장을 선발하는 과정을 생생하게 그리고 있다.

선발위원들은 현직 초등학교 교장들로서, 후보자들을 평가하기 위해서는 먼저 선발위원들 스스로 교장 직에 적합한 자질과 자격을 검토하고 정의해야 한다. 따라서 선발위원회가 후보자들을 인터뷰하고 심의한 결과는 교장의 자질 및 자격과 교장이 해야 할 역할이 무엇인지를 공개적으로 재확인하는 역할을 한다. 그들과 같은 지위를 갖게 될 새로운 구성원을 선발하는 과정에서 교장들은 아메리카 인디언 부족의 장로들처럼 자신들의 문화적 유산을 검토 분석하고, 극적으로 표현하며, 방어하는 책임을 맡게 된다.

교장을 비롯하여 초등학교에 근무하는 모든 사람들은 늘 변화에 대해서 말하고, 새로운 것은 개선된 것이라는 식으로 이야기한다. 새로운 교사가 들어오고, 새로운 교육 프로그램이 늘 도입된다. 이러한 변화를 도입하는 중개자의 역할을 교장이 해야 한다는 것은 자타가 인정한다. 전체적으로 보면, 초등학교는 매우 역동적인 기관처럼 보인다.

그러나 미국에서 정말 혁신을 좋아하며 새로운 것을 도입하려고 애쓰는 교장은 거의 없는 것 같다. 스스로 의식하지는 못하지만, 교장들은 끝없는 변화 속에서 행정가로 살아남기 위해 다양성을 줄이려는 노력을 하고 있기 때문이다. 그들은 무엇보다도 계속 바뀌는 사람들(교사와 학생)을 관리하기 위해서는 새로운 사람들의 다양성을 가능한 한 줄여야 한다고 여긴다.

미국 초등학교의 교장들은 교사들의 교과과정과 수업을 평가하는 책임을 진다. 이러한 책임을 맡고 있는 교장들이 변화의 주체라는 이상적인 역할을 수행하기보다는 실제로는 현상 유지의 주체라는 것을 월컷의 글은 매우 실감나게 보여준다. 이러한 사실을 이해한다면, 학교를 변화시키려는 수많은 노력에도 불구하고 여간해서는 학교가 잘 변하지 않는다는 것을 이해할 수 있다. 놀랄 만한 안정성과 획일성이야말로 미국 초등학교의 특성이다.

「교장이 되려면」이라는 월컷의 글은 자기 문화에 대한 문화비평을 하고 있다. 미국 초등학교 문화에 대한 미국 인류학자의 문화비평을 통해, 우리는 우리나라 교육에서 당연하게 여겨져 온 관행들을 되돌아볼 수 있다. 예를 들어, 이 글에는 이제 새삼스럽게 교장 역할을 맡기에는 너무 나이가 들었다는 이유로 61세의 후보자를 서류심사 단계에서 우선적으로 탈락시키는 대목이 나온다. 결국 최종 추천된 네 명의 후보자의 나이는 모두 31~34세였다. 그렇다면 우리나라에서는 50대가 되어야 교장이 될 수 있는 이유는 무엇일까. 우리의 초등학교 교장실에 앉아 있는 사람은 어떤 사람일까.

더 나아가서, 과연 미국 초등학교 교장들만이 새로운 교장을 선발하는 과정에서 자신들의 문화적 유산을 방어하고, 교장 직 구성원의 다양성을 줄이는 방향으로 인사 정책을 펴는 것일까를 생각해볼 필요가 있다. 이 점은 우리나라의 모든 인사에 공통적으로 나타나는 문제는 아닐까.

교장이 되려면

| 해리 월컷 |

1967년 봄, 도시 지역의 한 교육구에서는 5명의 초등학교 교장들을 선임하여 새로운 초등학교 교장을 선발하기 위한 교장선발위원회를 발족시켰다. 이 교육구에서는 매년 교장선발위원회가 열려, 선발위원인 교장들 스스로 교장의 자격과 책임을 재확인하는 의식을 연례행사처럼 치른다.

교장선발위원회에서는 교육구 관내의 27명의 교장 중에서 어떻게 5명의 교장이 선발위원으로 위촉되었는지, 그리고 5명의 위원 중 왜 1명만이 연임되었는지에 대한 설명은 없었다. 또한 어떤 초등학교의 교장을 선발하는지, 그리고 교육구 관내에서 정확하게 몇 명의 교장을 뽑는지(2~3명의 교장이 필요하다는 설명은 있었지만)에 대해서도 공식적인 설명이 없었다. 위원들 중 아무도 왜 2명 또는 3명의 교장을 뽑는지에 대해서 의문을 제기하지 않았다. 아무튼 위원회는 4순위의 후보자까지 추천하는 일만 하였다.

위원회의 발족에 즈음하여 교육장이 교육위원회에 제출할 최종 추천자 명단에 선발위원회의 결정이 얼마만큼 영향을 미칠지에 대해서도 공식적으로 전혀 설명이 없었다. 그 전 해에도 위원으로 활동했던 교장이 당시에는 위원회의 추천 결과가 교육장의 교장 최종후보자 선정에 그대로 반영되었다는 말을 했을 뿐이다.

교육장이 최종후보자 선정 과정에서 보여준 위원회에 대한 신뢰는 공식적일 뿐만 아니라 상호적이다. 즉 위원회는 급진적인 후보자나 또는 교육장이 예상하지 않은 후보자를 추천함으로써, 교육장의 권위를 위협하거나 위원회가 가지고 있는 힘을 시험해 보려는 시도를 전혀 하지 않았다. 위원들은 특히 후보자들을 인터뷰하기 전과 후에 벌인 토론에서 '교육장의 눈으로' 각 후보자를 평가하는 데 주의를 기울였다. 이에 대한 답례로 인사국장, 부교육장, 교육장 등이 회의를 시작하기 전과 도중에 얼굴을 비치고 갔다. 또한 위원들은 으레 초등교육국장이 선발위원회 회의에 참석할 것으로 예상했고, 초등교육국장은 자연스럽게 비공식적으로 의장 역할을 맡았다.

선발위원회는 모두 14명의 후보자를 검토하였다. 후보자들은 모두 석사학위 소지자로서, 8년에서 39년까지의 초등학교 교사 경력을 가진 31~61세의 남녀였다. 언뜻 보면, 매우 다양한 후보자 군이 교장 직에 응모한 것처럼 보인다. 그러나 유일한 여성으로서 39년의 교사 경력을 가진 61세 후보자를 제외하면, 나머지 후보자들은 모두 남자로 교사 경력에도 그리 큰 차이가 없었다. 후보자 중 가장 나이가 많은 여교사는 두 번째로 나이가 많은 교사보다 교사 경력이 13년이나 더 많았다. 후보자 중에는 이 교육구 산하의 학교에서 근무한 후보자도 있고, 다른 교육구에 속한 학교에서 근무한 후보자도 있었다.

결국 여교사는 1차 서류전형에서 떨어졌다. 여교사를 서류전형에서 떨어뜨린 공식적 이유는 '나이'였지만, 더 젊었다면 아마 여성이라는 점이 문제였을 것이다. 1967년 현재 교육구 관내 27명의 초등학교 교장 중 3명만이 여자 교장이었다. 이 교육구에서 세 번째 여자 교장이 뽑혔을 때, '앞으로 한동안은 여자를 교장으로 뽑지 않을 것'이라는 이야기가 돌았다. 1967년 통계에 따르면 초등학교 교사의 85퍼센트는 여자였으며, 1968년 현재 초등학교 교장의 78퍼센트는 남자였다. 이후에는 이 교육구뿐만 아니라 미국 전역에서 여자 교장의 비율이 높아졌으나, 아직도 교장 직에는 남자가 많다.

위원회는 간단한 의견 교환을 거쳐 1차 서류전형에서 떨어뜨릴 후보들을 골라냈다. 예를 들어 교육구 바깥에서 응모한 한 젊은 후보자에 대해서 한 위원이 "그 사람 앞에 (나이로 봐서) 후보자가 너무 많다"라고 말하자, 다른 위원이 또 다른 후보자를 거론하며 "그도 마찬가지"라고 이야기했다. 그러자 세 번째로 발언한 위원이 두 후보자를 모두 빼자고 제안하여 두 사람을 모두 뺐다. 어떤 후보자는 인사국장이 "과거에 이 후보자는 (다른 교육구 산하의) 교장으로 선발되었는데 그가 나중에 거절했다"는 사실을 상기시키면서, 그 후보자가 우리 교육구에서 교장 직을 또다시 거절할 기회를 주어서는 안 된다고 말하여 탈락하였다.

위원들은 너무 많은 후보자들이 2차 면접심사를 보게 되면 괜히 쓸데없는 희망을 갖게 되는 후보자가 늘어난다는 사실을 우려하면서도, 막상 어떤 후보를 1차 서류전형에서 탈락시킬지를 결정하는 일에는 주저하였다. 따라서 "우선은 그의 이름을 남겨둡시다"라는 말이 자주 나왔으며, 결국 2~3명의 교장을 뽑기 위해 8명의 후보를 인터뷰하게 되었다.

서류와 추천서만 가지고 1차 서류전형을 하는 과정에서 두 가지 문제가 논의되었다. 첫째, 교육구 내부에서만 최종 후보자를 선출할 것인가라는 문제이다. 부교육장은 수년간 교육구 외부에서 온 사람이 최종 후보자로 선발된 적이 없다는 사실을 지적하였다.

"우리는 외부에서 온 좋은 인물을 간과하지 말아야 합니다. 그러나 과거에는 조건이 같으면 교육구 내부의 후보에게 우선권을 주었지요."

이런 전통은 최종 후보로 선발된 4명이 모두 교육구 내부 출신자라는 사실로 재확인되었다.

그러나 2명의 외부자에게도 2차 면접심사를 볼 기회가 주어졌다. 이는 교육구 내부자만 교장으로 승진시킨다는 인상을 주지 않겠다는 위원회의 의도가 반영된 것이다. 한 위원은 "작년에 캘리포니아 출신의 훌륭한 후보자가 거의 교장으로 고용될 뻔했다"라고 이야기하여, 좋은 후보자는 언제든지 고려 대상이 된다는 점을 위원회에서 재확인하였다. 그렇지만 또 다른 위원은 "우선 가르치러(교사로) 우리 교육구에 와야" 체제 내에서 교장으로 승진할 수 있다는 점을 상기시켰다. 미국에서는 교장뿐만 아니라 교사들도 교육구별로 공모하여 채용한다.

서류전형을 하는 과정에서 제기된 두 번째 문제는 2차 면접심사에서 어떤 인터뷰 방법을 쓸 것인가라는 문제였다. 이와 관련해서 비공식적 인터뷰, 구조화된 공식적 인터뷰 그리고 가상의 문제 상황을 주고 어떻게 해결할 것인지를 묻는 방법 등 세 가지 방법이 논의되었다. 구조화된 공식적 인터뷰란, 예를 들어 '교장의 역할은 무엇이라고 생각합니까?' 같은 질문들을 미리 준비하여 물어보는 것이다.

위원회는 각 방법의 장·단점을 논의하였다. 초등교육국장이 면접심사 대상자 중 1명이 작년에도 면접심사 대상자였으며, 그때 구조화된 공식적 인터뷰 방법을 썼음을 상기시켰다. 그러자 구조화된 공식적 인터뷰 방법에 대한 관심은 순식간에 사라졌다. 위원회에서 공식적으로 결정된 바는 없으나, 실제 면접심사에서는 후보자가 가능한 한 자유롭게 이야기하도록 하는 비공식적 인터뷰 방법이 사용되었다. 후보자들은 그의 경험, 교수敎授, teaching에 대한 믿음, 학교와 교장의 역할에 대한 생각 등을 자유롭게 이야기하였다.

이제부터 8명의 면접심사 대상자 중 최종후보에서 탈락한 2명에 대한 인터뷰 기록을 살펴보자.

48세의 7순위 후보자는 이 교육구 외부에서 교육 경력을 쌓은 사람이었다. 그는 25년 중 22년간 교장과 부교육장으로 일하였으며, 근처 대학에서 박사과정을 밟고 있었다. 박사학위를 받은 후에도 이 교육구 내에 머물 것이냐는 질문을 받자, 그는 이 교육구 내에서 더 승진할 수 있을 것이라고 대답하였다. 그러자 한 위원으로부터 "교장보다 더 좋은 직업도 있느냐?"라는 농담을 들었다. 면접심사가 끝난 후, 여러 위원들이 이 후보자는 교장 직을 '발판'으로만 생각하는 것 같다는 평가를 내렸다.

39세의 5순위 후보자 역시 이 교육구 외부에서 교육 경력을 쌓은 사람으로, 12년의 교직 경력 기간 중 5년간은 시골의 큰 초등학교의 교장으로 일했다. 그는 시골 학교에서만 교직경력을 쌓았다는 것이 약점으로 지적되었다. 인터뷰 후에 한 위원이 자기 부인이 그 교장이 있는 교육구에 교사직을 지원했던 경험을 이야기하며, 그 교육구가 매우 보수적임을 강조하였다. 보수적인 시골 학교에서만 교직생활을 했다는 것이 이 교육구의 '역동적인exciting' 교육 프로그램에 맞지 않으리라는 점에 모두 동의하였다. 외부자가 교장으로 오는 것을 꺼린다는 사실이 또다시 드러났다.

인터뷰가 끝난 후, 한 위원이 5순위 후보자에 대한 의견을 다음과 같이 종합해서 정리하였다. "우리는 여기에서 아이들을 위해서 정말 많은 일을 하고 있지요. 우리는 아이들의 가능성을 최대한 펼쳐주려고 합니다. 외부에서 온 후보들은 정말 불리할 수밖에 없지요. 왜냐하면 그들은 아직도 아이들을 교실 안팎으로 데리고 다니고, 구기 대회를 여는 문제에

교장이 되려면

대해서 이야기하고 있으니까요. 나는 그 후보가 한 2년 후에는 (우리들을) 아주 잘 쫓아올 수 있을 것으로 봅니다. 그는 우리들끼리 나누는 말투를 알게 될 것이고, 교장 일을 잘 할 수 있을 것입니다. 다만 그렇게 되기까지 그에게 시간이 좀 필요하겠지요."

교장선발위원회에서는 최종적으로 4명의 후보자를 추천하였다. 4명의 후보자 간의 차이는 처음 14명의 후보자보다 더욱 적었다. 최종 후보자들은 31~34세의 기혼 남자로, 8~12년의 교육 경력을 갖고 있었다. 이들은 모두 초등학교 고학년을 가르쳤고, 5~10년 전에 석사학위를 받았다. 또한 모두 다 5~10년간 이 교육구에서 일한 경력이 있으며 현재는 모두 초등학교 일반교사가 아니었다. 1명(4순위)은 행정직 수습 중이고, 또 1명(3순위)은 박사과정을 위해서 휴직 중이었다. 나머지 2명은 각각 자원교사resource teacher(2순위)와 중학교 교감(1순위)이었다. 미국 학교에서 일반화되어 있는 자원교사는 교내의 모든 교사들의 수업준비를 도와주는 일을 한다.

4순위 후보자는 그 전 해에 교장을 선발하는 과정에서도 매우 유망한 후보였으나 여자 교장과 사이가 나쁘다는 소문 때문에 최종선발에서 탈락하였다. 올해도 그가 여자 교장 밑에서 일한 경력이 문제가 되었다. 여자 교장들은 교장들 사이에서는 큰 영향력을 행사하지 못하지만, 교장 직에 이르는 길목의 문지기로서는 매우 강력한 영향력을 행사하는 셈이다.

초등학교 교사 중 여교사의 비율이 높기 때문에, 교장이나 교감이라는 행정관리 직을 지망하는 남자는 누구나 교사 시절에 여성들과 일해야 한다. 수습교사 시절에는 지도교사가, 교사 시절에는 바로 위의 감독자가 여자일 가능성이 높으며, 한 번 정도는 여자 교장을 만날 수도 있다. 여자 교장들은 '남학생들이 동일시할 수 있는 교사', 즉 남자 교사를 우선적으로 찾기 때문에, 남자 교사가 여자 교장을 만날 확률은 교장의 성비보다 크다.

14명의 후보자 중에서 2명의 후보자에 대한 추천서에는 명백하게 부정적인 언급이 들어 있었는데, 이는 모두 여자 교장이 쓴 것이었다. 후보자 2명 모두 학교에서 자원교사의 지위까지 올라갔고, 교사회에서도 활발한 활동을 한 것으로 나타났다. 1차 서류심사에서 탈락한 후보자의 경우, 추천서를 쓴 여자 교장은 그가 학교 외부 일에 너무 많이 참여한다고 평가하였다. 이에 대해, 작년에 이어 올해에도 연속해서 위원을 맡은 교장은 "이 후보는 그 여자 교장의 교직원 중 유일한 남자이다. 그 여자 교장은 작년에도 그 학교에서 유일한 남자였던 교직원(다른 인물임)에게 불만이 있었지"라고 언급하였다.

다른 후보자들과는 달리, 4순위 후보자의 경우에는 위원회가 그 학교의 여자 교장을 초청하여 후보자에 대한 의견을 들었다.

"그는 사람들과 어울리는 데 문제가 있습니다. 너무 빨리 움직이려 하고, 사람들을 편안하게 만드는 잡담을 하는 것을 좋아하지 않습니다. 특히 여자들과 어울리는 데 문제가 있습니다. 교장으로서 여교사들과 일하기 위해서는 좀더 쾌활해야 할 것입니다."

후보자가 교장으로 일하는 것을 어떻게 생각하느냐는 질문에 대해서, "그는 도움을 주는 자리보다는 도움을 받을 수 있는 자리에 있는 것이 낫다고 생각한다"라고 응답하여, 그 후보자에 대해 부정적으로 평가하였다.

여자 교장과의 인터뷰가 끝난 직후에 한 위원은 "그의 능력에는 의문의 여지가 없지요. 그러나 난 그에 대해서는 유보하는 것이 좋겠다는

교장이 되려면

느낌이 약간 드는군요"라고 말했다. 다른 위원은 그가 남자 교장 밑에서 일했던 과거의 학교에서 계속 일했더라면 틀림없이 사정이 달라졌을 것이라고 이야기하였다. 결과적으로, 능력 면에서 높게 평가되던 이 후보자의 추천순위는 3순위에서 4순위로 약간만 바뀌었으나, 궁극적으로 선발될 교장의 수(2~3명)를 생각하면 그 차이는 컸다.

3순위 후보자는 3명의 다른 최종 후보자들에 비해 잘 알려지지 않은 인물이었다. 이 교육구 내에서 쌓은 교직 경력이 가장 짧으며(5년), 최근 2년간 박사과정을 밟기 위해 교육현장에서 떠나 있었기 때문이다. 이 후보자는 면접심사장에 앉으면서 "저는 작년에도 여기에 앉았습니다"라고 말함으로써 교장 직 선발에서 계속 1차 서류심사를 통과했다는 사실을 상기시켰다. 사실 위원들도 그가 작년에 높은 순위의 후보자였음을 이미 알고 있었다.

이 후보자는 지난 2년 동안 교육현장에서 떠나 있었기 때문에 그에 대한 인터뷰에서 논의할 화제를 찾기가 어려웠다. 후보자 스스로도 그 점을 언급하자, 화제는 박사과정에 대한 그의 인식으로 돌아갔다. 그는 대학의 교육과정이 (초등학교가 아닌) 중등학교에 맞게 짜여 있다고 비판함으로써 위원들의 호감을 얻었다. 그는 최근에 치른 박사논문 제출 자격시험의 문제가 "만약 당신이 중학교 교장이라면……"으로 시작했다는 점을 지적했다. 그는 인터뷰 과정에서 초등학교 교장이 중요하다는 자신의 믿음을 계속 강조했다. 또한 교감 경험이 있으니 한 계단 더 올라가고 싶다는 점을 강조하였다.

한 위원이 그가 일했던 다른 교육구와 이 교육구가 어떻게 다르다고 생각하느냐고 묻자 그는 "이 교육구의 교장들이 교사 선발의 자율성을 좀 더 많이 가지고 있으며, 이런 자율성이 좋다고 생각한다"라고 응답하였다. 이러한 응답은 자신의 교육구에 자부심을 갖고 있는 교장 위원들을 만족시켰다. 위원들은 그에게 매우 좋은 인상을 받았으나, 교직 경력이 적다는 것과 박사과정 재학 중이라는 점이 문제점으로 약간 언급되었다.

흥미 있는 사실은 그의 박사학위 준비가 7순위 후보자의 경우와는 전혀 다르게 해석되었다는 것이다. 첫째, 교육구 내에서 승진하는 데 교육구를 이용하는 것(3순위 후보자)과 교육구 밖에서 이 교육구를 승진에 이용하는 것(7순위 후보자)은 전혀 다르다는 점이 지적되었다. 둘째, 그는 이 교육구를 좋아하고 있으며, 여기에 머물 의사가 있음이 틀림없다는 점이 강조되었다. 특히 부교육장은 그가 "여기를 좋아하고 여기에 머물고 싶어 하며, 앞으로도 교수가 될 의사가 없다"라고 말했다는 점을 강조하였다. 3순위 후보자가 교육장의 사위라는 사실은 연구자인 나만 몰랐다.

2순위 후보자에 대해서는 인터뷰를 하기 전과 후에 위원들은 매우 적극적으로 이 후보자를 지지한다는 의사를 표현하였다. 그는 교사와 자원교사로서 훌륭한 업적을 쌓았고, 교사회에서도 활발하게 활동하고 있다는 평가를 받았다. 그의 '에너지와 관심', 교외에서의 활발한 역할, 그의 아버지가 교장이라는 사실 등이 더 언급되었다. 다만 그의 승진은 약간 이른 감이 있다는 점이 언급되었으나, 작년에도 교장 직에 지원했으며, 그가 그동안 더욱 성숙해졌으리라는 점이 지적되었다.

현재 중학교 교감으로 2년째 근무 중인 1순위 후보자는 이미 행정직에 자리 잡고 있다는 사실이 장점으로 작용하였다. 왜 그가 초등학교로 돌아오려 하느냐에 대해 약간의 의심이 제기되었지만, 위원들은 현직 중학교 교감이 초등학교 교장 직에 응모했다는 것을 초등학교 교장의 역할이 매우 중요하다는 사실을 재확인하는 기회로 삼았다. 이 후보자는 자기가 초등학교에서도 일했고, 자기의 교육적 관심은 초등학교 쪽이라고 말하여 위원들에게 좋은 인상을 주었다. 또한 중학교가 스포츠에 대해 지나치게 높은 관심을 기울이는 것과 중학교에서 폭력과 성 문제를 다루어야 하는 것이 싫다는 점을 언급하였다.

그는 다른 지역에서 초등학교 교장으로 일했던 경력과 교장 직이 겪어야 하는 작은 어려움들에 대한 지식에 대해서도 언급할 기회를 가짐으로써, 그가 초등학교 교장으로서 충분한 경험을 갖고 있음을 위원들에게 일깨워주었다. 그는 자신이 교장으로 재직할 때, 융통성 없는 교육행정으로 인해 (교육구가 그의 멋진 교육 프로그램을 거절하는) 고충을 겪고 있던 참에 이 교육구의 초등교육국장이 교사 모집을 하러 오자, 이 교육구의 교사 직에 지원하게 되었음을 강조하였다. 즉 이 교육구는 그렇게 융통성이 없는 곳이 아니며, 과거에 근무했던 지역에서의 교장 직보다 이곳에서의 교사 직을 택했음을 강조하여 위원들 및 교육구 사람들의 자존심을 높여주었다.

8명의 면접심사 대상자에 대한 인터뷰가 모두 끝난 후, 위원회는 약 1시간 동안 최종심의를 하였다. 한 위원은 모든 후보자에 대해 순위투표를 하자고 제안했고, 초등교육국장은 먼저 상위 5명의 후보자를 결정한 후 이들에 대한 순위를 결정하자고 제안하였다. 이처럼 2~3명의 자리를 놓고 5명을 뽑기로 한 것은 혹시 나중에 교장 자리를 거절할 사람이 있을지도 모르니, 필요한 수보다 좀더 많이 뽑자는 인사국장의 제안을 따른 것이다. 이런 원칙하에 무기명 투표를 하자, 면접심사 과정에서 선호되었던 4명의 교육구 내 후보자가 상위 4위까지를 차지했다. 앞서 소개한 5순위가 교육구 외부에서 지원한 후보자라는 점을 상기해 보라. 결국 4명이라는 숫자는 위원회에서 교장으로 추천할 숫자로 암암리에 받아들여졌다.

상위 4위까지의 후보자들의 순위를 재확인하기 위해 다시 한 번 투표를 하여 처음 투표에서 정해진 순서가 재차 확인되었다. 1명의 위원이 1순위 후보를 낮게 평가했음이 밝혀졌으나, 당사자가 과연 자신의 평가가 옳은지는 확실히 모른다고 말함으로써 더 이상의 투표 없이 추천후보 및 순서가 확정되었다.

초등교육국장은 위원들의 투표 결과를 다음과 같이 요약하였다. "나는 순위투표의 결과와 최초의 투표결과를 부교육장에게 전하겠습니다. 만약 이들 4명 이외에 후보자를 더 추천해야 한다면 우리는 그 문제에 대해 다시 논의하겠다고 말하겠습니다."

이렇게 4명의 최종후보자를 선정하고 교장선발위원회는 해체되었다.

현직 초등학교 교장으로 구성된 교장선발위원회의 활동은 교장들이 교장 직과 관련된 전문지식이 부족하다는 것을 보여준다. 교장들은 평소에 자기들끼리 교장이 무슨 일을 해야 하며, 교장의 진정한 역할은 무엇인지가 명확하지 않다는 이야기를 많이 한다. 그러면서도 교장들은 교사, 학생, 학부모 등 외부자들에게는 언제나 초등학교 교육이 얼마나 중요한지, 그리고 자신들이 초등학교 교육에 얼마나 기여하고 있는지를 강조해서 말한다.

교장의 전문성이 부족한 것은 관리자(교장)와 관리를 받는 사람(교사)을 구분지어 주는 지식의 차이가 거의 없기 때문이다. 따라서 교장 선발 과정에서는 교장 직이 무엇인지에 대해 명확하게 서술하는 용어가 거의 사용되지 않았다. 다른 직종의 선발권자라면 후보자들을 평가하고 최종 후보자를 선정하는 과정에서 해당 직종을 명확하게 서술하는 어려운 전문용어들을 사용했을 것이다.

교장이 되려면

또한 교장 선발과정은 후보자들을 평가하고 순위를 정하는 데 있어서 체계적인 절차를 따르기보다는 개인적인 감정을 존중하는 방향으로 진행되었다. 교장이 평소에 하는 일 중 가장 중요한 것이 교사에 대한 평가보고서 작성이라는 점에서 (그리고 교사는 학생을 평가한다는 점에서), 교장들이 체계적 평가절차에 대한 지식이 부족하다는 것은 큰 문제라 할 수 있다. 교장선발위원회의 교장 위원들은 서로 어떤 특정한 기준을 가지고 후보자를 판단했는가에 대해서 논의하는 일을 회피하는 것 같았다. 이들은 어떤 기준을 사용하건 간에 최종적으로 모두 같은 결정에 도달하리라 느끼고 있음을 알 수 있었다.

교장 선발과정에서 교장 위원들은 공식적인 평가라는 일 자체에 대한 혐오감을 종종 표시하면서, 개인적인 감정을 중시하는 것처럼 보였다. 교장들은 평소에도 교사평가 보고서 작성에 대해 농담과 걱정을 많이 한다. 교장 위원들이 자신, 동료 그리고 후보자들의 개인적 감정을 존중하고 있다는 점은 교장 선발과정 중에 여러 번 표출되었다.

위원들은 면접심사 대상 후보자를 고르는 작업이 너무 냉정해지지 않도록 신경을 썼으며, 면접심사 대상자인 후보자들이 자신이 뽑힐 거란 기대를 너무 많이 할까봐 걱정하였다. 그리고 후보자들을 인터뷰하는 과정은 매우 우호적으로 이루어졌다. 위원들은 우선 가벼운 농담으로 시작하여 이야기를 풀어나갔고, 후보자들을 편안하게 만드는 질문을 던져 후보자 스스로 무엇이건 말할 수 있게 유도했다. 후보자를 평가할 때에도 모든 위원들은 "내가 느끼기에는", "나의 느낌" 등의 단어를 사용하였다.

마지막으로, 교장 선발위원들은 교장 후보자를 선택할 때 다양성을 줄이는 쪽으로 진행시키는 경향이 있었다. 어차피 '다양성 줄이기'가 모든 선발위원회의 기능이기는 하지만, 교장 집단의 경우 매우 철저하게 다양성을 줄여나갔다. 그러나 그들 중 아무도 의식적으로 다양성을 줄이려고 했던 것은 아니다. 단지 위원들이 기존 체제를 강조한 결과, 교장선발위원회에서 최종적으로 선택한 교장 후보자들은 모두 남성이며, 너무나 유사한 배경과 교직 경력을 가진, 비슷한 나이 또래의 사람들이었다.

인류학의 새로운 현장들

일반 사람들에게 인류학자는 '외부와는 고립된 낯선 지역에서 피부색이 다른 사람들과 생활하는 유일한 문명인'의 모습으로 그려지고 있다. 우리가 알고 있는 인류학의 직업세계는 대학이나 연구소 또는 박물관의 영역에 국한되어 있고, 대학에서 인류학을 전공하는 것은 재미는 있지만 직업을 얻는 데는 별로 신통치 않아 보이는 것이 사실이다. 고립된 사회가 더 이상 존재하지 않고, 급속한 사회 변화를 통해 더욱 다양해진 삶의 양식이 존재하는 21세기 사회에서 인류학이 문명 비판의 작업과 동시에 '실용성'을 입증받기 위해서는 어떻게 자리매김을 해야 할까?

인류학자는 자신이 연구한 집단에 대해 전문적인 지식을 가지고 있을 뿐만 아니라, 다른 분야와는 달리 현지 주민의 관점을 주요한 가치로 인정한다. 그러므로 정책을 수립하는 데 있어 특정 집단의 목소리를 대표하는 역할을 담당해 왔다. 최근에는 인류학적 훈련을 받은 사람들이 다양한 영역으로 확산됨으로써, 특정 기업이나 지역의 고질화된 문제를 해결하는 데 큰 힘을 발휘하고 있다. 현재 인류학은 낯선 외부 세계를 연구하는 학문이라는 고정된 틀에서 벗어나 인류학자 자신이 몸담고 있는 사회의 문제에 관심을 갖고 의미 있는 변화를 이루어내는 데 필요한 지식으로 부상하고 있다.

이 장에서 소개되는 첫 번째 글은 회사에 진출한 인류학도의 구체적인 사례 연구를 통해 인류학의 방법론이 지닌 실용적 가치를 제시한다. 인류학적 훈련을 받은 수전이라는 어느 미국 기업의 관리자는 현지조사 기법을 이용하여 회사의 고질적인 문제인 재고 관리와 서비스 문제를 해결하게 된다. 수전이 자신의 관리 능력을 인정받게 된 것은 인류학적 훈

기업 홍보실에서 일하는 인류학도. 광고홍보물 제작 시 현지조사나 심층 인터뷰 같은 인류학 방법론을 통해서 남들과 다른 질적 자료를 만들어내는 것은 인류학을 공부한 사람만이 가질 수 있는 귀중한 도구이다. 대한민국 © 박은영

련 덕택이다. 인류학적 훈련을 받았다는 것은 어떤 문화에 대해 잘 알고 있다는 것뿐만 아니라, '관찰하고 듣는 능력'이 요구되는 민족지적 시각을 학습했다는 것을 의미한다.

두 번째 글에서 로라 네이더Laura Nader는 인류학을 현대 사회의 요구에 맞게 새로이 변화시키기 위해서는 현대 사회의 권력 중심부를 연구하는 '상층부 연구Studying Up'가 필요하다는 것을 주장한다. 이제까지 인류학자들은 식민지 지배를 경험한 비서구 사회의 억압받는 집단이나 근대화 정책에서 소외를 경험한 농민과 가난한 사람들, 정치적 탄압을 받고 있는 소수 민족 등 주로 힘없는 집단을 연구해 왔다. 하지만 인류학자들은 종종 그들의 문화를 있는 그대로 기술하는 데 만족함으로써, 그들의 삶을 변화시키는 데 무력한 자신들을 발견하곤 했다. 그러므로 인류학자들은 이들의 일상적 삶에 실제적인 변화를 가져오는 정책결정과정에 주의를 기울인다. 권력 중심부에 대한 연구는 은행이나 기업체, 정부, 사법제도, 각종 공익 재단 등에 종사하고 있는 사람들의 '하위문화 subculture'와 정책집행 과정을 연구함을 의미한다. 이러한 인류학 연구의 새 분야는 이제까지 잘 알려지지 않았던 정치·경제적 이해관계가 성립되는 방식을 드러냄으로써, 정책집행 과정에 일반인들의 참여를 가능하게 할 수 있다.

인류학자들은 이제 소외 계층의 '무력한 동반자'로 머물기보다는 적극적으로 자신의 인류학적 지식을 살아 있는 실천 지식으로 변화시키면서 사회 개혁에 관여하고 있다. '인간을 위한 인간 과학'으로서 인류학을 새롭게 조명하기 위해 인류학자는 자신을 학자이며 동시에 책임과 권리를 지닌 시민과 직업인으로 인식해야 한다. 자신의 연구와 직업적 역할이 인류학이 지닌 인간 중심의 이상을 어떠한 방식으로 실현시킬 수 있는지를 고민하며 변화하는 현실에 적응해야 한다. 인류학은, 넓게는 자신이 살고 있는 사회가 민주적으로 기능할 수 있도록 현실에 참여하고, 좁게는 구체적인 직업의 세계에서 질적으로 우수한 정보를 가려내고 응용하는 일을 통해 현재를 변화시키고 있다. 인류학적 훈련을 받은 사람들이 다양한 분야에 진출하여 이루어내는 성과들을 통해, 우리 사회의 곳곳에서 인류학자가 자신의 모습을 드러내게 되리라는 기대를 갖게 된다.

회사에 간 인류학도

| 데이비드 매커시 · 도나 칼슨 |

"하지만 인류학으로 뭘 할 수 있을까요?" 대학 2학년 학생 한 명이 인류학 교수에게 물었다. 대다수의 다른 학생들과 마찬가지로 이 학생 역시 인류학에 흥미를 갖고는 있지만 전공으로 선택하는 것을 망설이고 있었다. 인류학 수업을 계속 듣고 싶지만, 그녀에게는 수업들이 뭔가 실제 생활과는 동떨어진 것처럼 보였다. 인류학은 멀리 떨어져 살고 있는 사람들의 생활에 대해 흥미로운 이야기들을 들려주지만 현재 '나'의 삶과는 무관한 것처럼 보인다. 다른 문화에 대한 지식이 늘어난들 그것이 내가 직업을 얻는 데 무슨 도움을 줄 수 있을 것인가?

게다가 부모들 중 많은 사람은 인류학이란 학문에 대해 아는 것이 많지 않기 때문에 인류학을 전공하겠다는 자식에게 컴퓨터 과학이나 의학, 공학 또는 경영학 등 미래에 유익한 학문을 공부하는 것이 어떻겠냐고 애타게 설득할지 모른다. 그렇지만 우리의 모든 우려에도 불구하고 인류학을 실용적으로 적용할 수 있는 방법이 있지 않을까?

우리는 이제부터 수전이라고 부르게 될 사람을 통해 인류학을 전공한 후 기업에 진출한 경험에 대해 살펴보려고 한다. 수전은 UTC라는 다국적 기업에서 직할점 사원을 훈련시키고, 이에 사용되는 교재를 개발하는 일을 담당했다. UTC는 미국 전역의 도시에 여러 개의 직할점을 구축

하고, '직할점 네트워크'를 통해 다양한 교육 과정과 심화 프로그램을 제공한다. 각각의 직할점들은 훈련된 전문 교육 요원들에 의해 운영된다. UTC는 직할점에서 실시하는 교육 과정에서 사용할 교재를 개발, 제작, 보급하는 부서를 두고 있고, 서적, 팸플릿, 비디오·오디오 카세트테이프, 슬라이드, 영상필름 등을 교육 교재로 이용한다. 이러한 자료들은 창고에 보관되었다가 주문이 들어오면 전국의 직할점으로 우송된다. 수전은 바로 이것을 관리하는 책임을 맡게 되었다. 시간이 지나면서 수전은 교육 자료의 제작, 보관, 우송 등을 담당하는 부서의 관리자로 승진하게 된다.

수전이 승진을 기뻐한 것도 잠시뿐, 회사에서는 수전에게 조속한 시일 내에 고질적인 문제를 해결할 것, 즉 서비스를 개선할 것을 지시했다. 즉 직할점에 좀더 나은 서비스를 제공하고, 창고에 재고가 너무 쌓이지 않도록 하라는 것이었다. 직할점에 보다 신속하고 정확하게 물품을 배달하고 창고에 있는 물건을 꼼꼼하게 관리하는 것이 수전의 임무였으나, 수전은 정확히 왜, 그리고 무엇 때문에 지금까지 서비스가 '형편없다'는 소리를 듣고 있었는지 알 수 없었다. 수전은 또한 '재고' 문제가 심각한 수준이라는 이야기를 들었기 때문에, 창고 직원들과 이 일을 논의하는 것이 급선무라고 생각했다. 다른 관리자들은 아무리 말해도 창고 직원들이 꿈쩍도 하지 않는다면서, 창고 직원들은 돈 받는 일에만 관심이 있으며 게으를 뿐만 아니라 한 직장에서 오래 버티지도 못한다고 혹평했다.

수전이 문제를 해결하기 위해서 취한 방식은 '민족지적 접근방법 ethnographic approach'이었다. 즉 다른 관리자들은 책임자의 위치에 있는 대개의 사람들이 그러하듯, 자신들의 권위와 지위를 보호하기 위해 방어적인 자세로 일을 처리해 왔다. 그들이 자신의 무지를 드러내고 직원들에게 모르는 일에 대해 질문을 한다는 것—즉 인류학자가 참여관찰을 할 때 주로 그러는 것처럼—은 곧 약점을 드러내는 것이다. 대부분의 관리자들은 새로 관리 책임을 맡을 때면 실제 돌아가고 있는 상황을 파악하려 하는 대신에, 새로운 작업 규칙과 절차를 부과하기에 급급했다. 관리자가 바뀌었다는 것은 직원들에게는 낯설고 비현실적인 지시사항이 많아진다는 것을 의미했기 때문에 반가운 일이 아니었다. 이런 직장 문화에서는 직원들도 관리자에게 문제를 토로하고 있는 그대로를 보여주기보다는 간섭을 덜 받기 위해 될 수 있으면 자신들이 하는 일에 대해 감추려고 애썼다.

수전은 이러한 상황을 다음과 같이 묘사한다.

제가 새 직책을 맡았을 때 한 관리자는 이렇게 말하더군요. "창고를 하나 맡는다는 게 뭘 의미하는지 알아요? 지게차와 꼼짝도 안 하는 한 무리의 인간들을 거느리는 위대한 지배자가 되는 거죠." 저는 관리자들이 창고 직원들을 아주 하찮게 여기고 있고, 마치 어디에도 써먹을 수 없는 소모품처럼 다루고 있다는 생각이 들더군요. 다른 관리자들도 비슷한 애기를 했어요. "직원들은 자기 직업에 대해 아무런 목표도 갖고 있지 않을 뿐만 아니라 일이 제대로 돌아가는지에 대해서도 관심이 없다. 그렇기 때문에 뭐라도 해보려면 강제로 시키는 수밖에 없다. 그 사람들이 스스로 알아서 일할 때를 기다리는 것은 바보짓이다. 그리고 이건 그저 일개 창고일 뿐이다. 정말이지 할 수 있는 것이 별로 없다. 차라리 직원들을 확실하게 제압하기 위해 노력하는 편이 낫다"는 식의 이야기들이었죠.

다른 관리자들은 문제 자체의 심각성을 무시하면서, 직할점 직원들이 너무 불평을 많이 하며, 실제로 서비스에는 별 큰 문제가 없다는 식으로 얼버무렸다. 변명을 꾸며내고 다른 사람들을 탓하다 보면 자연스럽게 사기가 저하되고 의기소침해지기 마련이다. 창고의 재고와 서비스의 문제점들은, '대충 하자'는 적당주의에 의해서 한쪽 구석으로 밀려났다.

수전이 취한 방식은 아주 달랐다. 수전은 인류학자들이 다른 문화를 다루는 것과 같은 방식으로 기업 나름의 문화에 주의를 기울이기 시작했다. 기업은 대개 더 작은 하위집단으로 나뉘어 있으며, 각각의 하위집단은 나름대로 소규모의 하위문화(또는 소문화microculture)를 지니고 있다. 회사의 어떤 부서에 발령을 받아 들어가 보면, 모든 것이 낯설게 느껴지고 이해하지 못하는 언어나 행동양식이 많다. 이는 우리가 그 집단의 문화, 즉 '소문화'에 대해서 아무것도 알지 못한다는 것을 의미한다. 우리는 몇 개의 소문화에 참여하는 한편, 다른 수많은 소문화들과 조우하는 방식으로 다양한 문화에 둘러싸여 있다. 가족이 소문화를 가지고 있듯이 이웃이나 대학, 심지어는 기숙사까지도 소문화를 지니고 있다. 모퉁이에 위치한 식당에서 일하는 사람들도 문화를 구성하고 있다.

소문화의 개념은 수전이 기업의 고질적인 문제들을 해결하는 데 필수적인데, 그 이유는 문제의 기저에는 대개의 경우 서로 다른 소문화 집단들 간의 갈등이 놓여 있기 때문이다. 수전은 우선 UTC의 기업 문화에 주의를 기울이기 시작했다. 예를 들어 그는 회사에서 일들이 어떻게 처리되어야 하는가라는 문제에는 공인되거나 암묵적으로 인정된 다양한 규칙들과 예상들이 존재한다는 사실로부터 출발했다. 예를 들면 회사의 규정에 맞게, 관리자들은 중간색 톤의 정장에 넥타이를 매고 비슷한 색상의 양말을 신고, 모양이 튀지 않는 구두를 신어야 한다. UTC는 사원들을 어떻게 다루고, 회사 제품을 어떤 방식으로 선전할 것인지에 대해 다른 기업체와 뚜렷이 구별되는 규칙과 그에 따르는 가치들을 신봉한다.

수전은 대학에서 인류학을 공부하면서 면접조사를 수행하고, 행위를 관찰하고, 자료를 분석하는 방법에 대해 배운 바 있다. 그는 이러한 방식으로 UTC의 기업 문화 및 그 내부의 다양한 소문화를 연구하면, 직원들 간의 갈등이나 고질적인 문제에 대한 해결책이 나올 수 있겠다는 확신을 갖게 되었다.

우선 수전은 '인류학적' 방식으로 창고 직원과 의사소통을 했다. 인류학자는 현지인의 관점을 이해하고 싶어 하기 때문에, 모르는 것이 있으면 계속 질문을 해댄다. 현지 사람들은 인류학자의 질문 공세에 대해 인내심을 가지고 문화적 특성들에 대해 설명해준다. 현지인들은 인류학자가 마침내 자신들의 말을 이해하고 적절하게 행동한 것처럼 보이면 칭찬해 주고, 인류학자가 실수를 저지르거나 당황하는 것처럼 보일 때 즐거워하면서, 마치 자신들이 인류학자의 스승이 된 것 같은 기분을 맛보기도 한다. 이런 과정에서 인류학자는 무엇을 해야 할지 알게 되고, 내부인의 관점에서 무슨 일이 벌어지고 있으며, 앞으로 어떤 일이 일어날 것 같은지 설명할 수 있게 된다. 현지인들이 인류학자에게 "이제야 사람이 다 됐네" 혹은 "우리하고 똑같이 말하기 시작했는데"라고 하면, 이는 인류학자가 비로소 내부인의 관점을 알게 됐다는 이야기다. 그러므로 인류학자는 먼저 선입관을 버려야 한다.

기업에서 특정 부서에 새로 부임한 관리자는 직원들을 자신의 선입견에 끼워 맞추기 위해서 대개의 경우 새로운 변화를 만들어내기 시작한다. 이들은 소문화의 존재에 대해 알려 하지 않기 때문에 또한 아무도 이에 대해 알려주지 않으므로 '명령'을 통해 일을 집행할 때가 많다.

그런데 과연 기업의 관리자는 민족지 작업을 제대로 수행할 수 있을 것인가? 결국 관리자란 권위가 따르는 직책을 가진 존재이다. 인류학자는 처음 얼마간 현지에 들어가서 자신의 무지를 드러내거나, 그렇게 행동한다고 해도 문제될 것이 없다. 그들은 지켜야 할 직책도 없고, 현지인들과 계속해서 같이 생활하지 않아도 되기 때문이다. 문제의 핵심은 '유예 기간'을 어떻게 활용하느냐에 달려 있다. 관리자가 새로 오면, 직원들은 처음 얼마간 그에게 일종의 유예 기간을 준다. 즉 직원들은 새로 온 관리자가 처음부터 모든 것을 알 수 있다고 기대하지 않기 때문에, 관리자가 기초적인 질문을 하더라도 모두 긍정적으로 받아들인다. 유예 기간은 고작해야 한두 달 정도밖에 되지 않지만, 그 정도의 시간이면 유용한 정보를 찾아내기에 충분하다. 수전은 이 유예 기간을 '현지조사'를 하는 데 적절하게 사용했다.

나는 실제로 일이 어떻게 진행되고 있는지, 사람들이 실제로 무엇을 하는지 알아내기 위해서, 멍청하게 행동하면서 처음 한 달, 실은 6주라는 기간을 이용할 수 있었어요. 나는 직할점 직원들과 교육 자료 판매원들, 그리고 창고 직원들과 이야기를 해보았죠. 또 직할점들이 제대로 굴러가게 하는 일을 맡은 본부의 코디네이터와도 얘기해 보았어요. 모두 다 그 사람들이 어떤 불만을 갖고 있는지 알아보기 위해서 행한 기본적인 일이었죠. 저는 그들에게 가서 "전 도통 모르겠어요. 여러분이 만일 제 위치에 있다면 어떻게 하겠어요? 제일 큰 문제가 뭔가요, 그리고 왜 그것이 문제가 되지요?" 등의 질문을 했어요. 그들을 움직이고 있는 세계가 어떻게 생겼으며, 그 사람들이 소중히 여기는 것이 무엇인지 알고 싶었어요. 제가 질문을 하고, 귀를 기울이고, 뭔가 해보려고 하니까 직원들이 무척 좋아하더군요.

문제 해결을 위한 수전의 방식은 성공적이었다. 더구나 그것은 예기치 못한 보너스까지 동시에 가져다주었다. 직원들은 수전의 인류학적 접근법을 전혀 예상하지 못했던 관리자의 관심과 배려로 받아들였다. 또한 자신들에 대한 수전의 관심과 배려가 일시적인 것에 그치지 않으며 자신들의 얘기가 관리 방식에 변화를 가져오는 것을 보게 되자, 수전은 회사 내에서 권위 있고 존경받는 지위를 얻게 되었다. 수전에 대한 창고 직원들의 감정은 바로 다음과 같은 이야기에서 잘 드러난다.

그분이 다른 부서로 옮겨갈 때가 되었을 때 우리는 그분을 위해 파티를 준비했어요. 시골풍의 술집으로 가서 함께 춤을 추었지요. 창고에서 일한다는 것이 어떤 것인지 이해하려고 노력한 사람은 그분이 처음이었다고 얘기해 줬어요. 처음에는 그분도 다른 관리자들과 마찬가지로 말도 안 되는 많은 변화를 만들어낼 거라고 생각했어요. 하지만 그렇지 않더군요. 오히려 우리의 일을 수월하게 만들어 줬어요.

인류학적 탐구를 통해서 수전이 이루어낸 중요한 일은 직할점 직원들이 느끼는 '형편없는 서비스'가 무엇 때문에 발생하는지 분명히 파악한 뒤 해결책을 모색했다는 사실이다. 수전은 책이나 카세트테이프 같은 학습 교재들을 주문한 뒤에 물건이 도착하기까지 너무 오랜 시간이 걸린다는 사실을 발견했다. 더 심한 경우에는, 주문량보다 더 많은 수량의 교재가 배달되기도 했지만, 대부분 주문량보다 훨씬 적은 양이 배달되곤 했다. 주문량이 아니라 배달된 수량에 따라서 직할점에 요금이 청구되기 때문에, 이러한 착오는 특히나 속을 썩였다. 또한 교재들도 형편없는 상태로 직할점에 도착하기 일쑤였는데, 표지가 떨어져 나가거나 긁히고, 뒷장이 해지고, 가장자리가 잘려 나가거나 움푹 팬 것도 많았다. 이 점 역시 직할점 직원들이 골치 아파하는 문제였는데, 그 이유는 직할점을 방문하는 고객들이 대리점에 있는 교재들의 상태가 엉망인 것을 보고 구매를 포기할 때도 많았기 때문이다. 교재의 부족과 교재의 지저분한 상태는 단골 고객을 확보하는 데 큰 장애 요인이 되었다.

또한 수전은 대부분의 직할점이 큰 도시에서 운영되고 있으며, 주로 고층 건물에 입주해 있다는 사실을 깨달았다. 배달되어 온 물품들은 대개 1층 로비에 쌓여 있게 되는데, 그 이유는 고층 건물들이 하역장이나 그와 비슷한 시설을 갖추지 못했기 때문이었다. 책을 비롯한 물품들은 커다란 상자로 우송되는데, 그 무게가 무려 45킬로그램에 달했다. 대리점 직원들은 대부분이 여성이라 상자를 한 번에 들어 올려 엘리베이터에 실을 수가 없었기 때문에, 일단 로비에서 상자를 개봉한 뒤, 엘리베이터를 이용해서 교재를 한아름씩 사무실로 실어 나를 수밖에 없었다. 이렇게 되면 시간 소모도 많아지고, 직할점 직원들도 이런 일을 함으로써 자신들의 체면이 깎인다고 느꼈다. 그들은 어쨌거나 교육받은 전문가 집단이었기 때문이다.

어째서 책이 엉망인 상태로 배달되는지 그 이유도 쉽게 설명되었다. 창고 직원들이 그 정도로 큰 상자에 물품을 담으려면, 아무렇게나 포장하게 되고, 책들은 다른 책이나 상자 가장자리에 부딪치면서 덜컥덜컥 움직인 나머지, 표지가 찢어지고 뒷장이 해졌다. 직할점 직원들을 염두에 두고 포장과 우송 절차에 대해 고민한 사람은 아무도 없었음이 분명했다.

수전은 또한 교재들이 어떻게 해서 창고 서고에 아무렇게나 쌓여 있게 되었는지도 알아냈다. 주문은 주로 우편으로 들어오는데, 일단 주문이 접수되고 나면 컴퓨터 파일에 저장되었다가 순서대로 처리된다. 창고 직

열다섯 번째
인류학의
새로운 현장들

원은 우선, 컴퓨터에 기록되어 있는 재고량과 주문량을 서로 대조한 후에 해당 책꽂이로 가서 손으로 책을 집어내는 식으로 일을 처리한다. 물품은 커다란 상자에 담겨 직할점으로 우송된다. 직원은 일단 주문을 처리하고 우송된 물품의 숫자를 컴퓨터에 입력하여 재고량의 수치를 바꾸도록 되어 있었다.

그런데 수전이 발견한 바에 따르면, 창고 직원들은 일을 빨리 처리해야 한다는 압력을 받고 있었다. 컴퓨터에 재고로 남아 있는 교재들이 실제로는 창고에 없었고, 물품들을 일일이 손으로 집어내는 데 시간이 많이 걸리다 보니 일의 속도가 늦어졌다. 그러나 속도 문제를 해결하려다 보면, 가뜩이나 뒤죽박죽인 물품 기록을 더 망쳐놓게 되었다. 운송된 물품의 숫자가 정확하지 않은 이유도 여기에 있었다. 나중에 수전은 심지어 직할점이 입주해 있는 건물의 로비에서도 책이 없어진다는 사실을 발견했다. 직원들이 책의 일부를 위층으로 옮기는 동안에, 열려 있는 상자 옆을 지나가는 사람들이 책을 집어간 것이었다. 재고목록과 실제 재고량에 차이가 나는 다른 이유도 알아냈다. UTC 직원들도 가끔씩 창고에 들르는데, 이들도 아무렇게나 쌓여 있는 서고에서 관심 있는 자료들을 집어가곤 했다. 더 큰 문제는 직원들이 일에 쫓긴 나머지, 컴퓨터의 재고 기록을 수정하는 일을 자주 소홀히 했다는 점이다.

서비스와 재고 문제의 원인과 성격을 상세하게 발견함으로써 수전은 상대적으로 모든 이에게 큰 부담이 없는 해결방안을 생각해낼 수 있었다. 만일 수전이 '방어적인' 관리의 입장을 취했더라면, 비실용적이고 쓸모없는, 흔한 처방에 의존해야만 했을 것이다. 사원 재교육이니, 임금 인상 정책, 징계, 상여금 지급 같은 방안들이 자주 시도되지만, 이러한 방법들은 문제의 핵심을 공략하지 않기 때문에 별로 효과가 없었다.

수전이 이끌어낸 문제의 해결책은 플라스틱 랩을 이용한 '수축랩 포장'법이었다.

나는 책의 포장을 수축랩 포장으로 바꾸기로 결정했어요. 몇 센트씩 돈을 더 주고서라도 책을 창고로 보내기 전에 다섯 권에서 열 권씩 수축랩 포장을 하도록 주문했지요. 아예 그런 사항을, 책을 제작하는 사람들과 맺은 계약의 내용의 일부로 넣어버린 거죠.

책이나 자료들에 대한 '수축랩 포장'은 효과가 있었다. 투명 플라스틱 랩 포장지를 급속 가열했다가 냉각시키면 팽팽한 커버로 수축된다. 플라스틱 랩은 물건을 싼 상태에서 마치 팽팽한 피부처럼 변형되어서 내용물이 움직이거나, 때가 타는 것도 방지해 주었다.

창고에 도착한 책을 수축랩 포장된 상태로 보관해둘 것을 지시한 지 얼마 되지 않아 수축랩 포장의 긍정적인 효과가 분명히 드러나기 시작했다. 예를 들어 대부분의 직할점에서는 책을 다섯 권이나 열 권 단위로 주문했다. 창고 직원들은 이제 책을 일일이 세거나 대강 적당히 싸서 보내는 대신에, 다섯 권이나 열 권 단위로 주문량을 손쉽게 맞출 수 있게 되었다. 창고에 들어오거나 창고에서 배달되는 물품들의 숫자가 정확하게 기록되기 시작했다.

직원들의 입장에서도 책을 일일이 셀 필요가 없었기 때문에 일을 더 빨리 처리할 수 있었다. 주문이 더 빠르게 처리되면서 직할점 직원들의 만족도도 높아졌다. 창고 직원들은 이제 더 이상 시간에 대한 과중한 압력을 받을 필요가 없었다. 뿐만 아니라 플라스틱 수축 랩으로 포장된 물품들은 보다 안전하게 우송되었고, 더 양호한 상태로 배달되었으며, 이

점 또한 직할점 직원들을 만족시켰다.

　수전은 직원들과의 대화를 통해서 배운 점들을 토대로, 물품이 우송되는 방식도 바꿔버렸다. 그는 작은 상자를 사용하여, 무게를 최대 11킬로그램 정도로 제한했다. 또한 상자에 '실내로 배달할 것'이라고 표시해서 우편배달부가 물품을 곧바로 사무실로 배달하도록 했다. 상자들은 혹시 사무실까지 배달되지 않더라도, 누구나 위층으로 옮기기에 부담이 없을 정도로 가벼워졌다. 또한 고층빌딩의 로비에서 물품이 분실되는 일은 더 이상 발생하지 않았다.

　재고에 대한 관리 역시 더욱 효율적으로 변했다. 창고 직원들이 더 신속하게 물품을 포장하고 우송할 수 있었기 때문에, 컴퓨터에 우송물의 수량과 내역을 입력할 만한 충분한 시간을 벌게 되었다. 수축랩으로 포장된 꾸러미는 눈에 잘 띄었고, 한 번에 다섯 권이나 열 권씩 슬쩍 가져가는 것은 '빌려가는 것'이라기보다는 훔쳐가는 것에 가까웠기 때문에, UTC의 다른 직원들이 창고에서 책을 집어 가는 일도 더 이상 발생하지 않았다.

　결국 개선된 서비스는 모든 부서 직원들의 사기를 극적으로 높여주었다. 직할점 직원들은 서비스가 혁신되고 향상됨을 보면서, 드디어 자기들이 하는 일에 누군가가 관심을 쏟고 있다고 느꼈다. 그들은 보다 긍정적인 태도를 갖게 되었으며, 회사 본부에 있는 사람들에게 자신들의 이런 느낌을 알렸다. 창고 직원들의 사기도 높아져 갔다. 회사 사람들은 창고 직원들이 제공하는 서비스에 대해 생전 처음으로 만족스러워했다. 일에 대한 자부심이 높아감에 따라 이직하는 사람도 현저하게 줄어들었다. 창고 직원들은 꼼꼼하고 신속하게 일을 처리하기 시작하면서 일에 대해 더욱 관심을 갖게 되었다. '게으른 망나니들'이라며 창고 직원을 무시하

회사에 간
인류학도

던 관리자들도 '직원들에게 도대체 어떤 조처를 취했는지'에 대해 수전에게 묻기 시작했다.

흥미롭게도, 수전의 회사 선배들은 수전이 어떻게 해서 이러한 기적을 만들어냈는지 정확히 이해하지 못했다. 일의 결과만을 보고 놀라워할 따름이었다. 수전은 인류학적 접근이 문제의 핵심이라고 믿었다. 즉 관리자들에게는 인류학자처럼 관찰하고 듣는 훈련이 절대적으로 필요하며, 행위자의 시각에서 문제를 바라보고 이해하는 것이 기본이라고 생각했다.

수전은 이제 자기 밑에서 일하는 관리자들에게 인류학 서적, 특히 민족지에 관한 책을 읽도록 시키고 있으며, 그들로부터 이런 훈련을 통해 "실제로 어떤 일이 어떻게 벌어지고 있는지를 알 수 있게 되었다"라는 이야기를 많이 듣고 있다.

인류학자여, 이제는 위를 보자!

| 로라 네이더 |

인류학자들은 주로 식민지 지배를 경험한 비서구 사회의 농촌 지역이나 주변적이며 소외된 집단을 연구해 왔다. 미국 내에서 수행된 인류학적 현지조사들도 힘없고 가난한 사회집단에 관한 연구를 통해, 왜 그들이 그런 방식으로 살아갈 수밖에 없는지에 대한 문화적 해석에 집중해 왔다. 최근에 등장한 '새로운 인류학'은 기존의 인류학이 힘없는 집단의 하위문화적 특성이나 독특한 가치를 이해하는 것만으로는 사회를 변화시키는 데 공헌할 수 없다는 자각과 함께, '권력'을 가진 집단에 대한 연구의 필요성을 강조하고 있다. 이 글에서는 인류학자들이 연구의 방향을 바꿔 자신들이 속한 사회의 '상층부 연구Studying Up'를 해야 할 필요성과 그 현실적 가능성을 가늠해 본다. 이러한 작업은 한 사회 내에서 권력이 어떻게 움직이는지를 이해하는 데 공헌할 수 있다.

　유사 이래로 오늘날처럼 권력을 가진 소수의 행동과 결정이 수많은 사람들의 삶의 질뿐만 아니라 생명까지 좌지우지한 적은 없었다. 이런 상황에서 일반 시민들이 권력을 행사하는 자리에 있는 사람들의 실상에 대해 많이 아는 것은 매우 중요한 문제이다. '상층부 연구'는, '우리' 삶에 직접적인 영향을 끼치는 결정을 내리는 지위가 높고 영향력을 가진 조직체와 관료 기구를 연구대상으로 삼는 것이며, 이제까지 일반 시민에게 굳게 닫혀 있던 권력이라는 문의 빗장을 열고, 그들의 문화를 들여다보는 것을 의미한다. 이는 힘 있는 집단이나 조직체들은 어떠한 인맥관계로 이루어져 있으며, 그들이 '의사 결정'을 내리는 과정은 어떠한가를 분석함으로써, 좀더 많은 사람들이 자기가 몸담고 있는 사회를 변화시킬 수 있도록 정보를 제공해 주는 것을 목표로 한다.

새로운 인류학의 한 분야로 등장한 '상층부 연구'의 필요성은 다음 몇 가지로 요약될 수 있다.

첫째로, 새로운 '관점'으로 문제를 바라보게 함으로써, 사회 변화를 위한 보다 실용적인 '지식'을 만들어내게 한다. 인류학자가 늘 그랬듯이, 연구대상이 되는 사람들보다 높은 위치에서 조사하는 연구 방식만을 고집하게 되면 우선 그 결과로 발전시킨 이론에도 문제가 생기기 쉽다. 만일 인류학이 습관처럼 해오던 피식민지 연구 대신 식민종주국을 연구하거나 또는 가난한 사람들의 문화 대신 부유층의 문화를 연구한다면 어떤 연구 결과가 나올까?

상층부 연구를 시작하면 많은 경우 우리가 상식적으로 해오던 질문들을 뒤집어 물어보게 될 것이다. 예컨대 저 사람들은 왜 저리 가난할까라는 진부한 질문 대신, 저 사람들은 왜 저렇게 잘 살까라는 질문을 할 수 있다. 도시의 권력층을 연구하게 되면 도시 빈민이 지속적으로 생기는 이유가 그들이 지닌 '가난을 낳는 문화' 때문이라는 종래의 이론이 타당한 설명이 될 수 있는지도 알게 된다. 예컨대 빈민지역의 주민들과는 아예 거래를 하지 않으려는 은행이나 보험회사들이 가난을 더욱 지속시키는 역할을 하고 있음을 드러낼 수도 있다. 또한 빈민지역의 더럽고 불결한 주거 환경이 단순히 주민들의 게으름과 낮은 의식 수준 때문이라기보다는, 셋집 주인들이 '건물의 유지와 보수에 관련된 법' 조항을 피해가기 위해 관련 공무원들을 매수하고 부당 이익을 챙기기 때문이기도 하다는 사실에서 그 원인을 찾아낼 수 있다. 사실 건물주들이 '건물의 유지와 보수에 관한 법' 조항만 잘 지켰다면, 미국 도시 어느 곳에서나 쉽게 찾아볼 수 있는 황량하고 지저분한 슬럼slum은 형성될 수 없었다. 이런 점들을 고려해 보면 슬럼은 오히려 '화이트칼라 범죄'의 산물이라는 주장도 성립된다. 즉 '가난을 낳는 문화'에 대한 종래의 해석은 하층부 연구에만 시선이 고정될 때 우리가 빠질 수 있는 함정이다. 상층부 연구는 빈민 지역의 문화와 슬럼의 형성에 관련된 보다 광범위한 사회문화적 힘들의 움직임을 더 잘 이해할 수 있게 해준다.

이는 범죄를 이해하는 데 있어서도 마찬가지다. 범죄 연구의 대상이 마냥 하층계급에 제한되다 보니, 법과 질서를 유지하는 문제는 바로 하층계급이 범죄를 일으킬 가능성을 통제하는 문제라는 인식이 널리 퍼져 있다. 어떤 대통령 후보가 선거유세에서 우리의 일상생활을 위협하는 거리의 범죄를 소탕하기 위해, 경찰을 더 많이 배치하고 소위 빈민들이 모여 사는 우범 지역을 더 자주 순찰하는 데 많은 예산을 배정할 것이라는 연설을 했다. 이 연설을 들은 어떤 사람이, '소매치기나 강도 같은 거리의 범죄보다는 정경 유착의 관행이나 거액의 조세 포탈 같은 화이트칼라의 고급범죄를 뿌리 뽑는 것이 나라를 위해 더 나은 범죄 대응책이 아닐까' 하는 생각이 들어, 내친 김에 홀로 이 문제의 조사에 착수했다고 가정해 보자.

문제는 미국 내의 어떤 도서관에 가보아도 범죄에 관련된 자료들은 하층계급이 저지르는 범죄에 한정되어 있어, 제한된 액수의 국가예산으로 어떤 범죄를 먼저 척결해야 하는지를 분석하거나 판단할 수 있는 근거자료를 발견할 수가 없다는 것이다. 형법은 전통적으로 개인의 범죄,

인류학자여, 아제는 위를 보자!

특히 하층계급 사람이 저지르는 범죄의 처벌에 심혈을 기울여 왔다. 그렇기 때문에 기업이나 여타 기관들에 의한 집단적 범죄는 발각되더라도 행정 처분에 그치는 경우가 많았고, 형벌이 가해지더라도 범죄자에 대한 사회적 오점이 덜한 것도 사실이다. 물론 이런 '상층' 범죄를 저지르는 사람들에 대한 연구도 빈약한 편이다.

물론 상층부 연구를 해야 하는지 혹은 주변부 연구를 해야 하는지에 대한 결정은 양자택일의 문제가 아니다. 위를 보아야 하는가 아래를 보아야 하는가의 문제보다는 포괄적인 연구를 하려면 어떤 경우에 어디까지 연구 영역을 확장해야 하는지를 잘 판단하는 것이 더 중요하다. 예를 들어 결혼과 이혼을 반복하는 가족 또는 '여성 가장female headed 가족'이나 '아버지 부재 가족' 등 다양한 가족의 형태를 결정짓는 변수가 무엇인가를 밝히려면, 계층적 지위를 달리하는 여러 집단들을 포괄적으로 연구하거나 또는 '비교론적' 관점으로 그 원인을 더 잘 규명할 수 있다. 그러기 위해서는 인류학적 현지조사의 대상이 제한된 지역에 모여 사는 '고립된 집단'에 국한되어서는 안 된다는 인식이 필요함을 의미한다.

둘째로, '상층부를 연구하겠다'고 선택하는 것은 인류학자 자신의 학문적 연구 결과가 누구에게 이로운 결과를 낳는지를 인식하는 문제와 맞물려 있다. 실제로 주변부에 대한 연구 결과가 권력자에 의해 이용되어 연구대상 집단을 보다 정교히 통제하는 데 쓰인 경우가 많다. 상층부에 대한 연구는 우리와 같은 보통 사람들의 이익을 증진하는 데 기여할 수 있다. 즉 일반 시민들은 '권력 상층부'를 알아야 제대로 '시민'으로서의 권리와 의무를 행할 수 있다. 사회가 어떻게 돌아가는지 알지 못하면서 과연 '시민'의 역할을 한다고 할 수 있으며, 단순히 체제를 유지하기 위해 행해지는 선거에서 투표를 했다고 해서 시민의 권리를 주장했다고 할 수 있을까?

복잡다단한 현대의 민주사회에서 민주주의가 잘 기능하기 위해서는 일반 시민들이 자신들의 삶에 영향을 미치는 정책의 결정 과정이나 정부의 제도 운영 등이 어떻게 이루어지는지를 잘 알아야 하는데, 현실은 그렇지 못하다. 그런 과정들에 대해 일반 시민들이 이해를 넓힐 수 있는 기회는 극히 제한되어 있으며, 그 결과 어떠한 통로를 통해 그 과정에 자신의 의견을 제시하거나 개입해볼 수 있는지에 관해서도 무지하기 쉽다. 즉 시민으로서의 한 개인이 관료주의적 공공기관이 일하는 방식을 이해하고, 그것을 활용하기란 하늘의 별따기이다.

관료주의 체제와 그 문화에 관한 일반인들의 무지가 어떤 불이익을 초래할 수 있는지를 엿볼 수 있게 해주는 예로 다음의 글을 보자. 아래에서 인용한 글은 똑같은 문제를 가지고 와도 그 문제의 주체가 누구냐에 따라 다르게 해결될 수 있다는 사실을 알려주고 있다. 이 이야기는 보험처리를 둘러싸고 일어나는 부당 사례 처리를 담당하는 어느 정부기관에서 일하는 공무원들이 들려준 것이다.

일반 시민들을 대하는 게 훨씬 힘들죠. 우리가 해줄 수 있는 대답의 종류도 한정돼 있고 실제로 해결해줄 수 있는 한계도 뻔한데, 사람들은 보상을 잘 받으려고 대개 막 밀어붙이죠. 하지만 기업에서 나온 사람들은 다릅니다. 대부분 친절하고 또 정중하지요. 적어도 우리한테는요. 그 사람들과는 서로의 입장과 운신의 폭이 어느 정도인지에 대한 상호이해가 있습니다. 그러니까 편하죠. 서로 토의한 결과에 대해서도 개인적으로 느끼는 책임감도 덜합니다.

이런 경우 누구의 이익이 잘 대변될 것인지를 짐작하기란 어렵지 않다. 또 한 직원의 얘기를 들어보자.

생각해 보세요. 다리 하나 건너는 데 50분 걸리는 길을 뚫고 아침 8시에 막 사무실에 도착해서 이제 겨우 커피 한 잔 마시려는데, 말도 더듬거리고 무식해 보이는 아줌마 하나가 분기탱천해 가지고 사무실에 들어와서는 나를 부르는 겁니다. 기분 좋을 리가 없죠. 그 여자를 보는 순간 뱃속이 꼬이고 입술이 말라서 내 책상까지 가기도 전에 물이라도 한 모금 마셔야 합니다.

이 예들은 한 개인으로서의 시민이 거대하게 얽히고설킨 관료제와 맞닥뜨릴 때 어떤 장면들이 연출될지를 짐작할 수 있게 해준다. 또한 그러한 관료제의 내부적 사정을 일반 시민이 이해하지 못하고 있는 한, 민주적 원리가 사회에서 실현되기 어렵다는 점을 시사한다. 공공 기관들이 시민들에게 실제로 큰 도움을 주고 있는가라고 물을 때, 이런 조직체에 고용된 관리들이 저지르는 화이트칼라 범죄에 대한 연구가 전무하고, 시민들에게 법을 이해할 수 있게 하는 소양 교육이 전혀 이루어지지 않는다는 점에서 그 대답은 '부정적'일 수밖에 없다.

상층부에 대한 연구는 이런 점에서 민주적 사회원리의 고양에 일익을 담당할 것이다. 인류학자는 관료제와 그 문화를 연구해야 한다. 이것이야말로 인류학자가 자신이 몸담고 있는 사회에서 시민의 역할을 하는 길이기 때문에, 인류학자는 '시민이며 동시에 학자'라는 새로운 개념의 자아정체성을 가져야 한다.

그럼에도 불구하고, 인류학자가 막상 '상층부 연구'를 시작하게 되면, 몇 가지 문제에 부딪치게 된다. 우선 인류학계 내부에서도 이러한 연구로의 방향 전환을 달갑지 않게 생각하는 사람도 많으며, 그들의 의견도 검토할 필요가 있다. 전통적으로 인류학자는 낯선 사회에 가서 문화충격을 받으며, '이상하고 야릇한 관습'을 객관적인 입장에서 이해할 것이 기대되었다. 생소하고 낯선 곳에 가서 고생을 해봐야 하고, 이러한 시련이 있어야만 훌륭한 인류학자가 될 수 있다는 믿음은 아직도 매우 강하다. 하지만 우리 사회의 법률회사나 국제 무역센터 내의 회사들이 멕시코나 뉴기니의 마을만큼이나 '이해하기 힘든' 문화를 지니고 있는 것은 아닐까? 인류학자들은 자신들이 속한 사회의 특정한 조직체가 다른 문화만큼이나 이상한 원리에 의해 운영되며, 이러한 조직체들이 긍정적이든 부정적이든 '영향력'을 발휘하기 때문에 시급히 연구되어야 할 필요성을 인식해야 한다. 그럼에도 불구하고 여전히 '상층부 연구'의 문제점에 대한 비판들이 끊이지 않고 있는데, 이들은 대체로 접근access 가능성, 윤리ethics 그리고 방법론methodology에 관한 문제 제기로 구분된다.

그중 가장 흔한 비판은 힘이 있는 집단에 대한 연구는 현실적으로 실현 가능성이 희박하다는 주장이다. 권력층은 연구대상이 되길 원치 않으며, 한 군데 모여 살지도 않고, 사실상 만나기도 어렵다는 등의 이유들이 거론된다. 이러한 지적들은 거의 다 맞는 얘기다. 예를 들어 기업의 경우에 이들이 보이는 강박증에 가까울 정도로 비밀스러운 정보 관리 행태 때문에 보통 사람들이 기업의 내부 운영방식에 접근하기란 거의 불가능하다. 기업을 연구한 인류학과 학생들의 이야기는 기업이 얼마나 '비밀결사'와 비슷한 방식으로 운영되는지를 지적하고 있다.

기업들이 이윤을 추구하기 위해 교묘하고 비밀스럽게 운영되고 있다

인류학자여,
이제는 위를
보자!

는 막연한 생각이 사실 맞는 것 같더군요. 비밀을 유지하기 위한 집착이 대단해요. 자신들이 공개하기로 한 방식과는 다르게 정보가 공개되면 무슨 큰일이나 난 것처럼 벌벌 떨지요. 일의 진상을 확인하기 위해서 묻는 질문들에 대해 거의 대답을 회피하고, 혹시 기업의 고문 변호사들이 '고객의 비밀 보장'이란 관행을 무시하고, 외부에 어떤 얘기를 할까 봐 편집증적인 집착을 보여요. 이 일이 공공의 이익과 직결되는 것인데도 말이에요. 기업들이 공개적 논의에 필요한 모든 정보의 흐름을 차단하는 것에 집착하는 것을 볼 때, 마치 비밀결사 같다는 생각이 들더군요.

인류학적 연구를 위한 '접근' 자체가 쉽지 않으리라는 것은 자명해 보인다. 하지만 이러한 어려움은 인류학자들이 이제까지 세계 각처에서 정보를 수집하는 과정에서 겪어온 다양한 형태의 어려움과 그리 다르지 않다. 그런 점에서 보면 다른 나라의 문화를 연구할 때 인류학자들이 보이는 때로는 놀라울 정도의 적극성이 자기 나라 연구에서는 왜 쉽게 소심함으로 바뀌어 꼬리를 감추는지가 석연치 않다. 더군다나 미국의 경우, 힘 있고 부유한 사람들의 주 활동 무대인 공적 관료기구의 운용에 관한 국민의 알 권리는 법으로 보장되어 있기까지 한 상황이다. 인류학자들은 다른 문화를 연구하여 '인류에 대한 폭넓은 이해'를 가능하게 했지만, '객관적이고 상대적인 지식'에 대한 추구란 이름으로 때로는 자신이 몸담고 있는 사회를 개혁하는 데 적극적으로 관여하지 못한 것도 사실이다. 앞으로 인류학자들은 어떻게 연구를 행해야 하는가라는 고민뿐만 아니라 어떤 주제를 연구해야 하는가에 대한 선택에 더 많은 책임감을 느껴야 한다.

상층부 연구에 대한 비판의 또 한 축은 윤리적 측면에 관한 것이다.

이러한 비판은 주로 연구자가 자신이 속한 사회의 상층부를 연구할 때 자신의 신분을 속이지 않고는 원하는 정보나 자료를 얻을 수 없다는 점을 지적한다. 정도의 차이는 있을 수 있으나 이 문제 역시 인류학자가 어떤 문화를 연구하든지 간에 항시 맞닥뜨리는 문제이다. '아래를 내려보며' 타문화를 연구할 때는 원하는 정보를 얻으려 연구자가 이러저러한 실정을 좀 숨겨도 되고, 자신이 속한 사회의 상류층이나 기득권층을 '위를 올려보며' 연구할 때는 더 높은 수준의 솔직함이 요구된다는 식의 주장은 단지 이중적인 잣대의 존재를 보여줄 따름이다. 물론 개인적이고 공적인 영역에서 정보제공자의 익명성을 보장하는 것은 기본적인 윤리지만, 우리가 사적인 영역, 즉 가족이나 소규모 집단을 연구하거나 다른 나라를 연구할 때 적용하던 윤리의식을 공공의 이익에 직접 영향을 미치는 관료체제나 기관을 연구하는 데 그대로 적용할 필요는 없다고 생각한다.

또 한 축을 이루는 비판의 초점은 인류학의 전통적 연구 방법으로서의 참여관찰이 상층부 연구에는 적합하지 않다는 주장이다. 참여관찰은 비교적 소규모의 조사지역 내에서 연구자가 주민과 일상생활을 함께 하는 방식으로 인류학 내에서 핵심적 연구방법으로 자리 잡아 왔으며, 더 나아가 인류학자들이 연구자로서 자신의 위상을 확립하는 데 중요한 부분이 되어 왔다. 이런 상황에서 '만일 연구자가 어느 기업을 연구할 때 그 회사가 연구자의 회사 건물에 출입하는 것마저 제한할 경우 어떻게 연구 진행이 가능할 것인가' 하는 식의 질문이 이러한 비판의 요체이다.

호텐스 파우더메이커Hortense Powdermaker는 참여관찰 시 성공적인 의사소통을 위한 조건으로 연구대상이 실질적으로 가까이 있을 것, 언어 구사력을 갖출 것, 심리적으로 가까울 것 등이 필수적이지만, 참여관찰의 정수는 권력이 위계적으로 조직되어 있는 상황에서 어렵지 않게 상층과 하층을 넘나들 수 있는 심리적 기동성을 지니는 것에 있다고 보았다. 그런데 일부 현지조사자들은 하층의 사회적 약자들과 너무나 가까운 관계를 갖고 이들과 동일시한 나머지 연구대상 사회의 상층에 있는 사람들과는 의미 있는 관계를 맺지 못하기도 한다. 파우더메이커는 참여관찰의 가치를 강조하면서도 동시에 참여관찰이 인류학적 지식을 형성하는 데 많은 제약점을 지닌다는 점을 지적했는데, 왜냐하면 자신이 '현지인'의 모든 일상에 현지인처럼 참여해야 한다는 것은 연구할 지역과 대상을 결정하는 데 있어 '협소한' 사고를 갖게 할 수도 있기 때문이다. 문제는 참여관찰법이 연구대상과 같이 살아야 함을 의미한다면, 인류학자는 오염, 전쟁, 인구팽창의 문제들에 어떻게 접근할 수 있는가 하는 것이다. 중요한 것은 자신의 연구 주제에 맞게 다양한 방법론을 개발하는 것이다.

인류학의 역사를 돌아보면 이런 어려움 또한 늘 있어 왔던 문제이다. 제2차 세계대전 같은 특수한 상황이 벌어졌을 때 많은 인류학자들이 전통적 방식의 참여관찰이 불가능한 가운데 자료들을 수집하고 다양한 방법을 동원해 연구를 성공으로 이끈 예는 수없이 많다. 예를 들어 다양한 종류의 면접조사(공식/비공식, 대면/전화 대화)들이 이용되거나 기업이나 공공 단체 등에서 만들어낸 다양한 문헌자료들을 활용할 수 있다. 상층부 연구 시 무엇보다 중요한 것은 인류학도의 자기 분석self-analysis인데, 이는 그가 사회과학자로서 연구대상들에 의해 어떻게 인식되며, 어떻게 속임을 당하고, 어떻게 자신도 그 문화에 동화되어 가는지를 분석하는 것이다. 즉 자신이 문화화되어 가는 과정을 분석하고, 공식·비공식적인 접촉을 통해 어떻게 자신이 묘사되고 있는지를 알아감으로써 상층부 문화를 이해할 수 있게 된다.

선택은 가치판단의 문제이다. 즉 지금은 우리에게 긴요한 인류학이

394
열다섯 번째
인류학의
새로운 현실들

어떤 모습을 띠어야 하는지에 대한 새로운 판단이 요구되는 때이다. 우리가 우리의 삶에 지대한 영향력을 미치는 어떤 연구대상을 정하고 그에 따른 질문을 구성하는 것을 중요하다고 생각한다면 우리는 그 질문에 답하기 위해 필요한 연구방법론을 개발해 나가야 한다. 참여관찰이라는 전통적 연구방법론에만 매달리면 현 시대의 핵심적 문제들은 잘 다루지 못하게 된다. 인류학이 말 그대로 인류를 연구하는 학문이라 할 때 그 방향을 제시하는 것은 바로 인류가 당면한 시대적 요구에 적극적으로 부응하는 일인 것이다.

인류학자여,
이제는 위를
보라!

이 책을 기획하고 만든 사람들

한경구 서울대학교 자유전공학부 교수
미국 하버드대학교 인류학 박사. 저서로 『공동체로서의 회사: 일본 기업의 인류학적
연구』(1994), 『처음 만나는 문화인류학』(공저, 2003), *Korean Anthropology:
Contemporary Korean Culture in Flux*(공저, 2003) 등이 있다.

유철인 제주대학교 철학과 교수
미국 일리노이대학교 인류학 박사. 저서로 『처음 만나는 문화인류학』(공저, 2003), 역
서로 『인류학과 문화비평』(2005), 논문으로 「구술된 경험 읽기: 제주 4·3관련 수형
인 여성의 생애사」(2004) 등이 있다.

정병호 한양대학교 문화인류학과 교수
미국 일리노이대학교 인류학 박사. 저서로 『웰컴투코리아: 북조선 사람들의 남한살
이』(공저, 2006), 『숲과 물과 문화의 마을, 유스하라』(공저, 1997), 논문으로 「탈북 이
주민들의 환상과 부적응」(2004) 등이 있다.

김은실 이화여자대학교 여성학과 교수
미국 캘리포니아대학교 의료인류학 박사. 저서로 『여성의 몸, 몸의 문화정치학』
(2001), 『처음 만나는 문화인류학』(공저, 2003), 논문으로 「공사 영역에 대한 여성인
류학의 문제 제기」(1996) 등이 있다.

김현미 연세대학교 문화인류학과 교수
미국 워싱턴대학교 인류학 박사. 저서로 『글로벌 시대의 문화 번역』(2005), 『처음 만나
는 문화인류학』(공저, 2003), 논문으로 「노동통제의 기제로서의 성」(1996) 등이 있다.

홍석준 목포대학교 고고문화인류학과 교수
서울대학교 인류학 박사. 저서로 『처음 만나는 문화인류학』(공저, 2003), 『동남아의
종교와 사회』(공저, 2001), 논문으로 「현대 말레이시아의 이슬람 부흥운동의 문화적
의미」(2001) 등이 있다.

개정증보판

낯선 곳에서 **나를** 만나다

초판   1쇄 펴낸날   1998년 5월 20일
개정증보판   1쇄 펴낸날   2006년 8월 25일
개정증보판   18쇄 펴낸날   2024년 2월 15일

엮은이 한국문화인류학회
펴낸이 김시연

펴낸곳 (주)일조각
등록 1953년 9월 3일 제300-1953-1호(구 : 제1-298호)
주소 03176 서울시 종로구 경희궁길 39
전화 02-734-3545 / 02-733-8811(편집부)
02-733-5430 / 02-733-5431(영업부)
팩스 02-735-9994(편집부) / 02-738-5857(영업부)
이메일 ilchokak@hanmail.net
홈페이지 www.ilchokak.co.kr
ISBN 978-89-337-0500-1 03330
값 13,000원

* 엮은이와 협의하여 인지를 생략합니다.